国家社会科学基金一般项目“中国公民体育意识培育的路径研究”(16BTY003)

国家社科基金丛书
GUOJIA SHEKE JIJIN CONGSHU

# 公民体育意识论

A Study on Civic Sports Awareness

乔玉成 著

人民出版社

# 目　　录

# 序

李相如

应玉成教授的邀请，为其此书作序，实在诚惶诚恐，多次推辞，玉成兄是咬定“目标”不松口，无奈，只有勉为其难！我和玉成教授正式见面相识的时间并不长，以前更多的只是相互知晓和在学术问题方面的交流交往。今年7月我受邀到山西运城参加一个论坛，玉成兄和山西师范大学体育学院院长郑旗教授专程驱车从临汾赶到运城相聚。老朋友相见不亦乐乎。其间玉成谈到他的这个国家社科项目即将完成，其成果将以专著的形式在人民出版社出版，我听了非常高兴，一是祝贺，二是期待拜读。但玉成邀请我为他即将出版的这部专书做一个序，本以为只是说说而已，没想到玉成的项目正式结题后，很快就向我发出了正式邀请。尽管感到自己人微言轻，学术功底和影响力有限，但终归架不住玉成教授的诚意相邀。

玉成教授的经历十分丰富。他毕业于武汉科技大学医学院，学的是临床医学专业，毕业以后曾经在山西一所职工医院担任医师—主治医师—副主任医师—副院长。1996年调入山西师范大学体育学院，历经副主任医师—副教授—教授—校教学指导与监督委员会委员—校学术委员会委员—《体育研究与教育》杂志副主编—主编。玉成教授是一个十分勤奋，而且非常敏锐的学者，著述十分丰富，主编或参与完成省部级教材3部，专著3部，科普读物10本，约320万字。发表论文98篇，且质量很高，被CSSCI和CSCD收录55篇，“H指数”20，其中在《体育科学》发表10篇、《中国运动医学杂志》发表8篇，这份成绩单在体育学术圈可谓非常亮眼。

本书以乔玉成教授主持的国家社会科学基金一般项目“中国公民体育意识培育的路径研究”（16BTY003）成果为基础，经过梳理成稿为学术专著，书名确定为《公民体育意识论》。这也是我见过的一部真正沉下心来研究出的好成果。全书包括绪论和七个篇章，按照理论与实践相结合的逻辑构架，从关系梳理、学理探究、实践解读、理性选择四个角度，对公民体育意识培育的价值意义、学理基础、现实困境、路径选择等方面展开深入研究。

该书的主要内容：一是对“体育意识”“公民体育意识”“公民体育意识培育”等核心概念进行了定义和解读，对我国“公民体育意识”与“全民健身”“全民健康”“健康中国建设”“体育强国建设”的关系进行了梳理，揭示了公民体育意识培育的重要性、必要性和紧迫性；从“健康优先发展观”“体育健康促进论”“大健康观”“主动健康观”等方面探究了公民体育意识培育的学理基础；通过对国内外有关公民体育意识培育研究的纵向发展进程与横向扩展过程进行了考察，理清了国内外公民体育意识及其培育研究的学术理路、研究脉络和范式，以及国内外有关公民体育意识培育研究的历史与现状，找到了需要进一步探索和解决的问题。二是对近代中国公民体育意识演变的历史进行了考察，对中国公民体育意识培育的历程和改革开放后我国公民体育意识发展所取得的成就进行了系统回顾，对当前中国不同公民群体体育意识水平和公民体育意识培育的现状和动态演进进行了反思、追问和评价；评述了卢元镇、熊斗寅、张发强、孙葆丽、张力为、周成林、谭华、裴立新、周全、梁利民等众多学者为公民体育意识培育做出的奠基性贡献；在充分消化和吸纳现有学术研究成果的基础上，论证了公民体育意识的本质内涵和属性，揭示出公民体育意识所具有的层次性、矛盾性、不平衡性和发展性等特点；对公民体育意识本质进行多角度解读，对公民体育意识的基本特征和作用进行阐释；比较中西方公民体育意识水平的差异，发现了我国公民体育意识方面存在的问题。三是通过问卷调查、因子分析，建构了公民体育意识理论结构模型和测量评价工具，并对公民体育意识的结构特征和核心要素进行了阐释。四是以全国（除港、澳、台）31 个省、自治区、直辖市 6058 名 18—69 岁公民为调查对象，测量出不同群体公民体育意识水平，基本探明了导致中国公民体育意识淡薄的深层次原因及影响公民体育意识形成的因素。五是探讨了公民体育意识萌发、发展的规律，揭示出公民体育意识的应然形态、逻辑基础、生成条件、形成过程和内在机制。六是对公民体育意识培育的理论基础进行了探讨，确立了公民体育意识培育的目的、意义、目标、原则、策略、指导思想、理论依据，建构了具有中国特色的公民体育意识培育内容体系和结构框架。七是从主体、客体、介体、环体四个方面建构出公民体育意识培育系统，明确各要素在公民体育意识培育中的作用，以及公民体育意识培育的内容、方式方法、渠道和载体。八是从内生与外引两个维度建构出公民体育意识培育路径，对当前我国公民体育意识培育主要路径的现实困境及原因进行解读和反思，并对培育路径进行结构化、过程化探索。将家庭的启蒙作用、学校的主导作用、社会的引导作用统一起来，从政策保障、学校体育教育、全民健身服务体系建设、体育行为实践等方面构建起我国公民体育意识培育的全方位、立体化培育机制，确立了未来中国公民体育意识培育的具体路径、方案和对策建议。

从本书的学术梳理、研究视觉、现实分析和主要内容可以看出本书具有以下四个特点，即：概念新、视角新、路径新、传播新。

概念新。从 1952 年毛泽东同志发出“发展体育运动，增强人民体质”的伟大号召以来，最先着手的就是开化民智，引导人民群众锻炼身体的意识和热情。但体育学术界没有人从“公民体育意识”的学术维度进行科学系统的研究。所以，本书使用“公民体育意识”这一崭新的概念，是一个贡献。“公民体育意识”将其内涵定位于公民与国家之间的结构关系中，其实质是从公民体育意识薄弱这一根本问题出发，使我们对公民体育意识培育的分析真正回归到“体育健康促进”的要义之中，让公民真正意识到体育同人的生活和生命的真切关系，从而参与其中。就学科层面来讲，公民体育意识培育问题当然属于体育学的研究范畴，但它同样关涉公民的健康状态、生存质量与意义。因而，对公民体育意识培育研究无论是对公共卫生学理论的发展和充实，还是对锻炼心理学、健康行为学、体育伦理学理论的丰富都是大有裨益的。

视角新。公民体育意识有一个发展过程。按照马斯诺的需求理论和需求层次，体育意识属一个较高层次的位置，是在解决了基本生存之后才可能具有的理念和意识。所以，公民体育意识并非是自然生成，而是由社会进步、经济发展、体育文化、价值观念建构起来的；国家和个人的“需要”“利益”奠定了公民体育意识培育的现实基础和培育目标实现的可能性。健康是人类的必然追求，体育是促进健康的有效手段。在全面建成小康社会的进程中，要让体育与健康“同频共振”，离不开公民体育意识这个桥梁。公民体育意识在“健康中国”“体育强国”建设进程中具有“根”和“源”的意味。缺少它，全民健身国家战略就难以向纵深发展，体育强国建设的目标就无法实现。

路径新。作为国内第一部专门研究公民体育意识培育问题的专著,该成果对公民体育意识的概念进行了定义,对公民体育意识的本质、结构、形成发展及影响因素,以及公民体育意识培育的理论基础、机制、路径进行了较为全面系统的研究,提出一些颇有新意的见解,对全民健身研究视野的拓展和理论体系的完善具有"开拓"性的价值。该成果以公民体育意识薄弱问题作为切入点,紧紧扣住公民体育意识"是什么""为什么要培育""如何培育"三大问题,从操作层面提出解决问题的办法。其路径首先是唤醒公民个体对缺乏体育锻炼风险的感知,促进公民锻炼习惯的养成。其次是将家庭的启蒙作用、学校的主导作用、社会的引导作用统一起来,构建起我国公民体育意识培育的全方位实施路径。

传播快。该书在出版之前,作者已经通过学术论文的形式在我国重要的体育学术期刊发表了阶段性成果 20 篇。据统计已经被下载近万次,被引用 120 余次。其中:《错位:当代人类慢性病发病率飙升的病理生理学基础——基于人类进化过程中饮食—体力活动—基因的交互作用》发表在《体育科学》2017 年第 1 期,被引用 25 次,被下载 1622 次,并被全文翻译成英文,在中国知网平台向全球推广,获山西省 2017 年度"百部(篇)工程"优秀成果三等奖;《运动的药物学特征:EIM 的学理支撑》发表在《沈阳体育学院学报》2017 年第 6 期,"人大复印资料"(体育)全文转载,被引用 4 次;《中国公民体育意识调查报告(2018)》发表在《武汉体育学院学报》2019 年第 10 期,被引用 6 次,CNKI 下载 1128 次;《诘问与回应:体育与幸福关系研究的 8 个基本问题》发表在《上海体育学院学报》2020 年第 7 期,见刊当天被"运动科学论坛""体育学术研究""体育学评论"等微信公众号转载,阅读量过万;《体育认知、体育情感、体育态度:当代大众体育意识培养三部曲 》发表在《体育科技文献通报》2017 年第 9 期,被引用 20 次。这些成果的传播为本书的出版,做了预热和铺垫,为一本学术专著的问世在传播速度上做了有益的尝试。

这的确是一个新时代!中国共产党人以人民为中心的理念越来越多地落实到了各个领域。不久前国务院印发了《全民健身计划(2021—2025 年)》。《计划》的发展目标是:到 2025 年,全民健身公共服务体系更加完善,人民群众体育健身更加便利,健身热情进一步提高,各运动项目参与人数持续提升,经常参加体育锻炼人数比例达到 38.5%,县(市、区)、乡镇(街道)、行政村(社区)三级公共健身设施和社区 15 分钟健身圈实现全覆盖,每千人拥有社会体育指导员

2.16名,带动全国体育产业总规模达到5万亿元。要完成这些目标,公民体育意识的培育和不断增强,怎么强调也不过分!

再次祝贺玉成教授的大作问世!

2021年8月11日于北京琴水斋

# 绪　论　必要的交代

习近平总书记指出："没有全民健康，就没有全面小康。"健康是人的自然追求，体育是促进健康的有效手段。在全面建成小康社会的进程中，要让体育与健康"同频共振"，离不开公民体育意识这个桥梁。改革开放以来，我国在政治、经济、文化、科技等方面取得了举世瞩目的伟大成就，但不容回避的是，"慢性病发病率不断攀升""亚健康群体不断扩大""青少年身体素质持续下滑"等问题也暴露出我国在国民体质健康方面仍存在明显不足，而这一切在个人层面又与我国公民体育意识淡薄有着很大程度的关联。绪论欲从公民体育意识的概念、公民体育意识与全民健身的内在关联、全民健身与全民健康的关系、公民体育意识的现状等方面揭示公民体育意识培育的重要性、紧迫性，进而为中国公民体育意识培育研究的必要性提供理论铺垫。

## 第一节　核心概念

### 一、意识

意识（consciousness）一词来源自拉丁文"consciencia"，其基本含义为"认识"。《牛津现代高级英汉双解词典》将其定义为一个人的观念、思想、感情、愿望、意向、记忆。《现代汉语词典》将其定义为：人的头脑对于客观物质世界的反映，是感觉、思维等各种心理过程的总和。① 但不同学科对其进行的定义仍存在一定差别。

① 中国社会科学院语言研究所词典编辑室：《现代汉语词典》（第6版），商务印书馆2012年版，第546页。

从哲学视角上看，意识是指人脑对客观世界的感知，即人对于客观世界的主观印象，相当于“思维”“精神”，与“物质”“存在”相对应。哲学层面的“意识”既可以当作动词使用，表示“意识到”“认识到”，也可当作名词使用，即指与物质相对立的活动的结果，如知识、思想、观念等。①

从医学视角上看，意识是指人对自身和周围环境的感知状态，即“神志清晰状态”或“醒觉状态”，②以及精神活动的清晰度和清晰范围。人的“意识状态”可分为意识清醒、意识野狭窄、意识混浊（嗜睡、昏睡）、朦胧状态和意识丧失（昏迷）。

从心理视角看，“意识”是指“人所特有的一种对客观现实的高级心理反映形式”，③不但包括人对客观现实的自觉反映，也包括主体对客体的体验、态度、评价、意向等，是人在对周围客观事物感知的基础上，经过思维加工而形成的，通过自己的语言和行动表现出来的心理活动。④ 主要指“意识到”“认识到”，常作动词用，以表示人的心理活动。简单地说，就是人自觉到的、意识到的心理活动。心理学家张春兴曾经给“意识”下过这样的定义：意识是一个包括多种概念的集合词，其含义是指个人运用感觉、知觉、思考、记忆等心理活动，对自己的身心状态（内在的）与环境中人、事、物变化（外在的）的综合觉察与认识。⑤ 神经生理学家汪云九院士认为，“意识”可概括为两点：一是它是一种主观体验；二是意识是感觉、知觉、感情、动机、注意等精神因素的总和。⑥

就本书而言，“体育意识”中的“意识”主要是指“运动的现象、本质和规律在人们头脑中的反映，是人们关于体育运动的认知、情感、意志、价值观念和理想等统一的心理活动和认识系统”。故“体育意识”中的“意识”的意义显然不宜归入哲学和医学层面。因为“体育意识”本身已是一种具化的心理现象，虽然包含在人的总意识、精神活动之中，但它反映的却是人们对“体育”的认知、情感、意志等特殊的心理活动内容。基于此，在本研究中我们将“体育意识”中的“意识”定

① 百度文库：《什么是意识？什么是无意识?》，https://wenku.baidu.com/view/f5649c64f5335a8102d22048.html。

② 裴启选：《心理医生》，内蒙古人民出版社2007年版，第41页。

③ 赵守盈、潘运：《心理学》，暨南大学出版社2012年版，第107页。

④ 白莉、刘勇：《大学生体育意识的特点与培养》，《体育科学》1994年第1期，第63—64页。

⑤ 张春兴：《现代心理学》，上海人民出版社2004年版，第173—174页。

⑥ 汪云九、杨玉芳：《意识与大脑——多学科研究及其意义》，人民出版社2003年版，第7页。

义为：

> 包括感觉、知觉、思维在内的一种具有复合结构的高级认识活动，是知、情、意三者的统一，具有目的性、能动性和自觉选择性。

在上述定义中，"思维"在意识活动中起着决定性的作用；"知"即"认知"，指人类对体育知识和价值的认知；"情"即"情感"，指人类对体育的感受和评价；"意"即"意志"，指人类体育行为中表现出的毅力、信心和坚韧不屈等精神状态；"目的性"指人们基于体育需要，对待体育的价值倾向；"能动性"指人们对于体育的兴趣、动机等人格倾向；"自觉选择性"指人们对待参与体育活动的倾向，表现为欲望、愿望、意图等。

## 二、体育意识

在我国，对"体育意识"概念最早进行定义的是国家体育科学研究所的熊斗寅教授，他在1990年撰写的《论亚运会与体育意识》一文中，将"体育意识"定义为："人们对于体育这一社会现象及其功能、作用的认识和反映。"①1990年3月，原国家体委副主任伍绍祖在全国体育发展战略讨论会上发表的《努力探索我国奔向小康阶段的体育发展战略》讲话中，把(提高国民)体育意识列为2000年体育发展战略10项指标的第一位。此后，"体育意识"一词很快在体育学、健康学、社会科学领域，大众传媒以及人们日常口头和书面语言中流行起来，国内有关"体育意识"的研究也迅速进入了高潮。但遗憾的是我国权威的辞书《现代汉语词典》《辞海》《简明社会科学词典》等始终没有收录"体育意识"这个条目，这对人们正确理解"体育意识"的含义造成很大影响。因此关于究竟什么是"体育意识"，不同学者、不同版本的体育学专业辞书和教科书有着不尽相同的解释。2000年由中国体育科学学会、香港体育学院编写的《体育科学词典》中将"体育意识"定义为"体育运动的现象、本质和规律在人们头脑中的反映。是人们关于体育运动的认知、情感、意志、价值观念和理想等统一的心理活动和认识系统"。② 由陈荫生和陈安槐主编的《体育大辞典》将其定义为"人们对体育的

① 熊斗寅:《论亚运会与体育意识》,《体育与科学》1990年第4期,第4—6页。

② 中国体育科学学会、香港体育学院:《体育科学词典》,高等教育出版社2000年版,第313页。

认识，价值观念及在体育活动中所表现出来的精神、思维活动等思想观念体系”。[①] 而高等学校体育心理学教材编写组编写的《体育心理学》教材则将其定义为“客观存在的体育现象在人们头脑中的反映，是人们对体育感觉、思维和判断的总和，是人们对体育运动总的认识和看法”。[②] 与此同时，国内的一些学者也从不同视角对“体育意识”的概念进行了界定，到目前为止，仅笔者在国内公开发表的书刊上检索就发现有三十多种，而且据此完全可以预见，今后还会不断有新的定义出现。对于一个概念，在如此短的时间内竟出现了如此多的定义和解释，一方面说明学界对“体育意识”给予了极大的关注和重视，另一方面也表明学界对何为“体育意识”远没有达成共识。“体育意识”到今天还没有一个公认的定义，表明“体育意识”的研究仍处在起步阶段，“体育意识”所反映的思想观念仍有必要进行进一步的探讨。

从上述对“体育意识”定义的不同阐述可以看出，尽管不同学者对“体育意识”概念的具体表达方式和研究角度各有不同，但反映的“内容”却基本一致。即一般都把体育意识理解为人的社会意识的一种特殊形式，是人们对体育和体育现象的主观反映，包括人对体育现象、体育内涵、体育功能和体育价值的内在领悟及感觉、知觉、观念，对体育的兴趣、要求和需求，对体育的态度、体验和情感，对体育的评价、意志、信念和行为倾向等，是这些心理要素的总和。那么，如何对待目前出现的众多体育意识的定义以及如何对体育意识进行定义，笔者认为，较为合适的方式是要考察人们为什么要提出“体育意识”这个概念，目前又是如何使用“体育意识”这个概念的，以及这些概念的实际含义。这不仅有助于拓展我们对体育意识的理解，也有助于为我们下一步的研究奠定基础。在笔者看来，要理解“体育意识”的含义，至少需要从以下几个方面思考。

第一，国内“体育意识”概念的提出，是在 20 世纪八九十年代，主要是基于人类体力活动不足所引发的慢性病发病率“井喷式”升高这个客观现实，它是人类多层次、全方位地解决“体力活动不足”问题的一种综合反映。故其涵盖体系应当包括认识论层次、健康观念和体育素养层次、政策法规层次、行为意向和行为规范层次；其内容体系至少应当包括体育健康促进意识、慢性病预防意识、体

---

① 陈荫生、陈安槐：《体育大辞典》，上海辞书出版社 2000 年版。

② 体育心理学教材编写组：《体育心理学》，高等教育出版社 1987 年版。

闲娱乐意识、强身健美意识，体育参与意识等。

第二，作为社会意识的一种特殊形式，体育意识既具有意识的一般特点，又具有自己的独特之处，它是人脑对体育健康促进现象的反映，根源于人的体育实践活动，并随着体育与健康事业的发展而发展。

第三，体育意识是人的一种自觉心理活动，是由知识观念、意向观念和决策观念所组成的心理过程，其核心是社会个体和群体对体育与健康及相关问题的认识、判断、态度以及行为取向。同时，这种认识、判断、态度和行为取向又决定和影响着人的体育行为。

第四，人的体育意识不是与生俱来的，也不是一成不变的，而是后天获得的，是体育与健康关系实践活动塑造的结果，可以通过体育教育来改善，通过体育意志和情感来培养。

在这里，笔者需要特别说明的一点是，由于“体育”是一种比较复杂的社会现象，它的内涵和外延都十分丰富而广泛。目前“体育”一词则至少有五种释义：1. 作为体育概括性的总概念；2. 教育领域同德育、智育、美育等并列的概念；3. 作为精神功能的比赛性游戏；4. 社会大众以增强体质为目的的身体运动和调节活动；5. 人们各色各样的自娱性身体活动。① 又由于“体育”有“日常概念”和“科学概念”之分，“学校体育”“竞技体育”“大众体育”之别，加之不同的社会群体和个体对“体育”均有自己不同的理解，因此即使同样说的是“体育”，内涵也不相同。② 而不同概念下的“体育”、体育意识的所指也有区别。例如运动员的体育意识往往侧重于创造成绩、为国争光，在一定程度上他们的体育意识就是金牌意识。本研究所说的“体育意识”中的“体育”主要是指基于健康所需要的各类人群开展的健身、休闲娱乐活动，即我们平常所说的“大众体育”，其目的主要是“弥补体力活动不足”“愉悦身心”“增强体质”“提高健康水平”“减少疾病的发生”，并非奥林匹克选手所参加的那类“体育”，也不是体育中的“学校体育”，而是全民参与的为“锻炼身体和娱乐”的那种“体育”，故本研究所指的“体育意识”主要侧重于“运动健身意识”“体育锻炼意识”。为此，本研究将“体育意识”

---

① 乔玉成：《“体育”概念的发生学研究——兼论“Sport”能否成为中国“体育”的总概念》，《体育研究与教育》2013 年第 1 期，第 1—16 页。

② 乔玉成、范艳芝：《诘问与回应：体育与幸福关系研究的 8 个基本问题》，《上海体育学院学报》2020 年第 7 期，第 1—15 页。

定义为：

> 体育意识是人们对体育健康促进的价值、重要性以及运动不足与慢性病之间关系理解程度的自觉反映，在内表现为对运动健康促进作用的认知，对参与体育锻炼的兴趣、情感、态度、体验和行为倾向，在外表现为参与体育活动的自觉性、主动性和积极性。

在这个概念框架中，对体育健康促进作用，对运动不足与慢性病之间关系的认知是体育意识形成的基础，只有在对有关运动（体力活动）不足与慢性病之间的关系，对体育健康促进作用的重要性、紧迫性有所理解的基础上才有可能形成。但体育意识又不止于对体育健康促进作用的认知，与这一过程相伴随的是相应的情感体验，如对自身健康的焦虑感、危机感、责任感，对体育锻炼产生效益的体验等，且最终还要使个体产生一定的行为倾向。而这一行为倾向又不是指行为本身，而只是人做出行动之前的思想倾向和意向等，如愿意为愉悦身心，为维护自身的幸福感、健康状态和增强体质而参与体育锻炼活动等。这几种心理成分相互联系、相互制约，并统一于个体的体育意识之中，对体育锻炼行为起促进或阻碍作用。

## 三、公民体育意识

“公民体育意识”包含“公民”“体育”“公民意识”“体育意识”和“公民体育意识”等概念范畴，要准确理解和把握它的含义，首先需要厘清“公民”“公民意识”“体育意识”概念之间的关系，因为这是研究公民体育意识的逻辑起点，也是公民体育意识培育首先要解决的问题。

### （一）公民

“公民”既是一个政治学中的概念，也是一个法律上的概念。“公民”的政治概念总的说来比较抽象、笼统。在政治学领域，一般认为，“公民”是指“参与公共事务从而在政治国家中具有自主性的个人”。① 而“公民”在法律层面其概念则较为具体、明确。在宪法上，公民是宪法规定的基本权利的一般性、经常性的主体。通常是指“具有一个国家国籍的，根据该国宪法和法律享有权利、承担义

① 谢维雁：《公民导论》，四川大学出版社 2014 年版，第 1 页。

务的自然人"。[①] 例如,《中华人民共和国宪法》第33条规定,凡具有中华人民共和国国籍的人都是中华人民共和国公民。但"公民"与"自然人"并不是完全相同的概念,"公民"仅指具有某国国籍的自然人,而"自然人"既包括某国公民,也包括外国人和无国籍人。此外,还有学者认为,"公民"是指具有公民资格的人民或国民。[②] 公民资格主要指个人同国家之间的关系,这种关系是个人应对国家保持忠诚,并因此享有受国家保护的权利。[③] 基于此,本书将"公民"定义为具有某一个国家的国籍,享有该国宪法和法律规定的权利,同时履行宪法和法律规定的义务的人。

此外,公民还是一个与"臣民"相对应的法学概念。臣民,亦称"子民",是与奴隶制、封建等级制度相伴随的产物,具有无主体性、附属性、从属性等特征,故臣民无我,只有对统治者的责任、顺从、服从,没有个人的权利。[④] 而"公民"不仅是政治生活的主体,更是国家的"主人"。因此,从主体和主人的角度来看,公民更应该自觉承担国家和社会的责任。[⑤]

### (二)公民意识

目前,学界对公民意识概念的界定可谓林林总总。由王伟和戴扬毅主编的《中国伦理学百科全书·应用伦理学卷》中将"公民意识"界定为"公民对于自己的主人地位,对于自己依宪法和法律规定而享有的权利、权益和应承担的义务,具有明确的认识,具有坚持这些权利,维护这些权益,履行这些义务的自觉意愿"。由孙钱章主编的《实用领导科学大辞典》中将其界定为"公民依法对自己的权利义务所采取的有理性、有意识的态度"。李小群认为,公民意识作为一种社会意识形态,是公民在公民社会中所形成的对于自身主体性、权利和义务、社会身份、政治地位等的理性自觉。[⑥] 李艳霞认为,公民意识是指公民对其自身与国家之间关系的心理体认和生活实践,具体包括公民的身份意识、权利意识、参与意识、监督意识、义务意识和法律意识,在现实政治生活中体现为公民的信任

① 胡锦光、韩大元:《中国宪法发展研究报告》,北京出版社2004年版,第136页。

② 龚祥瑞:《比较宪法与行政法》,法律出版社1985年版,第133页。

③ 谢维雁:《公民导论》,四川大学出版社2014年版,第76页。

④ 徐颖:《论公民法律意识的培育》,复旦大学硕士学位论文,2008年。

⑤ 蒋传光:《公民社会与社会转型中法治秩序的构建——以公民责任意识为视角》,《求是学刊》2009年第1期,第76—84页。

⑥ 李小群:《公民意识与法治国家的构建》,《江淮论坛》2009年第5期,第110—113页。

能力、参与意愿、公共精神和正义感等。[①] 张宜海认为，公民意识至少包括四个最基本的方面：一是公民身份意识；二是公民权利意识；三是公民责任和义务意识；四是公民参与意识。[②]

### （三）公民体育意识

在本课题“中国公民体育意识的培育研究”中，将“体育意识”限定在“公民”，主要是指“公民的”体育意识，之所以不使用“国民”“群众”“民众”等词语，更多考虑的是“公民”所蕴含的基本精神——“身份”“权利”“责任和义务”，即强调公民不但具有通过体育锻炼维护自身健康的权利，也承担有“提高全民族身体素质”的责任和义务。

巩庆波认为，我们不应当仅仅将参加体育活动、锻炼身体、增强体质、促进健康看成是个人问题，还应该把它看成是个人对社会、对国家应该承担的责任与义务。[③] 张建荣认为，公民个人的健康与整个社会的公共健康之间是一种相互依存、共同促进的协调关系，当一个社会的基本成员，即公民个体健康状况得到很好的保证，公民个体的身体和心理状态达到和谐与平衡时，整个社会的公共健康状况自然能够得到很好的维护。[④] 我们认为，强化公民体育意识，通过体育锻炼提高公民健康水平，不仅仅是关系到公民自身的健康问题，而且涉及公共健康问题。而公共健康是一个确立在对“公众”或全体公民进行广泛而深入的疾病预防与健康保护基础之上的概念。它面向的是整个社会的所有成员，而不是单个个体；它所强调的是群体性的预防和保健，关注的是人口统计学意义上的患病率减少；它的存在与发展是以社会主体的共同参与和协作为首要条件。因为，没有全体公民的生命健康，公共健康也就没有了前提和基础。尤其是在“健康中国建设”和“提高全民族身体素质”的背景下，只有开展“全民健身运动”，让全体公民参与其中，既把体育锻炼看成是维护自身健康的权利，又把参与体育锻炼看成

---

① 李艳霞：《公民资格视域中中国公民意识培育基础初探》，《人文杂志》2007 年第 3 期，第 175—178 页。

② 张宜海：《公民意识的基本内涵、培养思路及途径》，《学校党建与思想教育》2013 年第 18 期，第 26—28 页。

③ 巩庆波：《大学生体育权利的保障与义务的履行》，《体育科研》2015 年第 1 期，第 96—99 页。

④ 张建荣：《公共危机挑战下的中国公民责任及其教育》，社会科学文献出版社 2015 年版，第 225 页。

是提高全民族健康水平的责任和义务,国民整体健康水平才能得到提高,健康中国建设和全面小康社会的目标才能得以实现。

当前,我国公民体育权利意识普遍不高,体育健身参与意识淡薄,而体育责任和义务意识更加缺乏。绝大多数国人认为锻炼不锻炼身体是个人的事情,与国家和其他人没有太大的关系,根本没有意识到进行体育锻炼也是每个公民为国家富强、民族振兴所应尽的责任和义务。由于缺乏责任和义务的约束,加之社会、学校的漠视,自身惰性心理的驱使以及电子网络游戏等娱乐因素的诱惑,人们参与体育锻炼的自觉性、主动性、积极性受到极大的影响,进而导致社会快速发展引发的"体力活动不足"难以得到纠正,慢性病发病率居高不下,不但影响到公民个人健康,也给国家的公共卫生安全带来了极大的威胁,给国家财政造成巨大的负担。[①] 因此,公民体育意识不仅关乎个人效益,同样关乎社会效益。作为社会整体的组成部分,每一个公民都有责任和义务来捍卫和保护整个社会的公共健康和安全。

我们认为,作为公民意识的一个分支,公民体育意识在表层操作方面应当包括公民对于体育健身知识、原理和价值的知晓和认识,对运动健身的态度与评价以及对参与健身活动的预期与参与程度;在深层的理性认知方面,应该包括公民对自身在提高全民族身体素质中的社会角色、承担的社会责任、享有的社会权利所持有的认知与观念。基于此,本研究将"公民体育意识"定义为:

> 公民体育意识是指公民对运动健康促进的价值、重要性以及运动不足与慢性病之间关系理解程度的自觉反映,在内表现为对运动健康促进作用的认知,对参与健身锻炼的兴趣、情感、态度、体验和行为倾向,对自身在提高全民族身体素质中的社会角色、承担的社会责任、享有的社会权利所持有的认知与观念,在外表现为参与健身活动的自觉性、主动性和积极性。

## 四、公民体育意识培育

公民体育意识是关于公民对体育健康促进现象、本质内涵、价值意义及其行

① 乔玉成:《进化·退化:人类体质的演变及其成因分析——体质人类学视角》,《体育科学》2011 年第 6 期,第 87—96 页。

为方式的主观映像与观念反思，是对参与体育锻炼的兴趣、情感、态度、体验和心理行为倾向。而公民体育意识培育则是指通过一系列的培育措施促使公民体育意识得到丰富、发展和提高。

公民体育意识既是公民自觉自愿参与体育活动的前提和基础，也是公民把体育需求转化为体育行为的桥梁，是我国全民健身事业发展的基石，是衡量一个国家文明程度和发展建设成就的标志。作为公民健康素养的核心内容之一，体育意识的发生发展和形成不是自发形成和一蹴而就的，它需要一个升华的过程，需要长时间的积累和沉淀，需要进行培养和教育。尤其是在我国公民体育意识普遍淡薄的背景下，大多数公民体育意识形成只能是培养和教育的结果。因此，公民体育意识培育培养过程就显得尤为重要。

近二十年来，随着"全民健身运动"的开展，我国群众体育得到了快速发展，公民体育意识也在逐步觉醒和提高。然而尽管如此，从总体上看，我国公民体育意识培养仍处于起步阶段，其发展速度仍跟不上全面建成小康社会进程的要求，这已成为制约小康社会和健康中国建设的瓶颈。近年来，国家虽然通过各种方式大力宣传体育健身理念，许多民众也知晓体育锻炼的价值，但内化为个人身体锻炼行为的自觉性和积极性仍然不高。虽然"全民健身"目前已被上升为国家战略，但公民体育意识的培育在一定程度上仍存在被忽视的现象。除此之外，我国不同地域之间公民体育意识的发展还很不平衡。经济发达地区的文明程度相对较高，公民的体育权利义务观念较强，形成了较为成熟的体育健身意识；而在经济欠发达地区，受诸多因素的影响，公民的体育权利和责任意识水平和层次仍然较低，自觉参与体育健身的能动性仍然严重不足，需要加大力度进行培育。因此，公民体育意识的培育任重道远。

托克维尔认为，没有共同的观念，就没有共同的行动。① 无论"全民健身""全民健康"，还是"健康中国建设""体育强国建设"，都需要有与之相匹配的公民体育意识来支撑。只有全体公民真正具有体育意识，才有可能自觉地、有意识地产生体育行为，"全民"健身的时代才算真正到来。因此，从一定意义上说，公民体育意识的强弱决定着未来中华民族健康素质的整体水平，决定着健康中国的未来，决定着全民小康社会能否如期实现。这就需要我们晓之以理，动之以

---

① ［法］托克维尔：《论美国的民主》（下卷），商务印书馆 2002 年版，第 653 页。

情,形成信念,导之以行,采用迅速而有效的方法,将提高公民体育意识落实到制度设计之中,固化到每个公民的日常生活方式之中,融化到每个公民的骨髓和血液里,而这一切又都与公民体育意识的培育密切相关。

## 第二节 研究背景

目前,随着我国社会经济的快速发展和人们生活方式的改变,以心脑血管疾病、恶性肿瘤、慢性阻塞性肺部疾病、糖尿病等疾病为主的慢性病患病率正在以惊人的速度上升,不仅在很大程度上造成了国家和家庭医疗负担剧增,且已成为我国居民健康和经济社会发展所面临的重大挑战。慢性病的发生发展与许多不卫生的习惯、不科学的生活方式、不健康的行为有关,其中不健康的饮食习惯和缺乏体力活动是其最重要的两大因素,这就意味着要有效防控慢性病,必须从源头抓起。一方面,要合理饮食,杜绝随心所欲、无节制的大吃大喝、乱吃乱喝的饮食行为;另一方面,要加强身体锻炼,以弥补体力活动不足。在此背景下,培育公民健康意识,提高公民对饮食和身体活动对健康影响以及预防干预措施积极作用的认识和了解,督促广大公民积极参与到全民健身运动中去,就成为当务之急。

### 一、慢性病发病呈“井喷”态势

#### (一)我国慢性病的流行概况

近三十年以来,伴随着我国经济的迅速崛起以及工业化、城镇化进程的加快,我国居民生活水平得到了极大改善。但不容忽视的是,由于生产生活方式变革带来的营养过剩和运动不足,致使慢性病的发病人数与日俱增,并成为影响我国人民健康和死亡的首要原因。2004 年全国营养调查结果表明,我国居民的主要健康威胁,已经从感染性疾病和母婴疾病转向慢性病。2012 年全国居民慢性病死亡率为 533/10 万,占总死亡人数的 86.6%。其中心脑血管病死亡率为 271.8/10 万,癌症死亡率为 144.3/10 万,慢性呼吸系统疾病死亡率为 68/10 万,三类疾病合计占到占总死亡人数的 79.4%。此外,明确诊断为慢性病的患者超过 2.6 亿人。① 《2014

① 朱磊:《慢病也能拖垮人——慢性病占我人群疾病负担 69%》,《人民日报》2012 年 1 月 5 日。

中国卫生和计划生育统计年鉴》数据显示，中国居民从2003年到2013年10年间慢性病发病率增长了10倍，截止到2013年，确诊的慢性病患者已超过3亿，并且每年在以1100万例的速度递增。①《中国居民营养与慢性病状况报告(2015年)》数据显示，2012年我国18岁及以上成人高血压患病率为25.2%，糖尿病患病率为9.7%，而在2002年，这两个数字分别为18.8%和2.6%。②《中国自我保健蓝皮书(2015—2016)》的调查数据显示，中国18岁及以上成人超重率为30.1%，肥胖率为11.9%，分别比2002年上升了7.3和4.8个百分点；6至17岁儿童青少年超重率为9.6%，肥胖率为6.4%，分别比2002年上升了5.1和4.3个百分点。不论成人还是青少年，超重肥胖增长幅度都高于发达国家。与此同时，慢性病死亡占中国居民的总死亡构成已经上升至85%，且发病呈现出年轻化发展趋势，开始侵袭四五十岁的中年人群。由于危险因素没有得到有效控制，专家预计，未来30年我国慢性病还将继续上升，慢性病作为居民死亡主要原因所占的比例将更高。

慢性病的流行给卫生服务系统和公共财政带来了巨大压力，对低收入人群的影响尤为严重。我国居民，尤其是农村居民因病致贫、因病返贫的现象十分突出，这种状况既是影响我国居民健康最重要的公共卫生问题，也是事关全局的重大社会经济问题。只有下决心从源头上控制饮食不当与体力活动不足两大问题，才能减少特定风险因素。否则，未来十年我国慢性病发病率和因慢性病死亡的人数还将大大增加，由此所导致的对我国经济、社会产生的负面影响还会继续加大。

国际社会公认，慢性病防治并不是一个高精尖的难题，通过合理的膳食搭配以及适量的体育运动，避免静坐不动，80%的心脑血管疾病和2型糖尿病、55%的高血压、40%的肿瘤是可预防的，而增加体力活动水平则是应对挑战，保护健康最有效的手段。因此，通过动员全社会和多部门的力量，营造有益于健康的环境，倡导有益健康的行为和生活方式，鼓励或劝说人们改变自己不健康的行为，对高危人群进行膳食和运动等生活方式干预，我国慢性病的高发态势是有可能

① 国家卫生和计划生育委员会：《2014中国卫生和计划生育统计年鉴》，中国协和医科大学出版社2014年版。

② 国家卫生计生委疾病预防控制局：《中国居民营养与慢性病状况报告(2015年)》，人民卫生出版社2015年版。

得到有效遏制的。

### （二）慢性病“井喷式”增长的原因与机制

慢性病的发生发展是遗传基因和环境因素相互作用或共同作用的结果。现有证据证实，具有遗传基因缺陷者，在不利的环境因素作用下易感慢性病。吸烟、过量饮酒、高盐、高脂、高糖等不健康饮食和缺乏体力活动是导致慢性病发生、发展的主要危险因素，其中以不合理饮食和体力活动不足为基础的不良生活方式已经成为慢性病的最大“宿敌”，而与此相关的肥胖、高血压、高血脂、高血糖等已被明确为导致慢性病发生发展最直接的原因。① 从进化的角度来看，当代人类慢性病发病率飙升更深层次的原因是当代人类的基因型难以适应当前人类所处的“饮食”和“体力活动”环境。其机制归纳起来主要包括以下四个方面。

一是“基因进化速率与社会文化发展步伐间的时空反差”引发的人类的生物进化与文化进化之间的不同步。有研究指出，目前维持当代人类基本形态结构、生理功能、物质代谢方面的基因组合与过去一万年前的“旧石器时代”相比仍然非常相似，其差异仅为万分之二，而人类的生存环境，尤其是社会文化环境却已发展到“太空时代”，与一万年前相比有着天壤之别。人类“基因进化”与“文化进化”速率之间的不同步，使得我们已经适应旧石器时代环境和生活方式的基因型，在突然遇到高脂肪、高能量密度的食物环境和低消耗生活方式时，还未进化出新的基因组合加以应对，或者还来不及适应当今人类文化变革的节奏和生活方式，导致基因与饮食、体力活动水平之间的交互作用发生错位，进而引发当代人类慢性病发病率飙升。

二是“身体中的‘节俭’基因与当代人类‘奢侈’生活间的矛盾”造成的当代人类的基因与食物供求关系的不匹配。美国密歇根大学人类遗传学家詹姆斯·尼尔（James Neill）认为，在漫长的人类进化过程中，为应对环境中不可预知的食物供给压力，人类一些与能量储存和消耗有关的基因在经过反复的自然选择后，逐渐演变为能够充分有效地利用有限食物，尽量积攒能量，以备饥荒时期生理需求的“节俭基因”，这些基因不仅作为人类应对“饥荒”的优势基因代代相传，而且即使到了今天人类食物供应已相当丰富的时代仍未被淘汰。而工业化、现代

① 乔玉成：《错位：当代人类慢性病发病率飙升的病理生理学基础——基于人类进化过程中饮食—体力活动—基因的交互作用》，《体育科学》2017 年第 1 期，第 28—44 页。

化时代的来临，早已使当代人类的生存环境发生了巨大的变化，人们不用再为吃喝发愁，饮食结构也“瞬间”由低热量、低脂肪变为高热量、高脂肪。由于人类的基因组合无法在如此短暂的时间内对“节俭基因”进行改造，基因与饮食环境的不匹配，便造成了“节俭基因”在不需要积攒能量的时候仍然“自觉地”“尽职尽责地”堆积脂肪，成为导致慢性病发生率飙升的帮凶。与此同时，快速的城市化、工业化、机械化、信息化进程又使得当代人类职业劳动强度不断下降，久坐不动的生产生活方式盛行，使得人类的能量消耗不断降低，以脂肪形式储存的能量缺少了被消耗的机会，便进而导致了代谢综合征的流行。因此，从进化的角度看，人类肥胖、糖尿病等慢性病的本质其实是一种自然选择优势的副产品，而并非是一种疾病。

三是“适应了强体力活动水平的基因与久坐不动生活方式间的冲突”导致的当代人类的基因型对低能耗生活方式的不适应。有研究发现，人类在工业化时代以前每天由于体力活动消耗的热量已达相当高的水平，而经过自然选择的需要体力活动刺激才能表达的基因也早已编入我们祖先的基因序列，且在近万年的人类进化过程中也没有发生的显著变化。但是，当代人类的体力活动水平现状却与遥远的过去有着很大的不同。据世界卫生组织全球信息库提供的数据，至 2015 年全球 122 个国家和地区 15 岁以上人口体力活动不足总体发生率已达 31. 1%。职业性、交通性和家务性体力活动能耗占身体总能量消耗的比例越来越小，从事久坐职业的人口比例不断攀升，这使得全球大多数人口都处于缺乏体力活动的高风险之中。在中国，1991—2006 年成人每周体力活动水平平均下降了 32%，城市中青年能够达到世卫组织体力活动推荐量标准的人群比例仅为 21. 8%，儿童少年每天参与中、高强度体力活动不足一小时者占 80. 3%。但人类的基因型并没有因此而改变，与体力活动相关的基因仍是数百万年自然选择的结果，基因组对体力活动水平仍有严格的要求，这就使得需要一定体力活动量刺激才能表达的基因与其所处的能量消耗环境发生严重的错位，进而引起身体能量代谢系统的紊乱，造成肥胖、糖尿病等慢性病的发生率急剧增加。

四是“古老的代谢方式与当代能量收支关系不匹配”引起的能量代谢过程与基因型需求间的不兼容。有研究指出，当代人类物质能量代谢程序沿用的仍然是数十万年前人类的能量摄入与消耗的调节机制、信号传导机制以及糖脂代谢方式，而这种“代谢调节机制”非常适合于“低水平热量摄入和高水平体力活动消耗"的人类生存环境。现代表观遗传学研究表明,食物营养结构以及体力活动水平的改变均会对糖脂代谢相关基因的表观遗传修饰产生强烈影响,进而影响某些基因的表达,引起糖脂代谢紊乱,导致肥胖、糖尿病等多种代谢疾病的发生。因此,当人类快速进入到食物供应丰富、体力活动不足的生产生活环境时,很容易引起能量摄入与支出的不匹配,进而引起肥胖症、糖尿病等慢性病的流行。

综上,当代人类的基因组合仍停留在旧石器时代,但人类的食物环境、体力活动水平已发生了翻天覆地的变化,而人类又永远不会"摆脱"自身基因的"约束",与生俱来就对"饮食结构"和"体力活动"有苛刻要求的身体,在进入营养供应充分,质"优"价廉,高糖、高脂、高密度能量食物环境和不需要高水平体力活动就能生存的时代,必然会在"好吃懒动"为"节省能量"本能的驱使下,无节制地"吃",尽可能地"坐",其结果必然促使越来越多的人步入肥胖症、心脑血管疾病、糖尿病等慢性病的行列。

## 二、国家和个人医疗负担日趋加重

疾病负担由疾病所致的经济负担、生活质量恶化、生命年的损失三大要素构成(图 1—1)。其中经济负担是指由于疾病、伤残、死亡给患者、社会带来的经济损失以及为了防治疾病而消耗的卫生资源。包括用于治疗和预防疾病的直接经济负担以及造成劳动力损失的间接经济负担。在公共卫生领域,疾病负担是一个阐述卫生问题、辨明趋势和协助公共卫生决策的重要指标。

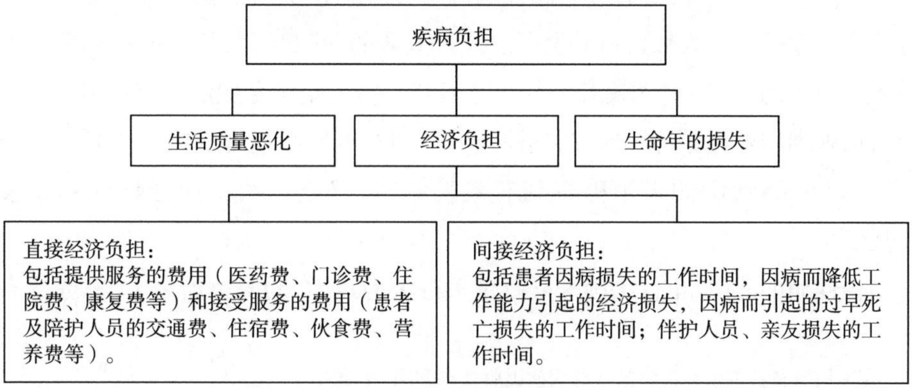


**图 1—1　疾病负担示意图**

(引自:杨敬宇等:《卫生经济学》,兰州大学出版社 2014 年版)

有研究指出,2000 年我国的慢性病总医疗费用仅占总卫生费用的 1/4 和 GDP 的 1.38%,而到 2003 年,我国心脑血管疾病的直接医疗费用每年竟高达 1300 多亿元,占同期医疗总费用和卫生总费用的比率分别为 22.65%和 19.4%,其中仅用于糖尿病及其并发症治疗的直接费用高达 188 亿元人民币,用于高血压病的直接医疗费用高达 366 亿元人民币。2005 年,我国慢性病的经济负担为 15345 亿元,相当于当年 GDP 的 8.4%,年增长速度为 17.72%,高于同期国民经济和居民年收入增长速度,按当年价格计算,与 1993 年相比,2005 年中国疾病经济负担增加了 6.5 倍。其中,直接经济负担增加了 5.5 倍,间接经济负担增加了 7.3 倍,各类经济负担的增幅都大于 GDP 增幅的 4.2 倍,①对宏观经济形成重压,成为企业发展的重大包袱和个人生活水平下降的主要影响因素。2011 年 9 月 20 日的《健康报》报道,我国是全球慢性病患者数量增长最快的国家之一。2008 年已有 2.7 亿慢性病患者,且每年新增 1600 万例,相当于一个中等国家的人口总数。每年有 643 万人死于慢性病,为年死亡人数的 80%。2010 年全国疾病总负担为 48000 亿元,慢性病的经济负担增速大大超过 GDP 增速,不断吞噬着我国的经济发展成果。② 2011 年 7 月 26 日,世界银行发布报告称,癌症、糖尿病、心血管疾病、慢性呼吸道疾病等已成为中国居民健康的头号威胁。报告同时指出,中国的慢性病死亡率高于二十国集团的其他主要成员国:中风死亡率比日本、美国和法国高 4—6 倍,慢性阻塞性肺部疾病死亡率约为日本的 30 倍。2015 年 4 月 10 日,国家卫计委公布的《中国疾病预防控制工作进展(2015 年)报告》数据显示,慢性病作为一种非传染性疾病,其致死率已居全国总死亡率之首。慢性病所导致的死亡人数已占到全国总死亡人数的 86.6%,其导致的疾病负担占总疾病负担的 70%。③ 另有研究指出,“百年一遇的全球金融危机撼动不了中国经济的强劲增长势头,而天量的慢性病人口却有可能在不远的将来拖垮中国经济”。因此,慢性病如果不能得到有效控制,将严重制约我国经济的可持续发展。

慢性病的肆虐,不仅给国家财政带来巨大的压力,同时也给个人、家庭带来

① 周绿林:《卫生经济学》,江苏大学出版社 2014 年版,第 157 页。

② 向瑞玺、殷宇岗:《告别衰老:自测、自比与自疗》,山东科学技术出版社 2014 年版,第 72 页。

③ 国家卫计委:《中国疾病预防控制工作进展(2015 年)报告》。

了难以承受的经济负担。由于慢性病病程长，医疗成本高，致残致死率高，治疗费用惊人，导致普通国民难以承受。《中国卫生统计年鉴 2005》显示，城镇居民罹患常见慢性病住院一次需花费其人均年收入的一半以上，农村居民罹患常见慢性病住院一次至少要花费其人均年收入的 1.5 倍。① 2008 年第四次国家卫生服务调查显示，因慢性病全国劳动力休工 36 亿天/年（占 65%）；因慢性病劳动力人口长期失能 37 亿天/年（占 75%）。世界卫生组织简报《中国灾难性卫生支出和因病致贫影响因素分析》中的数据显示，至 2011 年底，中国的卫生总费用达 2.43 万亿元，人均卫生费用达 1801 元，这还未包括疾病间接经济负担。中国家庭灾难性卫生支出发生的比率为 13.0%，因病致贫率为 7.5%。《2016 年我国卫生和计划生育事业发展统计公报》数据显示，2016 年全国卫生总费用达 46344.9 亿元，其中个人卫生支出 13337.9 亿元，人均卫生总费用 3351.7 元，卫生总费用占 GDP 百分比为 6.2%。《2019 年我国卫生健康事业发展统计公报》数据显示，2019 年全国卫生总费用预计达 65195.9 亿元。其中：政府卫生支出 17428.5 亿元（占 26.7%），社会卫生支出 29278.0 亿元（占 44.9%），个人卫生支出 18489.5 亿元（占 28.4%）。人均卫生总费用 4656.7 元，卫生总费用已占 GDP 的 6.6%。上述数据说明，慢性病的肆虐，对国家财政和个体、家庭经济造成的压力越来越大，对社会和经济的负面影响日益严重。疾病负担正在成为普通百姓面临的沉重的经济压力和走向“小康家庭”最大的障碍。尤其是在中国经济面临速度换挡、结构调整与动力转换关键节点的大背景下，它使我国居民医疗卫生保健的巨大需求与有限的财政支撑之间的矛盾变得空前尖锐。因此，加大对慢性病预防和控制力度已迫在眉睫。

全民健身与预防医学目标具有一致性，方法与效果上具有互补性。“50%以上的慢性病负担可通过改变生活方式和控制行为风险来承担”，“1 美元体育活动投入相当于 10 美元疾病预防投入或 100 美元疾病治疗投入”。“全民健身作为一种非医疗干预手段，具有低投入高产出的效益，直接的效益是医疗系统的前端压力减轻、国家社会医疗支出压力缓解”。因此，通过公民体育意识培育，形成全社会崇尚体育、热爱运动的社会风气，提高体育健身参与人口比例，降低慢性病发病风险，不仅将会使全体公民不再囿于“疾”，困于“病”，把庞大的医疗开

① 中华人民共和国卫生部：《中国卫生统计年鉴 2005》，中国协和医科大学出版社 2005 年版。

支节省下来，同时也能为国家破解“健康成本越来越高”“医疗负担不堪重负”的难题提供最有效的途径。

## 三、体力活动不足人口比例节节攀升

体力活动是指由骨骼肌收缩引起的伴有能量消耗增加的身体活动。按身体活动的时间和空间划分，人类的身体活动可分为职业中的身体活动、交通中的身体活动、闲暇时间里从事的身体活动（含体育锻炼）及家务劳动等四大类别。世界卫生组织制定的《关于身体活动有益健康的全球建议》指出，凡达不到下列三条标准任何之一者均可认定为体力活动不足：1. 每周至少 3 天，每天至少 20 分钟的高强度体力活动；2. 每周至少 5 天，每天至少 30 分钟的中等强度的体力活动或步行；3. 每周至少 5 天有步行并参加中等强度或高强度的体力活动，每周累积总能量消耗达 600 代谢当量-分钟（MET-mins）。[①]

### （一）全球人口体力活动不足流行概况[②]

当前，体力活动不足对健康的负面影响已波及全球，体育活动不足被世界卫生组织确定为 21 世纪的“流行病”和全球最大的公共卫生问题。世界卫生组织全球信息库数据显示：全球 122 个国家和地区 15 岁以上人群体力活动不足发生率为 31.1%（男性 28%，女性 34%）；其中非洲为 27.5%（95% *CI*：27.3%—27.7%），美洲为 34.8%（95% *CI*：34.5%—35.1%），地中海东部地区为 43.2%（95%*CI*：42.8%—43.6%），欧洲为 43.3%（95%*CI*：43.0%—43.6%），东南亚地区为 17.0%（95% *CI*：16.8%—17.2%），西太平洋地区为 33.7%（95% *CI*：33.5%—33.9%），国家或地区间存在着巨大的差异，范围从孟加拉国低至 4.7%（95%*CI*：4.3%—5.1%），到马耳他高达 72.5%（95%*CI*：31.0%—87.2%）。[③] 受被调查样本范围和时间影响，不同研究报告存在一定差别。例如，Guthold 等报告，全球 51 个国家体力活动不足总体发生率为 17.7%；22 个非洲国家发生率介于 46.8%（马里）到 96.0%（莫桑比克）之间，15 个欧盟国家发生率介于 19.3%

① 世界卫生组织：《关于身体活动有益健康的全球建议》，https://www.sohu.com/a/193900603_678883。

② 乔玉成、王卫军：《全球人口体力活动不足的概况及特征》，《体育科学》2015 年第 8 期，第 8—15 页。

③ WHO. *Global Health Observatory*（*GHO*）. http://origin.who.int/gho/en.

（荷兰）和43.1%（法国）之间。[①] Kruk报告，发展中国家17%—91%的成人和发达国家4%—85%的成人未达到世界卫生组织推荐的体力活动量标准；体力活动不足发生率加拿大最高（85%），其次是阿根廷（68%）、波兰（64%）、英国（63%）、美国（54.1%）、南非（52%）、法国（33%）、中国（31.1%）、泰国（19%），蒙古（9%）。总体上看，发达国家高于发展中国家，城市高于农村，发展中国家快速发展的大城市中问题更大，且人群自我报告的发生率明显低于真实发生率。此外，世界卫生组织估计，全球大约有4/5的青少年没有达到维持健康所需要的身体活动量。

### （二）中国居民体力活动不足流行概况

《中国慢性病及其危险因素监测分析报告2004年》显示：2004年中国18—69岁人群身体力活动不足率平均为39.3%。其中，城市地区为40.1%，农村地区为38.5%。从区域情况看，东、中、西部地区体力活动不足率依次为40.8%、39.5%和35.6%。从不同年龄组看，人群体力活动不足率总体随年龄增长而降低，女性更为明显。城市地区男性体力活动不足率以30—39岁组最高（43.2%），女性则为18—29岁组最高（58.4%）。农村地区男性体力活动不足率以40—49岁组最高（35.2%），女性仍为18—29岁组最高（59.9%）。无论男女和城乡，随教育水平升高，体力活动不足率也在升高。[②] 此外，Shu等还报告，1991—2006年，中国成人每周体力活动量下降了32%。[③]

苏畅等以1997年、2000年、2004年、2006年和2009年5轮"中国健康与营养调查"资料中有完整身体活动数据的我国9省区18—49岁健康成年居民25507人作为研究对象，计算该人群每周体力活动量。结果显示：男、女性成年居民体力活动量从1997年的358.7 MET-hrs/周和403.1MET-hrs/周分别下降至2009年的255.8 MET-hrs/周和249.0 MET-hrs/周；城市、农村成年居民体力活动量从1997年的311.1 MET-hrs/周和416.9 MET-hrs/周分别下降至2009年的181.4 MET-

① Guthold R, Ono T, Strong KL, et al. Worldwide variability in physical inactivity a 51—country survey. *Am J Prev Med*, 2008; 34(6): 486-494.

② 中国疾病预防控制中心、慢性非传染性疾病预防控制中心：《中国慢性病及其危险因素监测分析报告（2004）》，中国协和医科大学出版社2009年版，第72—77页。

③ Shu W N, Norton E C, Popkin B M. Why have physical activity levels declined among Chinese adults? Findings from the 1991—2006 China Health and Nutrition Surveys. *Social Science & Medicine*, 2009, 68(7): 1305—1314.

hrs/周和 285.3 MET-hrs/周，男性、女性、城市、农村成年居民体力活动量在不同调查年间比较差异均有统计学意义（$P<0.01$）。成年居民以静态活动为主要休闲方式的人群比例从 1997 年的 89.0%升高至 2009 年的 91.2%；以步行和骑自行车为主要出行方式的人群比例从 1997 年的 70.0%下降至 2009 年的 47.1%。[①]《中国居民营养与慢性病状况报告（2015 年）》数据显示：如果以代谢当量是否达到 MET-hrs/周为标准，我国 18—69 岁成人中体力活动不足的比例为 39.3%。[②]

上述数据说明，包括中国在内的全球人口体力活动不足发生率都处于较高水平，并呈继续蔓延趋势。

### （三）体力活动不足的主要原因

体力活动既是人类维持生计所必需，也是生理活动的必要组成部分。工业社会之前，体力劳动一直是人类获得食物与安全的必要保证，离开体力活动，人类就无法生存。进入工业社会以后，人类认识世界和改造世界的能力不断加强，不但在获取物质财富方面取得了巨大的成功，而且逐步从繁重的体力劳动中解脱出来。在食物极为丰富的条件下，体力劳动不再是社会的主流，以个人体力活动为特征的生产生活方式逐渐地被机械化和自动化的非体力方式所取代。[③] 随着生产劳动的机械化与自动化、交通方式的现代化、娱乐活动的网络化与电子化，人类的职业性、交通性和家务性体力活动强度普遍下降，对体力活动能耗总量的贡献越来越低，而休闲性体力活动水平又没有得到相应提高，其结果必然导致体力活动不足的问题日益突出。

#### 1. 体力劳动强度不断下降

职业性体力活动对人的总体力活动水平有很大影响。进入工业化社会以后，随着人类生产方式的机械化、自动化、电气化、智能化，原先以体力劳动为主的生产方式逐步被脑力劳动所取代，不仅使职业性体力活动消耗的能量日益减少，职业性体力活动在人总体力活动量中所占的比例也越来越低，而且从事重体力劳动的人口在整个人群中的比例不断下降。例如，100 年前，全球人口职业劳

① 苏畅、黄辉、王惠君等：《1997—2009 年我国 9 省区 18—49 岁成年居民身体活动状况及变化趋势研究》，《中国健康教育》2013 年第 11 期，第 966—968 页。

② 国家卫生和计划生育委员会：《2014 中国卫生和计划生育统计年鉴》，中国协和医科大学出版社 2014 年版。

③ 乔玉成：《错位：当代人类慢性病发病率飙升的病理生理学基础——基于人类进化过程中饮食—体力活动—基因的交互作用》，《体育科学》2017 年第 1 期，第 28—44 页。

动 94%是靠肌肉力量来完成的，只有 6%靠机器。而今天，在许多发达国家，职业劳动依靠肌肉来完成的仅占 1%，99%已转至机器的“肩上”。[①] 在美国，与职业相关体力活动水平自 1960 年以来就急剧下降。与 1960 年相比，2008 年美国男女职业人群与职业相关的日常能量消耗分别下降了 140kcal 和 124kcal，从事中度体力劳动职业者的比例也已从 1960 年的 48%下降到 2008 年的 20%。在我国，改革开放前，80%的人口从事农业生产，城镇人口中大部分从事工业生产。改革开放后，随着社会经济的发展和人民生活需要，第三产业迅速崛起。城镇中从事各种生产、运输、设备制造和操作的人员大批转岗，农村中从事农、林、牧、渔等职业的农民数量减少了一半以上，而餐馆服务人员、饭店、旅游及健身场所服务人员、社区服务人员和从事各种商业贸易的人数却急剧上升。由此，我国的职业结构无论是从总量上还是从结构上都发生了显著的变化。有研究显示，1982—2000 年，我国农业劳动人口比重由 71. 98%下降到 64. 45%，下降幅度达 7. 51 个百分点。[②] 即使从事农业生产者，随着农业机械化的普及，其劳动强度也在大大降低。2007 年，我国种植业耕种收综合机械化水平达到 40%以上，农业劳动人口占全国总劳动人口的比重也降至 40%以下。到 2009 年底，全国农机总动力已达 8. 75 亿千瓦，比 1978 年增长了 6 倍还多，在 20 年的时间里，翻了将近 3 番。主要农作物机耕水平达到了 64%，机播水平达到了 40%，机收水平达到了 37%，耕种收综合机械化水平达到 48. 8%。[③] 另有资料显示，自 20 世纪 60 年代以来，城市职业人群体力劳动与脑力劳动的比例已由机械化初期的 9∶1 发展到全自动化时代的 1∶9，从事体力劳动的人口比例越来越低。1982—2010 年，我国农、林、牧、渔、水利业生产人员所占比重下降了近 24 个百分点，尤其是进入 21 世纪以来，农林牧渔水利业生产人员所占比重下降的速度愈加迅速，以年平均 1. 2 个百分点的速度在下降。与此同时，非农职业中，商业、服务业人员以及办事人员和有关人员在各阶段明显上升，变动速度居于前列，尤其是商业服务业人员，1982 年所占比重为 4. 01%，2010 年所占比重已经上升到了 16. 17%，增长

---

① 裴泓：《体育》，人民卫生出版社 1998 年版，第 24—25 页。

② 郭宇强：《我国人口的职业结构变化特征分析》，《首都经济贸易大学学报》2007 年第 1 期，第 105—110 页。

③ 郭姝宇：《中国农业机械化制度变迁及政策评价》，吉林大学博士学位论文，2011 年，第 50—51 页。

了 12 个百分点;办事人员和有关人员所占比重的变动轨迹也有类似变化,已从 1982 年的 1.3% 增加到 2010 年的 4.32%。① 2007 年第三次全国群众体育现状调查结果显示:上海市在职人群中,有 53.8%的人工作方式以静坐伏案为主,只有 14%的人从事着需要来回走动、搬运重物、挖掘挑担等重体力的劳作。② 2002—2012 年,辽宁省城市成年人中劳动强度为轻度的比例由 78.5%上升至 84.5%,农村由 25.8%上升至 37.1%,而城市成年人劳动强度为重度的比例由 7.5%降低到 2.2%,农村由 62.5%降低到 17.8%。③

**2. 通勤方式更加便捷,更加省力**

交通出行,在过去很长一段时间里是我国居民最主要的体力活动形式之一。但近 40 年来,随着我国道路交通状况的不断改善、公共交通系统的发展和人们生活水平的提高,越来越多的人采用公共交通以及自驾车等方式出行,自行车等传统交通工具迅速被汽车、摩托车和电动车所取代,这就使得步行和骑自行车等通勤方式对身体活动总量的贡献越来越小。

有数据显示,从 1990 年到 2000 年的 10 年间,我国民用汽车的保有量由 551.36 万辆增加到 1608.91 万辆,平均每年增长 11.3%。其中私人汽车拥有量由 1990 年的 81.62 万辆增加到 2000 年的 625.73 万辆,平均每年增长 22.6%。④ 截至 2018 年底,我国汽车保有量达到 2.4 亿,其中小型载客汽车保有量达 2.01 亿,以个人名义登记的小型载客汽车(私家车)达 1.89 亿,再创历史新高。⑤

刘爱玲等调查发现,2002 年我国非农职业人群步行、骑车、乘车和采用混合交通方式上下班的比例分别是 33.0%、39.4%、14.9%和 12.7%。⑥ 孟斌等调查发现,2005 年公交车和自行车还是北京市城市居民通勤的主要交通工具,占到

---

① 田大洲、田娜:《我国职业结构变迁的几大特征》,《职业》2013 年第 22 期,第 40—43 页。

② 刘欣:《迈开双腿,"走"向健康——"步行与健康"国际论坛》,《体育科研》2009 年第 5 期,第 1—2 页。

③ 丛源、李绥晶、栾德春等:《2002—2012 年辽宁省体力活动变化趋势》,《中国营养学会第十三届全国营养科学大会暨全球华人营养科学家大会论文汇编》,第 141 页。

④ 陈道平、刘伟:《基于微(小)型汽车市场的影响消费者购买行为的消费者特性分析》,《消费经济》2005 年第 3 期,第 68—72 页。

⑤ 公安部交通管理局:《2018 年全国小汽车保有量首次突破 2 亿辆》,https://www.chinanews.com/gn/2019/01—11/8726145.shtml。

⑥ 刘爱玲、胡小琪、李艳平等:《我国非农业职业人群上下班交通方式的现状分析》,《中国慢性病预防与控制》2009 年第 2 期,第 114—116 页。

所有通勤方式的2/3左右。到2010年公共交通通勤的比例明显升高,相反骑自行车的比例却急剧减少,以私人汽车、电动车和摩托车出行方式的比例更是占据了相当大的比重,而以步行和骑车为主要通勤方式的几乎只剩学生群体。① 张加林等采用“儿童青少年身体活动评价指标体系”,对上海市儿童青少年身体活动进行研究。结果显示:尽管我国城市儿童青少年在选择积极的出行方式(步行和骑自行车)上占到了41.1%,但家长开车接送的比例也接近40%。研究指出,家用汽车的普及和城市公交系统的完善,确实给人们的日常出行带来了极大便利,但也在无形中减少了儿童青少年参加身体活动的机会。② 2012年中国居民营养与健康状况监测调查数据显示,无论是在大城市还是中小城市,居民乘车的比例都在增加,骑车和步行的比例持续减小。出行方式中,步行比例不超过40%,骑车的约为15%,而乘车出行的超过45%。出行方式的变化对人体能量消耗产生了重要的影响,对总体力活动水平的贡献率越来越小。

**3. 家务劳动强度大大降低,从事家务劳动的时间越来越短**

随着家务劳动的社会化和家用设备的电气化,本来就属轻体力活动的日常家务劳动,如“劈柴挑水”“洗衣做饭”“打扫卫生”等家务劳动也在不断被机器和雇工所取代,对总体能量消耗的贡献也越来越少。③ 刘爱玲等研究发现:我国成年居民做家务的比例为78.9%,女性(96.5%)明显高于男性(59.1%),城市(81.3%)略高于农村(78.0%)。成年居民平均每天做家务的时间为124分钟,其中女性为190分钟,明显高于男性(49分钟),城乡、年龄差别不大。各项家务中以做饭所占比重最大(69分钟/天)。④ 从源等报道,2002年至2012年,城乡成年女性家务时间不断下降,城市女性由3.0小时/日下降到1.6小时/天,农村女性由3.1小时/天下降到1.8小时/天。⑤

---

① 孟斌、郑丽敏、于慧丽:《北京城市居民通勤时间变化及影响因素》,《地理科学进展》2011年第1期,第1218—1224页。

② 张加林、唐炎、陈佩杰等:《全球视域下我国城市儿童青少年身体活动研究——以上海市为例》,《体育科学》2017年第1期,第14—27页。

③ 刘欣:《迈开双腿“走”向健康——“步行与健康”国际论坛》,《体育科研》2009年第5期,第1—2页。

④ 刘爱玲、崔朝辉、胡小琪等:《中国成年人家务劳动现状》,《中国慢性病预防与控制》2007年第2期,第84—87页。

⑤ 从源、李绥晶、栾德春等:《2002—2012年辽宁省体力活动变化趋势》,《中国营养学会第十三届全国营养科学大会暨全球华人营养科学家大会论文汇编》,第141页。

### 4. 久坐不动的生活方式日渐盛行

20世纪50年代以来，伴随着科学技术的迅猛发展，人类的文明进程不断加快，人们的生活方式也发生了显著变化，并在潜移默化中影响着人们的身体活动行为，日常静态生活时间增多就是典型特征之一。2002年世界卫生组织健康报告指出，静坐生活方式是导致全球死亡的第8位主要危险因素。久坐不动的生活方式，由于无法产生维持人体各器官系统正常功能所需要的良性刺激，削弱了人体代谢与免疫功能，与慢性病年轻化及高死亡率密切相关，已成为当今慢性病发生的第一独立危险因素。中华预防医学会副会长、原卫生部疾控局副局长孔灵芝表示，即使每天运动时间足够，但长时间久坐不动仍然会增加心脑血管系统相关疾病的风险。

有研究报道，美国儿童和成人久坐不动的时间已占到觉醒时间的55%和33%，澳大利亚成年人一天中57%的时间处于静坐状态。32个欧洲国家成人平均每个工作日坐姿时间为309±184分钟，其中南部地区（马耳他和葡萄牙）和东部（罗马尼亚和匈牙利）较低，分别为194—236分钟/天和191—276分钟/天，北欧国家（德国、比利时、荷兰、卢森堡和斯堪的纳维亚）最高，为407—335分钟/天。一项关于20个国家或地区18—65岁成人工作日久坐不动时间的调查显示：工作日久坐不动的中位数时间为300分钟/天，四分位范围在180—480分钟之间。国家或地区工作日久坐不动时间最低的为葡萄牙、巴西和哥伦比亚（中位数≤180分钟/天），挪威、香港、沙特阿拉伯和日本最高，中位数≥360分钟/天。《中国居民营养与健康状况调查报告2002》数据显示：中国成年人的业余静态生活时间平均为2.5小时，男性（2.7小时）高于女性（2.4小时）。城市成年人（3.2小时）高于农村（2.2小时）。① 张彦峰等对2010年第3次国民体质监测数据进行分析时发现：我国成年人约有1/3、老年人约有2/3的人一周中没有任何中、高强度的体力活动，且久坐不动时间较长，并表现出明显的区域和城乡特征。② 陈晓荣等的调查显示：我国成年人业余静态行为时间为（2.7±2.0）小时/天，其中18—24岁组业余静态行为时间最长，为（3.8±2.6）小时/天，随年

① 中华人民共和国卫生部、中华人民共和国科学技术部、中华人民共和国国家统计局：《中国居民营养与健康状况调查报告2002》，人民卫生出版社2005年版。

② 张彦峰、江崇民、蔡睿：《我国国民体力活动的特征研究》，《体育文化导刊》2012年第10期，第26—30页。

龄增长而逐渐下降。男性多于女性,城市高于农村;东、中、西部地区分别为(2.9±2.1)、(2.7±2.0)和(2.6±2.0)小时/天。① 张梅等的调查显示:我国老年人平均每日总静态行为时间为4.2小时,平均每日看电视的时间为105.1分钟。城市地区、教育水平及家庭经济收入均较高的老年人,每日总静态行为和看电视的时间更长。②

上海体育学院研究人员在对上海、天津、成都、广州、西安等城市的调查中发现,我国青少年每天坐着的时间在8.7小时以上,而每天参加中高强度体力活动的时间不足半小时。如果以世界卫生组织推荐的"每天至少要有60分钟以上中高强度体力活动"为标准,中国能够达到这一要求的孩子只有5.6%。张加林等报道,上海市儿童青少年每天静态生活时间低于2小时的比例仅为11.8%,其中作业时间对儿童青少年静态生活时间增多产生的影响要远大于屏幕时间,繁重的作业量已让多数儿童青少年难以分身。家庭作业过于繁重,不仅剥夺了儿童青少年参加体育锻炼的时间,同时也会将家长"套牢",非常不利于家庭体育的发展。③

**5. 休闲性体力活动严重不足**

在人类漫长的进化历程中,饮食和体力活动是人类生存的两个最基本的条件。离开饮食,人类将无法得到生命过程中所需要的能量;离开体力活动,人类就不可能得到食物。④ 因此,在人类"寻找"和"创造"食物的自给自足自适应的时代,体力活动是一种不得已而为之的强制性行为,是个人和部落成员的一种生存需求和选择性压力的需要。进入21世纪,随着"指尖"劳动时代的来临以及网上购物、上门服务、移动电话等"指尖消费"便利生活方式的出现,职业性、交通性、家务性体力活动成为非人类生存所必需。但是当代人类停留在"石器时代"的许多基因使人仍需要达到一定的体力活动"剂量"才能表达,这样,作为增

---

① 陈晓荣、姜勇、王丽敏等:《2010年中国成年人业余锻炼和业余静态行为情况分析》,《中华预防医学杂志》2012年第5期,第399—403页。

② 张梅、陈晓荣、王志会等:《2010年中国老年人业余锻炼及静态行为调查》,《中华流行病学杂志》2014年第3期,第242—245页。

③ 张加林、唐炎、陈佩杰等:《全球视域下我国城市儿童青少年身体活动研究——以上海市为例》,《体育科学》2017年第1期,第14—27页。

④ 乔玉成:《错位:当代人类慢性病发病率飙升的病理生理学基础——基于人类进化过程中饮食—体力活动—基因的交互作用》,《体育科学》2017年第1期,第28—44页。

加体力活动水平唯一的机会——在休闲时间里进行的“刻意的”体育锻炼就显得尤为重要。然而,相关统计资料却显示,当代人类的休闲性体力活动现状差强人意。

2000 年中国国民体质监测结果显示,中国成年人每周参加体育锻炼一次以上、每次锻炼时间 30—60 分钟者的比例只有 31%—53%,大部分成年人处于缺少体育锻炼或运动不足的状态之中。① 2002 年中国居民营养与健康状况调查结果显示:城市居民经常参加体育锻炼的比例为 15.1%,偶尔参加体育锻炼的比例为 6.5%,从不参加体育锻炼的比例为 78.4%。在对体力活动充分率贡献方面,职业体力活动贡献最大,家务劳动次之,而体育锻炼最少。② 2010 年全国学生体质与健康研究报告数据显示,有 77.3%的 9—18 岁儿童青少年每天身体活动不足 1 小时,其中男生为 74.6%、女生为 79.9%。③ 2012 年中国教科院“全国中小学体育优质课运动负荷调查”显示,在被调查的所有体育课中,达到中等强度的运动持续时间,平均累计不足 8 分钟;达到高强度的运动持续时间,平均累计不足 5 分钟。从运动生理学的角度看,这样的体育课对于促进学生体能而言,效果几乎为零。2013 年 8 月,国家体育总局发布的《2013 年 20—69 岁人群体育健身活动和体质状况抽测工作调查结果》显示,2012 年有 51.2%的人没有参加过任何形式体育健身活动。2013 年,中国教科院“学生体质健康相关行为调查”显示,只有 34.6%的高中学生达到了每天一小时的体育锻炼时间,并且随着年级的升高体育锻炼时间逐步递减。

2014 年 3 月 21 日在中国营养学会召开的《中国居民膳食指南》修订启动会议上,国家卫计委负责人通报的 2010—2013 年中国居民营养与健康状况调查监测数据显示:2010—2013 年,更多的城市居民选择乘车出行,从 2002 年的 21.6%增加到 45.0%;闲暇时,有 76.1%的居民从不锻炼,有锻炼习惯者仅占 9.2%;居民闲暇静坐时间为 2.9 小时;城市居民中身体活动达标者仅占 10.0%,职业人群身体活动达标率从 2002 年的 40.1%下降到 2013 年的 28.1%。2015

① 国家体育总局群体司:《2000 年国民体质监测报告》,北京体育大学出版社 2002 年版,第 163 页。

② 中华人民共和国卫生部、中华人民共和国科学技术部、中华人民共和国国家统计局:《中国居民营养与健康状况调查报告 2002》,人民卫生出版社 2005 年版,第 15 页。

③ 中国学生体质与健康研究组:《2010 年中国学生体质与健康研究报告》,高等教育出版社 2015 年版,第 12—16 页。

年 8 月 28 日，国家卫计委发布的消息称，中国经常参加体育锻炼的成年人仅有 18.7%，超过 80%的中国成年人处于“运动不足”的威胁之中。2016 年 4 月 8 日山西省体育局发布的 2014 年山西省国民体质监测和全民健身运动状况调查结果显示：2014 年山西省参加过体育锻炼的 20 岁以上成年人仅占 29.8%，经常参加体育锻炼者仅占 20 岁以上成年人的 12.3%。《健康中国 2020 战略研究报告》显示，我国 18 岁以上居民中 83.8%没有运动习惯，只有 11.9%的人每周运动 3 次以上。

至于引起休闲性体力活动不足的原因，学者们已从多个视角进行过分析。除自身缺乏体育锻炼意识、基本运动技能低下外，与锻炼环境有关的一些外部因素也会导致人们不愿从事身体活动，例如担心在户外活动会遇到暴力和犯罪行为，交通密集、空气污染、缺少体育锻炼场地设施等也是其主要原因。

（四）体力活动不足的流行成本

体力活动不足的流行成本主要来自体力活动不足所致的相关疾病，如体力活动不足增加了肥胖、高血压、糖尿病、血脂异常、冠心病、脑卒中、癌症、骨质疏松症等病症的风险，其流行成本包括直接成本和间接成本。直接成本主要指治疗这些疾病的医疗成本，包括药物、住院、康复等费用，间接成本包括由于疾病或残疾导致的工作能力丧失、生产率下降等。

世界各国政府为应对因运动不足引发的非传染性疾病和精神疾病每年需要支付巨大的医疗费用。Oldridge 报告，在发达国家，由于体力活动不足产生的经济负担已经占到国家直接医疗费用总额的 1.5%—3.0%；在发展中国家，如果没有有效的干预措施，死于与体力活动不足有关慢性疾病的人数比例将从 2005 年的占所有死亡人数的 56%增加到 2030 年的 65%。① 2006 年前，美国每年由于体力活动不足造成的直接经济损失约为 933.2 亿美元，到 2008 年，其直接经济损失达 1470 亿美元，大约相当于美国联邦政府教育年度预算的 2 倍。在加拿大，2001 年由于缺乏体力活动产生的医疗费用占国家总医疗费用的 2.6%，到 2009 年其比例已经升至 3.7%，而英国 2004 年由于体力活动不足承担的经济损失已达 82 亿英镑。澳大利亚、英国、瑞士每年用于支付体力活动不足的人均直接医

① Oldridge NB. Economic burden of physical inactivity: healthcare costs associated with cardiovascular disease. *Eur J Cardiovasc Prev Rehabil*, 2008, 15(2): 130-139.

疗费用为28—334美元,每年用于支付体力活动不足的人均间接成本达154—418美元。在中国,缺乏体力活动导致患五种主要非传染性疾病(冠心病、中风、高血压、癌症和2型糖尿病)的风险增加12%—19%,国家每年因此遭受的直接经济损失达1400亿元人民币,大致相当于中国政府当年度医疗保健总预算的三分之一。此外,在世界范围内,缺乏体力活动估计要承担2型糖尿病的6%、冠心病的7%、乳腺癌的10%、结肠癌的10%的经济负担,已向各国卫生部门敲响了警钟。

在过去的20年,不管是什么国家,采用什么方法计算,由于体力活动不足导致的经济成本和占国家医疗保健费用的比例都一直在增加,给个人、家庭、社区和政府带来不必要的财政压力。而提高体力活动水平除了可改善全球人口生活质量外,也将有助于减轻这一负担。WHO估计,在促进体力活动水平提高方面,1美元的投资可降低经济成本3.2美元;体力活动不足发生率每下降5%,每年可为美国节约经济成本310亿美元。体力活动不足发生率每减少10%,澳大利亚每年可降低由体力活动不足引发相关疾病发病率的13%,死亡率的15%,节约经济成本2.58亿澳元;可使世界人口直肠癌发病率降低5—15/10万,2型糖尿病发病率降低59—207/10万,冠心病发病率降低140—476/10万,①如果体力活动不足被彻底消除,世界人口的预期寿命将增加0.68岁(范围0.41—0.95)年。

### (五)体力活动不足与慢性病的关系

体力活动不足和久坐不动的生活方式已成为当今慢性疾病发生的第一独立危险因素。世界卫生组织关于健康危险因素的研究结果提示,体力活动不足或久坐不动的生活方式是导致当代人类死亡和残疾的十大原因之一。体力活动与疾病风险大规模队列研究的证据表明:体力活动不足是很多疾病的健康风险重要原因,如心血管疾病、冠心病、2型糖尿病、精神疾病、脂代谢紊乱、高血压、心律失常、炎性因子增高、心肌梗死、痴呆、中风、癌症、疲劳、骨质疏松、骨折、跌倒、生活质量降低甚至死亡。②

---

① Roux L, Pratt M, Tengs TO, et al. Cost effectiveness of community—based physical activity interventions. *Am J Prev Med*, 2008, 35(6): 578—588.

② 谢敏豪、李红娟、王正珍等:《心肺耐力:体质健康的核心要素——以美国有氧中心纵向研究为例》,《北京体育大学学报》2011年第2期,第1—7页。

著名医学杂志《柳叶刀》发表研究报告指出，2008年全世界估计有530万人死于不运动，这个数字甚至超过了死于吸烟的人数(500万)。2013年世界卫生组织估算，每年全世界因体力活动不足致死的人数高达320万人，而且还在迅速增长。全球21%—25%的乳腺癌和结肠癌、27%的糖尿病和30%的缺血性心脏病的发病率飙升与体力活动不足密切相关，10%非传染性疾病的死亡可归因于体力活动不足。① 相关数据显示，中国人近20年来的能量摄入没有太大变化，但是超重、肥胖率却在持续上升，这说明身体活动不足已经成为威胁大众健康的重要原因。北京阜外医院教授武阳丰发表报告说，与步行上下班者相比，坐车上下班者超重/肥胖的风险增加了18%；与上班静坐时间比例小于30%的人相比，静坐时间超过60%者超重/肥胖、高血脂、高胆固醇的风险分别增加了20%、32%和31%。中国居民营养与健康状况调查报告指出，业余静态生活时间越长，其体重指数越大，血压、血脂升高越显著。与每日静态生活时间不足2小时的人相比，静态生活时间超过4小时，高血压患病率增加18%，心血管疾病的发生也有增加的趋势。②

从进化的角度看，工业化社会以前，人类必须依靠体力活动才能生存。那时人们每天需要耗费巨大能量才能获取食物和水，同时还要应对因食物短缺造成的饥饿和其他危险。数百万年的漫长的自然选择和适应过程，造就了人类相当完善的能量摄入与消耗平衡的调节机制、代谢基因组合以及信号传导机制。而今，虽然当代人类已进入“太空时代”，但基因组型仍停留于旧石器时代，人与生俱来对体力活动就有要求的身体，由于久坐不动，既会丧失体力活动过程中超基础代谢几倍或十几倍的能量消耗，又会丧失以“运动后过量氧耗”为标志的额外能量消耗，这样能量摄入与支出之间就出现了明显的不匹配，因而也就产生了基因适应久坐不动生活方式的“艰辛”，导致大量消耗不掉的能量转化为脂肪堆积于体内，进而触发了代谢功能障碍，影响到能量代谢的灵活性，并进一步诱发胰岛素抵抗，造成脂肪组织与肌肉能量物质转运障碍，肌肉脂肪酸氧化能力下降，脂肪异位储存等病理生理学变化，最终导致一系列代谢性疾病的发生。③

---

① 乔玉成、王卫军：《全球人口体力活动不足的概况及特征》，《体育科学》2015年第8期，第8—15页。

② 陆召军、庄勋主：《流行病学》，东南大学出版社2008年版，第172页。

③ 乔玉成：《错位：当代人类慢性病发病率飙升的病理生理学基础——基于人类进化过程中饮食—体力活动—基因的交互作用》，《体育科学》2017年第1期，第28—44页。

表观遗传学认为，机体某些基因的表达，需要体力活动量达到一定的阈值。适度的体力活动既是人的生理需要，也是身体某些基因表达的先决条件。但是，当今人类生存环境对体力活动的需求与我们的远古祖先有着很大的不同，久坐不动的生活方式难以满足旧石器时代晚期基因正常表达所需要的体力活动条件，结果导致某些基因异常表达，进而导致某些慢性病发生。

## 四、国民体质和运动素质持续下滑

每5年一次的国民体质监测数据在很大程度上可以反映出我国国民体质和身体素质的现状及其发展趋势。2005年国民体质监测公告显示，与2000年国民体质监测数据相比，我国国民身体形态综合指数为99.14，比2000年降低了0.86%，其中20—39岁年龄组成年人降低幅度最大；国民身体机能综合指数为90.35，比2000年降低了9.65%，其中60—69岁年龄段老年人降低幅度最大；国民身体素质综合指数为103.43，比2000年提高了3.43%，其中20—39岁年龄段成年人提高幅度最大。成年男性肥胖率为9.3%，比2000年增长了1.7个百分点，20—44岁年龄段随年龄增长而增大，40—44岁年龄段最高，达到11.7%，45岁后保持在该水平。农民肥胖率为7.7%，比2000年增长了1.8个百分点；城市体力劳动者肥胖率为9.4%，比2000年增长了1.6个百分点；城市非体力劳动者肥胖率为10.8%，比2000年增长了1.7个百分点。此外，成年男性超重率达33.2%，比2000年增长了1.3个百分点。①

2010年国民体质监测公告显示，1983—2010年青少年耐力素质持续下降，成年人肌肉力量、耐力、柔韧等运动能力不同程度降低。与2005年相比，2010年我国国民体质综合指数比2005年降低0.36个百分点。其中，幼儿增长0.06个百分点，20—39岁成年人降低0.39个百分点，40—59岁成年人增长0.39个百分点，60—69岁老年人降低0.84个百分点。2010年，我国成年人的身体素质中的握力、臂力、坐位体前屈等指标平均数略低于2005年，更低于2000年，呈持续下降趋势；纵跳、闭眼单脚站立、选择反应时等指标平均数则低于2005年，高

① 国家体育总局：《2005年国民体质监测公报》，http://www.sport.gov.cn/n16/n1077/n1467/n1587/616932.html。

于 2000 年。老年人柔韧性和反应能力有所提高,力量素质有所降低。①

2014 年国民体质监测公报显示,与 2010 年相比,2014 年全国达到《国民体质测定标准》"合格"等级以上的人数百分比增长 0.7 个百分点,国民体质的总体水平有所增长。20—59 岁各年龄组人群握力、臂力呈下降趋势,其中成年男性下降明显。结合 2000 年以来的数据分析,可以看出我国成年人的力量呈持续下滑趋势。

与幼儿组、成年人组和老年人组相比,儿童青少年体质与运动素质的下滑幅度更加明显。自 1985 年以来,每 5 年一次的中国学生体质与健康调研结果显示:1983—1995 年中国学校各学段男女学生形态指标身高、体重、胸围呈持续增长趋势;机能指标肺活量,身体素质指标 50 米跑、立定跳远、力量(斜身引体、引体向上、仰卧起坐)、耐力(50 米×8 折返跑、800 米跑、1000 米跑)、柔软(立位或坐位体前屈)指标测试值整体上呈逐次下滑趋势;身体健康指标超重检出率、近视眼检出率整体上呈逐次上升趋势,并在高位徘徊。2010 年全国学生体质与健康调研结果公告显示,2010 年全国学生体质与健康状况总体有所改善,表现为形态发育水平继续提高;反映人体生理机能水平的重要指标——肺活量,在连续 20 年下降的情况下,出现上升拐点;7—18 岁中小学生爆发力、柔韧性、力量、耐力等身体素质指标持续下滑趋势开始得到遏制。但也存在以下问题:爆发力、力量、耐力等身体素质水平进一步下降;各学段学生视力不良率仍然居高不下;学生肥胖和超重检出率继续增加;多数年龄组学生乳牙龋齿患病率、恒牙龋齿患病率出现反弹。②

《2014 年全国学生体质与健康调研结果》显示,与 2010 年相比,小学生的身体素质向好,大学生的身体素质向下。19—22 岁男生速度、爆发力、耐力等身体素质指标继续下降,女生的这几项指标则有升有降;各学段学生视力不良率继续攀升并呈低龄化倾向,小学、初中、高中、大学分别为 45.71%、74.36%、83.28%、86.36%,都比 4 年前有所上升;各学段学生肥胖检出率同样持续上升。

从上述"国民体质监测""全国学生体质与健康调研"结果可以看出,我国国

---

① 国家体育总局:《2010 年国民体质监测公报》,http://www.gov.cn/test/2012—04/19/content_2117320.htm。

② 中国学生体质与健康研究组:《2010 年中国学生体质与健康调研报告》,高等教育出版社 2012 年版。

民体质和运动素质水平不容乐观。肥胖率增长,心肺功能下降,运动能力下降,视力不良检出率上升……这些问题在所有年龄组当中都越来越普遍,而这一切均与国民日常身体活动和体育锻炼不足有关。

## 第三节 学理基础

没有全民健康,就没有全面小康,就不会有中华民族的伟大复兴。公民健康状况的改善,不仅需要政府和社会不断加大资源的投入,也需要不断提升全体公民健康素养,需要公民承担起把自身健康风险减到最低的社会责任。以全民健身推动全民健康,以全民健康助力全面小康,既是推动全民健身运动快速发展的必由之路,也是加快健康中国建设的重要切入点。全民健身离不开全体公民的参与,而公民体育参与又离不开公民体育意识的觉醒。在当前公民体育意识普遍薄弱的情况下,充分认识体育对提高人民健康水平的作用,对树立公民现代健康意识,落实全民健身国家战略,弥补体育强国建设中群众性体育的“短板”具有重要意义。因此,公民体育意识培育具有深厚的学理基础。

### 一、健康优先发展观

#### (一)生命健康权是公民最重要的人身权利

对于一个人来说,健康是财富,是快乐,是幸福之基,立身之本,是实现个人理想的基础。[①] 在温饱问题基本得到解决的新时代,人民群众对健康的追求势必更加突出、更加迫切,对健康需求的范围更加广泛,更加深刻。

对于一个国家而言,健康是一个民族屹立于世界民族之林的力量,是人力资源的重要构成要素,是经济社会发展的基础条件,是国家富强和人民幸福的重要标志。人的健康利益高于一切,百姓的健康状态重于泰山。因此,提高全体公民的健康水平不仅是民生,更是国计。

哲学家叔本华曾说,健康的乞丐比有病的国王更幸福。联合国人类发展指数有三大核心指标,其中反映健康水平的人均期望寿命位列第一。世界卫生组

---

① 乔玉成、范艳芝:《诘问与回应:体育与幸福关系研究的 8 个基本问题》,《上海体育学院学报》2020 年第 7 期,第 1—15 页。

织章程明文规定:“健康是人类的一项基本权利,各国政府对其人民的健康负有责任。”第九届全球健康促进大会上提出“人人享有健康、一切为了健康”。中国共产党第十六次全国代表大会报告提出全面建设小康社会的发展目标核心在于促进“人”的发展、改善人民福利,而健康是人民福利的核心要素,是“全面小康”目标的重要组成部分。习近平总书记在全国卫生与健康大会提出“要把人民健康放在优先发展的战略地位”。《“健康中国 2030”规划纲要》强调健康优先原则要立足国情,将促进健康的理念融入公共政策制定实施的全过程,加快形成有利于健康的生活方式、生态环境和经济社会发展模式,实现健康与经济社会良性协调发展。清华大学国情研究院院长胡鞍钢表示,在社会主义现代化“五位一体”(经济建设、文化建设、政治建设、社会建设、生态文明建设)的总体布局中,健康始终需要优先发展、重点发展、全面发展,要以全民健康促全面小康。由此看来,当前我国公民的健康价值已被置于最为崇高的地位,党和政府对健康问题的重视也上升到了前所未有的高度。

“民惟邦本,本固邦宁”。任何社会的发展和经济的繁荣都直接取决于人民的强健和创造性。人生存的目的不论多么高远,都必须以自身存在和健康为前提。[①] 人的生存状况、健康状况、生活质量和社会心理感受,是人类文明的起点和终点,也决定了社会发展的目标选择,因为社会一切的发展,归根到底是人的发展,社会发展的最终目的就是让全体人民健康长寿和幸福,离开人的健康,经济社会发展的价值将无从依附。因此,提高国民健康水平既是打造国家核心竞争力的基础性举措,也是社会经济发展的真正目的。正如习近平总书记所说的那样,“人民对美好生活的向往,就是我们的奋斗目标”。“要把人民健康放在优先发展的战略地位,以普及健康生活、优化健康服务、完善健康保障、建设健康环境、发展健康产业为重点,加快推进健康中国建设,努力全方位、全周期保障人民健康,为实现‘两个一百年’奋斗目标、实现中华民族伟大复兴的中国梦打下坚实健康基础”。

生命至上,健康优先。生命健康权是公民享有的最重要的人身权利,也是享有其他公民权利的基础,更是人类命运共同体坚持的人道主义核心理念和社会公平正义的突出表现。人的生命健康权既是一种“底线权利”,更是一种“最高

---

① 陈文玲:《中国医药卫生体制改革报告》,中国经济出版社 2015 年版,第 48 页。

权利”;既是公民对国家的根本诉求,更是关涉国家安全的底线诉求。健康战略作为一种底线战略,首先就要体现为保障的优先性,当国家发展战略体系里的任何战略或价值与之冲突时,都必须以保障健康战略为前提,任何价值和利益都不能凌驾于生命健康权之上。[①] 因此,从人的根本利益上说,没有什么发展战略比人的健康利益更为重要。

从国家层面说,优先发展健康,就要始终以人为主体,将发展的重心置于人类本身的健康和幸福感,尊重人的健康需求,营造有利于国民健康的社会、经济和生活环境,以国民健康为统领,把健康融入所有政策,探索人类以健康和幸福为目标的新型发展模式,制定保障国民健康的基本制度,建立全民参与、全民享有的健康保障体系,包括有利于人民健康的经济社会发展体系,符合我国国情的全民健康保障体系,以缩小健康差距、消除健康贫困,实现公民健康利益最大化。从个人层面说,就是要共建共享,形成自主自律、符合自身特点的健康生活方式。要让每个公民明白,没有健康的身体,一切无从谈起。要让每个公民清楚,疾病可以交给医生,但健康不能交给医生。自己的健康自己做主,自己的健康自己负责,自己的健康在很大程度上说,还需要靠自己去维护。

健康是人生之本,而包括体育意识在内的健康意识则是搭建人民走向健康的桥梁。培育公民体育意识的目的,就是要让“运动收获健康”的理念深入人心,让全体公民自觉自愿地参与其中,这既是实施全民健身国家战略的需要,也是健康优先发展的一项重大任务。

### (二)全民健康是全面小康的基石

“民生万事,健康最大”“生活奔小康,身体要健康”“小康不小康,首先看健康”。一个人的健康,关系着一个家庭的命运;13 亿人的健康,决定着一个国家和民族的前途。没有健康的身体,个人的幸福是空谈;没有健康的国民,社会的可持续发展是枉然。只有全民健康,社会才会健康,中国才能健康,才能托起全面小康。因此,提高全民健康水平,既是民之所望,也是施政所向;既是全面建成小康社会的重要内涵,也是全面建成小康社会的题中应有之义,更是党和政府以及广大人民群众的共同期盼。

---

① 韩大元:《人民的健康是优先发展的国家战略》, http://www.aisixiang.com/data/101896.html。

国富是民强的基础,民强是国富的动力,而维系两者之间关系的关键就是人民健康。全民小康不仅指物质生活的富裕,也包含精神文化生活的丰富,更有深层次的全民健康内涵。全面建成小康社会既是为了人,又要依靠人,人尤其是劳动者包括健康素质在内的各项素质的提升在全面建成小康社会中具有重要的地位和作用。[①] 从哲学的高度讲,全面建成小康社会的表层是“物”的问题,深层却是“人”的问题,涉及人的素质、人的能力、人的主体性、人的独立、人的发展、人的健康等。全面建成小康社会要关注人的各个方面,注重在推动社会全面进步的同时,促进人的全面发展,而这其中人的健康状态应该列在首位。

健康是生产力,是经济社会发展的基石。只有身心健康的人,才能创造社会价值。生产力的发展与人的健康程度具有互动性。一方面,提高人的健康素质有利于为社会提供更多的合格劳动力,减少劳动者因疾病的发生和流行对生产力发展的影响;另一方面,大力发展社会生产力,可以为社会提供丰富的物质财富和精神财富,为进一步开发人的智力,提高人的健康素质创造有利条件。[②] 因此,提高人的健康素质是全面建成小康社会目标的重要内容,培养具有健康素质的公民是保护和发展社会生产力的必要手段。

全民健康是全面建成小康社会的重要目标之一,而是否具有与此相匹配的国民健康意识和健康素养则是全面小康社会的标准之一。世卫组织研究指出,在影响健康的4大因素中,行为与生活方式的影响占60%以上。但在我国,由于国民健康素养欠缺引发各种慢性病的现象却十分突出。大量的调查数据表明,现阶段我国公民健康意识和素养水平,不仅难以适应全面小康社会,而且远远落后于社会经济发展的速度。例如,《首次中国居民健康素养调查报告》显示,中国居民具备健康素养的总体水平为6.48%。从健康素养的3个方面上看,具备基本知识和理念素养、健康生活方式与行为素养、基本技能素养的人口比例分别仅为14.97%、6.93%和20.39%。有七成人遭遇亚健康威胁,四成人有睡眠障碍,体力活动不足人群的比例节节攀升,青少年体质健康水平持续下降,慢性疾病患病率呈井喷态势,发病率和死亡率居高不下,上述种种已成为影响小康社会建设进程的重大障碍。因此,提高全体公民的健康意识和素养水平成为当务

---

① 李君如:《全国建设小康社会》,中国水利水电出版社2006年版,第161页。

② 俞文达:《疾病预防控制是全面建设小康社会的基本条件》,《中国公共卫生管理》2003年第2期,第95—96页。

之急。

提高全民健康意识和素养水平，需要全社会的共同努力。各级政府、部门应加强责任感和使命感，担当起公民健康意识培育和提高公民健康素养的责任，要从满足“人民日益增长的美好生活需要”高度出发，坚持问题导向，创新发展思路，破解发展难题，探索公民健康意识培育的新思路和新方法，提高全体公民对健康的重视程度，教育并帮助他们获取作出健康选择的技能，从而真正实现“健康融入万策”，并形成“人人知晓健康、人人关注健康、人人传播健康”的良好社会氛围。而作为公民个人，则应强化自身健康意识，提高健康素养水平，学习和掌握科学的健康知识，提高对健康信息的甄别能力，改变过去那种“无病不求医”的观念，养成良好的生活方式和行为习惯，“合理膳食、适当运动、戒烟戒酒、心理平衡”“管住嘴，迈开腿，稳住心，克制性”，真正承担起履行自身健康的义务和责任。

### （三）全民健身是健康中国的“应有之义”

一个健康、强大的民族和国家，离不开亿万健康国民的有力支撑。但具体到每个人而言，其健康又是一个复杂的系统工程，它除了包含健壮的体格、健全的心理、良好的意志等，均衡的营养、良好的医疗等条件也是重要因素，同时适度、规律的健身锻炼对健康的多种构成要素也会产生积极影响，而这一点正好迎合健康中国建设的战略需求。习近平总书记指出，“体育承载着国家强盛、民族振兴的梦想”。“体育在提高人民身体素质和健康水平，丰富人民精神文化生活，推动经济社会发展，激励全国各族人民弘扬追求卓越、突破自我的精神方面，都有着不可替代的重要作用”。“全民健身是全体人民增强体魄、健康生活的基础和保障，人民身体健康是全面建成小康社会的重要内涵，是每一个人成长和实现幸福生活的重要基础”。全民健身是全民健康的基石，是全民健康和全面小康的中介和桥梁，只有不断增强全民族的身体素质，培育健康人群，夯实人民健康的坚实基础，健康中国的目标才能得以实现。总之，“全民健身”和“健康中国”的主旨无论是在理论层面还是技术层面都具有高度的契合，且有着极为重要的内在逻辑关系。“提高全体人民的健康水平，实现全民健康”是“健康中国”建设的一个宏伟愿景，而通过全民健身提高全民族的身体素质和健康水平、服务于人的全面发展，既是我国体育事业发展的根本宗旨，也是实现这个宏伟愿景的“先导”和最主要的途径之一。

广泛开展全民健身活动看起来好像不复杂,但做起来却不是一件简单的事情。首先“广泛”就不容易实现。所谓“广泛”是说全民健身活动的覆盖面必须要达到一定程度,不然就难以担负起全民健身活动所应承担的重要使命。我国目前现实的状况却正恰恰如此,与发达或中等发达国家相比,我国公民体育健身意识和观念还相对落后。“健康第一”“健康至上”的观念并没有深入人心,体育还未能进入多数人的休闲生活。全国三次群众体育现状调查结果均显示,位居影响人们参与体育活动的主观原因前二位的分别是“没有兴趣”和“没有必要”,其中对体育没兴趣的人数比例就高达30.2%。我国体育活动参加者仅占全国总人口的33.26%,其中仅有15.46%达到体育人口的标准,体育人口“两头高,中间低”的状况持续存在,尤其值得关注的是我国经济建设的主力军——中青年群体的体育参与率最低,而这一切与公民体育意识淡薄不无关系。

公民体育意识包括两个方面的含义:其一是公民对体育健康促进作用的认识水平,其二是公民参与体育健身行为的自觉程度。这二者相辅相成,缺一不可。心理学认为,意识决定行为,行为产生结果。大量的研究表明,一个人能否参加体育锻炼,并长期坚持下去,关键取决于其健身意识的强弱。体育健身意识强,就能够充分发挥自身主观能动性,积极并持之以恒地参与体育健身。相反,缺乏健身意识,即便拥有充足的时间与精力,雄厚的经济基础,现代化的体育运动设施,也会视而不见,无动于衷,难以融入全民健身活动之中。① 毛泽东同志在《体育之研究》中指出:“欲图体育之有效,非动其主观,促其对于体育之自觉不可。”因此,“以全民健身助力健康中国,以全民健康托起全面小康”,就必须唤醒全体公民的体育意识,让人民群众真正认识到体育对健康促进的重要作用,自觉自愿地将终身体育观念纳入自己的思想,并付诸实践,要让“我运动、我健康、我快乐”成为小康社会每个公民幸福生活的新理念,让“每天锻炼一小时”成为小康社会每个公民生活的新习惯,让“人人喜爱一项运动,人人参与一项运动”成为小康社会每个公民的新时尚。

## 二、体育健康促进论

健康促进是指通过对影响健康因素的调控,进而改进个人和整体健康水平

① 谭琳:《论〈全民健身计划〉实施背景下的新观念建设》,《南京体育学院学报》(自然科学版)2011年第3期,第118—120页。

的过程及行为；体育健康促进则是指利用体育手段来优化人们的行为和生活方式的过程，具体地说就是通过针对不同人群的特点科学地选择和参与体育活动，最终达到增强体质、控制疾病发病率、改善慢性病人的疾病状态、提高生命质量、延年益寿的目的。[①] 目前，体育作为促进人类健康的一种方式已得到各界的广泛认同。对无病的人群来说，体育健康促进的作用不仅体现在增强体质上，还体现在可以通过体育行为的干预来控制疾病，尤其是常见慢性非传染性疾病的发病率，延长健康生存的年龄，提高其生活质量；对于慢性病人群来讲，体育健康促进不仅可以改善病人的生理状态和心理状态，减少和控制并发症，也能提高其自理生活能力，改善其生活质量。

"生命在于运动"是法国哲学家伏尔泰的一句名言。它道出了生命的奥秘，揭示了生命活动的规律。《吕氏春秋·尽数》曰："流水不腐，户枢不蠹"；唐代名医孙思邈说："人欲劳于形，百病不能成"，"养生之道，常欲小劳"；"医学之父"希波克拉底说："阳光、空气、水和运动是生命和健康的源泉"，"体育锻炼是实现健康生活的根本手段"；达·芬奇说："运动是一切生命的源泉"；古希腊奥林匹亚山峭壁上篆刻的名言曰："如果你想强壮，你就跑步吧"，"如果你想健美，你就跑步吧"，"如果你想聪明，你就跑步吧"。这些名人名言都充分说明了运动可以给人体健康带来益处。

世界上没有绝对静止的事物，一切事物都处在运动变化中，人也一样。人如果缺少运动，生命就会黯然失色。"铁不冶炼不成钢，人不运动不健康"，"运动是健身的法宝，是增寿的诀窍"，"一切乐境都是由运动而来，一切苦境也可由运动解脱"，只有不断地运动，才能保持生命的活力。从某种意义上说，体育锻炼就是幸福的发动机，是快乐的接收器，能让生命之树常青，希望之火不灭。

运动是获取健康的金钥匙。从强身健体的意义上讲，任何人都需要锻炼。对儿童少年来说，经常参加体育锻炼可以促进其生长发育，增强体质水平，健美形体，提高其对环境变化的适应能力；对成年人来说，经常参加体育锻炼可以保持良好的体能状态，调节情绪，使日常工作、学习、生活精力更加充沛；对于老年人来说，经常参加体育锻炼可以延缓衰老进程，防病治病，延长寿命，提高生命

① 赫秋菊、张绍礼：《健康促进实践探索：辽宁省不同年龄段人群的体质健康促进研究》，东北大学出版社 2012 年版，第 6 页。

质量。

俗话说,“药补不如食补、食补不如迈开脚步”。经常参加体育锻炼可以改善身体各个系统、器官形态结构和功能,维护体适能状态,促进心理健康,延缓衰老进程,预防治疗慢性病,是增强和保持身心健康,防病治病最积极、最有效的方法和手段。运动医学专家指出:“体育锻炼的好处虽然很多,但其特殊意义主要体现在两方面:一是克服现代生活带来的运动不足,消除现代文明病的危险因素。二是有利于提高机体对于外界环境变化的适应力和抵抗力。这就是在现代生活中特别强调运动必要性的缘故。”①

从国家公共卫生治理和疾病防御的角度看,实施“全民健身”战略,全方位、全周期保障人民健康,既是一剂利国利民的良药,也是提高全体公民健康水平的最佳途径和手段。全民健身各项工作都是围绕“增强人民体质、提高健康水平、满足健身需求”展开的,它在健康中国建设中具有其他“非医疗干预”手段无法替代的健康促进作用。其中缘由可归纳为五点:其一,对维护国民健康全要素均有明显效果。无论是在塑造国民健康体魄,促进人体新陈代谢,提高生理机能和抗病能力方面,还是在释放人的精神压力,改善心理健康方面,还是在提高国民规则意识,增强社会适应能力,增进人际关系和谐方面,全民健身均具有显著促进作用。其二,从婴幼儿到老年在每个人的整个生命周期中具有显著功效。无论是在促进儿童少年生长发育,早期社会化方面,还是在维护成年人健康体适能,提高幸福指数方面,还是在延缓老年人衰老进程,提高生存质量方面,全民健身能给各个年龄段人群带来巨大的健康效益。其三,在服务于健康全过程中具有显著作用。无论是在健康阶段降低疾病风险方面,还是在亚健康阶段的健康调理与矫正方面,或是在疾病阶段的辅助治疗和康复方面,健身锻炼都是最经济、最安全、标本兼治的手段。其四,在服务对象上具有“公平”“可及”的优势。全民健身作为一种健康生活方式,无论年龄大小、身份高低、财富多少、身居何地,只要参与,都可以“通过运动收获健康”,是健康促进“不留死角”“健康服务均等化”,让全体人民享有健康“公平”、有效保障全体人民健康的最好方式。其五,全民健身作为一种健康生活方式,百姓喜闻乐见、门槛低,具有参与人群广、

① 孙麒麟:《全国普通高等学校体育课程·体育健康教程》,大连理工大学出版社 2004 年版,第 12 页。

渗透性强等特点。无论是传统体育运动,还是现代体育运动,或是新兴时尚体育运动,它们不仅直接对身体健康有益,还对引导积极心态,释放压力,养成公平公正、诚信和规则意识等道德素养的提升有积极作用。①

## 三、大健康观

随着时代的发展和社会的进步,健康作为人的第一需求,已经贯穿到了人的生存、安全、发展、精神等诸多方面,而传统的"无病即健康"的观念也逐渐被生理、心理、社会、道德整体健康的大健康观所取代。与此同时,国家和政府维护国民健康理念也正由以"治病为中心"向以"预防为主"为核心的"大健康"理念转变。

大健康观是一种整体健康观,它所追求的不仅是个体身体健康,还包括精神、心理、社会、环境、道德等方面的完全健康。大健康观要求既关注个人的身心健康,关注影响人身心健康的各种因素,还要把"与疾病作斗争为纲"的"医疗卫生"健康模式转移到"以健康建设为中心"的"医养强生"的发展道路上来。"大健康观"强调经济建设应当服从于国民健康建设,通过综合性政策,提升健康大环境,实现健康目标。

大健康观是根据时代发展、社会需求与疾病谱变化提出的一种全新的理念,它围绕的是人的衣食住行和生老病死,关注的是影响人健康的危险因素,追求的是让人"生得优、活得长、不得病、少得病、病得晚、走得安"。它强调的不只是有病能治,还注重建立健全健康教育体系和健康保障体系,提升居民健康素养水平。它倡导的是不仅要有健康的生活方式,更要有正确的健康消费观念。这不仅符合卫生经济学理念,更符合全民的健康利益。

大健康观认为,生命健康需要全过程、全方位的呵护,而健康呵护不仅需要以药物和手术对疾病进行治疗和控制,更需要非医疗方式的帮扶和维护,需要营养、运动等非医疗手段的调养和促进。健康呵护不仅仅是"治已病",更重要的是"治未病"。医疗措施只是保障生命健康安全的最后堡垒,而不是国民健康保障体系之本,更不是全方位全周期健康服务之根基。做好健康保障、健康管理、

---

① 胡鞍钢、方旭东:《全民健身国家战略:内涵与发展思路》,《体育科学》2016 年第 3 期,第 3—9 页。

健康维护,帮助民众从透支健康、对抗疾病的方式转向呵护健康、预防疾病的新健康模式才是釜底抽薪之举。健康中国建设不能把发展医疗卫生事业等同于发展国民健康事业,也不能把医疗卫生体制改革作为解决国民健康问题的唯一依靠。面对慢性病日益流行,亚健康状态人群不断扩大,事后对抗性治疗往往为时已晚,整合多种健康维护资源,打出健康维护"组合拳"才是正途,而目前倡导的"体医融合""体卫融合"无异于制胜妙招。①

大量的研究表明,运动健身既是打牢健康的基础,又是提升健康层次的重要手段。推动全民健身和全民健康深度融合,既是推动健康革命的迫切需要,也是推进健康中国建设、全面提升中华民族健康素质、实现人民健康与经济社会协调发展的国家战略的重要措施和依托。无论是体育领域中的"全民健身""增强体质",还是医疗卫生方面的"健康生活方式""适量运动""适度锻炼",其目的和目标都是为了提高国民健康素质或健康水平,故"体医融合""体卫融合"有着深厚的学理基础。

我们认为,在呵护国民健康体系中,"医疗卫生干预"和以"运动健身"为主要内容的"非医疗卫生干预"是实现国民健康的两个有机组成部分,二者犹如鸟之两翼,不可偏废。但从维护人的健康全过程上看,二者又各有侧重。运动健身侧重于前端,涵盖身体锻炼、健康促进、健康保健等工作;医疗卫生侧重后端,涵盖疾病预防、治疗、康复和健康维护等工作。至于运动健身何以能够成为呵护国民健康的前端要地的支撑条件,我们认为可以把它归结为三点:其一,运动健身在呵护国民健康过程中具有基础性作用。作为维护健康的"第一关口",运动健身不仅对塑造人的健康体魄有积极作用,对提升人的心理素质,养成良好的生活方式,提高人的道德素质和社会适应能力也有着不可替代的"排头兵"作用,因为它是"打牢健康基础,提升健康层次"的关键举措,其二,运动健身是以人健康为中心的绸缪布局。《黄帝内经·素问·四气调神大论》曰:"圣人不治已病治未病,不治已乱治未乱。"这里所讲的"治未病",包含"未病预防""已病防乱""乱而防变"等多重含义。健康中国建设需要把健康的重心由"以疾病治疗为中心"前移至"以预防为主","治病于未病",而运动健身就是实施"治未病"最为

① 贾三刚、乔玉成:《体医融合:操作层面的困境与出路——临床医生视角》,《体育学研究》2021年第1期,第31—37页。

有效的路径之一,是维护国民“不生病”“少生病”“晚生病”健康举措中最积极、最便捷、最经济的“非医疗卫生干预”手段,可将疾病扼杀在摇篮中,比发病后的药物治疗更有效、更安全。其三,全民健身是“慢性病”防控的釜底抽薪之举。健康中国建设需要强化对主要健康问题和影响因素的有效干预。WHO 指出,影响当今全球人口健康最突出的问题就是久坐不动的生活方式。因此,要从根本上解决“慢性病”发病的“井喷”态势,通过体育运动增加“体力活动水平”无疑是拔本塞源,釜底抽薪之举,可获事半功倍之效。

用体育的手段促进健康,在医疗的概念中加入运动元素,从国家层面推动全民健身与全民健康协同发展与深度融合,构建新型的“大健康服务体系”,是健康服务全民覆盖的现实需要,不仅有助于将健康管理关口前移,让健康的人群通过参与健身运动促进和维护自己的身心健康,而且能让身患疾病的人群通过医生和康复师的指导进行科学的健身锻炼,加快疾病康复。因此,“体医融合”“体卫融合”不仅需要体育和医疗卫生部门的工作人员坚持以人为本理念,正确认识健身与健康内在联系,重新认识、准确定位体育的功能;更需要全体公民转变健康观念,提升健康素养、体育健身意识和体育健身知识水平,防病于未然。也只有这样,才能真正实现公民健康利益最大化,才能把全面建成小康社会的宏伟蓝图变为现实。①

## 四、主动健康观

健康是人的一种状态、一种品质,也是生命质量的体现,而主动健康则主要指个体或群体主动获得持续健康的意识、行为和能力,包括主动维护自身健康的意识和意志,主动获取促进健康的科学理念和知识,主动评估自身的健康状态,主动发现自身存在的健康风险,主动追求健康的生活方式,主动调节自己的心理状态,主动适应自然和社会环境等。

主动健康是相对于被动健康而提出来的。累了休息,饿了吃饭,渴了喝水,有病去医院看医生,把健康的责任全部交给医生、药品以及营养保健品,自己却不注意改变生活方式、习惯和行为都是被动健康的表现。如何变被动为主动,做

① 贾三刚、乔玉成:《体医融合:操作层面的困境与出路——临床医生视角》,《体育学研究》2021 年第 1 期,第 31—37 页。

到未雨绸缪,防患于未然,既是呵护健康的举措,也是主动健康的核心。

前世界卫生组织总干事中岛宏博士说,“许多人不是死于疾病,而是死于无知,死于没有健康意识和观念。只要采取合理的预防措施,就能使死亡减少一半”。世界卫生组织指出,每个人的健康和寿命,15%取决于遗传因素;10%取决于社会因素;8%取决于医疗条件;7%取决于环境影响;60%取决于自己。这五条因素中,前三条个人难以改变,第四条通过努力可以部分地改变,而对健康和长寿起决定性作用的第五条,包括生活习惯、饮食、运动和心理状态等生活方式,则完全取决于自己。研究显示,80%的心脏病、90%的2型糖尿病、1/3的癌症,可以通过改变不良的生活方式有效预防。由此可见,健康和生命的主动权常常掌握在我们自己手里,实现健康的第一责任人就是我们自己。

从当前世界各国的疾病谱变化看,各类慢性疾病发病率都在明显上升,特别是心脑血管疾病、糖尿病、高血压、脑中风等慢性病已经成为危害人类健康的主要杀手。而导致这类疾病的主要原因往往与不良的生活方式以及不健康的行为和生活习惯有关。生活方式和行为习惯主要受社会文化、经济、教育、风俗、家庭和个人健康意识等因素的影响。与影响健康的其他因素相比,生活方式和行为因素最大的特征就是可以由自己选择,只要我们刻意地去控制它、改变它,就能让自己活得更健康,更长寿。

从全民健康促进的角度看,主动健康不仅仅是要从针对引发疾病的危险因素入手,而且应当包括个体、群体与社会生活的各个方面。这就要求我们要最大限度地动员,甚至强制国民自觉参与维护健康的行动,在日常生活中时时刻刻、事事处处注意在与自身身体健康相关的每一件事上,都主动采取有益于健康的行为,从而降低患病概率,使每个人不得病、少得病、晚得病、不得大病,而不是在生病时候才想到健康问题,才去找医生。

有人说过这样一句话,人的健康就好像5元钱的停车费,再便宜你都会觉得贵。但如果突然有一张罚单贴在玻璃上让你交200元违章停车罚款,你却恨不得抽自己一个耳光:早知道这样,交10元停车费我也愿意!人的身体也一样,当疾病威胁到生命,不得不花3万、5万、10万甚至100万来救命时,人们通常才会发现“主动健康”是何等的重要。而在身体无恙时,不愿意体检,不注重身体锻炼,不重视自我爱护、自我预防、自我调节、自我控制,不懂得饮食有节、娱乐有度、劳逸结合,对自身健康状态表现出听之任之,安于现状的态度,却不懂得如何把握健康的主动权,保护自己的身体,维护自己的健康,结果不仅给自己的健康埋下了祸根,也给家庭留下了永远的缺憾。

健康事业的发展需要有良好的群众基础,而良好群众基础的产生则有赖于群众具有科学的健康意识和健康行为。健康意识与健康行为之间存在着互动关系,健康意识支配着健康行为。只有当全体公民深刻地认识到健康对于自己的重要性,才能积极追求健康,自觉选择有利于恢复和保持健康的良好行为,预防疾病的发生。[①] 大量的流行病学调查表明,除饮食因素外,体力活动不足是导致慢性病发病率飙升的第二大危险因素。而体育锻炼作为最为积极、最主动、最经济、最重要的弥补体力活动不足的举措,其效果已被海量的研究所证实。目前,"运动是良药"的理念已被世界卫生组织所推崇,运动作为一种主动健康的生活方式也已被世界大多数国家所接受。从呵护健康的角度看,运动已成为主动健康的核心力量。然而,我国每5年一次的"中国群众体育现状调查报告"数据显示,"我国国民体育健身意识仍然比较薄弱,群众性体育活动的开展仍然不够广泛,经常参加体育锻炼的人数仍然不够多"。而且,"公民体育锻炼意识不强已成为制约当前我国群众体育快速发展的瓶颈"。

健康意识引导健康行为,健康行为决定健康结局。公民体育意识是积极主动参与体育锻炼的基础和前提,是支撑与维系个体长期坚持体育锻炼的内驱力量和保障。因此,要使体育真正成为主动健康的核心力量,使公民获取健康的方式化被动为主动,化消极为积极,化强制为自觉,鼓励人们把体力活动和运动作为日常生活的一部分,促使人们在空闲余暇的时候投身于体育活动,进而获得健康效益,还需要广泛宣传体育运动对健康带来的巨大益处,尤其需要对公民体育意识进行培育。唯有如此,公民的体育参与才会更加主动和自觉,健康体验才会更为强烈,才能充分发挥以增加体力活动和适当运动来增进健康、预防和治疗疾病的作用,健康中国的宏伟蓝图才能实现。

## 第四节 学术史梳理

公民体育意识作为一国公民应该具备的最基本的健康素养,代表着现代国

① 张雪、任锐、李莉:《公共卫生与全民的健康意识》,《医学与哲学》2005年第8期,第2—3页。

家的精神风貌和人力资源支撑。对我国来说,公民体育意识培育既是全面建成小康社会的战略需求,又是构建健康中国建设的重中之重。当前世界各国不论是发达国家,还是发展中国家,在公民体育意识培育方面都具有各自的特点,虽然存在这样和那样的问题,但仍有许多成功的经验值得我们借鉴。通过对国内外有关公民体育意识培育研究的纵向发展进程与横向扩展过程进行考察,厘清学术史、研究脉络和范式,对把握国内外相关研究的发展轨迹和演变规律,为我国公民体育意识培育研究提供新的视角和突破口具有重要意义。

## 一、国外研究

公民体育意识培育问题,是在当代西方发达国家逐渐进入后工业化社会,国民体力活动消耗减少,精神负担加剧,导致现代“慢性病”日益严重和一系列社会性问题的背景下,由欧美一些发达国家的公共卫生学专家首先提出来的,其目的是希望通过各种培育方案提升公民参与体育锻炼的意识,消除其精神紧张和体能下降,进而推进健康关口前移。但他们在其概念上多使用“健身意识”(Fitness Awareness)或“锻炼意识”(Exercise Awareness),并将其纳入“体育素养”(Physical literacy)概念之下。目前,公民体育意识培育问题已成为西方大众体育、公共卫生和运动医学领域最为引人关注的问题之一。其中欧、美发达国家较早地开展了公民体育意识培育的实践探索,形成了许多具有指导意义的体育健康促进理论,以及形式多样、内容丰富的培育计划。如“总统挑战杯”体适能奖励计划(美国总统体适能、运动与营养委员会,1966)、健康公民计划(美国卫生和社会服务部,1979)、欧洲健康促进学校网络计划(欧洲共同体、WHO 欧洲区办公室和欧洲委员会,1991)、“动起来”计划(米歇尔·奥巴马,2010)等。亚洲的日本也制定了“体育振兴基本计划”(日本文部科学省,2000)。这些计划提出了“体育健康促进”“运动是良药”“塑造全新的你”等培育理念,其目的是希望通过一系列的措施增强民众对体育运动重要性的认识,提高公民参与体育健身的意识,让参与者,尤其是青少年意识到运动是有效提高生命质量的良医良药,激励民众将运动健身纳入日常生活之中,建立积极的健康促进行为,形成积极的生活方式,以改善健康水平。笔者梳理其学术史发现,相关研究大致沿着三条主线推进。

一是在公民意识教育方面,先后形成了四大理论模式,即价值澄清理论

(路易斯·拉斯,1966)、道德认知发展理论(让·皮亚杰,1932)、社会学习理论(阿尔伯特·班杜拉,1952)以及体谅关心理论(诺丁斯和麦克菲尔,20世纪六七十年代)。这些理论模式的形成对于公民意识教育产生了极大的影响,直到今天也是世界各国进行公民教育研究和公民意识培育实践的重要理论依据。然而,虽然国外关于公民体育意识教育的研究起步较早,且已形成了较为成熟的理论,但是他们并没有把体育意识培育作为公民教育的重点,因而公民意识教育和公民体育意识培育还是两张皮,还需要在交叉度和深度上做进一步研究。

二是在公民体育意识培育方面,国外学者已对其起源和历史做过详尽的阐释,普遍认为学校体育教育始终肩负着唤醒、保持青少年体育锻炼意识,促使其养成锻炼习惯的责任,强调学校体育教育的重要性。例如,英国哲学家赫伯特·斯宾塞早在1860年出版的《教育论》就明确指出,学校教育应德智体三育并重,要树立通过体育和其他劳动"强身健体"的意识。法国教育家保尔·朗格朗在他的代表作《终身教育引论》指出:"如果将学校体育的作用看成是无足轻重的事,不重视学校体育,那么学生进入成年阶段后,体育活动就不存在了。而如果把体育只看成是学校这一段的事,那么,体育在教育中就变成了'插曲'。这就意味着,人们如果只能被动地接受各种体育形式,而不是理解它的精髓,那么,体育就无法在一个人的一生中占据重要的位置,培养终身的体育意识才是问题的关键之所在。"①此外,西方的公民体育意识培育,除强调学校体育教育因素外,还特别注重通过公民体育参与和公民体育实践来进行。大多数研究者认为,应将公民体育意识教育渗透入生活中的方方面面,关键是让公民广泛参与其中。

三是在如何促进公民体育意识向体育行为转化方面,研究者们尝试借鉴多种心理学上的行为改变理论模型来描述、解释、预测和干预个体体育意识与行为间的关系,以促进体育意识向体育行为方面转换。例如,以 Hochbaum 为代表提出的健康信念理论,作为一个解释和预测人们实施各种预防性健康行为的主要理论框架,主要是研究通过干预人们的知觉、态度和信念等心理活动,达到提高

① 马为民:《中美(三所)大学学生体育意识形成的社会学分析——兼论大学生体育意识》,北京体育大学硕士学位论文,2004年。

健康意识、改变行为的目的。但该模型过分强调预防疾病对健康行为的启动作用,忽视了其他一些并非与健康有关的动机(如锻炼兴趣)对锻炼行为的作用。① Fishbein 提出的理性行为理论认为,个体是否采取行为在某种程度上是由行为意向合理地推断所决定的,而个体的行为意向又是由对行为的态度和主观准则所决定的,要改变行为,首先要改变态度。该理论可以有效预测行为意向,但无法有效引发个体行为。② Sonstroem 提出的锻炼行为理论模型,则把个体所处的锻炼行为看成是一个动态循环变化的过程,并将其划分为前意向、意向、准备、行动和保持五个阶段和意识唤起、生动解脱、环境再评价、自我再评价、社会解放、反制约作用、帮助关系、强化管理、自我解放、刺激控制十个程序,还提出对处于不同阶段的个体应采取不同的策略,以促使其意向向行动和保持行动阶段转变。但该模型中锻炼阶段的测量操作缺乏稳定性,造成难以有效区分各个行为阶段及其相关联的行为。③ Schwarzer 提出的健康行为过程理论最大的特点是把个体的风险知觉、结果期待和行动自我效能联系在一起,并把这个过程划分为决定前、决定后—行动前和行动后三个阶段,并提出各种干预措施在不同阶段中所起的作用不尽相同。Schwarzer 理论的缺陷是不能很好地描述和解释锻炼行为的保持机制和影响因素,同时,它过于强调个人认知变量的影响,而忽略了客观环境因素对身体活动行为的促进作用。④ 此外,还有自我效能、自我决定、保护动机等理论和模型,这些理论虽对提升世界各国公民体育参与意识水平起到了一定的推动作用,但由于受到预设理论框架的牵制,在公民体育意识培育效果方面并没有能够形成实质性的突破,仍存在一定的局限性,如实证基础的局限性、解释途径的局限性、适用范围的局限性等。同时这些理论和模型多侧重于体育行为学方面的内容,涉及体育意识结构、形成条件和机制以及培育策略方面的研究明显偏少。因此,目前亟待寻求一个链接社会、心理、生物诸方面的理论框架,以

① 孔浩南、胡俊峰:《健康行为改变理论在健康教育中的应用进展》,《健康教育与健康促进》2010 年第 3 期,第 219—222 页。

② 阚庭、张静:《健康信念模式和理性计划行为理论在健康行为领域的综合应用》,《中华行为医学与脑科学杂志》2015 年第 3 期,第 284—288 页。

③ 解缤、张敏杰、刘明静:《跨理论模型用于城市老年人体育锻炼行为心理影响因素分析》,《内蒙古师大学报》(自然汉文版)2014 年第 2 期,第 251—255 页。

④ 常振亚:《健康行为过程理论阶段非连续性在大学生体育锻炼行为中的检验》,《体育科学》2013 年第 8 期,第 29—36 页。

能准确、完整地阐释体育意识的结构、形成条件和机制以及培育策略，探索出一条有效提升公民体育意识的路径。

## 二、国内研究

国内第一个提出要“培养国民体育意识”的人是梁启超，他在《论尚武》一书中从国家民族存亡的角度论述了尚武的意义，以及如何培养国民的体育意识。新中国成立以后，毛泽东同志提出的“发展体育运动，增强人民体质”口号，犹如一针强心剂，对促进公民体育意识觉醒起到了巨大的推动作用。1958 年著名体育教育家马约翰先生在其发表的《我们对体育应有的认识》一书中，详尽地阐述了体育与各学科的密切关系，以及国民应该拥有的体育意识。但到了 20 世纪六七十年代，随着“文化大革命”的全面爆发，我国群众体育事业遭受到严重挫折，公民体育意识研究也渐渐淡出了学界的视野。① 改革开放后，随着国民经济的快速发展，以及公民健康意识的不断提高，公民体育意识问题研究又重新受到学界重视，并逐渐成为体育学界研究的热点，取得了颇为可观的研究成果。例如，1990 年 3 月，原国家体委主任伍绍祖同志在全国体育发展战略会上发表的《努力探索我国奔向小康阶段的体育发展战略》讲话中就把培育群众体育意识列为 2000 年体育发展战略 10 项指标的第一位。他说：“体育意识是一项软指标，但观念的东西在实践活动中又具有指导性地位，是我们必须给予重视的。”此后，国民体育意识问题研究逐渐进入高潮。1995 年国务院颁布了《全民健身计划纲要》，专家学者们就此发表了许多有分量的论文，其中熊斗寅（1995）、张发强（1999）、袁宇光（1999）、孙葆丽（2000）、左新荣（2001）、常乃军（2001）、仇军（2002）、卢元镇（2003）、陈宁（2003）、周学荣（2004）等从不同角度和层面上对此问题进行了有益的探讨。2005 年党的十六大报告在“全面建设小康社会”目标中，把全民族的思想道德素质、科学文化素质和健康素质作为一项重要内容并列提出，学界对国民体育意识问题的研究更加重视，在比较短的时间内产出了一系列重要的研究成果。代表性的作者有司虎克（2006）、陈宝玲（2008）、向家俊（2007）、周全（2006）、魏冰（2006）、张贺（2012）、张传丽（2013）、徐守良

① 常乃军、乔玉成：《社会转型视域下城市休闲体育生活空间的重构》，《体育科学》2011 年第 12 期，第 14—20、72 页。

(2016)等。但综观近30年来的相关研究,也发现其中存在不少问题,主要是在以下几个方面。

一是关于体育意识概念和内涵的研究。近30年来,学者们虽然从不同的角度对体育意识进行了研究,但到目前为止,对于何谓"体育意识",学界仍没有给出明确的定义。当前关于"体育意识"这一概念的内涵和外延有两种解释:一种是从哲学层面领悟,把体育意识看成是人脑对体育客观现实反映。例如,《体育心理学》(高等教育出版社1987年版)教科书就将体育意识定义为"客观存在的体育现象在人们头脑中的反映,是人们对体育感觉、思维和判断的总和,是人们对体育运动总的认识和看法"。还有一些学者在森塔尔·尤金(1978)"体育意识是一种观念形态和思维对感觉材料的概括"观点的基础上,提出体育意识"是在一定环境条件下人们对体育的内容、形式、方法、手段以及体育各种内外关系等方面的精神活动的总和"(高光,1998);"是人们关于体育现象的思想、观点和心理的总称"(汤卫东,1999);"是人们对体育的认识、价值观念及在体育活动中所表现出来的精神、思维活动等思想观念的体系"(钟振新,2002);"是人们对体育运动实践的感受、经验、知识等的集合"(陈永年,2000);"是人在各种体育现象的影响和作用下产生的一种对体育主观的认识和看法"(吴晓明,2003)。另一种则从心理学层面把握,把体育意识看成是人们对体育结构、功能及其现象感知和思维的综合。例如,《体育科学词典》(高等教育出版社2002年版)将体育意识定义为"人们关于体育运动的认知、情感、意志、价值观念和理想等统一的心理活动和认识系统";认为体育意识"是人脑特有的对待体育和体育活动态度的控制系统"(刘凤勇,1999);"是人们在参加体育活动过程中,对体育及其重要性的认识,以及由此产生的思想观念和心理活动的总合"(于海涛,2002);是指参加体育活动的兴趣,对体育的认识程度,参加体育竞赛和参与体育活动的意识(郑毅敏,2008);"是人们对参与体育运动的欲望和要求"(赵洁,2004);"是人们在对体育的接触和了解及参与体育活动过程中形成的心理活动"(陈万红,2007);"是在大脑意识的支配下驱动、操纵自己的机体运动器官从事运动,不断加深对体育运动的内涵和价值的认识,并提高到自觉为实现奋斗目标而努力的高层次的认识活动"(陈光明,1996);"是个体体育知识观念、体育意识观念及体育决策观念的有机结合体"(郭淑玲,2008);"是人们对体育及相关问题的认识、判断、态度以及行为取向,是在体育行为前形成的主观观念"(蒋宁,2009)。定义上的纷繁芜杂，表述上的五花八门，不同程度地给当代中国公民体育意识培育研究带来了理论和实践上的双重困惑，尤其是在公民体育意识在进入中国特色社会主义新时代后到底蕴含着什么，它对全面建成小康社会和健康中国建设有什么意义等问题上还缺乏深入分析和研究，这说明对"公民体育意识" 概念从学理上进行挖掘，有迫切的现实必要性和重要性。

二是关于公民体育意识结构的研究。目前此方面研究主要集中在内容结构和心理结构两大块。在内容结构方面，李明良（2004）认为，体育意识可按其主体分为个体意识、群体意识和社会意识，具体包括参与意识、观赏意识、健康意识、保健养生意识、体育环境意识、消费意识、竞技意识、挑战自我意识、快乐意识等，这种从内容角度探讨公民体育意识结构的研究对于认识公民体育意识的本质很有意义。在心理结构方面，裴立新（1996）、周全（2006）、王婉珍（2004）、朱家新（2007）、牛严君（2017）等分别从心理学角度提出了公民体育意识结构的"三要素"说（体育知识、体育情感和体育意志）、"四因素"说（知、情、意、行）、"五要素"说（感性认识、知识、态度、评价和行动）、"七要素"说（智力、需要、信息、世界观、人生观、理想和性格），认为公民体育意识培育应晓之以理，动之以情，导之以行。这种从心理学角度探讨公民体育意识结构的方法，有助于揭示公民体育意识的实质和形成途径。虽然各有千秋，但这两种公民体育意识结构的研究也都存在一定的缺陷。其一，它们分裂了公民体育意识的结构，具有片面性。公民意识的内容与心理维度应该是统一的，不可分割的。其二，公民体育意识的结构应当是多层次、多侧面的，上述研究没有体现出来。其三，上述两种研究至多为我们提供了公民意识结构的平面的、静态的分析，但缺乏动态的统一。此外，谭华（1984）、梁利民（2001）、毛振明（2014）、巩庆波（2015）等认为，公民体育意识是公民意识的组成部分，作为国家的公民，它理应和国家的利益保持一致，因为其对整个国民体质普遍提高负有不可推卸的责任或义务；同时，作为公民也有增进自己身心健康的权利。因为社会主义公民意识包括权利与义务相统一的观念，公民体育意识在法律层面应当包括公民体育权利意识和公民体育义务意识。他们虽然是从两方面提出问题，但具体对其进行分析时，对前者讨论得较多，而后者的研究成果却极为寥寥，两者间呈现出严重的"跛足"状态（唐勇，2015）。因此，公民体育意识结构存在着继续深化与系统化研究的现实需要。

三是关于公民体育意识与行为关系的研究。意识是动机产生的基础,也是行为表现的先决条件(郭淑玲,2008)。公民体育意识研究的主要目的之一,是希望通过体育意识这个环节来预测和引导人们的体育行为。因此,对体育意识与体育行为之间的相关性研究,应该成为该领域研究的核心问题。魏冰(2006)等认为,体育意识的作用主要是使个体能自觉“意识到”体育的价值、不参加体育锻炼的风险,进而促使人的体育行为更具有主观能动性。尚保春(2015)等认为,个体从完全“不考虑”参加身体活动到开始“考虑”参加身体活动,是人意识转变的过程,完成这种转变除了与个体对参加体育锻炼认知度不断提高有关外,还与个体体育需求高度相关,这种体育需求可由以下诱因引起:其一是觉得自己缺乏体育锻炼,如长期不参加体育锻炼,体能下降,身体出现不适;其二是某些关键事件,如在某次体检中,发现自身健康存在问题或疾患,于是人们就会下意识地“考虑”到体育锻炼,想通过参加体育锻炼来达到消除身体不适或健康隐患。而由意识到行为的转变,则是人们体育锻炼认知度不断提高、体育需求感觉逐渐增强后的结果。黄一飞(1995)等认为,体育意识能使人的体育行为具有自觉性、目的性、评价性、调节性和自我控制性等特征,使个体从维护自身健康的角度来选择信息,主动地去认识、评价体力活动不足的危害,自觉地调整、控制自己的行为,使之更符合自身的健康需求。刘一民(2001)、王翔(2002)、司虎克(2009)等认为,体育意识与体育行为存在一定的正相关关系。但也有研究发现,两者之间相关性不大,体育意识对体育行为的影响非常有限。如朱家新(2007)认为,体育锻炼意识不但会对体育锻炼行为起促进作用,也会起阻碍作用。正确的体育意识可以指导人的体育行为,并产生相应效应;反之,错误的体育意识则易把体育行为引向歧途。司琦(2007)等研究发现,体育意识是体育行为的重要前提,但两者之间有时是相互分离的,体育意识的具备并不表明必定会有相应的体育行为出现,体育行为也不一定是体育意识使然。那么,体育意识究竟能在多大程度上转变为具体的体育行动,如何才能解决“知行分离、知而不行”问题,当然也是当下值得深入研究的问题。

四是关于公民体育意识水平的现状研究。有关公民体育意识水平现状和测量的相关研究在我国起步较晚,目前大部分研究还集中在以掌握各类人群体育意识基本情况为主要目的的调查性研究上,且研究样本绝大多数为学生或社区居民,缺少对特殊人群,尤其是亚健康人群、妇女、老年人等特殊人群的专门性研究。在研究手段上大多数研究只是按照不同的研究目的,使用自行设计、未经标准化的社会调查性问卷,缺乏信度、效度检验,缺乏跨学科的行为研究范式,实证调查的方法不够规范,数据处理与分析的技巧不够熟练。这就不仅无法保证研究结果的科学性和可比较性,以致在很大程度上降低了相关研究的学术价值,同时也不利于形成统一的体育意识测量工具。而从研究内容上看,迄今为止的体育意识水平测量研究,无论是研究的问题,还是测量的指标,都深深地打上了社会心理学中"态度研究"的烙印,尽管广涉认知、态度、动机、兴趣、信念、参与程度、体育消费等不同方面,但极少涉及公民的体育权利和义务意识问题。有些研究虽然标榜是对"体育行为"进行调查,但实际调查到的通常只是"体育行为的意愿"或者"自述的体育行为",与被调查者"真实的体育行为"相去甚远,致其研究结果的可信性和实用性大打折扣。还有一些研究存在体育意识概念界定不够严谨,"体育意识"与"体育意愿""体育意向""体育态度"概念混淆,测量指标体系不够完善等问题。从研究结果上看;大多数研究结果显示,"国民体育参与意识淡薄,体育消费意识缺失",有"意识超前,行动滞后"的特点;"体育情感意识相对滞后,自觉自愿参与度不高";"学校体育对提高学生体育意识的贡献明显不足,体育健身价值远远没有实现"。人口学特征表现为:体育意识女生低于男生,体质好者低于体质差者,肥胖者低于正常体重者,城市居民高于农村居民,且有随增龄而逐步下降的趋势(朱家新,2007);学历越高,知行脱节现象越严重。在研究结论上,通常比较关注两类变量之间的关联程度:一是体育意识与体育行为之间的关联,二是人口统计学因素与体育意识之间的关联,同时关注"相关系数"的高低高于隐藏在数据背后的可能的理论解释,很少有研究能从更深层的、社会结构的角度来理解人口统计学变量与体育意识之间的关系。还有一些研究做得不够扎实,缺乏充分的实证性的调查数据支撑,仅凭纯理论推演和经验就得出结论,极大地影响到研究结论的深度和可信性,并使其难以抽象升华到理论高度。

五是关于公民体育意识薄弱的原因分析。关于公民体育意识薄弱的原因,目前的研究主要集中在三个方面。其一,学校体育教育问题。如王婉珍(2004)、司虎克(2009)、穆秀玲(2009)等认为,对学生体育意识的培养是实现学校体育与终身体育衔接的重要前提。尽管学校体育多年来一直强调要培养学生的体育意识,使学生养成终身体育的习惯,但目前学校体育教育目标定位模糊,重知识技能教育,轻思想观念培养,并未能真正把培养学生的体育意识作为学校体育的重要内容,贯穿于整个体育教学活动过程中。学校体育在培养学生体育兴趣、爱好,教会学生锻炼身体的技术技能等方面还存在许多问题,导致经过十几年体育教育的学生步入社会后,既无参加体育锻炼的愿望,又无参加体育锻炼的能力。还有研究指出,家长体育意识淡薄,家庭教育忽视孩子身体、智力和人格的协调发展,无疑会对孩子体育意识生成造成极大的负面影响。其二,中国传统文化的影响。如向家俊(1999)等认为,中国传统文化价值体系中的"重义轻利""重文轻武"和"唯有读书高"等一系列文化心理模式,其惯性一直延续到今天,并时隐时现地支配上人们的生活意识、观念和行为,它也直接或间接地影响着体育意识的生成和体育生活化的全面推行。其三,公民体育价值取向。如司琦(2005)等从锻炼心理学角度出发,认为需要是影响体育意识形成的基础性因素,动机是参与体育锻炼的决定因素,兴趣是人们参与体育活动的先导和内在驱动力之一,成功体验、目标设置、归因是影响体育意识形成的强化因素,政策、建成环境、场地、器材、技术指导等是体育意识形成的促成因素,起桥梁纽带作用。对体育的认知偏差、情感淡薄,体育价值观错位等对公民体育意识的形成有负面影响,而大型体育赛事(如奥运会、亚运会等),对自身身体健康的恐惧(如"非典""新型冠状肺炎"疫情、体检时发现身体上某种疾病),将体育纳入升学考试的内容(如中考体育测试)有利于体育意识的形成。

六是关于公民体育意识的培育研究。关于公民体育意识的培育研究目前主要集中在以下三个方面。其一,关于培育公民体育意识重要性的研究。如高光(1998)等认为,培养学生体育意识是学生养成体育锻炼习惯的基础,是学校体育教育首先要解决的问题之一。其二,关于公民体育意识培养的内容研究。主要包括对体育锻炼价值的认知(姚金涛,2013)、公民体育权利与义务意识(梁利民,2001)、体育参与意识(樊炳有,2005)、体育健康促进意识(汪晓赞,2014)、体育消费意识(代刚,2012)等。其三,关于公民体育意识培育的途径与方法研究。包括学校体育教育的主渠道作用(裴立新,1996)、国家政策的导向作用(骆秉全,2010)、媒体宣传(吕树庭,2006)、环境影响(钟秉枢,2006)、医疗机构的引导(孙晋海,2015)、大型体育赛事(如奥运会)的影响(周全,2006)、公共卫生事件(如非典)的启迪(李竖锐,2004)等形式。其中,学界普遍认为,学校体育应当承担起学生体育意识培养的主体责任,学生体育意识的培养应贯穿于不同学段的体育教学过程之中。

综上所述,至目前国内外学界已对公民体育意识问题进行了初步的研究,并取得了大量成果,这为本课题的后续研究奠定了良好的理论基础,但这其中也存在不少的问题。例如,在方法学上,从学理上进行分析的多,把学理分析与实证调查相结合的少;从体育学视角考察的多,发挥多学科功能综合分析的少,这就导致研究结论对指导实践具有极大的局限性。而从实证性研究上看,多是以大学生或社区居民为被试者来进行,研究对象单一;研究方法多使用问卷调查法或文献分析法,与目前国际上推崇的定量与定性研究相结合的研究理念存在一定的差距。在研究内容方面,考察公民体育意识薄弱原因的多,以前瞻性思考与战略性思维探索和把握公民体育意识的演进特点、发展规律、发展状况的少,对公民体育意识培育问题的系统性的研究则更少,对如何建构起小学、中学、大学、社会相对成形、成熟、富有成效、彼此有机衔接的公民体育意识培育模式的研究明显滞后,对公民体育意识形成的理论基础"观照"也严重不足。在对策研究上,从客观环境研究的多,从主观自身研究的少,谈论"原则要求"的多,研究"如何做"的少,许多研究仍在"重要性"和"意义"上打转转,缺乏实践环节的培育路径设计,或者路径之间还没有形成有机联系的整体,难以触及"培育"的核心问题,尤其是没有抓住在建成小康社会中公民应承担的"提高全民族的健康素质"责任和义务这一根本性要素——以上诸种,也许正是多年来培育工作的成效并不那么明显的主要症结所在。虽然已有的相关研究也不乏优秀作品,但是关于"如何培育",尤其是培育路径的研究还十分薄弱,未能触及"培育"的根本问题。既然如此,对于路径本身的困境和内在矛盾就有必要进行进一步的深入探讨,路径整合力的生成与优化方式的实现也有待进一步拓展,而这正是本课题需要突破的问题所在。

# 第一章　公民体育意识的本质

公民体育意识的本质是什么，既是探讨公民体育意识必须回答的问题，也是厘清公民体育意识培育路径一个不容回避的问题。只有弄清了公民体育意识的本质，才能正确理解当前公民体育意识培育的必要性和重要性，才能正确把握公民体育意识的性质和作用。

关于体育意识或公民体育意识概念的内涵和外延问题，虽然当前已有不少学者从哲学、心理学、健康学、养生学、体育学等视角进行过深入的研究和探讨，但对于公民体育意识的本质与特征问题始终没有得到圆满解决。体育意识的定义之繁多、解释之杂乱、纷争之锋锐，即足以说明这个问题。本研究认为，公民体育意识的本质是公民个体对自身健康的一种自我关怀和对体力活动不足风险的一种自我反思，是公民自觉承担个人、家庭和社会健康责任的一种自觉心理反应、理念表达和思想反映，是公民个人表现出来的体育健康促进理念、态度意志、情感意愿等各种观念形态的总和，①其出发点是公民个人现实生存的要求，价值指向是幸福、健康、权利和责任，目的是公民自身对未来存在的期望，而具备这种意识，则是公民成为现代文明人的标志之一。本章将以公民体育意识的源流、演变轨迹、基本特征以及中西方公民体育意识的异同为视角，对公民体育意识的本质和特征进行剖析。

## 第一节　历时性考察

公民体育意识作为一个学术概念，是随着现代体育，尤其是现代休闲体育的

① 乔玉成：《中国公民体育意识调查报告（2018）》，《武汉体育学院学报》2019 年第 10 期，第 19—27 页。

发展产生的,并首先由西方国家于20世纪60年代所倡导。“公民”一词是现代公民社会的产物,故中国古代先民并不存在“体育意识”一说,但“体育意识”作为一种思想和观念,在我国古已有之。从这个角度看,中国公民的“体育意识”既受“中国传统体育文化基因”①统摄,也与现代体育的发展有着较大的渊源关系。

人类的意识现象多种多样,每一种意识现象都有其发生、发展和消亡的过程。“体育”意识作为一种特殊的意识现象,是随着“体育”的出现而出现,随着“体育”的发展而发展的。我们认为,社会在发展,时代在进步,人们对“体育”的认识虽永远不会停留在某个固定点上,但一定会在历史的时间隧道中留下其发展痕迹。从原始社会到当代社会,人类的体育意识经历了从无到有,从本能冲动到被动意识再到主动意识的过程。而考察这个演变过程,对于我们汲取先民们的智慧,认识体育意识的本质和审视人与体育的关系具有奠基性的意义。

## 一、古代中国先民的“强身”“养生”意识

“体育”自诞生的那一天起,就包含有“生存”“生活”“休闲”“嬉戏”“玩耍”“娱乐”“健身”“竞技”“表演”“观赏”和“身体活动”等元素,因此从本质上说,中国古代先民的“体育意识”就是对这些元素功能价值的认知、认同和情感,反映的是人们通过“体育活动”追求体能、身体素质、美、娱乐和健康的态度、意志和行为意向。受研究目标和篇幅所限,在这里仅对其与“强身”“健身”“健康”“长寿”有关的意识进行考察。

### (一)中国古代的“体育”文化形态

探讨中国古代先民的“体育意识”问题,前提是中国古代有没有“体育”。关于这个问题,目前学界有两种观点。一是“中国古代没有体育”。持这种观点者认为,“古代无体育,近代不科学,现代缺理论”②;“现代化是西方化,西方化当然就是欧洲化。近代化的根基当然又在古希腊,古希腊是唯一诞生了体育和体育盛会的国家”③;“中国古代没有作为孕育体育的条件,在古代中国发展体育是

① 乔玉成、侯介华、许登云等:《中国传统武术文化基因谱系研究》,《北京体育大学学报》2017年第12期,第122—132页。

② 胡小明:《一种基于当代现实的体育理论眺望——关于“两条腿”和后现代意识》,《体育文化导刊》2003年第12期,第18—20页。

③ 李力研:《奥林匹克精神与体育文化——一种东西方文化比较的哲学文化学视角》,《天津体育学院学报》2002年第2期,第14—18页。

不可能的”。二是“在中国古代时期就有体育”。持这种观点者认为，在中国古代的词汇中，虽然没有“体育”这个词，或者说没有“体育”这个专门术语，但这并不代表中国古代没有体育，只能说是没有现代意义上的体育而已。① 虽然古代中国“体育”与现代“体育”的概念不能相提并论，但古代中国的“体育”中确实包含了现代体育的内容，并被赋予了游戏的、竞技的、健身的和教育的功能与功效，它也是通过形体语言去展示或表演某种预定的情节或程式，从而表现一定的思想情感和人的智慧，且有着较完整的思想观念、知识体系、传承制度和运行机制，从以上意义上谈，其本质与现代体育具有极大的相似性。笔者在这里支持后者，这是因为：

其一，考古学发现，早在中国古代就有从事“体育”活动的“器械”。如远射类器械——弓箭、弩、弹弓、弋射；投掷类器械——石球、标枪、鱼镖、鱼叉；技击、格斗类器械——棒、锤、斧、刀、戈等；护体类器械——匕首、护臂；水上活动类器械——舟楫（桨）；游戏、娱乐类器械——垂钓（鱼钩）、陶响球、石球、陀螺等。

其二，在古代“中国”，先民们所从事的围绕着生存生活需要，带有竞技特点的、技巧娱乐性的、有意识的“体育”活动已经相当丰富。比如，脱胎于生产实践活动和军事战斗技能的体育活动，如蹴鞠、马球、武艺武术、射箭、赛跑、投掷、滑冰、游泳；以技击和保健为特色的武艺武术与养生活动，如行气术、导引术和按摩术；以及具有地域和民俗时令特点的民俗民间体育活动，如跳绳、拔河、投壶、垂钓、放风筝、荡秋千、踩高跷、跑旱船、舞龙舞狮以及踢毽子、龙舟赛等。②

其三，中国古代“体育”与现代体育一样，均具有游戏、竞技、健身、观赏和教育的功能和功效，也是一种以身体运动为主要手段改造自我身心的文化行为或文化过程。

其四，中国古代的“体育”，虽然不像以古希腊体育为代表的西方体育刻意追求令人叹为观止的体格与体能，但也在中国传统文化的熏陶下，逐渐形成了自己的个性，即强调人与自然的交融与协调。虽然活动的规则和规范的严格性稍差一些，竞技性稍弱一些，但其注重将活动时间、活动量和强度限制在一定“度”

---

① 崔乐泉：《东方体育文化之魂——中国古代体育文化及其特征》，《光明日报》2008 年 7 月 24 日第 10 版。

② 崔乐泉：《论“原始体育形态”——体育考古学研究方法实证分析》，《体育与科学》2002 年第 4 期，第 4—6 页。

的范围内,并通过动静、阴阳、刚柔、虚实、相济、相生等带有哲学色彩的术语来描述体育活动的过程和特点,表现出中国古代"体育"明显的哲学与文化色彩。

综上,以古希腊体育为代表的西方体育和以中国为代表的东方古代体育,虽然各自有着不同的文化形态,但都是现代体育运动的摇篮,都为现代体育的形成和发展作出了巨大贡献。

### (二) 中国古代先民的运动强身意识

从体育的起源可以看出,在洪荒初开的原始社会,兽多人少,地广人稀,生产力极其低下,求食自卫是先民们最基本的要求。为求生存,先民们需要通过有意识的奔跑、跳跃、攀登、投掷、搏斗、厮杀等"训练"方式强化自身的体能和各种身体技能,以练就出能追、能逃的快腿,能攀岩、能打击的有力的上肢,能负重与耐久奔跑的能力及准确而熟练的投掷技巧……①虽然当时没有"体育"的说法,但先民们也能朦胧地意识到这些身体活动确实能够起到增强体质、提高生存能力的作用。同时,求偶、"乐神"、战争对体质的要求也迫使他们将这些身体活动从劳动中分离出来,演化为专门的身体练习形式进行刻意的练习,以增强整个身体或某些器官的机能。尽管这种意识是原始的、模糊的,感性的、朴素的,其主要目的也不是为了"健身""健康""幸福",但从某种程度上说明人类已经突破常规思维,有意识地选择、利用肢体活动进行强身,这不仅标示着带有人文痕迹的体育活动已出现萌芽,同时也是人类本能肢体活动向有意识的体育活动的延伸,并成为后世体育意识形成的发端。此外,原始社会末期的"陶唐氏"时代,"阴多滞伏而湛积,水道壅塞,不行其原,民气郁阏而滞著,筋骨瑟缩不达,故作为舞以宣导之"。这种"消肿舞"虽然还只是一种简单的生物学理念,也不能称为"体育活动",但先民们由此对"体育"产生的情感、观念以及对"体育"活动的认知认同却为后来的导引、按摩等古代医疗体育的发展和"运动养生"意识奠定了一定的基础。

### (三) 中国封建社会臣民的运动"养生"意识

体育养生源于中国古代劳动人民朴素的生活经验和早期的医疗实践,萌芽于商周时期,初成于秦汉。② 从奴隶社会到封建社会,特别是进入先秦诸子时

---

① 邓迁良:《从强身、养生到健身——体育思想史初探》,《四川体育科学》1984 年第 3 期,第 6—11 页。

② 刘亚:《中国古代养生体育的发展》,《体育文化导刊》2011 年第 2 期,第 108—114 页。

代，中国古代“体育”在原“强身”的思想中渗入了“修身”的观念，并进而生发出以长寿为目的的“养生”思想。

先秦诸子时代，是我国历史上文人人格相对独立、思想最活跃、束缚较少的时代，也是一个文化上异彩纷呈、硕果累累的时代。这个时代，诸子蜂起，百家争鸣，各种养生理论和方法得到了很大的发展，极大丰富了传统养生文化的内容。① 例如，在这个时期，老庄、杨朱等清心寡欲、顺其自然的养生观已初具萌芽。尤其是道家人与自然和谐的“体育思想”，既注重形体的锻炼，也注重精神的保养，通过“炼形”与“炼神”的结合，促使身体素质发生转变，使身体由弱变强，延年益寿，甚至返老还童，奠定了中国古代运动养生与“身体锻炼”的理论根基。②《庄子·刻意》即有言：“吹呴呼吸，吐故纳新，熊经鸟申，为寿而已矣。此导引之士，养形之人，彭祖寿考者之所好也。”这里，庄子所描绘的“导引”之术，就是一种通过呼吸俯仰，屈伸手足，使血气通畅充足，来达到长寿目的的养生术。东汉名医华佗不仅精通方药、针灸及外科手术，而且对运动养生的方法也颇有研究，他仿照虎、鹿、熊、猿、鸟等禽兽的动态创编的具有强身健体功效的“五禽戏”，开创了导引术套路术式之先河。他曾对弟子吴普说：“动摇则谷气得消，血脉流通，病不得生，譬如户枢，终不朽也。”宋元时期朱丹溪的《格致余论·相火论》讲：“天之为物，故恒于动，人之有生亦恒于动”，认为“运动才有万物，运动才有生命”。宋代养生家蒲处贯在《保生要录》中说：“养生者形要小劳，无至大疲”，强调形体运动要适量。明清时期罗洪先在《卫生真诀》（《仙传四十九方》）中指出，“凡人身体不安，作此禽兽之戏，汗出，疾即愈矣”。清初儒家、思想家、教育家颜元认为，“养身莫善于习动”“动，才能健人筋骨，和人血气，调人性情，长人信义”“一身动一身强”“动，小之却一身疾病，大之措民物之安”。③ 此外，中国古代“流水不腐，户枢不蠹”“久视伤血，久卧伤气，久坐伤肉，久立伤骨，久行伤筋”“动则不衰”“动以养生，静以养神”“养生贵在运动”“形不动则精不流，精不流则气郁”“养备而动时，则天不能病”“养略而动罕，则天不能使之全”“正气内存，邪不可干”等运动养生观，也为现

① 曾永忠：《〈吕氏春秋〉论养生与现代体育卫生观》，《湖北体育科技》2004年第1期，第39—40页。

② 曹景川：《“贵身”与“炼形”：道教养生思想中的体育精神》，《体育科学》2013年第10期，第89—92页。

③ 吴俊琦、吴俊涛：《浅析亚健康、治未病及运动养生》，《辽宁中医药大学学报》2009年第3期，第20—21页。

代运动疗法的形成和发展奠定了坚实的基础。

"养生"作为一种具有中国特色和中国情结的传统生命保健方法,其产生和发展有着深厚的中国传统文化土壤,生存于这片沃土上的先民们,无不受这些思想观念的影响,并由此形成"运动养生文化模式"和"体育健身方式的原生形态"。而这种"模式"或"形态"一旦形成,就会在广大民众的学习和修炼中,以其比较稳定的形式规范和指导人们进行修炼,并内化为价值观念、态度情感、意志意愿,进而生成通过运动"养护生命"的意识,贯通于历朝历代民众的灵魂。

### (四) 中国古代先民的"体育"权利与责任意识

文献研究显示,中国史前"体育"具有原始平等的性质,每个社会成员都有平等参与"体育"的权利。例如,在成年礼和准备成年礼的活动中,每个青年无一例外地必须参加准备和"考试",没有人被排斥在这种活动之外。① 进入封建社会后,虽然法律中有"杀人者死,伤人及盗抵罪"的关于生命权的"约法三章",和对他人生命或身体进行侵害必然会因此付出代价的生命权保护条款,但封建社会的高度集权,森严的等级制度、伦理道德观念,使得臣民在很大程度上失去了通过"体育运动"促进健康的自由选择权和话语权,加之中国传统身体观不以形体为崇拜对象、不以人体为审美对象、不以身心为二元对立、知觉体验与气类感通,②故其在某种程度上限制了民众"体育"意识的形成。

在中国古代社会,受儒家思想的影响,先民们常把自己的身体健康视为一种责任,因为身体健康不仅仅属于个人,还属于家庭和天下。故提出"修身""齐家""治国""平天下",且"修身"乃一切之本的道德观。儒家强调"身体发肤,受之父母,不敢毁伤,孝之始也",认为个体应该为自己的健康负责,应该积极有为,刚健自强,努力克制自己的不良嗜好、不健康的生活行为方式,对"身心灵肉"进行全面教化和提升,不断完善自己,而"养生"就是其重要之"道"。在家庭关系中,个人不仅要承担自己的健康责任,尽量避免或减少给家庭成员带来负担,也要有关照他人的责任。③ 同时,还要肩负起兼济天下,关爱天下的社会道德责任。

---

① 林茂春:《体育知识百科全书》(第1卷),延边人民出版社2000年版,第4页。

② 杨杨、赵歌:《中国传统身体观与身体践行的文化研究》,《北京体育大学学报》2017年第10期,第140—145页。

③ 刘俊香、张旭平:《儒家视野下的个人健康责任》,《伦理学研究》2015年第2期,第101—103、132页。

## 二、近代中国国民的体育意识

依据中国史学相关理论，中国近代始于1840年鸦片战争，终于中华人民共和国成立。① 本段历史历经清王朝晚期、中华民国临时政府时期、北洋军阀统治时期和南京国民政府统治时期四个阶段。在这百余年的历史里，中国国民的"体育"意识发生了巨大的变化，并在不同的社会发展阶段展呈出不同的时代特点。

### （一）清末民初时期国人体育意识的觉醒与发展

清末民初是我国近代体育的兴起和发展期，也是国人"体育"意识觉醒和萌生的重要阶段。此时期，"救亡"与"图存"的时代主题引发了人们对于中华民族和国家命运的深入思考，国家发展体育的动机和立场，主要是基于国家利益和民族大义来考量，国民对体育价值的认知认同主要体现在教育、军事、竞技、健康等几个方面。

鸦片战争后，西方列强对中国的领土主权、人权、政治、经济、军事、文化、宗教等方方面面进行了疯狂侵略，亡国灭种的空前危机和在国际竞争中屡次惨败的结局，深深刺痛着中国社会，激起了社会各界和有识之士多种形式的反抗。例如，此时期洋务派官僚发起的以举办军事工业为中心的"求富""自强"的洋务运动，就希图通过开办新学堂、编练新军，增强国家的军事实力。维新派认为"要救国，只有维新；要维新，只有学习外国"，发出了"以民为兵""尚武强国""学习西方体育"的呼声，迅即引起全社会的广泛响应，并很快在全国范围内形成了"尚武"的军国民教育思潮。②

清军国民教育思想大致包含以下几方面的内容：一是在各级各类学校中普及军事知识，进行西式兵操和军事技能训练，以培养一代具有国家观念和军事本领的国民；二是重视学校体育，强调体育在教育中的地位，倡导德智体全面发展，注重提高学生身体素质，以增强民德、民智、民力；三是宣传武人战功，进行爱国尚武教育，以改变中国文弱民风，培养国民民族观念和爱国精神。其总的目的是

① 施芳芳、戴敬东：《中国学校体育价值立场的钟摆化演化》，《武汉体育学院学报》2011年第11期，第72—76页。

② 吕玉军、陈长河：《清末民初的军国民教育思潮的兴起及其衰落》，《军事历史研究》2007年第3期，第91—99页。

希望通过体育增强国民体质，去除中国人积弱的弊端；通过广泛的军事训练和尚武宣传，使全体国民都具有军事自卫能力，寓兵于民，全民皆兵，以便有效地抵御外来侵略，挽救民族危机。①

中华民国首任教育总长蔡元培指出："国何以强，强于民，民何以强，强于民之身，民之身何以强，强于尚武。"②此时期，国人也深深地感到，只有实施尚武教育，发达国民体质，才能培养出济世强国的国民，救国才有希望。因此，在西方传教士、教会学校等外来因素的影响下以及洋务派、改良派、革命派、变法维新派、政府、学校的积极努力下，现代西方体育迅速进入中国，全国各地也因此掀起了兴办体育的热潮。概而言之，此时期国民对体育的认知主要是以国家民族存亡作为出发点，国民身体被置于国家高度，即"强国必先强身，强身必行体育锻炼"。

可以说从清末"新政"到民初的这十几年间，"体育"在中国得到了前所未有的重视。从一开始以挽救民族危亡大声疾呼身体锻炼的重要性，到大力提倡尚武精神和军国民体育思想，再到西洋体操进入学校教育，国民对体育价值的认知认同都是站在民族的存亡、国家的兴衰这个高度考虑的，国民体育意识很大程度上与国家的前途联系在一起，与国人试图借助体育强国、强兵的愿望，以及一改国人体质羸弱的形象息息相关。而此时期国家对体育事务的关注，尤其是国家对军国民教育的体育思想予以的政策上的肯定，以及报刊对体育的宣传，进一步促进了这种"对尚武精神的推崇""体育救国"和"匹夫有责"体育意识的深化。因此，此时期国民体育意识表现出强烈的爱国主义色彩。

此外，随着西方体育的传入，国人也从一些报刊零星宣传中开始认识到奥林匹克运动和新兴体育的强身健体、休闲娱乐、修身养性以及教育和教化功能，认识到体育规则面前人人平等的魅力，认识到体育是培养德智体全面发展人才的重要手段，并逐步确立起较为成熟的近代体育观念。而此时期社会上开展的多种多样的运动会，不仅向国民传播了西方体育精神和思想，更重要的是改变了国民长期以来重心智、轻体质的传统观念，使人们开始逐渐重视身心的和谐发展，意识到身体的基本功能和重要性，了解到体育活动对人体健康的必要性，修正了

① 韩玉霞：《清末民初的军国民教育》，《史学月刊》1987 年第 5 期，第 41—47 页。

② 陈建新：《民国时期学校军训史述略》，《民国档案》2003 年第 2 期，第 80—83 页。

国民对体育的认识,并对以后中国体育的发展及其理念影响深远。

### (二) 中华民国临时政府时期到北洋军阀统治时期的国民体育意识

中华民国临时政府成立以后,强兵、强种、强国的体育观念开始受到挑战,军国民体育逐渐遭到质疑,特别是在上海召开第2届远东运动会和教会学校开展体育活动的双重影响下,近代中国人的体育观念开始由强兵、强种、强国,向健身、娱乐、竞技方面转变,这种转变促使国民对体育的认知越来越靠近体育的真义和本质。①

1911年辛亥革命,推翻了清王朝的统治,结束了在中国延续几千年的君主专制制度,传播了民主思想,促进了人民的觉醒。1919年五四新文化运动前后,在欧美各国教育革新运动的推动之下,随着美国"实用主义教育思想"的传入,"实用主义体育思想"开始在中国传播和盛行。此时国人已认识到体育就是通过身体活动而进行的教育,将体育纳入学校教育,可以培养全面发展的人。1923年北洋政府教育部公布新学制《主科学制》及《课程纲要草案》,学校中的"体操科"被正式改为"体育科",并剔除了兵操,规定内容为田径、球类运动及游戏,由此,确立了新的体育课程体系以及运动会和体育竞技在教育中的意义,西方现代体育开始在学校中得以推广,同时也奠定了体育在学校教育中的地位和作用。在学校体育发展和社会体育的影响下,体育观念在国人中间开始普及,国民体育意识也发生了不小的变化。

谷世权认为,民初和北洋军阀时期的体育有着明显的特点:体育内容丰富,变化迅速;中国近代体育史上的一些重要转折,多发生在这一时期。② 例如,学校体育从"军国民教育"的兵操体育转变为以基本体操、游戏和田径等运动项目为主要内容的体育,课程体系更加成熟;社会体育竞赛的数量日益增多,规模日益扩大,运动竞赛体制初步建立;正式成立了全国性的体育组织——中华全国体育协进会;运动竞赛的项目内容,由"游戏、竞走型"转变为以田径、球类、游泳等近代奥运会项目为主;体育场地设备、师资培养、体育报刊、书籍的发展等方面都较辛亥革命前的清末时期有了较大进步,这为中国近代体育运动和国民现代体

① 罗时铭、谢丽娜:《从西洋体操到西方体育——奥林匹克运动影响下的近代中国人体育观念变迁》,《体育文化导刊》2005年第6期,第75页。

② 谷世权:《试论北洋军阀统治时期的体育》,《体育文化导刊》1989年第4期,第39—46页。

育意识的发展奠定了基础。

### （三）国民政府统治时期(1927—1949)的国民体育意识

国民政府统治时期(1927—1949),经历了国共政权的十年对峙、抗日战争与解放战争等历史阶段,是中国新民主主义革命发展和最终取得胜利的22年。

#### 1. 南京国民政府统治时期(1927—1937)

自1927年4月南京国民政府宣告成立至1937年11月抗日战争爆发后国民政府被迫迁都重庆,这十年是南京国民政府相对稳定的十年,同时也是中国近代体育事业发展较快的一个"黄金十年"。[①] 在此期间,南京国民政府通过政策法规引导,成立体育组织机构,修建场馆设施,举办体育赛事等举措,以及体育报刊对体育理念、运动方式、方法和体育科学知识的宣传和普及,极大地刺激了当时的体育发展,对促进全体国民体育观念从"强兵、强种、强国"到休闲娱乐、健身、竞技进行转变以及"体育民众化"起到了积极的推动作用。此时期我国的体育发展可以划分为1927—1931年和1931—1937年两个阶段。

1927年4月南京国民政府的成立,结束了民国成立以来军阀割据的局面,实现了形式上的国家统一,为近代体育的发展和完善创造了前提条件。[②] 从当时的体育法令、法规、制度的制定,全民体育运动思想的普及,自然主义体育思想的传入和发展可以看出,这一时期的体育,无不渗透着强烈的发展体育、提高国民体育意识、开展全民体育的热情。对于民众而言,参加各项体育活动,既能在生理上锻炼体力,增进健康,又能在心理上训练意志力、注意力、智力、想象力、判断力,还能在行为上辅助个人养成良好的生活习惯。对于国家而言,通过体育锻炼,则既可培养国民吃苦、耐劳、坚韧、勤奋的精神,又能锤炼国民强健体魄,对实现民族复兴具有重要意义。

1931年"九一八"事变后,国难日亟,民族主义情绪日益高涨。"收复失地""救民族于危难"的历史使命需要体魄强健的国民共同担当的民族意识,使得"提倡体育以洗血国耻、复兴民族""为社会国家民族生存,唯有加强锻炼国民体魄"成为国人对体育的基本认同,"体育救国""服务抗战"成为当时最为响亮的

---

① 景明:《南京国民政府时期(1927—1937)南京体育发展研究》,《南京工业职业技术学院学报》2014年第3期,第93—95页。

② 马运超:《国民政府时期中国体育发展探究》,《科技致富向导》2012年第29期,第133—133页。

呼声之一。① 从历史视角来看,当时国民政府呼吁中国人都要主动进行体育锻炼,增强体魄,捍卫民族尊严的举措对激发国民爱国热情,培养国家观念,增强民族团结,鼓舞全民抵御外侵的士气,强化体育为国家民族服务的意识均具有积极意义。

**2. 抗日战争时期(1937—1945)**

抗日战争全面爆发之后,中国大地上形成了3种不同性质的政权,即国民党统治区(国统区)、共产党领导的抗日民主根据地和日伪占领区(沦陷区),同时形成了国统区的战时体育、根据地的新民主主义体育和沦陷区的殖民地体育3种不同特色的体育。此时期,尽管3种体育各有其特点,但无论是抗日根据地、国统区,还是沦陷区,中华儿女都把练兵健体、打击日本侵略者作为动力,在艰难危险的境况中积极参与体育锻炼和竞赛,体现了中华民族不畏强暴、维护民族尊严和团结抗日的民族情感。而就其体育思想而言,无论是国统区的"战时体育"思想,还是根据地强调的"体育军事化"和"国防体育"思想,都将体育与国家民族的存亡联系在一起,将体育视为振奋民族精神、凝聚民族力量的特殊战场和锻造国民体质、磨炼国民意志、争取民族独立、打击侵略者的有力武器,基于此,运动竞赛也成为展示民族精神的神圣仪式。

在共产党领导的抗日根据地,在"锻炼体魄、好打日本"体育工作总方针的指引下,体育活动开展得如火如荼。如贺龙在担任八路军一二零师师长时期组织训练的"战斗篮球队"就不但在球场上纵横驰骋,骁勇善战,在战场上也果敢无畏,杀敌无数,享誉整个陕甘宁地区。而针对边区机关人员开展的特色鲜明的"十分钟运动",对缓解机关人员工作疲劳、增强体质、娱乐生活也功效卓著。此外,八路军和新四军在作战之余开展的如徒手体操、器械体操、球类运动及跳高、跳远、掷铁饼、投手榴弹、爬山与赛跑等以军事技能为主要内容的群众性运动项目,不仅使体育活动成为争取群众、发动群众的重要手段,提高了根据地军民的战斗力、凝聚力,同时激发了当地群众参与各种体育活动的热情,带动了边区人民积极参加体育锻炼的积极性。

在国民党统治区域,虽然正常体育活动的开展受到一定影响,但国民政府还是通过体育立法、场馆建设、设立体育节、建立国术馆等方式倡导民众参与体育

① 梁娅红:《"建国"与"救亡"大格局下的体育思潮(1927—1937)》,华中师范大学硕士学位论文,2013年。

活动,并将学校体育的基本目标定位于“平时为自强,战时为卫国”,使学校体育军事化,为抗战培养后备力量。另外,为了增强抗战将士的体质和军队战斗力,培养军队抗战的意志力,国民政府对军队体育也非常重视。

在日伪占领区,日本帝国主义一方面利用伪政权残酷镇压人民的反抗,另一方面又通过奴化教育来麻醉人民,为其侵略目的服务。在此背景下,体育运动也被利用为奴化教育和标榜“大东亚共荣”的工具,开展了一些体育竞赛和民众体育活动。而对于日本人用以粉饰太平的体育比赛,不甘做亡国奴的中国人或者消极抵抗,或者在体育比赛中通过取胜来打击日本侵略者的嚣张气焰,捍卫民族尊严。

**3. 解放战争时期(1945—1949)**

1945 年日本投降以后,国民党反动派很快在全国发动了内战,中国从此进入解放战争时期。这一时期,解放区军民结合大练兵掀起了开展军事体育活动的高潮,除了进行经常性的跑步、跳远、跳高、篮球、足球等体能锻炼外,尤其注重手榴弹投准与投远、中长跑、限时武装跨过障碍、射击、摔跤、举石头、拉弓箭练臂力、腿上绑沙袋练习跑跳等多种形式的练武运动,以培养广大官兵坚忍不拔的意志和强壮的体格,其目的是“打倒蒋介石,解放全中国”,故此时期的体育活动具有浓厚的战争年代的特点和鲜明的时代印记,而民众对体育的认知、情感、意志主要体现在“服务并服从于军事斗争的需要”。这些体育活动对增强解放区人民体质起到了积极的作用。

## 三、现代中国公民的“体育”意识

“公民”一词是舶来品。在中国传统文化中并不存在“公民”这一概念,对国民的称谓一直是“臣民”“子民”“百姓”或者“草民”,其主要原因与中国几千年家国同构社会奉行的国家整体主义、没有民主政治、没有独立个人地位、森严的封建等级制度以及国人缺乏国家的主人意识有关。

中国自清末推行仿行宪政、将个人与国家之间的关系纳入宪法范围以来,作为个人与国家之间的政治联系的“公民”法律身份并不是从一开始就得到了宪法规范的明确肯定,而是经历了一个从“臣民”到“国民”,从“国民”到“人民”,从“人民”到“公民”的历史发展过程。① 虽然每次概念的转换,都是基于政治转

① 莫纪宏:《“公民”概念在中国宪法文本中的发展》,《人权》2010 年第 4 期,第 2—6 页。

型的需要，但从中也能折射出政治话语的变迁和政治文明的前行。

“公民”一词最初进入中国人政治语汇的时间大概是在20世纪初，当时也只是出现在近代文人志士介绍西方宪法的著作中。[①] 虽然这些文人志士已经意识到国家由国民（或公民）组成，国民（或公民）是国家的主人，一个国家的“国民”或“公民”，有着平等的人格，享有同等的权利，应履行同等的义务，[②]但新中国成立前的历部宪法文本中，并没有出现表述个人与国家之间政治联系是“公民”一词的概念。

新中国成立后最早使用“公民”概念的规范性文件是1953年公布的《中华人民共和国全国人民代表大会及地方各级人民代表大会选举法》，而“公民”正式出现在宪法文本中则是1954年颁布的《中华人民共和国宪法》。1954年《中华人民共和国宪法》规定了公民的基本权利，建立起了以“公民”身份为基础的人权制度。在1975年、1978年、1982年颁布的《中华人民共和国宪法》中更加明确了“公民资格”，进一步丰富和完善了公民的基本权利的体系和结构。

在新中国成立以后一段相当长的时间里，中国虽然完成了从臣民到公民宪法文本意义上的概念转换，但事实上，“公民”一词在许多场合仍然被“国民”“人民”“群众”所覆盖。这其中有政治上的原因，例如，缺乏公民意识生成的土壤，但在很大程度上，它实际仍与深植于国民意识之中的臣民观念，以及缺乏形成公民文化的传统有关。直到改革开放和市场经济体制建立，尤其是进入21世纪以来，人们的自由、平等、民主、竞争、契约和法制观念建立，公民意识才开始获得良好的外部环境，公民个人的自主、竞争、效率、民主、法制和创新等意识才得到进一步的增强，[③]“公民”概念也才逐渐在中国被共识、公认。

虽然自新中国成立以来，我国体育事业发展的重点始终是围绕着群众体育和竞技体育两项基本工作展开，也从来没放弃过对增强人民体质的追求，但在不同时期公民对体育的认知、认同、情感、态度、意志、意愿的转换始终与国家的意志和社会发展需求密切相关。从新中国成立初期的体育为“国家建设和国防服务”，到“文化大革命”时期的“为无产阶级政治服务”，到改革开放时期的“为国

① 馨元：《公民概念在我国的发展》，《法学》2004年第6期，第23—32页。

② 虞崇胜、张星：《社会转型过程中的“政治人”——对“公民”概念中国境遇的政治学考察》，《云南行政学院学报》2011年第5期，第4—9页。

③ 熊孝梅：《当代中国公民意识的现状与培育》，《人民论坛》2014年第17期，第45—47页。

争光,为社会经济文化发展服务”,再到全面建设小康社会时期的“以人为本”“健康第一”等现代体育意识的逐步确立,这个变迁过程反映了体育伴随社会经济文化发展的本质属性和特征的实现,以及体育价值功能的回归,也反映了我国体育发展战略思想的成熟。

### (一)新中国成立至“文化大革命”前(1949.10—1966.5)

1949年10月,刚刚诞生的新中国内忧外患不断,政治、经济形势异常严峻。面对曾被人辱为“东亚病夫”和“羸弱民族”的低劣民族体质状况,面对新中国建设急需大批体质健康、充满活力的建设者和劳动者的事实,面对西方资本主义国家的封锁和包围,在新政权尚不稳固,还需要大批强有力的保卫者,特别是1950年开始的抗美援朝战争需要大批强健的军人和后备战士的艰难形势下,体育责无旁贷地担负起甩掉“东亚病夫”帽子,增强国民体质,为劳动生产和国防建设服务的重任。① 此时期,国家发展体育事业的目的,“是增进国民健康”。因为要发展生产、建设祖国、巩固国防,我们的人民必须有健康的体魄。中国国情需要以体育来锻炼大家的体格,以体育来发扬人体劳动的能力。② 而从竞技体育层面来说,当时新中国还被排斥在奥运大家庭之外,于是“发展体育运动,增强人民体质”就成为我国体育主要的奋斗目标,“改善人民健康状况,增强人民体质”成为当时各级党委的一项重要政治任务。而与之相对应的是,广大人民群众把锻炼身体当作崇高的革命使命,以空前的政治热情投身到群众体育的行列中,使群众体育在当时极其艰难的条件下掀起了不小的高潮。③

1956年国家体委依据党中央提出的“多、快、好、省”建设社会主义的精神,提出了“加速开展群众性体育运动,在广泛开展群众运动的基础上努力提高运动技术”(普及与提高相结合)的方针,将提高运动技术水平提上了重要的议事日程。1960年国家体委重新审定了1958年制定的《十年发展规划》,确定了缩短战线、保证重点、猛攻尖端的原则,提出发展田径、体操、游泳、足球、篮球、排球、乒乓球、射击、举重、速度滑冰10个重点运动项目,这一举措反映了国家领导

① 田雨普:《新中国60年体育发展战略重点的转移的回眸与思索》,《体育科学》2010年第1期,第3—9页。

② 冯文彬:《关于开展人民体育的几个问题》,《新体育》1950年第3期,第4页。

③ 闫斌、齐妍、李子林:《浅谈我国群众体育的历史沿革》,《中国教育导刊》2010年第6期,第46—48页。

层通过竞技体育提升大国地位的政治愿望。

1960 年前后,“左”的思想路线加上自然灾害的影响,使处于生活困难时期的人民群众,大多数丧失了从事体育活动的基本条件,群众体育陷入了低谷。1962 年 12 月全国体育工作会议将群众体育的工作重点放在学校,同时兼顾机关、厂矿、企业以及农村,采取由点到面,逐步恢复,扩散发展的方法。目标是把体育运动普及到广大的劳动人民中间去,使体育成为全民性的、经常而广泛的活动,为广大人民群众参加体育活动提供良好的政治、经济条件。1964 年,群众体育政策在调整中确立了“围绕生产、结合生产,根据各种劳动生产的不同特点,开展多种多样的体育活动”的方针,群众体育热潮在我国再次兴起。这个高潮对广大人民群众体育知识的普及、体育意识的培养及我国体育理论的发展等方面产生了积极影响。1965 年后,由于我国同时面对美、苏集团,以及国境周边其他反华势力的威胁,“备战”成为这个时期国家工作重点之一。① 学校体育,社会体育活动的军训化成为必然,其目的是满足“保卫祖国”的“备战”需要。

总的来看,1949—1966 年,我国的体育实践与国家的社会政治制度和地位联系在一起,与改变“东亚病夫”的民族精神联系在一起,此时之体育是一切从国家整体利益出发,忽视民众个体对体育的需求。由于“国家利益高于一切”的社会观念以及体育发展的政治主导,国家利益统摄了个人利益,国家代替了个人体育利益的表达。国家的体育政策强调体育为增强人民体质服务,为经济建设和国防建设服务,体育因此成为一种国家行为。在这种社会观念和政策的影响下,人民群众把执行国家体育政策当作崇高的使命,当作对党和国家忠诚的表现,积极响应政策号召,国民参与体育锻炼的目的与国家的使命高度统一,国民对体育价值的认知认同以及对体育的情感、态度、意志、意愿呈现出强烈的国家本位观和政治色彩,而体育的休闲娱乐价值、社会价值、心理价值却没有被认识和充分体现出来。

### (二)“文化大革命”时期(1966. 6—1976. 10)

1966—1976 年,是我国“文化大革命”动乱年代。这一时期,体育经历了灾难性的毁灭打击。各级体育组织机构遭冲击,运动队伍被解散,学校体育课变成了“军体课”或“以劳代体”,许多人迫于当时的“形势”不得不放弃体育锻炼,体

① 魏磊:《我国学校体育社会化研究》,《体育文化导刊》2015 年第 3 期,第 131—134 页。

育事业的发展跌入了新中国成立以来的最低谷。

由于极左思想基本占据党内的统治地位，争创运动佳绩被污蔑为“锦标主义”，锻炼身体被称为“活命哲学”，健身操被“忠字舞”和“语录操”所替代，甚至连全民游泳也演变为水中的“誓师游行”。[①] 体育政治色彩浓厚，本质功能弱化，成为当时政治运动的副产品和一些人实现政治目的工具。“为革命锻炼身体”是当时最响亮的口号，“满足革命需要”“为无产阶级政治服务”是开展体育活动的基本导向。国民对体育的认知、情感、态度、意志、意愿更是呈现出强烈的政治色彩，国民体育意识在很大程度上与“革命”联系在一起，体育价值观呈现出明显的国家价值立场。

（三）“文化大革命”结束至今（1976.10—现在）

1976年10月，党中央一举粉碎了“四人帮”，终结了绵延十年、祸及亿万民众的“文化大革命”，我国的体育又获得了新生。之后的几十年随着计划经济向市场经济的转型，公民社会、法治社会、和谐社会、小康社会的建立，以及“体育强国”“健康中国”“幸福中国”的建设，“公民”身份意识有了成长的土壤，真正的“公民”体育意识开始得以培养。

1976—1978年是整个体育领域内拨乱反正的时期，也是中国体育事业发展的“徘徊”期。它上承“文化大革命”，下接改革开放。彼时开始逐步纠正“文化大革命”的错误，在政治、经济、思想上都积累了深厚的基础，为改革开放做了充分的准备。

1978年后，在“发展才是硬道理”理念的指引下，体育事业随着改革开放的发展逐步进入旺盛发展时期。虽然在这个阶段初期，由于“国家利益高于一切”的历史惯性，体育仍被认为是一种为民族正名、为国家争光的手段，体育的“凝聚力”功能，被提升到民族、国家层面，国际体育大赛的成绩被表征为一个国家“强弱”“文明”的象征性符号，但毋庸置疑的是此阶段竞技体育“优先发展”的战略方针，“举国体制”的强力推动，确实为我国竞技体育的发展带来了空前的繁荣，使我国竞技运动水平在短短的时间里就冲出亚洲，跻身世界前列。而国人的爱国热情，也使得获得世界冠军、争得奥运会第一的运动员成为现代意义上的

① 田雨普：《新中国60年体育发展战略重点的转移的回眸与思索》，《体育科学》2010年第1期，第3—9页。

"民族英雄"。此时期,尤其是1984年中国运动员在洛杉矶奥运会上获得15枚金牌,实现了中国在奥运会上金牌"零"的突破,以及中国女排获取"五连冠"的荣誉后,通过大型赛事为国争光、以夺冠精神激励和教育民众成为当时中国体育的核心所在。人们可以不关心体育究竟是怎么回事,可以不关心它在西方意味着什么,但一定会关注中国人在赛场上能不能战胜外国人,体育就是为国家争得荣誉,就是为民族争光。① 这就是当时人们对体育的普遍认识,尽管这种认识到今天已随着社会观念的丰富被逐步淡化,但它仍以一种重要的社会认知存于人们的观念之中,至今,仍有人把它看作体育的主要目标。此时期,国民对体育的认知、情感、态度、意愿主要依附于竞技体育的光环之下。

之后,随着我国改革开放的不断深入和社会利益的不断分化,"国家利益高于一切"的国家、社会、个人三位一体体育模式,开始向国家、社会、个人的三元架构转化。在此架构中,国家在退位,个人的需求被重视,个体的权利在制度层面逐步得到保障。体育政策开始注重人民群众的自身利益,个人本位的体育价值立场日益鲜明,而国家本位的价值立场日趋淡化。这个时期,随着不断增长的社会文化需求以及综合国力的增强,国家又调整了体育发展战略,并重新制定了群众体育和竞技体育协调发展、普及与提高相结合的方针,②改变了过去重竞技体育,轻群众体育的偏向。③ 1995年,为更广泛地开展群众性体育活动,增强人民体质,国务院颁布了《全民健身计划纲要》。《全民健身计划纲要》关注更多的是人自身的体育需要,它将体育视为一种休闲、娱乐的手段和改善身体、释放压力的工具,把提高全民族身体素质摆在首要位置,将体育的功能价值定位于维系人类的健康,满足人类的精神文化需求,最终使人类充分地享受自由和幸福。④而1995年《体育法》和2009年《全民健身条例》的出台,更加明确了公民参与体育的权利,为公民体育参与提供了法律保障,使全民健身工作进一步进入规范化、法制化轨道。

2003年一场突如其来的"非典",让人民群众进一步认识到运动强身健体的

---

① 张波:《当代中国社会观念更迭下的体育认知演变及走向》,《山东体育学院学报》2012年第3期,第6—9页。

② 祖苇:《再论体育价值》,《北京体育大学学报》2003年第6期,第741—743页。

③ 薛春柏:《江苏省高职院校学生体育价值观现状研究》,苏州大学硕士学位论文,2009年。

④ 李传奇、周兵:《学校体育的伦理审视》,《体育学刊》2009年第12期,第49—52页。

重要性,促进了人们对于体育价值功能认知的回归和体育意识的提升。2008 年北京奥运会后,特别是党的十八大以来,国家领导人和民众对体育价值的思考更趋成熟,体育的价值也从关心人的身体转向了关心人的全面发展,从关注人的健康转向至公民的“获得感”和“幸福感”。在此前提下,如何把获得奖牌与全民健身更好地结合起来,发挥竞技体育对全民健身的引领作用,让更多的人热爱体育,吸引大众“更快乐、更高兴、更强健、更幸福”地投入全民健身运动中去,养成终身体育锻炼的习惯;如何通过广泛开展全民健身活动,让更多人享受运动快乐、拥有健康体魄;如何统筹学校体育、群众体育、竞技体育、体育产业协调发展,推进健康中国和体育强国建设,实现中华民族伟大复兴中国梦,成为时代的最强音。2014 年,国务院印发的《关于加快发展体育产业,促进体育消费的若干意见》将全民健身上升为国家战略,充分体现了体育以人民为中心的发展理念,使我国体育事业站在了新的历史起点。2016 年 6 月,《全民健身计划(2016—2020 年)》的出台,标志着让全体人民共享体育发展成果,即促进全国城乡各地的全体人民,人人参与,人人健身,人人快乐,人人健康,人人幸福的重要战略正式进入实质性阶段。①

综上所述,新中国成立 70 年来,公民体育意识在国家政策的导向下发生了一系列的转换。体育价值观由“体质观”“荣誉观”向“健康观”“幸福观”转变;对体育的认知从强身、健体、健美向追求身心健康、交际、娱乐和消遣方向发展;参与目的由“保家卫国,为生产劳动服务”“增强体质,发展体能”“为民族、国家争光”“重塑国家形象、强化民族信心”向“增进健康、快乐幸福”转变;参与动因由“适应社会需要”向“关注个体需求”转变;参与体育活动的形式也逐步由“被动”向“主动”“自由”转变;活动的最终归宿由生产到生活,由“提高生活质量”向“关注生命质量”转变,②中国人的体育意识也逐渐由“国民”“群众”体育意识向“公民”体育意识转换,而这一切又与新中国成立以来的政治制度、政策导向、社会转型以及国人的社会观念发生的变化密切相关。

---

① 胡鞍钢、方旭东:《全民健身国家战略:内涵与发展思路》,《体育科学》2016 年第 3 期,第 3—9 页。

② 唐宏贵:《论全民健身运动的当代社会价值——〈纲要〉实施十五年回顾》,《武汉体育学院学报》2009 年第 6 期,第 10—15 页。

## 第二节　多维度解读

公民体育意识有着丰富的内涵，在不同的环境下，不同的人对公民体育意识的概念有着不同的理解。例如，关于公民体育意识的本质，有人认为它是一种自我保健意识，有人认为它是一种休闲娱乐意识，也有人认为它是一种权利义务意识，还有人认为它是公民对体育锻炼的一种主观愿望。这些关于公民体育意识的解释，从某种意义上说都有一定的道理，也从特定的角度指出了公民体育意识的某一方面的本质含义，对我们认识、理解公民体育意识都有一定的启发意义。但公民体育意识作为人脑对体育这种复杂社会现象的反映，任何单一的定义都有可能割裂其事实、遮蔽其真义。笔者认为，对公民体育意识进行多维度的分析解读，或许能帮助我们更为深入、准确地了解其理论，把握其精神，理解其真谛。

### 一、公民体育意识是一种强身健体意识

强身健体是体育最本质的功能。从近代中国"尚力"第一人严复，到文学巨人鲁迅，再到伟人毛泽东，无不将体育视为一种改造人类自身的特殊实践活动。近百年来，人们已经逐渐意识到，通过体育锻炼这种特殊形式，不但可以强健人的身体，愉悦人的心理，提高人的生物潜能，增强人的生存能力，而且可以进一步影响人的社会行为和思想观念，促进人全面地发展。

研究表明，人的体质禀受于先天，得养于后天，是先天、后天因素共同作用的结果。① 个体秉承父母的遗传信息，决定个体在后天的生长过程中要遵循某种既定的内在规律，这种特性在生命过程中不会轻易改变。② 而在后天因素中，人的体质又是一个自我修炼的过程。良好的生活环境，合理的饮食、起居，稳定的心理情绪，适度的身体锻炼，可以增强体质，促进身心健康。反之则会使体质衰弱，甚至导致疾病。

古往今来，人们从"流水不腐，户枢不蠹"的自然现象中体会出"生命在于运动"的真谛，视体育锻炼为增强体质的法宝，借助种种身体修炼手段，来强身健

---

① 王宝迎、温春丽：《杨明会教授"治未病"学术经验的研究》，《中医临床研究》2017 年第 1 期，第 51—53 页。

② 孙艳：《论基因与体质的相关性》，《长春中医药大学学报》2009 年第 1 期，第 3—4 页。

体、驱除疾病乃至益寿延年,效益颇丰。因此,体育能够“强身健体”的观念渐入人心,人们已将其视为一种修炼生命、塑造身体、表现自我、完善自身、重建身心平衡,增加愉悦体验的手段,并成为人们参与体育活动的内驱力。①

体质既反映着人的生命活动水平,也反映着人的身体运动水平。现代体育科学研究证明,经常进行适当的体育锻炼,不但可使神经系统更为活跃和灵敏,新陈代谢更为旺盛,身体更为健美,体格更为健壮,使人的心血管、呼吸、泌尿、内分泌、感觉系统以至全身各组织、器官机能增强,②还可以重塑身体的力量、速度、耐力、爆发力、柔韧、灵敏、协调等基本素质,抚慰身心,消除由于现代生活节奏过快、压力过大所形成的不良心理反应,对培养人的坚毅、勇敢、顽强、果断、进取、竞争及超越自我的优良品质,塑造完善人格,磨炼人的坚强意志,振奋人的进取精神,树立积极的人生态度也具有重要作用。③

强壮的体魄、健康的身心是人的根本利益之所在,也是人们对更美好生命质量的追求,而获取它的主要途径,就是参加以健身锻炼为基本内容的体育活动。因此,人们常常把体育看作一种强身健体和自我生命修炼的有效手段,把参加体育锻炼当作自身生存和发展的前提。在对体育价值认知的基础上还产生了对体育的兴趣、爱好、能力、习惯,并由此产生思想观念,支配和调节自身参与体育活动的意志和情感体验。

体育之所以能伴随人类始终,必然与人类自身的需要、社会的需要和体育能满足这些需要等因素及其之间的复杂关系有关。而在这个复杂关系中,身体是平台,态度是前提,意识是基础,行为是关键。而且,人的意识决定了人行为的方方面面。经济越发展,社会越进步,人们强身健体的意识就越强烈,体育与人们生活的联系就越紧密,体育的地位就越重要,作用也就越显著。

## 二、公民体育意识是一种自我保健意识

众所周知,健康是人的第一财富,是事业成功的基础,是享受生活乐趣的条件,是“人的全面发展”所依附的基石,是获得幸福的保障。在温饱问题解决以

---

① 胡立君:《体育消费属性研究》,《财贸经济》1999 年第 3 期,第 59—62 页。

② 乔玉成:《神经—内分泌—免疫网络在健身运动中的整合调控作用》,《体育科学》2002 年第 4 期,第 115—120 页。

③ 田雨普:《新世纪我国体育的功能与作用》,《体育学刊》2004 年第 3 期,第 5—8 页。

后，身心健康成为人们普遍关心的首要问题。因为只有健康的身体才能使人获得更多的自由和更多的愉快生活体验。

我们所处的时代是一个越来越重视生命、关注健康的时代，同时也是一个健康危机四伏的时代。科学技术和社会经济的发展，人们的物质文化生活水平的日渐提高，使我们在充分享受现代文明的同时，也因工业化、城镇化以及疾病谱、生态环境、生活方式、饮食习惯的不断变化，不得不同时面临诸多的健康风险。① 而环境污染、不健康的生活方式和不良的生活习惯，又大大削弱了人类正常的适应能力，致使各种疾病在不知不觉之中向我们袭来，从而引发了当代全球人口心脏病、癌症、中风、代谢综合征、糖尿病、骨质疏松症等慢性病发病率的"井喷"爆发态势，严重威胁到人们的生命安全。② 此外，生活节奏的加快，工作压力的加大，社会矛盾的增加，还导致心理疾病发病率逐年增加。职业劳动自动化，家务劳动电气化，通勤出行便利化，使人的体力劳动和生活技能让位于自动控制系统。以车代步、网络购物、电子游戏、网络聊天，看似方便、丰富了我们的生活，但这种越来越多的静态生活方式实际上一直在挤压我们参与体力活动的时间与空间，致使消耗能量的机会越来越少，整体性体力支付不足，以"三高"为诱因的慢性病之所以会大规模地爆发，③不能说不与此有着密切的关系。2013 年世界卫生组织估算，每年全世界因缺乏锻炼致死的人数高达 320 万，且还在迅速增长。《英国医学杂志》周刊刊登的一项新的研究成果显示，世界各地的"由于身体活动不足导致的慢性病负担急剧上升，运动不足已被列为全球最为重要的'流行病'之一，缺乏锻炼被列为全球第四大死亡风险因素，成为当下威胁全球人口健康的重要原因"。

大量的流行病学研究表明，人类慢性病的发生发展与个人不健康的生活方式和行为习惯密切相关，而预防这些疾病最好的办法是自我保健。"我的健康我做主""我的健康我维护""求医不如求自己""健康要靠自己去争取"。健康的钥匙就掌控在自己手里，增强健康忧患意识，树立健康风险意识，养成有利于

---

① 乔玉成、周威：《我国运动医学学科定位 6 个基本问题辨析》，《体育学刊》2020 年第 3 期，第 136—144 页。

② 乔玉成：《运动干预代谢综合征机制研究进展》，《体育科学》2005 年第 11 期，第 68—73、97 页。

③ 乔玉成：《进化・退化：人类体质的演变及其成因分析——体质人类学视角》，《体育科学》2011 年第 6 期，第 87—97 页。

身心健康的生活方式和行为习惯,“合理膳食”“适量运动”“戒烟限酒”“心理平衡”,如果能做到这些,对预防慢性病来说,可以起到医疗技术和药物治疗所难以起到的功效。①

体育锻炼特有的性质和功能,是弥补当代人类“体力活动不足”,解决“亚健康”和“慢性病”问题的一种最直接、最积极、最有效和最廉价的手段。它不仅能从病因学上减缓人类的健康危机,而且可以发挥“标本兼治”的作用,从源头上阻滞或延缓慢性病、心理疾病的发生、发展进程,而从根本上说此也是一种人类自身对体力活动需求的回归。② 研究表明,运动对于几乎所有慢性病的预防、治疗都有益处,包括降低许多疾病的死亡率等。③ 同时,研究还发现,较之运动不足的病人,经常参与运动的病人在医疗花销方面少花将近 30%。因此,要远离“慢性病”,不但要积极参加体育活动,把体育锻炼当作一种不可或缺的生活需要,同时还要有意识地改变每天的生活方式,如多用来回室内步行,外出刻意走路,步行或骑自行车上下班,上楼不坐电梯,积极做家务(拖地、洗衣、做饭、洗碗),边看电视边原地跑步,垫高桌子站立操作电脑等方式,尽可能地提高体力活动水平。要通过这种运动健身和生活方式的改变,增加能量消耗,减少能量堆积,增强心肺功能和肌肉力量,提高全身各个关节和韧带的灵活性,促进代谢系统和其他脏器的功能改善,克服运动不足以及膳食不平衡带来的健康“窘境”,为预防慢性病的发生作出贡献。

通过遗传,我们每个人都能获得一笔初始的健康存量,但这种与生俱来的健康存量是会随着年龄渐长而“折旧”的,也会因为长期的不良生活方式和习惯而“缩水”,当然它也能由于自我保健和健康维护意识的增强而增加。④ 如今,我国普通民众的价值观念与生活理念已经发生很大转变,可以说人们对自身健康状况的关注程度超过了以往的任何时期。随着这种自我保健意识的不断增强,相应的,人们的健康忧患意识、健康风险意识、健康维护意识、健康管理意

① 乔玉成、牛严君:《运动的药物学特征:EIM 的学理支撑》,《沈阳体育学院学报》2017 年第 6 期,第 77—82 页。

② 乔玉成:《错位:当代人类慢性病发病率飙升的病理生理学基础——基于人类进化过程中饮食—体力活动—基因的交互作用》,《体育科学》2017 年第 1 期,第 28—44 页。

③ 乔玉成、王卫军:《规律运动干预人类衰老过程的表观遗传学机制研究进展》,《北京体育大学学报》2016 年第 1 期,第 61—67、75 页。

④ 戴迪:《解读健商　健康新概念》,浙江科学技术出版社 2009 年版,第 9 页。

识也在节节攀升。这样，作为维护健康手段的体育，也就逐渐成为人们生活中的重要内容。是健康焦虑、健康预警唤醒了人们的健康危机意识，促使人们从心理上产生了改善体质健康的紧迫感和危机感，也提高了人们积极、主动、经常参加体育锻炼的意识和自律性。当下，“我运动、我健康、我幸福”的观念正在社会上普及开来，维护健康、投资于健康的责任应由自己承担的理念正在被越来越多的人所接受。可以说人们乐于在时间上、物质上更多地进行“健康投资”，并通过对健康知识的把握，趋利避害，提高参与体育锻炼几率，将健康危险因素消除在萌芽状态，其本质就是一种健康危机意识、疾病防范意识和自我保健意识。

公民体育意识的提出，既是对当前体力活动不足问题的深刻反省，也是对人类健康状况的现实关照，更是对当代人类健康问题的反思和人类自我健康意识的觉醒。解决当前日益严峻的国民慢性病发病率频发态势和国家医疗负担过重问题，除了要靠科技、经济和医疗卫生等手段外，还必须要努力提高全民的健康意识，尤其是与慢性病病因、病理机制相关的体力活动意识。我们坚信，全民健身意识普遍提高之时，即是国民免受慢性病痛苦之日。

## 三、公民体育意识是一种休闲娱乐意识

美国《未来学家》杂志曾刊文指出，2015 年，世界发达国家已全面进入“休闲时代”，发展中国家也将紧随其后，逐渐向以休闲为轴心的生活方式转变。

国际经验表明，步入休闲时代有两个基本条件：一是经济发展达到一定水平，二是休闲时间要有一定保障。一般而言，当人均 GDP 达到 3000—5000 美元，完善的休假制度能保证居民享有全年三分之一左右的休假时间时，就标志着一个国家或地区开始步入休闲时代。① 我国经济在经历了 30 年持续稳定的发展后，物质财富快速增长，国民劳作时间、生理时间和休闲时间的比例已经发生巨大变化。2014 年我国人均 GDP 约为 7500 美元（按照 1985 年可比价格计算已突破 3000 美元大关）。2015 年，北京、上海、广东、浙江等九省市人均 GDP 已率先迈入一万美元阶段，②全年法定假日已由最初的 52 个增至 112 个，人均日休

① 王琪延：《中国大城市将首先进入休闲经济时代》，《学习论坛》2004 年第 7 期，第 46—50 页。

② 360 百科：《人均国内生产总值》，https://baike.so.com/doc/1514905—1601640.html。

闲时间超过人均日工作时间，所有这些数据说明我国已跨过全民休闲时代门槛，逐渐步入大众休闲时代。而休闲时代的来临，标志着休闲生活开始进入我国普通百姓家，逐渐成为人们生活方式的新常态。

休闲不仅是人的一种生理需要，也是一种心理需要。一方面，它能解除体力上的疲劳，恢复人的生理平衡，避免疾病和早衰，确保身心健康；另一方面，可使人获得精神上的慰藉，使紧张的心情得到放松，达到健身、娱乐、消遣、宣泄等多种目的。休闲是人类美好生活的重要组成部分，是影响居民幸福感的关键因素，它可以丰富人的文化生活，陶冶人的情感，使人在自由的、自愿的、令人身心愉悦的环境中度过余暇时间。① 它可以让人在休闲中摆脱工作杂事带来的困扰和压力，使人回归自我，暂别异化状态，恢复人性。休闲是人类社会发展的终极愿景，是人类自身的终极追求，它代表了生产力的发展水平，标志着人类的文明进步，是社会发展的一个重要目标。休闲可以让人们在完成社会必要劳动之后的自由时间里，“以欣然之态，做心爱之事”，自由地享受生命的价值、生活的乐趣和本性的释放，实现闲适恬淡、自在无我、怡情益智、修身养性的个人追求。休闲所涉及的是人天赋本性的需要，是人的自由和解放，以及人生的目的和意义，而实现休闲生活则是对人的基本权利的尊重，是“以人为本”理念的充分显现。人类需要休闲娱乐以使生活和工作变得更轻松、更愉悦，同时人类也需要理论的指导使得休闲活动更明智、更健康。因此，如何提高人们的休闲意识，让人们学会享受休闲，在休闲中体会生命的价值和意义尤为重要。

然而，曾几何时，我国国民既没有把“休闲”作为自己的权利去追求，去享受，更没有把“休闲”作为一件“正事”来看待。在那些为了温饱而挣扎的岁月里，人们既没有休闲的经济基础，也没有休闲的时间保障，对于大多数人来说那时能休闲一把简直就是一种“奢侈”，更何况在中国人的传统观念里，崇尚的是吃苦耐劳的奉献精神，秉承的是“玩人丧德、玩物丧志”的警世良言，提倡的是“休息是为了更好地工作”的工具理性，特别是在那个“高度政治化”的年代，社会主流思想对以休闲为核心的思想观念或行为方式存在着天生的排斥心理和鄙夷态度，把休闲生活视为“懈怠”“游手好闲”“好逸恶劳”“吃喝玩

① 乔玉成、范艳芝：《诘问与回应：体育与幸福关系研究的 8 个基本问题》，《上海体育学院学报》2020 年第 7 期，第 1—15 页。

乐”“铺张浪费”的代名词，列入资产阶级生活方式的范畴，使其难登大雅之堂，导致“休闲文化”呈现出“集体无意识”“全民大一统”的状态。改革开放后，随着人们思想观念的解放，物质财富的丰富，体力劳动强度的降低，生活水平的提高，以及信息革命的推波助澜，社会组织对个人生活的约束逐步弱化，社会主流思想对享乐的态度逐步转变，于是人们的休闲意识不断增强，休闲需求日益高涨，开始过上了劳逸结合、张弛有度、生产自主、闲暇自由、幸福快乐的新生活。①

虽然据相关数据显示，2013 年以来，中国人每天的休闲时间与世界上经济发达的国家相比仍然较少（CCTV 经济生活大调查 2013 年数据显示，有超过 70%的受访者认为自己每天的平均休闲时间不足 3 小时；其中 8%的人群认为自己忙碌不堪，没有休闲时间；平均每天休闲时间在 5 个小时以上的受访者，占比不到 7%。2015 年的数据显示，中国人每天的休闲时间平均是 2.55 小时。与其他国家相比，我们的休闲时间只有发达经济体的一半。除去工作和睡觉，休闲时间每天不足 1 小时者，占 24.5%，只有 1—2 小时者占 22.2%，8%的人认为自己一点休闲时间都没有），但就这短暂的一点休闲时光而言，如何让更多的人懂得什么是休闲，学会如何享受休闲，进而把休闲上升为一种文化，是我们应当认真思考的问题。休闲的方式有多种，可中国人的休闲似乎就只有一两种消遣方式。CCTV 经济生活大调查（2011—2012）数据显示，国人闲暇时间普遍热衷的是上网（54.37%）、看电视（46.17%）；2013 年调查结果发现，中国老百姓最爱的仍是上网和看电视，且休闲时间使用效率较低，大部分情况下都处于一种消极的休闲状态——1/3 的时间在玩手机，1/6 的时间在看电视，1/10 的时间在进行阅读。而 2017 年的数据显示，在工作之余超过半数的人会选择手机上网，做一个低头族，尤其是 18—25 岁的青年人，比例居然高达 64%。而与人们休闲生活有着天然联系，更有可能接近和触及幸福的休闲性体育活动并没有成为主导，数据表明，人们的体育休闲意识亟待提高。

体育诞生于人类的休闲需要，它的本质属性离不开“玩”这个灵魂和轴心。“玩”的本质是自由、愉快和创造。“玩”包含着自愿的行为，自由的心态，贴近生

① 秦学：《新中国休闲文化与生活风尚变迁的审思——基于国民生活方式视角》，《青海社会科学》2014 年第 2 期，第 70—76 页。

活，有大家公认的规则，有吸引人的娱乐元素。而玩儿又是人的天性，是人的一种需要。① 玩的过程会对人的精神产生重要影响，可使人的身心松弛，享受到快乐和幸福。故作为休闲活动之一的体育休闲，对充实人们的休闲生活有着独特的价值和无穷的魅力，应该成为人们进行休闲活动时的首要选择。

休闲意识的强弱影响着人们的生活质量，体育价值的认知影响着参与者的主观能动性。休闲时代的来临，需要体育休闲功能和娱乐本质的回归。研究表明，在西方广泛开展的休闲活动中约有80%是体育活动。休闲体育活动不同于竞技体育、学校体育和群众体育，它淡化了体育的政治化、功利性、工具性色彩，其目的是满足人们的“娱乐”“消遣”“玩耍”和“交际”的心理需求。它不像竞技运动那么专业，运动时间和强度也都由自己控制，不受性别、年龄的限制，具有轻松、随意、自由度大、趣味性高、参与面广等基本特点，是一种尊重个体意愿的社会体育范式。它既不屈从于国家意志，也不受制于集体主义；既不为谋生所困而不得不为之，也不因人情所累而不得不从之，彰显了个体的自主意识、权利和责任意识。

休闲性体育活动原本就是一种为人们提供休闲的方式，是人们工作之余利用各种喜闻乐见的身体活动，追求娱乐、放松、个人发展的重要手段和方法，是一种更人性、更本真、更纯粹的精神需求和游戏方式。参与它不仅仅是为了消磨时间，排除闲暇中的孤独与寂寞，更主要的是为了让每个社会成员能够自由自在地享受生活，有效地缓解现代生活快节奏给人带来的紧张情绪和人际关系问题，既可满足人的精神需求，使个体获得心灵的安顿和归依，又可塑造人的健康心态，让人体验到人生的真谛。

从发展生产到丰富生活，从政治需要到社会需求，从工具到玩具，体育功能的转变反映了社会的进步；从“日出而作，日落而息”的劳作谋生到“花钱买娱乐”追求高层次的生活质量，反映了公民休闲意识的觉醒。有人调查发现，中国人的休闲时间虽然持续增多，但休闲观念和休闲意识还需要继续培育。

懂得如何休闲是一种人生智慧，创造高质量休闲方式是获得高质量生活的前提。唯有洞悉了体育在休闲中的地位，才能真正感受到休闲体育的重要性。

① 乔玉成、范艳芝：《诘问与回应：体育与幸福关系研究的8个基本问题》，《上海体育学院学报》2020年第7期，第1—15页。

因此,如何培育休闲性体育意识,营造人性化的休闲性体育环境和氛围,选择人性化的休闲性体育活动内容,让休闲性体育日益成为休闲活动的主流,逐步演变为人类休闲生活的中心内容,既是落实全民健身计划的重要举措,也是公民体育意识通达、泛化为全民休闲娱乐文化意识新的路径。

## 四、公民体育意识是一种主动参与意识

"参与"在现代汉语中意为"参加""介入",有加入"某种组织或某种活动"的意思。"意识"是事物的客观存在于人大脑中的反映,在心理学中通常是指自觉的、自愿的、无任何人强迫和要求的心理活动。"参与意识"则是指个体参与各种事物时的心理状态,由认知、情感和行为意向三大维度构成。① 关于体育参与意识,目前学界还没有统一的认识。从现有文献看,有人将其界定为"在对体育认识的基础上,自觉不自觉地参加体育活动的心理状态";②有人将其界定为"个体通过直接或间接地参与体育活动或与体育相关的事物,从而在头脑中形成的对体育的认知、情感、意志等诸方面的总和"。③ 借鉴前人的研究成果,根据当前我国公民体育参与的实际情况,本研究将公民体育参与意识定义为:公民个人在精神意识领域形成的对于参与体育活动价值认知和情感体验的独特感悟,以及参与体育活动的行为意向、基本态度和实际行为投入。就其内容而言,主要包括:体育价值认知(对体育价值的知晓、理解和把握程度),体育参与的动机、情感和态度,体育参与的行为意愿。其中体育价值认知是体育参与的基础,体育动机、情感和态度是体育参与的内在制约机制,而积极主动的体育参与行为则是体育参与的外显。

公民体育参与意识是公民体育素养的核心内容,也是公民体育价值观念和行动意愿的集中体现,它不仅反映着公民对体育的态度、情感、意志、行为意愿,以及公民个人参与体育健身活动的自觉程度,对调节个体的体育锻炼行为具有方向性的作用,而且也是全民健身事业发展程度的重要标志。

---

① 胡子祥:《当代大学生社会参与意识的实证研究》,《中国青年研究》2006 年第 5 期,第 35—39 页。

② 杜翊:《大学生体育参与意识研究》,《陕西教育》(高教)2015 年第 3 期,第 78—79 页。

③ 孙洪亮、任玉庆:《高职院校学生体育参与意识的调查研究》,《佳木斯职业学院学报》2012 年第 10 期,第 389—390 页。

建立比较完善的全民健身体系需要“全民参与”，而“全民”参与的关键是每个公民要有参与意识。① 因为参与意识不仅是实现公民参与体育健身活动的内驱力，也影响着公民体育实践活动的行为力度，对体育实践活动起着巨大的推动作用。因此，要鼓励公民自觉自愿地投身到全民健身运动中去，往往需要从体育价值认知入手，使其建立正确的体育价值观念，形成积极主动的参与态度，从而为养成锻炼习惯奠定基础。故培育和强化公民体育参与意识，对广泛开展全民健身活动具有奠基的意义。

公民体育参与意识受公民体育价值观主宰。公民体育价值观是公民对体育价值及体育价值关系的整体的、根本的看法、观点和态度，也就是公民对体育与主体（个体、社会和人类）发展的特定关系的根本认识，包括体育对主体需要的满足程度的认识，同时，还包括对主体存在和发展所具有的功能属性以及主客体相互关系的特定效应等方面的认识。体育价值观是人类价值观在体育方面的具体化，是公民对体育感知、认识的重要内容，是指导、支配和评价体育行为和功效的核心观念。② 它直接与公民对体育的认识与重视程度相联系，是公民参与体育活动态度和行为的直接反映。

公民体育参与意识是“全民健身”的理论旨趣和终极目标，也是公民体育教育的核心概念。因为具有参与意识并能够身体力行的广大公民乃是“体育强国”“健康中国”“小康社会”得以实现的社会基础。只有参与，才能从中受益。只有不断提高参与意识水平，全民族的身体素质才能得以整体提升，“体育强国”“健康中国”“小康社会”的战略目标也才能得以实现。因此，公民体育参与意识的培育，不但是全民健身运动纵深发展的基础，也是时代发展的要求。

当前，尽管我国公民体育参与正在从“动员”模式向“自愿”模式转变，但公民体育参与的意识仍然比较淡薄，自觉性和主动性仍然较低，体育人口仍在低位徘徊。1996 年全国群众体育现状调查显示我国的体育人口比例为 31.4%，2001 年为 33.9%；2007 年为 28.2%；2014 年为 33.9%。③ 从几次全国群众体育调查

① 乔玉成：《构筑小康社会全民健身体系若干问题的思考》，《中国体育科技》2004 年第 1 期，第 41—44 页。

② 陈琦、杨文轩、刘海元等：《我国当代体育价值观的研究》，《体育科学》2006 年第 8 期，第 3—9 页。

③ 王东：《〈全民健身计划（2011—2015 年）〉实施效果评估总体情况公布》，《光明日报》2015 年 12 月 24 日第 9 版。

数据看,我国的体育人口比例不但远低于发达国家,而且在经济高速发展的背景下还出现了停滞不前,甚至倒退的现象。分析原因,我们认为既有主观原因(如缺乏兴趣,认为"没有必要",认为自己"身体较弱,不宜参加体育活动""担心他人讥笑"等),也有客观因素(如缺少时间,缺少场地设施,缺乏经费,不懂锻炼方法,场地远,不方便等),而这一切均与体育参与意识薄弱有关。

我们认为,尽管公民体育参与意识水平受许多因素影响,但主要是学校体育教育没有真正把培养学生的体育意识作为学校体育的重要方面,并将其贯穿于整个体育教学活动过程,以致不少学生在离开校园之后,由于缺乏相应的体育环境和体育参与意识而放弃体育锻炼。[①] 从历次全国群众体育现状调查获取的数据看,我国公民体育意识在"知"方面还比较高,说明公民对参与体育锻炼的价值和意义,缺乏体力活动的危害有比较充分的认识,但在体育意识"行"的方面水平较低。说明许多公民虽然确立了较为明确的体育价值观念,但在行为上却未能积极落实,"知而不行""知行脱节"[②]"只说不练""意识与行为悖离"[③]的现象意味着许多人的体育意识还只限于"说"和"看"。

公民体育参与意识是一个多层次、多结构的复合体,是公民在社会化过程中形成的一种心理倾向,其形成有着复杂的现实基础和深刻的社会根源。一般来说,公民体育参与意识来源于对体育价值的认同,取决于公民的体育兴趣、动机、情感、态度和信念,受制于体育活动的整体环境,包括政策、管理、场地设施、健身指导的完善,而实现和维护自身利益才是公民体育参与意识的本源。法国启蒙思想家霍尔巴赫指出:"人从本质上就是自己爱自己,愿意保存自己,设法使自己的生存幸福。所以,利益或对于幸福的欲求就是人的一切行为的唯一动力。"[④]由此可见,公民体育参与作为人的一种实践活动,其基本动因是维护自身的利益和需要,离开这一本源,任何参与意识都无从解释。[⑤] 因此,如何通过全

---

① 穆秀玲:《大学生体育意识培养之解析》,《内蒙古财经学院学报》(综合版)2009 年第 4 期,第 60—62 页。

② 乔玉成:《公民体育锻炼知行脱节的自身影响因素分析》,《天津体育学院学报》2020 年第 3 期,第 334—340、349 页。

③ 许登云、乔玉成:《公民体育锻炼意识与行为悖离的影响因素探析——计划行为理论视角》,《西安体育学院学报》2020 年第 6 期,第 750—757 页。

④ [法]霍尔巴赫:《自然的体系》上卷,商务印书馆 1964 年版,第 87 页。

⑤ 张云龙:《论公民参与意识的制度保障》,《理论月刊》2006 年第 3 期,第 135—137 页。

民健身活动，激发公民的体育参与热情，让公民切实地感觉到体育与他们的“健康”“幸福”的利益诉求密切相关，感觉到自己参与体育锻炼对家庭、社会、国家的医疗负担的减轻确实能有实质性的影响，无疑是健康中国和小康社会建设过程中亟待解决的重大课题。

## 第三节　基本特征与作用

随着科学技术的快速发展，城市化进程的加快，人们职业劳动强度的降低，久坐少动生活方式成为常态，由体力活动不足带来的人口体质健康危机不仅表现为一个公共卫生问题，更上升为一个关系着国家人力资源安全、经济持续发展和小康社会建设的政治问题。当前，我国已将全民健身上升为国家战略。在这种情况下，如何培养公民体育意识，如何通过开展全民健身活动提升整个中华民族的健康素养，就不仅是一个学理上需要探讨的理论问题，更是一个现实发展需要积极回应的重大实践课题。要有效实现公民体育意识培育这一目标，就必须对公民体育意识培育的源起、本质特征、作用意义等前提性问题有充分的认识，否则极易造成理论与实践层面的脱节。基于此，本节主要从公民体育意识的内涵入手，揭示公民体育意识的基本特征和作用，以期能为公民体育意识培育的深入研究抛砖引玉，为制定公民体育意识培育策略提供思路。

### 一、公民体育意识的特征

对公民体育意识特征的理解可以基于不同的角度和层面，既可以罗列公民体育意识的内涵（见本章第二节），对其具体的内容加以分析，也可以抽象出各种公民意识的共同特性，从理论上予以概括。就理论抽象而言，公民体育意识的特征主要体现在以下几个方面。

#### （一）内隐性和外显性的统一

人的意识不像人的体貌特征那样能够直接为人所感知和描述，因为它是人的一种内在的心理状态，具有内隐性。同时，人的意识也能够通过对其长时间的行为观察而被发现和提炼，故人的意识又具有外显性。作为人类意识的重要组成部分，体育意识也具有这两方面的特征，即内隐性和外显性的统一。

体育意识的内隐性是指人的体育意识形成发生在人大脑的内部，隐藏在人的认知、情感、意志等心理活动之中,是与态度、动机、信念、意愿等心理活动联系在一起的,故人的体育意识常以内隐的形式存在,是看不见、摸不着,具有某种程度的模糊性的。它不像汽车承载的重物可以直接称量,也不像人的言语和外部行为可以直接观察到。虽然我们可以借助于一些量表进行测量,但测出的结果并非体育意识本身,只不过是体育意识的间接反映而已。

体育意识是体育行为的基础,体育行为是体育意识的表达方式,故体育行为可在一定程度上反映出体育意识的强弱。例如,我们说某个人的体育意识非常强,判断的依据主要是他的具体行为和行为意愿。体育行为和体育行为意愿可以反映体育意识,但并不等于体育意识。因为,体育意识是内隐的,当体育意识具体化成为一种体育需要时,才会激发起人们进行体育行为的冲动,并且最终形成体育行为。同时,体育行为也会对体育意识产生影响,因为体育行为是产生体育意识的源头,同时又检验着人们体育意识的正确性。① 因此,要想了解人体育意识的强弱,可通过人的语言、表情以及外显的体育行为进行分析和推断。

人的体育意识是在长期体育活动体验和经历中慢慢建立起来的,是体育行为的内部动因,对人的体育行为起重要的支配和调控作用,同时,它具有明显的导向性,主导着人们的体育行为,影响着人们参加体育活动的自觉性和积极性。而从参与体育活动过程中所获得的亲身体验和感受又会返回来影响体育意识的发展,故体育意识是内隐性和外显性的统一。因此,公民体育意识的培育,需要在不断的体育参与中得到巩固、强化,否则,离开体育行为,人的体育意识就会不断弱化,甚至消失。

### (二) 主观性和客观性的统一

人的意识不是生来就有的,而是在长期社会生活中不断积累形成的经验,是客观物质世界在人脑中的反映,是主观和客观的对立统一。这种对立统一体现在:1. 从意识的主观形式和客观内容来看,意识的形式有感觉、思维、情感、意志等。一方面,这些都是人的主观世界所特有的,②是通过人脑反映的,故意识的反映形式是主观的。但在另一方面,意识所反映的对象却是客观存在的,是客观

① 梅贵芳:《五年制师范生体育意识培养的实践研究》,山西人民出版社 2014 年版,第 123—130 页。

② 全国银行系统招聘考试专用教材编写组:《综合基础知识》,中国经济出版社 2015 年版,第 45 页。

事物本身所固有的,因而意识反映的内容是客观存在的。2. 从意识的主观差别和客观根源来看,意识的主观性还表现在不同主体之间的差别性,同一主体在不同条件下的差别性。① 也就是说,意识的创造性是主观的,但任何的主观创造都是以客观对象为基础的。不同的个体在反应速度上、数量上、程度上存在着一定的区别,而且有性质不同、特征各异的区别。3. 从意识的主观特征和客观基础来看,意识的主观性不仅表现为它是对客观对象近似真实的反映,而且还可能表现为它是对客观对象歪曲或虚幻的反映,但这种虚假的反映仍是对于客观对象的反映,都可以从现实世界中找到其物质"原型"。②

作为公民意识的重要组成部分,公民体育意识是公民个体对体育客观现实的主观反映。虽然这种主观反映必须以体育客观现实为基础,但这种反映绝对不是消极的、被动的、机械的,而是积极、主动的、能动的反映,其中渗透着公民主体的个人理想、愿望、情感等价值性因素,因此,其主观性不可避免。不仅如此,不同时代的公民,基于其自身的教育水平、社会经验、社会地位、社会环境、健康信念,对体育客观现实也会存在不同的理解,在每个公民头脑中,都会形成自己特有的价值判断,并以此诱发出不同的体育行为。即使是同一时代的公民,也会由于地理、民族、兴趣爱好、价值观念、认知、判断能力及所处生活环境等方面的差异,做出对体育客观现实的不同反映,并形成不同的体育意识。鉴于此,公民体育意识也就带有很强的个人色彩和鲜明的主观性。同时,公民体育意识又具有客观性。首先,体育意识无论作为感性反映形式,还是作为理性反映形式,它所反映的对象和内容,都是客观存在的,即体育意识对体育现象存在依赖性。其次,体育意识活动是客观的,是通过大脑进行的活动,是对体育客观现象的认识与思考,而客观体育现象则是体育意识形成的源泉。最后,体育意识伴随着体育的产生而产生,随着体育的发展而发展,是人们在日常的体育实践中通过不断的"认识—实践—积累—再认识—再实践—再积累"的过程形成的,并由一定的社会体育发展形势所决定,受客观的物质生活方式所影响,如社会的经济发展水平、公民的文化教育程度、国家的各项体育制度和安排等。因此,我们可以说,公民体育意识是主观性与客观性的统一。

---

① 许胜利:《马克思主义基本原理概论》,中共党史出版社 2007 年版,第 45 页。

② 班瑞钧:《奠基智慧——马克思主义哲学重要概念解析》,冶金工业出版社 2014 年版,第 37 页。

### （三）历史性和时代性的统一

公民体育意识虽然是无形的，但也不是凭空任意形成和发展的。公民体育意识的形成既有历史继承性，又有与时俱进性，是历史之源与时代之流的统一。

所谓的“历史性”，是指公民体育意识的生成不可避免地带有历史性的印记，它反映的是公民体育意识与之前的体育价值观、体育情感和体育意愿之间的纵向联系。在公民体育意识形成初期，人们往往会根据经验从已有的价值观库中进行提取与选择，筛选出与自身价值取向相一致的观念、态度、情感、意愿，并进行一定程度的加工、改造和更新。在这个过程中，公民所面对的往往是多种体育价值观的选择。其中，有积极的，如“养生”“健康”“快乐”“幸福”“休闲”等，这些积极的体育价值认知对公民体育行为意愿具有积极的促进作用。但也有一些消极的，如几千年来在中国人头脑中积淀形成的“重文轻武”“重智轻体”“唯有读书高”“搞体育的四肢发达、头脑简单”以及从事体育活动“脏、累、苦”等，它们对公民体育行为意愿具有阻遏作用。

所谓的“时代性”，是指公民体育意识的生成具有显著的时代特点，富有鲜明的时代内涵，反映的是公民体育意识与现代价值观、体育情感和体育意愿之间的横向联系。我们知道，时代在发展，社会在进步，人的体育意识也不会停留在某个阶段。尽管体育意识形成以后会表现出相对稳定性，但随着社会的发展，人的价值观的改变，社会环境氛围的影响，人的体育意识会不断地更新。例如，从“工具”到“玩具”，从“药丸”到“糖豆”，从“健身”到“健康”到“幸福”，随着人们对体育价值认知的改变，公民对体育的情感和意愿也会发生深刻的变化。

我们认为，体育从形成到发展，始终是一个动态的历史过程，始终在随着历史的发展进行着不断地自我超越与创新，这种动态性的具体表现就是历史性与时代性的统一。而不同历史时期民众体育意识及其形式也不是从零开始的，都与当时那个年代有着千丝万缕的联系，都会受到当时社会的政治、经济、文化、道德等因素的影响，表现出一定的历史制约性。因此，在公民体育意识培育方面，我们既不能割断历史，丢掉对历史积淀的继承，又要紧跟时代发展的节拍，推陈出新，体现出鲜明的时代特征。

### （四）认知与践行的统一

公民体育意识由体育认知、体育情感、体育意志等维度构成。其中对体育价值的认知是基础，但仅有认知是不行的，还必须付诸行动。公民体育意识的高低，在很大程度上体现为体育行为，而体育行为在很大程度上又是体育意识作用的结果。故公民体育意识是认知与行为的统一，是思想观念与体育实践的统一。① 毛泽东同志在《实践论》中指出："实践、认识、再实践、再认识，这种形式，循环往复以至无穷，而实践和认识之每一循环的内容，都比较地进到了高一级的程度。这就是辩证唯物论的全部认识论，这就是辩证唯物论的知行统一观。"明代心学集大成者王守仁认为，知行是一回事，不能分开。"知中有行，行中有知""以知为行，知决定行"。"知"而不"行"，不是真知；"行"而无"知"，"行"必盲目。

"知行合一"是我国传统文化中的重要内容。具体到公民体育意识培育中，知行关系就是体育价值认知和体育践行的关系。公民体育意识的一个显著特征就是它的实践性，而这种实践性特征主要体现在两个方面：其一，体育意识具有意向性，虽然意识是无形的存在于人脑中的，但是它并不是纯粹空洞的东西，体育意识是对体育客观现实的反映与指向。无论在什么时候，意识都只能是被意识到了的存在，人们在现实体育实践中形成的观念都是其对现实活动和现实关系有意识的表现，无论这种表现的存在方式是真实还是虚幻的，这些意识和观念总是对现实的反映与指向，蕴含着自己特定的社会内容。其二，体育意识的本质是实践。通过实践才能发挥体育意识所具有的基本特征和功能，人类在社会活动中开展的各项体育实践也将促进人们对体育意识的完善与提高。因此，体育意识和体育实践是人类思维与实践孕育的整体，它们互相依存、互相作用、共同发展。②

人类体育的发展过程，无非是两种活动：一是改造体育的实践活动，二是反映体育的认识活动（即意识的形成过程）。实践活动是一种现实的物质的能量和信息的交换过程，而认识活动则不同，它是一种主观的观念活动，存在于人的大脑中，以观念的形式复制和再现认识对象。实践作为知识观念的起因和源泉，决定了知识观念的构架与范畴，最终能对知识观念的正确性做出有影响力的检验。同时，实践对知识观念向意向观念、决策观念转化也会起到决定性的

---

① 乔玉成：《公民体育锻炼知行脱节的自身影响因素分析》，《天津体育学院学报》2020 年第 3 期，第 334—340、349 页。

② 梅贵芳：《五年制师范生体育意识培养的实践研究》，山西人民出版社 2014 年版，第 123—130 页。

推动作用。①

公民体育意识不是与生俱来的,其形成和发展需要基于社会体育实践。其中,“知”是内驱力,对“行”起全面引导作用;“行”是结果,是对“知”的体现。“知”就是要明白体育原理和价值,“行”就是在日常活动中自觉自愿的行为。基于此,公民体育意识不能仅停留在脑子里、嘴巴上,而是要落实到行动上,达到“知行合一”。

## 二、公民体育意识的作用

公民体育意识与其他社会意识一样,具有相对独立性。在社会生活中,公民体育意识对公民的体育行为具有指引、评价、预测、调节等作用。它不仅决定着人们体育的行为趋向和行为选择,对一个国家群众体育的发展也会产生巨大影响。

### (一)公民体育意识是公民体育参与行为的心理基础

马克思主义哲学认为,意识是人们所特有的客观现实的能动反映,它能帮助人们从客观现实中引出概念、思想和计划等指导自己的行动,使行动具有目的性、方向性和预见性。② 公民体育意识是关于人与体育关系的认知、态度、情感、意志、意愿等意识要素和观念形态的总和,它反映的是公民的体育价值观念和行为意向,同时还是人类进行体育健康促进决策和采取健身行动的重要思想基础。

第一,公民体育意识是体育行为的前提,它决定着体育行为的取舍。我们知道,人要使自己的体育行为符合健康促进的客观规律,需要有一定的体育意识作为基础。如果缺乏体育意识,不能正确认识体育与健康促进的关系,就很难把体育参与变成自觉行动。如果对体育的价值认知不正确,则易把人的体育行为引向歧途。

第二,体育意识能使人的体育行为更具目的性和自我控制性,能促使公民个体从体育健康促进的角度来选择信息,主动地去认识、评价和参与健身活动,自

① 许登云、乔玉成:《公民体育锻炼意识与行为悖离的影响因素探析——计划行为理论视角》,《西安体育学院学报》2020 年第 6 期,第 750—757 页。

② 邱璇、李先雄:《中国早期体育现代化意识的特征及影响》,《上海体育学院学报》2017 年第 5 期,第 71—74 页。

觉地调整、控制自己的行为,使之更加符合维护自身健康的需求。一个体育意识薄弱的人不可能对体育活动表现出太大的兴趣,也很难做到通过体育手段来改善或维护自身健康。因此,人的体育行为往往受行为主体体育观念和意识的支配,只有得到观念和意识层面的呼应与支持,才有可能在行为层面积极、主动地去参与。

第三,体育意识是体育行为发展的内驱力,它能够对人们从事体育活动的需要、兴趣、情感、意志、信念、意向、追求等心理过程进行调节与支配,对公民树立积极的健康理念、形成正确的态度和体育行为选择起到导向作用。能够有效激励人们积极参加体育活动,帮助公民个体对体育产生强烈的兴趣,并促使其形成终身体育锻炼的习惯。

第四,体育行为是体育意识的外在体现,它在一定程度上会强化公民个体对体育健康促进价值的认知和体育活动的体验,从而使公民体育意识得到进一步增强。同时,体育行为在某种程度上还可作为判断公民个体体育意识水平高低的最直观维度。但公民体育意识与行为有时是相互分离的,具备公民体育意识并不表明必定会有相应的体育行为出现,体育行为的出现也不一定就是具备体育意识的表现。

### (二)公民体育意识是实施全民健身计划的先决条件

全民健身计划是一项国家领导、社会支持、全民参与的体育健身计划,是调动全体公民积极参加的以增进身心健康为主要目的的群众性体育健身活动。它不仅关系着民族繁荣昌盛,也牵涉人民的健康幸福。

要实现全民健身目标,提升公民体育意识是关键。其缘由是:

第一,公民体育意识是公民自觉、自愿参与健身活动的前提。全民健身计划作为一项时间跨度长、任务艰难的推动项目,通过行政“命令式”的规定要求,强迫人们参加健身活动不仅难以持久,也不可行。所以应当通过广播、电视、网络、报刊等媒介对公民进行健康意识教育,普及科学健身知识,树立体育健身理念,倡导健康生活方式,以在全社会形成崇尚体育、积极参加体育锻炼的社会风气,从而引发人们主动建立“自我体育”的意识。只有当人们对体育的价值和功能有了清晰的认识,才有可能产生直接的体育需要,进而自觉地付诸行动,并持之以恒。因而,公民体育意识作为推进与实施全民健身计划的动力和决定因素,对全民健身计划的实施有着重要的作用和意义。

第二，公民体育意识的提升是体育人口增长的突破口。体育人口是指在一定时期，一定地域，经常从事体育锻炼、健身娱乐，接受体育教育、参加运动训练和竞赛，以及其他与体育事业有密切关系的、具有统计意义的社会群体。[①] 体育人口是全民健身目标的重要指标，有数据显示，2017 年我国经常参加体育锻炼的人数达到 5.5 亿人，占全国人口比重的 41.3%。但这个数据与 10 年前相比虽有较大幅度的提高，然而与美国、日本等发达国家相比仍有相当大的差距。从一方面看，体育人口反映的是参与体育锻炼的绝对或相对人口数量，但从另一方面也能折射出公民体育意识的高低。我们知道，良好体育习惯的养成需要建立在正确的体育意识基础之上，只有当人们真正意识到从事持续性体育锻炼的意义与作用，体验到了不间断的锻炼带来的满足感和愉悦感时，才能转化为公民自由的、自觉的、自主的、自足的体育行为，才能养成终身锻炼的习惯。全民健身计划的核心和主题，是增强“全体公民”的体质和健康水平，每个具有体育意识和行为的“个体”都是体育人口中的一员，参与的人越多，体育人口的“量”才会越大。因此，只有不断提升全体公民的体育意识，才能保证体育人口不断提升，全民健身计划才能落到实处。

第三，提高公民体育意识是全民健身计划的奋斗目标。《全民健身计划（2016—2020 年）》明确提出：到 2020 年，我国要达成群众体育健身意识普遍增强，参加体育锻炼的人数明显增加，每周参加 1 次及以上体育锻炼的人数达到 7 亿，经常参加体育锻炼的人数达到 4.35 亿的目标。历年来全国群众体育现状调查数据显示，在影响国民体育锻炼参与因素中最重要的三个客观因素是“时间”“场地”“指导”，最重要的三个主观因素是“意识”“技能”“意志”。中国有句俗语“不怕没做到，就怕没想到”，“没想到”也可以说就是“没有意识到”。人如果不能意识到体育的价值，就不可能有健身行为。因此，迅速高效地推动全民健身计划向前发展的坚实基础就是培养公民体育意识。只有让民众深入系统地了解了体育的价值和功能，感受到了体育在生活中的重要性和趣味性，才能激发其运动动机和兴趣，使其自觉地将体育锻炼作为生活的一个重要组成部分。而产生

① 汤国杰：《社会分层视角下城市体育人口结构及活动特征的研究——以杭、宁、温三城市为例》，《北京体育大学学报》2008 年第 9 期，第 1185—1187 页。

了明显的体育运动动机后，就有可能进一步激发出公民的体育行为，①养成体育锻炼习惯也就不会再成为什么难事。

### （三）公民体育意识是形成终身体育观念的关键

终身体育包括两大含义，一是指人从生命开始至生命结束都能坚持参加身体锻炼，将体育作为其一生中始终不可缺少的重要内容；二是指在终身体育思想的指导下，以体育的体系化、整体化为目标，为人在不同时期、不同生活领域中提供参加体育活动机会。② 终身体育作为一种现代体育思想，其理论基础主要来自两个方面。首先，人的自身发展需要体育锻炼伴随终身。人的一生一般要经历三个重要时期，即生长发育期、成熟期和衰退期，而体育锻炼对这三个时期均有积极影响。例如，经常参加体育锻炼能对促进儿童少年身高、体重、身体机能和素质产生极为重要的影响；适量运动可通过其对机体多途径、多靶点的整合调控机制对人体体适能和健康产生良好的促进作用；③规律参加有氧运动可通过抗氧化效应、④调整内分泌、诱导表观遗传学修饰改变、调控衰老相关基因的表达水平等机制发挥延缓人的衰老进程，⑤延长工作年限的作用。⑥ 虽然在生命不同时期人对体育锻炼的需求和目的不同，但始终需要参加体育锻炼，即体育在服务于人的生命全周期、健康全过程的全面健康方面有着其他生活方式不可替代的作用。其次，终身体育是现代社会发展的需要。当今社会，由于人的工作、生活节奏加快，精神过度紧张，摄入热量过多，体力活动减少等一系列生产、生活方式的变化，导致心血管疾病、肥胖症、糖尿病、代谢综合征等慢性病发生率逐年上升，严重威胁人们的健康和生命安全。要彻底改变这种状况，体育锻炼是不可

---

① 梅贵芳：《五年制师范生体育意识培养的实践研究》，山西人民出版社 2014 年版，第 123—130 页。

② 宋秀华：《体育课中培养学生终身体育观念的探究》，《学周刊》2011 年第 24 期，第 168—169 页。

③ 乔玉成：《神经—内分泌—免疫网络在健身运动中的整合调控作用》，《体育科学》2002 年第 4 期，第 115—120 页。

④ 乔玉成：《健身运动延缓衰老机制研究进展（Ⅰ）——健身运动的抗氧化效应》，《体育科学》2003 年第 2 期，第 118—123 年。

⑤ 乔玉成：《健身运动对神经—内分泌—免疫网络的调整作用健身运动延缓衰老机制研究进展（Ⅱ）》，《体育科学》2003 年第 3 期，第 103—108 页。

⑥ 乔玉成、王卫军：《规律运动干预人类衰老过程的表观遗传学机制研究进展》，《北京体育大学学报》2016 年第 1 期，第 61—67、75 页。

或缺的重要手段。但体育锻炼不可能“一次完成”,更不可能一劳永逸。因此,维护生命全周期健康,离不开终身体育。

终身体育观念的形成,需要掌握体育知识和技能,培养体育兴趣、爱好,养成锻炼习惯,更需要培养“自我体育意识”。“自我体育意识”是每个人自身对待体育在思想、情感、行为、个性以及有关体育的社会交往和合作等各方面的认知、感觉、评价和调控等心理过程。① “自我体育意识”是终身体育的核心,它能够调节和升华人对体育的情感和意志品质,使人能够自觉地按现实要求设计、安排自己的体育生活;能够左右自己的体育实践,或削弱或增强,或限制或推动人的体育行为,并能够在体育实践活动中对自己和活动提出要求。因此,只有树立起自我体育意识,才能为终身运动习惯养成奠定良好基础,才能实现终身体育的目标。

### (四) 公民体育意识是公民履行健康中国建设责任和义务的灵魂

《“健康中国 2030”规划纲要》提出,推进健康中国建设,是全面建成小康社会、基本实现社会主义现代化的重要基础,是全面提升中华民族健康素质、实现人民健康与经济社会协调发展的国家战略,是积极参与全球健康治理、履行2030 年可持续发展议程国际承诺的重大举措。②

健康中国建设的基本含义是“切实解决影响人民群众健康的突出环境问题”“推动全民健身和全民健康深度融合”“加强食品安全监管”“努力减少公共安全事件对人民生命健康的威胁”“为老年人提供连续的健康管理服务和医疗服务”,核心要素是“要把人民健康放在优先发展的战略地位”。《“健康中国 2030”规划纲要》明确了环保、体育、食品安全、公共安全、民政养老等部门需“守土有责”,这完全契合了“把以治病为中心转变为以人民健康为中心”的新主旨。

作为健康中国建设的重要支撑,当今全民健身已成为健康中国新标签,并上升为国家战略。要让“全民健身”这四个字从文件里一步一步“走”到百姓的心里,体育的综合价值和多元功能受到人们的重视和认同是核心,虽然现在不少人对于参加体育锻炼可以全周期、全方位地促进人的身体健康,提高生命质量,减

① 朱长洲:《浅论大学生的自我体育锻炼》,《湖北体育科技》2010 年第 2 期,第 144—145 页。

② 中共中央、国务院:《“健康中国 2030”规划纲要》, http://www.mohrss.gov.cn/SYrlzyhshbzb/zwgk/ghcw/ghjh/201612/t20161230_263500.html。

少医疗开支,抵御人口老龄化“侵蚀”作用有了更透彻的理解,①“以人民为中心,以人民健康为目标”的全民健身运动也正以“燎原之势”席卷全国,越来越多的人开始喜爱体育运动并主动参与其中,但离我们要达到“主动去锻炼”的目标还有相当长的一段距离,要实现全民健身,我们任重而道远。②

全民健身体现了新时代下国家现代化发展的现实需求和国民对健康的诉求,是推进健康中国进程的重要步骤与核心环节。作为一项政府主导、社会支持、全民参与的宏大健康工程,在其实施过程中,政府首先应发挥主导作用和话语优势,充分调动社会资源,对公民开展健康教育,以使健康中国的理念和导向得到广泛传播,促进全民健身运动可持续发展。作为公民,则不仅应成为见证者,更要成为参与者和奉献者,因为这不仅是作为国家主人的一项权利,也是一种责任和义务。

“国家兴亡,匹夫有责”。在当前因体力活动不足而导致慢性病发病率高位徘徊和国家医疗支持不堪重负的严峻形势下,每一个共和国的公民,都需要在感情上、在灵魂深处产生一种建设健康中国和建成小康社会的责任感、义务感、荣誉感和英雄主义精神。一方面,要从自身做起,强化自我体育意识,通过自觉主动地坚持参加体育健身活动,强壮自己的体格、强健自己的精神,以健康的身心回报国家,不拖健康中国建设的后腿。另一方面,要把国家利益、民族尊严摆在第一位,把维护国家的根本利益作为个人行动的最高准则,敢于担当,带领、指导身边人积极参与全民健身活动,关心和支持未成年人、老年人和残疾人等弱势群体参加全民健身活动,为健康中国建设贡献出自己的力量。而不能抱着“打酱油”的态度,事不关己,高高挂起。也只有这样,全民健身和全民健康的伟业才能如期实现。

## 第四节　中西方差异

无论中国,还是西方,都有着悠久的体育文化历史,但不能否认的是,不同的

---

① 苟仲文:《落实全民健身国家战略,为提高全民族健康水平作出新贡献》,https://www.sohu.com/a/133330293_488054。

② 杨乔栋:《全民健身潮头立　健康中国正当时》,http://sports.people.com.cn/n1/2017/1012/c22155—29583697.html。

思维方式、价值观念、文化背景、地理环境、生活方式、宗教信仰、社会制度等造就了不同民族特有的体育文化心理结构，从而使得两者在体育价值认知、情感、意志、行为意愿等方面形成了较大的差异，公民体育意识方面也是如此。

## 一、价值观

体育价值指的是“体育”对人有何意义或用处，体育价值观指的是一个人或社会对体育存在的意义和价值的看法，或对体育功效的社会基本共识。认识体育价值观可从两个层次来进行：第一个层次是对体育总体价值的认识，集中表现在重视或鄙视体育的种种观念；第二个层次是对体育价值取向的具体选择。[①]体育价值取向是指体育价值主体在把体育作为一种社会客体的情况下，根据自身生存和发展的体育需要对体育客体进行价值设定、价值预期时所表现出来的意向或倾向。不同的体育价值观念、价值取向、体育态度在很大程度上影响着人们参与体育活动的目的和程度。

公民体育价值观的形成在很大程度上与其对体育价值的认知有关。古人云：“知为行之始，行为知之成。”一种价值观的养成，首先是建立在对其内在本质与内容认识基础之上的。其缘由：第一，价值认知是实现价值认同的基础；第二，价值认知是推动价值践行的保证。一个人对体育的价值有什么样的认知，便会形成什么样的价值理念，这种价值理念决定着一个人对待体育的态度、情感和行为意愿。而社会群体对体育价值的认知，则会影响到公民体育参与的自觉性、积极性和主动性，进而影响到群众体育事业的发展。

认知的意思是“知道或具有某方面的知识”，是“生物个体从客体处获得某些思想或理解认识的心理过程，也是个体从外界获取世界知识的一个过程。”由此我们认为，体育认知是人们通过认识体育，了解体育，以及参与体育活动之后所获取和产生心理活动的过程。人们只有从心理方面和生理健康方面认识到体育活动对于自身的重要性，才会有参与的意愿或意向。而这种认知过程，又与一个人的文化背景和价值观念有关。

由于中西方体育文化和价值体系存在着较大差别(参见表1—1)，致使不同国家、地区的公民对体育价值的认知存在一定的差异。以欧美文化为代表的西

① 李可兴：《中西方体育价值取向比较》，《体育学刊》2005年第2期，第37—39页。

方文化倾向于理智型，其价值体系可归结为个人主义，即张扬个性，强调维护个人利益，注重独立自主发挥个人潜力，强化个人权利意识。而中国主流文化价值观是和合精神。① 在人与自然的关系上，崇尚天人合一，人与自然和谐相处；在人与人的关系上，强调以和为贵，与人为善；在国家之间的关系上，主张亲仁善邻，协和万邦，故中国传统体育的价值取向是人格化、养生化、伦理化、单一化；而西方体育的价值取向是人体化、健身化、竞技化、多元化。②

**表 1—1 中西体育文化的差异**

| | 中国体育文化 | 西方体育文化 |
| --- | --- | --- |
| 哲学思想 | 天人合一、身心一元。采用阴阳、动静、刚柔、统一、相济等哲理概念。 | 天人相对、天人有别。采用强度、密度、频率、节奏、速度、力量等物理概念。 |
| 文化背景 | 以个体农业为基础，以宗法家庭为背景，以儒家思想为核心的大陆型文化，不崇尚竞争与冒尖，缺少对自由与平等的尊重，强调情感、群体、内敛。 | 以古希腊文化为源头，经历文艺复兴、产业革命，逐步形成了以宗教为核心、以追求个人自由、崇尚个人奋斗为特色的海洋型文化，强调理性、个体、竞争。 |
| 认知方式 | 重直观感受、求整体把握。 | 重知行分析、细剖层究。 |
| 思维方式 | 直觉、取象、辩证、经学。 | 逻辑、抽象、形而上学、质疑。 |
| 传统体育文化 | 追求静态美，注重人的内在气质、品格、精神修养，注重人的"精""气""神"，强调修身养性，内外兼修，期望达到人与自然的和谐，精神与肉体的统一。主张人的身体要寓于精神、气质之中。偏好"仁、义、礼、智、信"，讲求"整体"、中庸、和谐。 | 追求动态美，认为肌肉健美、体格健壮是强者的标志。强调人与神同在，将体育视为生活的一部分，不断挖掘人自身的潜能，具有征服自然、战胜自我的价值理念。主张更快、更高、更强。偏好勇敢、竞争、自由、平等、节制和谨慎，讲求"个体"、超越、竞争。 |
| 体育价值观 | 动能养身、静能养神。提倡修身养性、内部完善。坚持天人合一的生命观、强调和谐的运动观，强调通过身体锻炼从外达内，由表及里，由形而下的身体有形活动来促成形而上的无形精神的升华，以达养护生命、祛病、防病和延年益寿之目的。力求负荷控制在一定范围内。 | 将体育锻炼视为释放身心、表现自我、与现实抗衡的载体。力求技术和技能的完善。强调身体美与精神美应该相衬。注重通过体育这种特殊的身体活动形式展示和挑战自我，在超越身体极限的活动过程中，体验和享受超越生命的价值。强调"更高、更快、更强"，主张"永无止境""超越极限"。 |

① 乔玉成、侯介华、许登云等：《中国传统武术文化基因谱系研究》，《北京体育大学学报》2017年第12期，第122—132页。

② 吴湘军：《试论中西方体育价值取向差异》，《怀化学院学报》2007年第2期，第100—102页。

续表

| | 中国体育文化 | 西方体育文化 |
| --- | --- | --- |
| 体育的基本存在方式 | 体育活动强调结果。强调练“心”，“适可而止”“点到为止”，注重于内在人格的塑造。体育活动表现方式上多喜好以个体的、娱乐性的、技艺性的、表演性的项目为主。强调小肌肉群、小关节参与动作的完成，很少有肌肉剧烈收缩运动的活动方式。 | 体育活动强调过程。强调练“形”，更强调人体的“力”与“美”。提倡对人体力量、速度、耐力、柔韧等身体素质的训练，从而促进人体各部分均衡协调发展，通过赛跑、跳跃、投掷、摔跤、体操等方式提高人体的机能水平，美化人体的形象，获得精神满足。 |
| 价值取向 | 注重人与社会、人与自然和谐共处，强调“修身养性”“实现自我满足和完善”，重文轻武，重德轻艺，重群体价值，轻个人需要。 | 突出公平竞争，强调自我价值实现，个人能力培养。将体育活动看作一种竞赛、对抗，一种体现自我价值的过程。 |

亚里士多德认为：“身体是人类美好生活和最终实现真、善、美的基础。锻炼身体是一种美德。”他提出身体之德体现在“运用身体而又是无病的健康”“身体美”“强壮”“魁梧”“身体的竞技之德”等多个方面。① 即体育在身体层面可以强壮体魄、增强体质、提高身体活动能力；在心理层面可以培养顽强意志、进取精神；在社会适应层面，是塑造合格公民的重要手段和媒介，可以增强人际交往能力、合作能力以及团队意识。

受中国传统“重文轻武”“重智轻体”“重德轻艺”“学而优则仕”等文化观念的影响，中国体育在很大程度上是受到压制的。历史惯性的作用以及现代竞技体育被金钱所左右、被经济所俘虏、被市场所异化的现实致使当今不少中国公民对体育价值认知存在着较大的偏差。他们认为，在教育体系中“体育”只是作为智育的无关轻重的有益的补充，充其量只不过是“玩玩而已”，没有从根本上意识到强健体魄的生理心理学意义，以及体育在维护人的身心健康、防治疾病、促进人的全面发展中的价值和作用，其结果必然导致公民体育参与意识淡薄。

## 二、休闲观

公民体育意识培育中的“体育意识”主要是指公民参与“休闲性体育活动”（包块体育锻炼）的意识，而公民体育意识的形成常常与其“休闲观”密切相关。

① 高风华、潘苑：《体育价值认知》，《体育与科学》2001 年第 1 期，第 7—9 页。

“休闲”是对应于“劳作”的一个概念，是指在非劳动及非工作时间内以各种“玩”的方式求得身心的调节与放松，达到生命保健、体能恢复、身心愉悦目的的一种业余生活。其内涵是以个人生活为中心，使个人体力得以恢复，兴趣得以满足，智力得以提升，保持身心健康的必要环节。对于休闲生活意义和重要性的认识，中西方的理解基本上是一致的，但在其理念、内容、方式方法等方面却存在着较大的差异。

第一，从词义上看，中国人对“休闲”二字有过极精辟的阐释：“休”，人倚木而休，强调人与自然的和谐；“闲”，娴静、思想的纯洁与安宁。从词意的组合上可看出，“休闲”当指人的一种生存状态，是劳动与休憩的结合。而西方人的“Leisure”（休闲）是来源于法语，意为“休闲和教育”“业余消遣或娱乐”“身心的放松、休憩”“再创造、再现、复原”。

第二，从对休闲的需要上讲，中国人认为休闲是人自然本性的欲求，是人的自然欲望，是一种天人合一的精神体验，具有追求个体心境的悠然与安宁的静态性特征，强调“以道制欲”，仅有符合社会道德规范和有利于个人修养的休闲生活才值得肯定。而西方人认为休闲是上帝赋予人的神圣权利，是上帝给予人类的“恩赐”，是“快乐”的源泉，只要能够满足个人快乐需要的所有活动都应该受到肯定。①

第三，从对休闲方式的喜好方面看，中国人喜好“静中寻乐”，西方人喜好“动中享乐”。中国传统休闲活动及理念重“养”，西方传统休闲活动及理念重“畅”。中国人信奉“生命在于静止”，故中国传统休闲体育项目多表现出缓慢柔和的特点，并大多是在庭院和屋内进行。加之中国自古就将“休”“闲”与“玩物丧志”“游手好闲”“不务正业”“吃喝玩乐”挂钩，所以休闲时从事的体育活动也不会大张旗鼓、过多宣扬。西方人信奉伏尔泰的“生命在于运动”，崇尚神话中的“大力神”，他们所追求的乐趣是动感、速度、力度和高度。故西方人休闲体育多表现出快速激烈的特征，且多数以户外运动为主，追求惊险刺激。

第四，从文化背景上看，中国传统休闲文化重的是人的内在气质、品格、精

① 何平香、张秋芬、孙众：《中西方休闲观念比较研究》，《北京体育大学学报》2009年第7期，第39—42页。

神、信念、修养，注重发掘心灵世界，追求心灵平静，追求内心世界丰富多彩并与大自然融为一体。① 反映在休闲体育上，修养身性和健体娱乐成为中国传统休闲体育文化的重要特质，而竞争性被逐渐减弱。故温文尔雅的射礼、投壶，劳心娱体的围棋、弹棋，坐忘行气、导引服食、源远流长、经久不衰。西方传统休闲文化以宗教为核心、以追求个人自由、崇尚个人奋斗为特色。反映在休闲体育上，重视体格，赞颂力量，追求人的力量、速度、耐力、灵敏、柔韧等身体素质的极限发展。故游泳、跳跃、拳击、赛跑、掷铁饼等力量型的运动和拳击、足球、篮球等对抗性项目成为其主要运动项目，以展现身体形态和力量的完美，追求"更快、更高、更强"的身体极限潜能与精神自由的价值。②

第五，从休闲体育文化上看，价值上，中国的休闲体育重在向内发掘心灵世界，西方的休闲体育重在向外张扬人的个性；③功用上，中国休闲体育重在调适性情，追求心灵宁静，西方的休闲体育重在舒展筋骨，追求感官刺激④。理念上，中国传统休闲体育思想把个人的修身、养性整合为一体，西方休闲体育理论则常常与个人的幸福、快乐融汇交融。⑤ 态度上，中国休闲体育主张"和"，西方休闲体育强调"竞"；层次上，中国休闲体育注重"内"，西方休闲体育偏好"外"；个人价值体现上，中国休闲体育偏重于"集体"，西方休闲体育偏重于"个人"；规则上，中国休闲体育为"隐形软约束"，西方休闲体育为"显性硬约束"。乐趣追求上，西方人喜欢感官刺激和体能展示，表现出对动态活动的狂热，故西方人的传统体育休闲活动多为拳击、击剑、摔跤、足球、篮球、排球、手球、橄榄球、曲棍球、冰球、水球，以及具有冒险性质的刺激性运动，如斗牛、跳伞、登山、蹦极、攀岩等运动竞技项目；中国人习惯于自得其乐，表现出对静态活动的着迷，故传统运动休闲活动多是一些平和、悠闲、修身养性的项目，如散步、打太极拳、练气功、跳交际舞、种花、钓鱼、听戏、书画、打麻将等。

---

① 宫新清、尹军：《中西方休闲体育文化的比较》，《首都体育学院学报》2009 年第 5 期，第 547—549 页。

② 詹华宁：《中西休闲体育的文化认同研究》，《成都体育学院学报》2011 年第 7 期，第 25—28 页。

③ 刘子众、陈建萍：《中西运动休闲文化发展理念的传统差异与渐进融合》，《体育科研》2005 年第 1 期，第 41—41 页。

④ 刘子众：《中西方休闲体育之差异》，《体育学刊》2003 年第 4 期，第 34—36 页。

⑤ 宋涛、严红玲、吴正林：《休闲体育》，江西高校出版社 2010 年版，第 148 页。

第六，从健身思想上看，西方是“疏导补缺”，中国则是“釜底抽薪”。① 西方的健身思想主要针对的是“运动不足”，力图通过定量化的身体运动弥补其能量支出的不足，试图通过让人们明白体育健康促进原理来纠正人们的生活方式。而中国健身思想，主要是从整体着眼，将强心健身与生活方式融为一体，融体育于生活。在促进心理健康方面，西方健身术多采用宣泄方式把积聚不良精神的能量尽情地宣泄出去，因此不少西方体育社会学家将体育比作社会的安全阀。而中国传统健身思想则试图通过调身、调息、意念控制，防止不良的心理能量积累起来。②

第七，从历史发生和发展的角度来看，“休闲体育”的产生是人类社会进步到了现代文明时代的结果，而中西方“休闲体育”真正产生差异是工业革命开始后逐渐形成的，并且很快拉开了距离。③ 西方的休闲体育是随着西方社会文化和经济状况的变化而产生的。在18、19世纪，欧洲工业化的迅速发展，从根本上改变了工作和休闲的关系。“工作时间”之外的剩余时间成为“非工作”的休闲时间，工业生产效率提高的同时带来了“非工作”休闲时间的增多。④ 同时饮食结构的改变，劳动时间的缩短，身体活动水平降低，慢性病发病率的增加，也为休闲体育的蓬勃开展提供了社会基础。中国休闲文化虽然受到农本经济和专制政治的压制，但民间静态的休闲活动从未中断。尽管如此，休闲体育在我国普通百姓的生活中还是个新生事物，也只是到了近年，人们才“有钱”“有闲”，才对其有了迫切的愿望，休闲体育才被重视起来。

## 三、身体观

身体，是一个每个人既感到熟悉又觉得陌生的字眼，说它熟悉是因为它是我们每个人存在的标志，说它陌生是因为我们对它还有太多的未解之谜。“身体”是体育学研究的对象之一，许多体育问题的提出与解决，都是围绕“身体活动”展开

---

① 任海：《全球化背景下的群众体育：东、西方群众体育的互补与融合》，世界群众体育大会，2011年。

② 刘子众：《中西运动休闲文化发展理念的传统差异与渐进融合》，《武汉体育学院学报》2004年第6期，第6—8、29页。

③ 崔小良：《东西方休闲体育文化比较》，《体育世界》（学术版）2013年第4期，第44—46页。

④ 叶小瑜、熊前莉等：《欧洲人的休闲体育状况及其与中国休闲理念的差异——德国科隆体育大学 Jürgen Mittag 教授学术访谈录》，《体育科研》2016年第2期，第100—103页。

的,而体育科学的发展与进步,就在于不断发现与解释"身体活动"的奥妙。本节在这里所讨论的"身体",绝不只是解剖生理层面上的血肉之躯,还包括历史、社会、文化所建构的"身体"。因为"身体",往往渗透进了人们对生命本身乃至整个宇宙时空的理解,同样的"身体"在不同的文化背景、不同的时代会拥有不同的内涵,不同文化背景的人对于"身体"会存在不同的解读。而全面了解中西方文化背景下人们的"身体观",对于中国公民体育意识培育的路径选择具有重要意义。

何谓"身体",从解剖生理学的角度来看,"身体"就是人或动物的躯体,是人类生命存在的物质性基础,这是对"身体"最为直观和本质的描述。然而对于哲学界而言,身体的内涵,远非肉体所能概括,它已被上升为一个具有生理和文化双重属性的抽象化和象征化的符号。即"身体"不仅是解剖生理学上脏腑组织器官之和,它在很大程度上还与自我、精神、心灵、生命等词义相通,因此"身体"已经成为描述"人"的标志物或符号。中西方不同的"身体观"正是从"身体"被赋予的文化符号和所处的不同社会场域中衍生而来的。①

身体观是我们对于身体的基本认识与看法。在中西传统文化中,"身体"与"观"两者往往是渗透交织在一起的,"身体"中渗透着传统文化的"观念","观念"又在反向重塑和巩固"身体"的内涵。因此可以说,身体并非是静止的,其中夹杂着生命个体对自身与宇宙的体验,以及不同社会文化观念对身体的塑造和改造,且总是随着社会文化背景的演变而呈现出变动的内涵。②

在中国传统文化"儒""道""医"的影响下,古往今来的中国人形成了"身心合一""形神统一""贵己""重身"的身体观,但就"儒""道""医"而言,对"身体"的论断也存在一定的差异。以孔子、孟子为代表的儒家学派,将身体视为统摄形、气、心的生命整体,认为"身体"是一种"身心互渗的过程",不存在与心无关的"身",也不存在把形躯、欲望、情感都剔除掉的"心",且强调"心为主宰"。以老子、庄子等为代表的道家学派,用气来弥合身心界限,注重身体结构的微观考察,注重形神双修,将天道作为发挥身体功能的参考依据。③ 而传统中医学则是

---

① 吕俊莉:《身体哲学视域下的中西体育思想比较研究》,《体育与科学》2015 年第 5 期,第 84—88 页。

② 刘鹏:《中医学身体观的内涵及特点》,《南京中医药大学学报》(社会科学版)2013 年第 4 期,第 133—136 页。

③ 李有强:《道家身体观及其体育思想的内在超越》,《体育科学》2015 年第 6 期,第 90—96 页。

把个体生命的身体作为一个既定的、无须详尽阐发的整体，在此基础上重点论述个体生命与自然、社会间的关系，以及处理各种关系的原则和方法，形成了以气为根本的身体，阴阳同体的身体，具有五行属性的身体，以经脉贯通的身体。袁宏认为，总体来说，中国传统身体观可以概括为“形神一体”，但在传统儒道思想的影响下，身体之“形”的地位又常常被削弱。此外，张再林还从“身体哲学”的视角，归纳出中国古代身体观的十个面相：即“至为本我的身体”“天人一体的身体”“身心一如的身体”“知行合一的身体”“即用显体的身体”“以生训身的身体”“阴阳男女的身体”“族类生成的身体”“身神相通的身体”“以文明身的身体”。①

与中国传统文化相比，尽管西方传统文化对于身体的认识经历了从灵肉分离到身体回归的过程，但始终没有摆脱身心二元的思维方式。如，苏格拉底认为，人之为人的本质在于灵魂，是灵魂主宰着人的一切。柏拉图认为，身体是短暂的，灵魂是不朽的；身体是贪欲的，灵魂是纯洁的；身体是低级的，灵魂是高级的；身体是错误的，灵魂是真实的；身体导致恶，灵魂通达善。“我”存在的唯一前提是“我思”，只有精神、灵魂才具备认知、思考和判断能力，而身体是无知的，于是精神统治着身体，灵魂主宰着肉体，在精神面前，身体扮演着无能的、无足轻重的丑陋卑微的角色。② 其“我思故我在”的经典表述，为精神和身体之间树立了一道鸿沟。在黑格尔看来，意识的出现，从一开始，就是以对身体的克制作为基础和代价的，二者的关系就是此消彼长的残酷竞争关系。从上述西方哲人对“身体观”论述中我们可以看出，西方人的身体观是一个自然身体与灵魂二元对立的结构，即形而上者的意识与形而下者的自然身体是对立的。③ 尽管到了尼采那里，倡导把身体、自我作为哲学研究的中心，呼吁“要以身体为准绳”，认为肉体是一种伟大的理性，是有意义的复合体，但也只是把身体看作与心灵一起构成人的一部分，且是一个被动的部分，故身心二元对立的基本结构依然存在。

综上，在中西方传统文化的影响下，中西方“身体观”出现了较大的分歧。中国古代的哲学家们常把“身体”理解为“生命”和“活动”，西方的哲学家们则

---

① 张再林：《中国古代身体观的十个面相》，《哲学动态》2010年第11期，第35—38页。

② 喻仲文：《造物艺术与意识形态》，武汉大学出版社2013年版，第49页。

③ 许延威：《身体观语境下中国传统体育文化精神的现代价值研究》，《南京体育学院学报》(社会科学版)2014年第4期，第31—36页。

把“身体”理解为对象或主体，这体现出中西方哲学家们在思辨和认识论方面存在着很大差别。尽管中国传统身体观也存在“以心抑身”的思维，但“身心合一”才是其实质。虽然西方古典身体观也存在有“灵魂与身体不可分”之论述，但大多数哲人还是把身体界定为情欲化的肉体而处于灵魂、心灵以及精神的对立面。中国哲学重视内在的自我世界构造，而西方哲学则强调精神的外在形式。① 中国古人注重和谐身体之情境，西方古人则强调张扬身体之权力，各自诠释着对身体之完美的内在追求。② 中国传统文化对个人价值取向的探索经历了一个从重肉身之美到道德之美的过程，并在此基础之上，形成了重视精神建设，忽视身体建设的原则，③以致中国传统体育身体观更加重视“人格”方面的培养。故在中国古代，理想中的男性几乎都是瘦弱型体格的“白面书生”。而传统西方哲学则在二元对立的身体观影响下，把人的身体视为彰显力量、活力、欲望的工具，与此同时，重视对人形体上的塑造，崇尚力量、速度、耐力等体能上的表现，以及物理机械运动层面上的高度、速度和远度，故重视运动技术、技能的发展，成为西方古代体育的追求。与中国古人对肌肉感不怎么感兴趣，相信身体的力量来自“神”“气”“志”“精”等虚体不同，西方古人更相信人的力量来自肌肉、骨骼等实体。在西方人眼中，理想的“身体”不仅应该具有善于思索的头脑，还应当是发育健全、肢体匀称、肌肉发达、体格健壮、擅长各种运动的“身体”，其结果必然导致其传统体育的价值指向对人体“力”与“美”的塑造上，而这一切无不是西方传统身体文化样态的折射。

全民健身文化的形成必然会受到历史传统的影响。当前我国政府倡导全民健身活动已有二十多年，但仍有不少公民健身意识淡薄，健身热情不高。尽管其中缘由多与客观条件有关，但在很大程度上也与国民的身体观念相连。例如，在传统“形神一体”“形神共养”“修身养性”“静心修养”等观念的影响下，不少群众特别是中老年人更热衷于行气、导引、食养以及推拿、按摩等传统养生保健术，而对于具有一定运动强度和运动技巧的体育项目的参与度相对较低。此外，受

① 江怡：《中西哲学身体观之比较及其启示》，《现代哲学》2015 年第 6 期，第 79—84 页。

② 王敬浩、虞定海：《中西身体文化对健康的不同诉求》，《上海体育学院学报》2007 年第 5 期，第 72—76 页。

③ 郑国华、薄雪松、肖正等：《中西体育文化价值选择的差异》，《天津体育学院学报》2007 年第 4 期，第 314—317 页。

传统伦理道德思想的影响，人们纯粹娱乐健身的身体活动受到一定的束缚与压抑，部分群众仍将运动健身看作可有可无、无足轻重的事情，健身意识非常薄弱。针对当前我国不少公民存在的“身体”误读，我们认为在公民体育意识培育过程中，应就此加强对公民身体观和身体伦理的教育，要提高公民对身体的认识，唤醒人们对体育的自觉需求，要引导其摒弃“重文轻武”的传统观念和以“静修”为主的身体观，将身体健康视为人的生存基本需要，把体育健身看成是医疗、饮食、营养、疗养等其他手段不可替代的增强体质，是促进健康的重要途径，进而树立起以健身、健康为目标的全面身体观和终身体育观，养成终身参加体育锻炼的习惯。

## 四、体育情感

《心理学大辞典》认为，“情感是人对客观事物是否满足自己的需要而产生的态度体验”。① 具体到体育情感，“感”是对有关体育信息的集中接受，是感悟、是理解；“情”是对体育的感情，是在认知、理解、感悟的基础上发生的意识共鸣。从发生学上说，体育情感产生于人类对体育的认知和实践活动，是人们对自己与体育所结成的价值关系的感受和评价，体现为主体对体育的喜欢和兴趣，产生的积极情感体验和评价，并进而增强主体从事体育活动的意愿和意志；或者主体对体育的排斥和厌恶，进而产生的消极的情感体验和评价。

情感作为人类独有的意识特征的一部分，其与认知具有协调一致性，是一种较复杂而又稳定的生理评价和体验。情感在形式上表现为渴望、欢迎、满意、愉快、思念、迷恋、拒绝、厌恶、不满等意识理念。情感作为由情绪升华而形成的对一定事物而产生的稳定态度，对人的行为的影响是深层次的、持久的，既可以成为主体参与体育活动的内驱力，也可以促使主体学习体育相关知识，获得体育价值认知。当主体对体育价值有了深入的了解之后，便会产生难以舍弃的情感。因此，体育情感培养是体育意识培育的“中心点”。

受中西方不同体育文化和价值观的影响，中西方民众在体育情感方面存在着较大的差异。

西方体育文化在其发展过程中更多地体现为浪漫、自由、进取的精神。它以

① 林崇德、杨治良、黄希庭：《心理学大辞典》，上海教育出版社 2003 年版，第 12 页。

崇尚力量和完美身体为表征,以竞争为核心,力求超越自我,征服自然,在强调以人为本思想的同时,追求个体的力量与智慧。在这种体育文化和价值观的熏陶下,形成了西方人特有的体育情感与情怀,使体育成为他们生活中不可或缺的重要组成部分。在大学,大学生们的体育情感以及参加体育活动的热情更加浓郁。以美国高校为例,在招生官看来,一名学生学习成绩好并不算真正的优秀,具有体育特长的学生更具优良的意志和品质。因此,顶尖大学在接受学生申请时,首先考察的是学生是否参加过体育专业队,是否在比赛中获奖,是否担任过专业队的队长,且"体育特长"在决定学生录取结果的诸多因素中所起到的作用最大,"体育特长生"是美国顶尖大学最重要和最偏爱的招生群体之一。当然,所谓"体育特长生"并不意味着其学业成绩不达标,至少像哈佛、斯坦福这样的名校并没有为他们是"体育特长生"而降低入学标准和培养质量。在美国,无论在公立还是私立大学,无论是几万人的州立大学,还是仅有几千人的精英学院,每个学校都有大片大片的运动场,高大上的体育馆,设施完备的健身房、游泳馆;每个学校都在想方设法打造属于自己学校的体育强项,花重金聘请教练,设立全额奖学金吸引体育特长生,为国家培养种子选手。在大学校园内里,各种体育赛事接连不断;球迷们戴着印有学校 LOGO 的帽子,穿着印有学校 LOGO 的 T 恤衫,忠实地追随着每一场比赛;学校有重大比赛时校长都亲临现场观看,为队员助威,获奖后为运动员颁奖;校队出征地区或国家联赛时,学校会专门组织送行活动,为队员加油打气……虽然大学没有设置体育必修课程,也不会强制性要求学生参加体育锻炼,但学生参加各种体育训练和比赛的热情非常高。受美国体育文化和社会价值体系的影响、熏陶,整个社会、学校、家庭形成一种积极参与体育的风气。在德国,排名前十的电视节目都与体育有关,日常生活中人们谈论最多的话题也与体育有关。在澳大利亚,人们酷爱运动,尤其是喜欢像澳式足球、橄榄球、英式足球、滑雪、探险、游泳、钓鱼、冲浪、滑翔等讲求速度、技巧、竞技和刺激的运动项目。在新西兰,国民中有 51%的人经常从事各项体育活动……

而在中国,受传统文化思想的影响,中国传统体育文化在发展过程中常把个人的修身、养性整合为一体,希望通过身体的练习促进身体由表及里、以柔克刚的精神升华。中国传统体育文化,一是强调体育活动对于人格整体性发展的重要性,注重人对社会的使命和责任;二是突出体育活动的愉悦性,强调体育养生对生命的价值以及体育活动的"祛病健体"功能;三是个人价值取向标准经历了一个从重肉体之美到重精神、道德之美的过程,形成了重视精神建设,忽视身体建设的价值观,对体育的看法也相应地形成了"重智轻体""学而优则仕"的观念,进而形成厌恶体力活动,鄙视体育运动的选择意趣。在这种文化和价值观的长期熏陶下,社会和民众对体育的情感颇具中国特色。尽管顶层设计反复强调体育对人全面发展的重要性,但体育价值却不断被社会功利所扭曲。纵观近三十年来我国中小学学校体育发展,无不存在指导思想迷失、发展格局封闭、实然地位边缘、体质情结泛滥、单纯追逐体育考试成绩等十大新老问题,[①]而学校体育政策保障不力、政府对学校体育投入过少、学校体育场地器材设施不足、学校体育师资队伍水平亟待提高、学校体育课课时分配严重不足等问题始终也没有得到解决。[②] 教育部有关部门对全国 15 个省份的 129 个县(市、区)监测显示,小学四年级体育课开课不足率达到 56.5%,初中二年级体育课开课不足率达到了 76%;31.6%的四年级和 83.5%的初中二年级,学校不组织课外活动。[③] 对升学急功近利的思想有意无意地扼杀了儿童少年喜爱运动的天性。大学体育,一二年级有体育必修课,学生参与体育活动还算积极;三四年级除了一年一次的《国家学生体质健康标准》测试,课外体育活动基本处于"脱管"状态。大学体育陷入了大学生年级越高,体质健康水平越差的怪圈。尽管我国全民健身计划实施二十多年来,公民对体育锻炼更加有热情,参与度也明显提高,但与发达国家比较,我国体育人口、公民体育参与意识等数据指标仍显不足。曾有学者指出:如不算在校学生,我国的体育人口不到 10%,而日本、芬兰、澳大利亚、新西兰等发达国家的体育人口达到 70%以上。[④] 公民体育价值认知不到位,体育参与兴趣不浓,参与意识薄弱,体育消费明显不足,休闲时间选择在家中睡觉、看电视、做家务、打麻将、上网、聊天,以上诸项不仅使得参与到体育健身活动的人口比例低得可怜,且已成为体育强国建设的短板和实现全民健身目标的重大障碍。

---

① 黄爱峰、王健:《学校体育发展的 10 大问题省思》,《北京体育大学学报》2015 年第 2 期,第 95—99 页。

② 吴泽萍:《学校体育发展的问题及应对策略》,《体育文化导刊》2012 年第 4 期,第 100—103 页。

③ 新闻周刊:《输掉比赛留下深思》,http://sports.sohu.com/20111030/n323896162.shtml。

④ 孙娟、王岳:《我国公民体育锻炼意识的提升路径》,《体育学刊》2016 年第 2 期,第 52—56 页。

# 第二章　公民体育意识的结构

公民体育意识结构是指公民体育意识内部的各种成分及其相互关系。像人的其他方面的意识一样,公民体育意识也有其自身的结构。它不仅规定着公民体育意识培育的核心内容、价值取向、方式方法以及渠道路径等问题,也是建构公民体育意识水平测量工具的核心要素。只有深入了解公民体育意识的结构,其培育效果才会事半功倍。本章采用文献评述、逻辑思辨、问卷调查、因子分析与相关性分析相结合的方法,对当前公民体育意识结构研究的概况进行述评,并尝试建构公民体育意识结构模型,其目的在于揭示公民体育意识的内涵,明确公民体育意识的结构要素,解决学术纷争,以期为全面、客观、准确地把握中国公民体育意识水平现状和进行定期追踪及比较研究提供测量工具,为中国公民体育意识培育的理论建构、政策制定和实践提供参考。

## 第一节　研究述评

### 一、公民体育意识结构研究概况

公民体育意识是一个由多元要素构成的具有其自身内在逻辑关系的层次结构,但限于公民体育意识概念的模糊性,以及学者们各自坚信自己对"公民体育意识"理解的正确性与合理性,在公民体育意识结构要素与层级划分方面,至今仍存在较大争议。尽管目前在"作为人内在精神的自觉反映和要求,公民体育意识有其自身的规定性"的认识上,学界已达成共识,但在具体到"公民体育意识究竟应该包括哪几个维度,哪几个层次"时,各家观点则是不一而足、聚讼不已。

从当前对公民体育意识结构的研究进展看,学者们对公民体育意识结构的理解存在着较大的分歧,这一方面与公民体育意识缺少公认的定义有关,另一方面与这些研究偏重于逻辑分析,缺乏实证数据支持有关。尽管目前已有学者尝试采用数学模型的方法建构"公民体育意识结构模型",但也存在实证调查方法不够规范和数据处理与分析的技巧不够熟练,对统计结论缺乏必要的理论阐释等问题,使研究结论的实用性大打折扣,在很大程度上降低了公民体育意识研究的学术价值,进而导致目前国内公民体育意识培育依据与逻辑模糊而混乱,公民意识培育效果也出现了千差万别的局面。因此,公民体育意识结构仍有继续深化与系统化研究的现实需要。

## 二、当前研究存在的问题

从某种程度上说,公民体育意识是多种社会意识的产物,受人的生存意识、教育意识、竞争意识、健康意识、休闲意识、权利意识、责任意识、自我保健意识等多种意识的影响。通过对上述公民体育意识研究现状的梳理发现,当前学界对于公众体育意识的研究可谓多而繁杂。虽然多种观点和阐释为我们全面认识公民意识的结构提供了帮助,但仍有许多问题值得进一步商榷,离科学化、规范化的要求也还有不少差距。其中主要问题包括:

其一,从研究对象上看,多数作者研究的是"体育意识的结构",而非"公民体育意识的结构",没有把体育意识的主体限定在"公民"这个范畴。就"体育意识"的主体而言,"公民"与"国民""大众""民众""居民"有着较大的差别。

第二,从研究内容上看,多数研究较为重视体育意识构成要素的分析,忽视了体育意识结构内在运行机制的探索;较为重视体育意识表层结构的描述,忽视了其深层结构的探索;较为重视对体育意识的静态分析,忽视了对体育意识结构做动态的考察。研究内容丰富但不系统,缺乏层次性,系统、结构、要素三者之间关系模糊,各要素间相互交叉、重叠的现象时有发生,同时缺少对公民体育意识要素之间地位、关系和相互作用的学理阐释,对各要素所构成结构的描述相对薄弱。一些研究者在收集公民体育意识要素时,追求"一个都不能少",意图囊括、穷尽现代公民体育意识的方方面面,但其结果反使公民体育意识结构要素泛化,核心要素地位下降。

第三,从研究方法上看,多数研究仅限于理论推导、质性研究或定性思辨分析,缺乏成熟的理论范式,随意套用“公民意识”“公民法律意识”“公民环保意识”“公民纳税意识”等结构模型,研究方法多仿效、跟从,人云亦云,缺乏对公民体育意识结构研究方法的全面掌握,缺少定性思辨与定量实证拟合,特别是在建模方面尤为缺欠。即使少数作者建构了理论模型,又因其具有过于明显的思辨色彩,与人们的生活经验相去甚远。

第四,从研究结果结论看,低水平重复的研究成果较多,可信度较低。许多研究基本停留在横向水平和单一层次上,只是将性质、地位、作用各异的要素进行简单的罗列与堆砌,而对公民意体育识结构的深层研究、各层次间的逻辑演进却付之阙如。“为研究而研究”,只顾理论而轻视实践,为匆忙发表论文,仅就零散小问题进行研究者不在少数,致使研究结论的可靠性和有效性受到质疑。能得出既有宏观概括,又有局部透视,既充满思辨性,又不乏考证性结论的研究少之又少。

## 三、未来研究的走向

公民体育意识是一种具有多维属性的社会意识,其本身是由具有内在逻辑联系的相关价值、观念、认识组成的复杂的、多维度、多层次的动态系统。当前国内有关公民体育意识结构的研究文献浩如烟海,这一方面反映了公民体育意识本质内涵、结构的复杂性,另一方面反映了公民体育意识结构研究对于健康中国和体育强国建设以及公民体育意识培育的重要性与必然性。我们认为,要解决“公民体育意识结构要素”的学术之争、形成学界共识,关键是要在明确公民意识概念的基础上,确定公民体育意识结构维度、要素及其关系。

按照系统论的观点,世界上一切事物都处在系统的联系之中。任何系统都是由相互作用和相互依赖的若干要素、变量、组成部分结合而成的、具有特定功能的有机整体。构成系统的各个组成部分就是它的要素,而系统要素的这种排列组合就是系统的结构。① 基于此,本研究将公民体育意识结构定义为:公民体育意识各要素相互联系和作用的方式,包括公民体育意识的维度、要素构成以及维度、要素之间的作用和关系。

---

① 傅慧芳:《公民意识的要素结构探新》,《福建师范大学学报》(哲学社会科学版)2012 年第 2 期,第 15—22 页。

公民体育意识是公民体育行为的思想前提，培养和强化公民体育意识是全民健身事业发展的基本要求，而研究、探讨公民体育意识的基本结构维度与要素，明确其各维度、要素之间的相互关系，是培养和强化公民体育意识的基础。随着公民体育意识结构研究的不断深入，未来的研究侧重点可能将与以往有所不同，其关注的问题和走向可能会侧重于以下几个方面：

第一，在内在结构上，会更多地借助心理学上的概念来对其结构进行分析，更加突出公民体育意识是在“意识”范畴上的存在，更加明确公民体育意识是人类意识范畴的一个分支，是意识在特定的体育活动中的具体体现。由于在心理学中，知、情、意是人类心理活动的三种基本形式①，因此，在公民体育意识结构这一语境中，公民体育认知、公民体育情感和公民体育意志将被列为公民体育意识的关键要素。此外，作为体育意识的主体，“公民”的身份将会受到关注，“公民体育权利意识”“公民体育责任意识”“公民体育义务意识”将会列入其内容结构范畴。

第二，在结构层次方面，将会根据公民意识各要素在系统中体现出的影响大小、等级高低和关系的疏密度，将公民体育意识分为基础层、核心层和外显层三个层级，并界定出公民体育意识系统的边界，以杜绝将公民意识系统外部因素混淆为内部要素以及因要素划分过细而产生相互交织、重合的现象。同时更加重视公民体育意识不同要素所处的地位和发挥的作用，更加重视关键要素的定性、导向功能，并根据各要素在系统结构中的作用划分出层次等级，构架起一个层次清晰、排列有序、主体要素凸显的公民体育意识理论结构模型图，以提高公民体育意识概念的精确性和培育活动的科学性。

第三，在研究方法范式方面，将更加关注心理学、政治学、社会学、管理学、健康学、体育学等方面的知识，对公民体育意识内容结构进行细化；更加注重质性研究与实证研究的结合，确保研究的信度与效度；更加强调研究的科学性、有效性和规范性，以数据为证、以事实为据，尽可能避免理论与实践脱节，进而更加全面地对公民体育意识进行考量，使建构的“公民体育意识结构模型”更有立足点、更具说服力、更有实效性。同时会更加关注时代潮流和社会进步对公民体育行为的新的观念要求。

---

① 张玮琦、王志远：《青年守法意识的结构及其内在关系——在逻辑与现实之间》，《净月学刊》2017年第6期，第37—42页。

## 第二节　实证建构

根据系统论的基本观点，世界上任何事物都可以看作是一个有机的系统。人的体育意识也不例外，也可以把它看成是一个系统。系统是与结构、要素、功能等概念紧密相连的一个整体，即任何系统都是其内部各个要素按照一定方式和规则所组合而成的有机整体或集合体。① 具体到公民体育意识而言，这个系统究竟由哪些要素组成，哪些要素对人们体育意识的形成影响最大，哪些要素次之，这些要素该如何排列组合，各要素之间的关系是怎样的，不仅需要理论推导，还需要进行实证研究。基于此，本研究将公民体育意识看成是一个具有内在构成要素和逻辑层次的系统结构，通过实证研究深入剖析它的构成要素和层次，以明确公民体育意识结构要素组成以及各要素之间的逻辑关系，其目的是为公民体育意识培育的路径研究奠定基础。②

### 一、研究假设

在对公民体育意识结构研究文献梳理（见本章第一节）的基础上，本研究认为，第一，在心理学中，知、情、意是人类心理活动的三种基本形式。因此，在公民体育意识内容结构中至少应当包括公民体育认知、公民体育情感和公民体育意志三个维度。第二，因公民体育价值认同是公民体育意识形成的基础，故而也应纳入其中。第三，公民体育态度虽是体育意识的外部表现，但却是公民体育意识的具体反映，可直接影响到公民体育意识水平的高低，并可独立于公民体育情感维度之外，故也应纳入其内容结构。第四，本研究“体育意识”的主体是“公民”，作为国家的公民，理应和国家的利益保持一致，不但享有参加“体育锻炼”的权利，同时也对“提高全民族的健康素质”负有不可推卸的责任。因此，公民体育意识应当包含“权利与责任意识”。此外，国内有不少学者在研究体育意识内容结构维度时将“体育锻炼参与行为”纳入体育意识内容结构之中，认为“体育锻炼参与行为”应该成为评价公民体育意识水平高低的一个标准。笔者认为，这

---

① 高萍美：《内涵与结构：公民意识概念的再思考》，《前沿》2013 年第 11 期，第 12—16 页。

② 尤传豹、乔玉成：《我国公民体育意识的结构要素及其内在关系》，《西安体育学院学报》2021 年第 4 期，第 461—470 页。

种归类有失妥当。理由是公民体育意识研究的终极目标是研究体育意识怎样才能转化成体育锻炼行为,如果将体育锻炼行为本身划归为体育意识之内,则无法研究它们之间的关系,所以,与其说"体育锻炼行为是体育意识的组成部分",不如说"体育行为意愿是体育意识的组成部分"更为确切。基于上述观点,本研究提出第一个假设:

F1 公民体育意识结构由公民体育认知、公民体育价值认同、公民体育情感、公民体育态度、公民体育权利和责任、公民体育意志和公民体育行为意愿七个维度构成。

本研究认为,建构公民体育意识结构模型,应当明确各维度在公民体育意识中的作用和地位,以及各维度之间的关系。因为公民体育意识各维度的作用、地位并不是等量齐观的,其关键维度发挥着定性、导向的功能,而其他维度则围绕着关键维度发挥作用。故,本研究在文献研究的基础上,提出第二个假设:

F2 在公民体育意识内容结构中,"公民体育认知""公民体育价值认同""公民体育权利与责任"为前因变量。其中,"公民体育认知"直接影响"公民体育态度""公民体育价值认同""公民体育情感";"公民体育权利与责任"直接影响"公民体育情感""公民体育行为意愿";"公民体育情感"作为中间变量,影响"公民体育态度""公民体育意志""公民体育行为意愿";"公民体育意愿"为结果变量,直接或间接受"公民体育权利与责任""公民体育情感""公民体育态度""公民体育意志"维度因素的影响(图2—1)。

## 二、研究思路

笔者认为,建构公民体育意识结构要素模型的过程,实际上就是一个对反映公民体育意识各个要素按照其各自属性及内在逻辑关系进行有序排列组合、层层解构与建构的过程。基于此,本研究首先按照提出的第一个假设(F1)梳理出与公民体育意识相关联的各种要素,建立公民体育意识测评题库;其后按照不同题项的属性进行归类,以展示公民体育意识内容结构维度框架;第三步是通过逻辑分析法,建立理论假设模型,初步建立各维度之间的路径关系;最后通过问卷调查和结构方程模型法对本研究建立的理论假设模型进行实证检验,明确公民

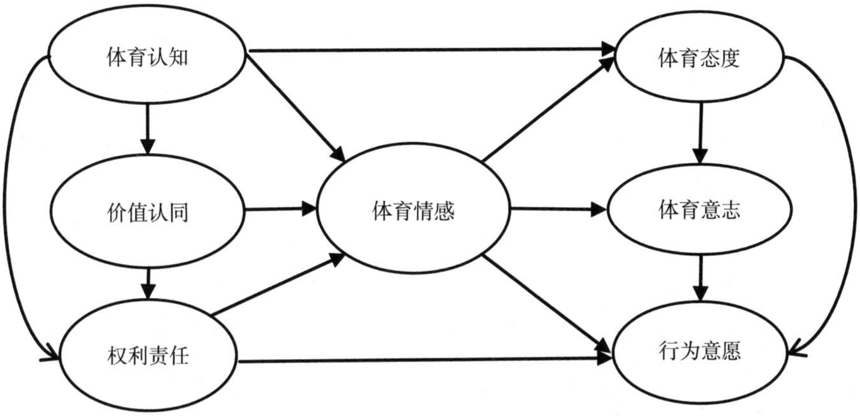


**图 2—1　公民体育意识结构理论假设模型**

体育意识究竟包括哪些维度以及各个维度的作用和地位。

## 三、研究方法与过程

### （一）文献研究与逻辑思辨相结合的方法

将所有能够检索到的有关"体育意识"的研究成果全部纳入研究视野，对前人的研究结果和结论进行反思、追问和评价，从全局和整体的角度认识和把握"公民体育意识"的内涵。借鉴其他学科较为成熟的"公民环境意识""公民法治意识""公民慈善意识""公民海洋意识"等有关公民意识结构的研究思路与方法，梳理、提取出与公民体育意识结构有关的"候选"要素 22 个（体育知识、体育价值认同、体育意志、体育态度、体育观念、体育行为意愿、体育情感、运动喜好、运动体验、体育素质、体育素养、健康素养、体育信念、体育需要、体育政策、体育权利、体育责任与义务、体育评价、体育信息、身份意识、体育消费、体育环境），并参考相关概念与量表，初步编制出公民体育意识结构测试题项 206 个。

### （二）结构式访谈与专家识别相结合的方法

为了保证公民体育意识观测变量维度划分的科学性和合理性，本研究借鉴扎根理论的研究方法，对北京体育大学、山西大学、山西师范大学 5 名从事体育心理学研究的专家进行结构式访谈，并就公民体育意识结构的理论构想和观测指标设计展开讨论。为确保研究目的的实现，在访谈中要求专家们尽可能给出具体的实例来说明自己的观点①,并要求他们将自己觉得不适宜的要素和重复的内容予以剔除。接着课题组成员又对本地区的15名公民进行了深度访谈,从公民的角度了解公民体育意识的结构要素。随后课题组对"候选"的结构要素进行再次进行归类和凝练,修改、删除语意模糊以及与测试概念不相符的条目,最终将初步确定的23个候选结构要素修正为12个,并生成153个测试题项。

### (三)问卷调查法

1. 问卷编制。初始问卷内容分为两个部分。第一部分为被调查者的人口学特征。第二部分将本研究初选的153个题项进行分类编码,每个题项采用Likert 5级记分法,从1分到5分分别表示"完全不认可""基本不认可""说不清楚""比较认可""完全认可",让被调查者勾选,目的是了解被调查者对本研究所建构的公民体育意识结构内容的认可程度。为避免反应定势和社会赞许效应,本问卷还设置了12道消极反向计分题项随机编排在问卷之中(计分时逆向转换为5分—1分)。得分越高表示对本研究设计的题项认可度越高,或体育意识越强。初始问卷编制完成后,以40名体育学院学生为被试对象进行预测,检验初始问卷条目设置是否恰当,有无不理解的题项,回答问题所需要的时间。预测完成后再次聘请两名从事体育心理学研究的专家对初始问卷的条目进行凝练,对个别难于理解或有歧义的条目进行删除,对表述不清的题项进行再次修订,最后形成由134个题项组成的《中国公民体育意识结构模型调查问卷》。

2. 施测过程。问卷的发放对象为16岁以上的中国公民,由课题组聘请的10名硕士研究生在暑假期间完成。问卷发放采用便利抽样法,由调查员采用一致性语言向被调查对象说明研究目的及过程,现场指导被调查者采用匿名方式填写。填写完毕经调查员核查无漏项后当场收回。问卷发放范围涉及山西、河南、河北、湖北、山东和江西六个省的城市和乡村。为弥补被调查者填写问卷所耽误的时间和保证问卷填写的有效性,由调查员代替课题组赠送每位被调查者价值人民币3.0元左右的小礼品作为补偿或奖励。本次调查共发放调查问卷

---

① 乔玉成、侯介华、许登云等:《中国传统武术文化基因谱系研究》,《北京体育大学学报》2017年第12期,第122—132页。

618 份，收回有效问卷 598 份，回收率为 96.76%。无效问卷的判断标准：整份问卷答案呈现同一性作答或波浪形作答者，或整份问卷漏答超过 3 处以上者，或每个题项选取答案超过 2 个及以上者，或整份问卷中答案修改超过 4 处者。①

### （四）数理统计分析法

利用 Excel 表格对所收集的数据进行管理、保存，并将收回的有效问卷进行重新编号。299 份编号为奇数的问卷组成"甲组样本"，用于探索性因子分析；另 299 份编号为偶数的问卷组成"乙组样本"，用于验证性因子分析。分别采用 SPSS 21.0、LISREL 8.7 等统计学软件对问卷题项进行信度和效度检验、描述性分析、关联度分析、探索性因子分析、验证性因子分析以及实证数据与模型的拟合度分析。取 $P<0.05$ 为差异有统计学意义。

## 四、研究结果与分析

### （一）被调查对象的人口学特征

本研究共纳入研究对象 598 名，分为甲、乙两组，每组样本 299 名，均为 18 岁以上的中国公民。各组样本年龄、性别、婚姻状况、受教育程度、职业、收入、自评健康状况等具体情况如表 2—1 所示。从表 2—1 可以看出，样本具有一定的代表性。

**表 2—1　本研究被调查对象的人口学特征**

| 人口学特征 | | 甲组样本（n=299） | | 乙组样本（n=299） | |
|---|---|---|---|---|---|
| | | n | % | n | % |
| 性别 | 男 | 130 | 43.48 | 113 | 37.80 |
| | 女 | 169 | 56.52 | 186 | 62.20 |
| 年龄 | 18—25 岁 | 168 | 56.19 | 129 | 43.14 |
| | 26—50 岁 | 111 | 37.12 | 147 | 49.16 |
| | 51 岁以上 | 20 | 6.69 | 23 | 7.69 |

① 乔玉成、侯介华、许登云等：《中国传统武术文化基因谱系研究》，《北京体育大学学报》2017 年第 12 期，第 122—132 页。

续表

| 人口学特征 | | 甲组样本(n=299) | | 乙组样本(n=299) | |
|---|---|---|---|---|---|
| | | n | % | n | % |
| 婚姻状况 | 未婚 | 147 | 49.16 | 150 | 50.17 |
| | 已婚 | 150 | 50.17 | 146 | 48.83 |
| | 离异 | 1 | 0.33 | 2 | 0.67 |
| | 丧偶 | 1 | 0.33 | 1 | 0.33 |
| 受教育程度 | 初中及以下 | 29 | 9.70 | 22 | 7.36 |
| | 高中(中专、职高、技校) | 105 | 35.12 | 70 | 23.41 |
| | 大学(专科、本科) | 162 | 54.18 | 176 | 58.86 |
| | 研究生(硕士、博士) | 3 | 1.00 | 31 | 10.37 |
| 职业状况 | 国家机关干部 | 16 | 5.35 | 16 | 5.35 |
| | 企业管理人员 | 10 | 3.34 | 9 | 3.01 |
| | 专业技术人员 | 53 | 17.73 | 44 | 14.72 |
| | 单位普通员工 | 47 | 15.72 | 56 | 18.73 |
| | 个体经营者 | 14 | 4.68 | 22 | 7.36 |
| | 工人 | 25 | 8.36 | 19 | 6.35 |
| | 农民 | 6 | 2.01 | 8 | 2.68 |
| | 学生 | 112 | 37.46 | 109 | 36.45 |
| | 其他 | 16 | 5.35 | 16 | 5.35 |
| 平均月收入 | 2000元以下 | 150 | 50.17 | 141 | 47.16 |
| | 2001—5000元 | 110 | 36.79 | 125 | 41.81 |
| | 5001—10000元 | 32 | 10.70 | 28 | 9.36 |
| | 10000元以上 | 7 | 2.34 | 5 | 1.67 |
| 自评健康状况 | 非常好 | 33 | 11.04 | 29 | 9.70 |
| | 较好 | 103 | 34.45 | 104 | 34.78 |
| | 一般 | 157 | 52.51 | 159 | 53.18 |
| | 较差 | 4 | 1.34 | 7 | 2.34 |
| | 非常差 | 2 | 0.67 | 0 | 0.00 |

## （二）题项分析

### 1. 区分度检验

采用经典测量理论方法检验指标体系的区分度，即将甲组样本总分排序后，以受试者总分最高的27%（≥545分）及最低的27%（≤466分）分别作为高分组和低分组，进行独立样本T检验，将题项P值>0.05作为不具备区分度，或题项鉴别力较低的标准予以删除。共删除区分度较小的题项12个（C18、D7、D24、D38、E9、G3、G4、G8、G15、G16、G17、G18），此时题项条目为122个。

### 2. 问卷内部同质性检验

采用题项得分与总体得分相关性检验的方法检验题项与问卷整体的关系①，即将保留的122个题项的得分与总分之间进行直线相关分析，以项目分数与总分数相关系数低于0.4为标准②，判断该题项是否具有同质性，当r<0.4时，该题项予以剔除。共剔除题项22个（A1、A4、A9、B1、B2、B3、B4、B7、B8、B10、B11、C1、C5、C6、C8、C12、C13、D33、E11、E33、F8、F13），保留100个题项用于探索性因子分析。

## （三）探索性因子分析

### 1. 因子提取

运用SPSS 19.0的“主成分分析法”对经过题项分析后的100个条目进行探索性因子分析，结果显示：KMO值=0.927，Bartlett球型检验达到非常显著性水平。表明因子分析的结果能很好地解释变量之间的关系，说明本研究所获数据适合进行因子分析。③ 由于本研究题项数目较多，难免会存在交叉负荷现象，故在通过主成分分析和最大方差正交旋转的方法提取公因子时，根据以下标准确定因子数及题项的去留④：①特征根>1.000；②因子载荷≥0.5；③题项平均得分≥3.5；④每个公因子至少包含3个题项；⑤当条目出现双载荷现象时，结合问卷

---

① 李广学、毕永兴、徐玄冲：《〈运动员流畅状态量表〉的修订与检验——基于FSS和OMSS的整合测评》，《武汉体育学院学报》2017年第2期，第74—80页。

② 王益富、潘孝富：《中国人社会心态的经验结构及量表编制》，《心理学探新》2013年第1期，第79—83页。

③ 乔玉成、侯介华、许登云等：《中国传统武术文化基因谱系研究》，《北京体育大学学报》2017年第12期，第122—132页。

④ 谭艳、谌永毅、李旭英等：《乳腺癌认知问卷（Breast—CAM）的汉化及信效度检验》，《护理研究》2018年第14期，第2216—2221页。

整体表达意义及学科专业知识进行取舍；⑥碎石图坡度拐点出现的位置。按上述标准筛选后，共保留 32 个题项，所有题项的共同度均在 0.4 以上，每个公因子中至少有 3 个题项，每个题项在某一因子上具有唯一的较高载荷。剔除 68 个题项后，再次进行探索性因子分析。KMO 值= 0.928，Bartlett 球形度检验卡方值= 4822.623（df=528，P<0.001）。采用主成分法和正交旋转法，旋转在第 5 次迭代后收敛。共提取特征根值大于 1 的公共因子 4 个（表 2—2）。

表 2—2　公民体育意识问卷调查题项内容探索性因子分析结果

| 维度 | 题项内容 | | M±SD | 因子载荷 | 方差贡献率 | 共同度 |
|---|---|---|---|---|---|---|
| 体育情感与意愿 | D28 | 我从小就喜欢参加体育活动。 | 3.57±1.127 | 0.818 | 24.638 | 0.680 |
| | D23 | 我一想到要去参加体育运动就兴奋不已。 | 3.57±1.106 | 0.780 | | 0.627 |
| | D13 | 我非常喜欢体育明星，喜欢爱运动的人。 | 3.55±1.208 | 0.762 | | 0.594 |
| | D14 | 我愿意把体育锻炼当作日常生活中最重要的事情来做。 | 3.54±1.151 | 0.760 | | 0.605 |
| | D31 | 我会说服周围的人同我一起锻炼。 | 3.58±1.167 | 0.753 | | 0.696 |
| | D29 | 对我来说体育锻炼就是一种享受。 | 3.63±1.191 | 0.745 | | 0.650 |
| | D20 | 我非常愿意加入公益性的体育协会、社团、俱乐部等体育组织。 | 3.53±1.172 | 0.742 | | 0.596 |
| | D16 | 我渴望参加运动健身，愿意把钱花在身体锻炼方面。 | 3.57±1.168 | 0.720 | | 0.539 |
| | D27 | 我喜欢一切与体育运动有关的事情。 | 3.65±1.134 | 0.715 | | 0.577 |
| | D36 | 如果有人约我去参加体育活动，我会非常爽快地答应。 | 3.59±1.236 | 0.697 | | 0.547 |
| | E8 | 如果让我放弃体育锻炼，我会感到难过、遗憾和失望。 | 3.52±1.161 | 0.668 | | 0.463 |
| | D18 | 每次参加体育锻炼后，我都会感到心情非常愉悦。 | 3.97±1.031 | 0.642 | | 0.469 |
| | D39 | 我已经深深体验到体育锻炼给自己带来的好处。 | 3.99±1.040 | 0.628 | | 0.512 |
| | E1 | 我愿意每天至少投入 30 分钟，专心致志地进行体育锻炼。 | 3.74±1.205 | 0.628 | | 0.488 |
| | F9 | 体育锻炼虽然很苦很累，但我愿意参与其中，并能经常咬牙坚持下来。 | 3.59±1.067 | 0.624 | | 0.474 |

续表

| 维度 | | 题项内容 | M±SD | 因子载荷 | 方差贡献率 | 共同度 |
|---|---|---|---|---|---|---|
| 体育价值认知与认同 | C4 | 经常参加体育锻炼,可以让人少得病,不得病。 | 4.32±0.857 | 0.739 | 16.388 | 0.565 |
| | C16 | 体育活动培养公正、责任、相互协作和积极的社会态度。 | 4.37±0.847 | 0.685 | | 0.516 |
| | C17 | 体育锻炼有助于增强人的自信心、自尊心。 | 4.30±0.934 | 0.681 | | 0.509 |
| | C2 | 经常运动对减轻家庭医疗开支和国家的医疗负担非常重要。 | 4.41±0.808 | 0.680 | | 0.486 |
| | C15 | 经常参加体育活动可以增强竞争意识、培养竞争能力。 | 4.30±0.865 | 0.678 | | 0.519 |
| | C7 | 体育可以促进人的全面发展。 | 4.19±0.949 | 0.675 | | 0.495 |
| | C10 | 经常参与身体锻炼有助于降低人的焦虑水平,改善心境状态。 | 4.34±0.846 | 0.662 | | 0.512 |
| | C14 | 体育能使城市充满活力,城市因体育而勃发生机。 | 4.14±0.958 | 0.645 | | 0.449 |
| | C11 | 经常参加体育活动,有助于培养人们勇敢顽强、克服困难、超越自我的意志品质。 | 4.39±0.885 | 0.641 | | 0.518 |
| | C9 | 体育可振奋民族精神、增强凝聚力、密切人际关系。 | 4.30±0.888 | 0.602 | | 0.451 |
| 体育权利与责任 | G14 | 公民有权利共享体育发展的成果。 | 4.08±0.975 | 0.702 | 7.635 | 0.581 |
| | G12 | 公民有责任履行“全民健身计划”。 | 4.10±1.047 | 0.698 | | 0.619 |
| | G13 | 公民享有受体育教育权,体育活动的时间、项目、活动形式、场所等的自由选择权,对体育工作进行监督的权利。 | 4.21±0.692 | 0.684 | | 0.592 |
| | G10 | 公民有遵从体育公权力的义务。 | 4.29±0.886 | 0.651 | | 0.536 |
| 体育态度与意志 | A6 | 即使工作再忙,我也会挤出一点时间参加体育锻炼。 | 3.83±1.239 | 0.808 | 6.376 | 0.670 |
| | A11 | 无论遇到多大困难,我都会根据自己的锻炼计划坚持体育锻炼。 | 3.43±1.213 | 0.740 | | 0.633 |
| | A12 | 我非常关心自己的健康状况,并想方设法通过各种形式的锻炼,努力保持或改善自己的健康状况。 | 4.04±1.153 | 0.733 | | 0.615 |
| 累计方差贡献率(%)　54.767 | | | | | | |

### 2. 因子命名

第一公因子包括15个题项,其内容主要涉及公民体育情感和行为意愿,故命名为“体育情感与意愿”,第二因子包括10个题项,其内容主要涉及公民对体育价值功能的认知与认同,故命名为“体育价值认知与认同”;第三因子包括 4 个题项,主要反映的是公民体育权利与应该承担的责任和义务,故命名为“体育权利与责任”;第四因子包括 3 个题项,主要描述的是公民对待体育的态度和参与体育活动的意志,故命名为“体育态度与意志”。本研究提取的 4 个公因子保留了原始数据中较多的信息量,累积方差贡献率 54.767%,表明本研究提取的结果较为理想。同时也进一步说明,尽管公民体育意识涉及的内容较多,但也存在着井然有序的维度结构。除此,探索性因子分析结果表明,本研究假设 1 提出公民体育意识维度结构并非 7 个维度,而是 4 个维度。为此,本研究将假设 2 的模型结构修正为 4 个维度(图 2—2)。

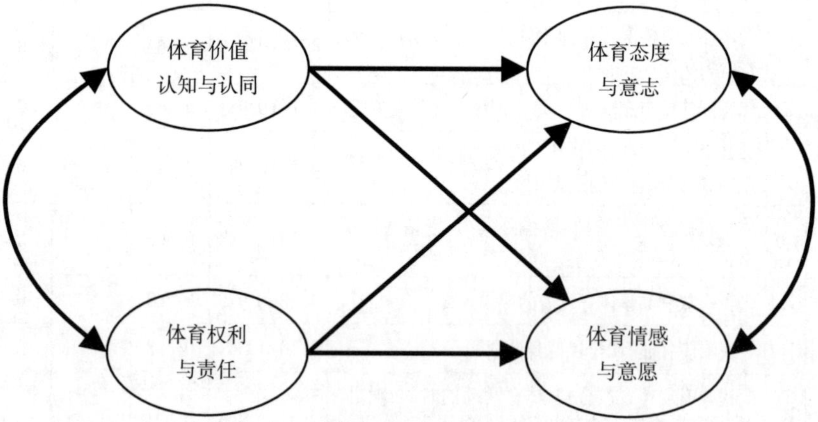


**图 2—2　公民体育意识结构理论假设模型(修订)**

### 3. 信度检验

采用 Cronbach's α 系数对总量表和分量表信度进行评价,能够弥补高信度题项掩盖低信度题项的缺陷。按照统计学原理,Cronbach's $\alpha>0.7$ 为达到信度良好的标准。[①] 本研究总量表的 Cronbach's α 系数为 0.929,各分量表信度水平均在 0.7 以上(表 2—3),表明探索性因子分析得到的维度与构想的理论维度一致,问卷剩余题项具有较好的信度、同质性和稳定性。

① 吴明隆:《SPSS 统计应用实务》,中国铁道出版社 2000 年版。

**表 2—3　公民体育意识内容结构问卷信度检验**

| | 总量表 | 体育情感与意愿分量表 | 体育价值认知与认同分量表 | 体育权利与责任分量表 | 体育态度与意志分量表 |
|---|---|---|---|---|---|
| Cronbach's α 系数 | 0.929 | 0.939 | 0.883 | 0.757 | 0.762 |

### （四）验证性因子分析

#### 1. 结构效度分析

本研究根据上述探索性因子分析结果，采用 LISREL 8.7 软件取乙组样本数据对修订的公民体育意识 4 维度结构理论假设模型进行验证性因子分析。结果显示："C2、C4、C7、C9、C10"因子载荷<0.5，予以剔除，剩余 27 个题项的因子载荷都在 0.5 以上，潜变量与观测变量之间路径估计系数的 t 值均通过了 1%水平的检验，表明修正后的"公民体育意识 4 维度结构模型"具有较高的可靠性和良好的信度，符合修正后的"公民体育意识 4 维度结构模型"理论构想。① 另外，从各潜变量与对应观测变量之间验证性因子分析的主要拟合指数（表 2—4）来看，除 PNF1、AGFI 稍低和 RMR 稍高外（值都很接近，是可以接受的），其余拟合度指标均在理想范围之内，表明实证数据与模型之间有比较好的拟合，同时证明本研究建构的公民体育意识结构模型具有较好的聚合效度。

**表 2—4　本研究公民体育意识结构模型拟合度检验结果**

| | $\chi^2$ | df | $\chi^2$/df | P | NFI | PNF1 | CFI | IFI | GFI | AGFI | RFI | RMR | RMSEA |
|---|---|---|---|---|---|---|---|---|---|---|---|---|---|
| 本研究数值 | 457.38 | 318 | 1.438 | 0.00 | 0.96 | 0.87 | 0.99 | 0.99 | 0.90 | 0.88 | 0.076 | 0.053 | 0.0.038 |
| 理想数值 | | | 1—3 | ≤0.05 | ≥0.9 | ≥.9 | ≥0.9 | ≥0.9 | ≥0.9 | ≥0.9 | ≥0.9 | ≤0.035 | ≤0.08 |

#### 2. 结构模型的路径分析

本研究采用 LISREL 8.7 软件，以最大似然估计法对修正后的"4 维度结构模型"（图 2—2）进行分析。结果（图 2—3）显示："公民体育认知与认同"对"公民体育态度与意志"有直接影响（路径系数为 0.29，t = 3.77，p<0.01），并对"公

① 乔玉成、侯介华、许登云等：《中国传统武术文化基因谱系研究》，《北京体育大学学报》2017 年第 12 期，第 122—132 页。

民体育情感与意愿”产生间接影响(路径系数 0.17,t=2.51,p<0.05);“公民体育权利与责任”只对“公民体育情感与意愿”产生影响(路径系数 0.45,t=6.98,p<0.01)。“公民体育认知与认同”与“公民体育权利与责任”相互影响(路径系数 0.57)。上述路径与修订后的假设模型(图 2—2)中的路径基本一致,研究假设得到证实。而“公民体育认知与认同”对“公民体育情感与意愿”并不产生直接影响,“公民体育权利与责任”对“公民体育态度与意志”也不产生直接影响,这两条路径关系假设并不成立。因此,本研究最终确认公民体育意识结构由 4 个维度 27 个观察变量组成(图 2—3)。

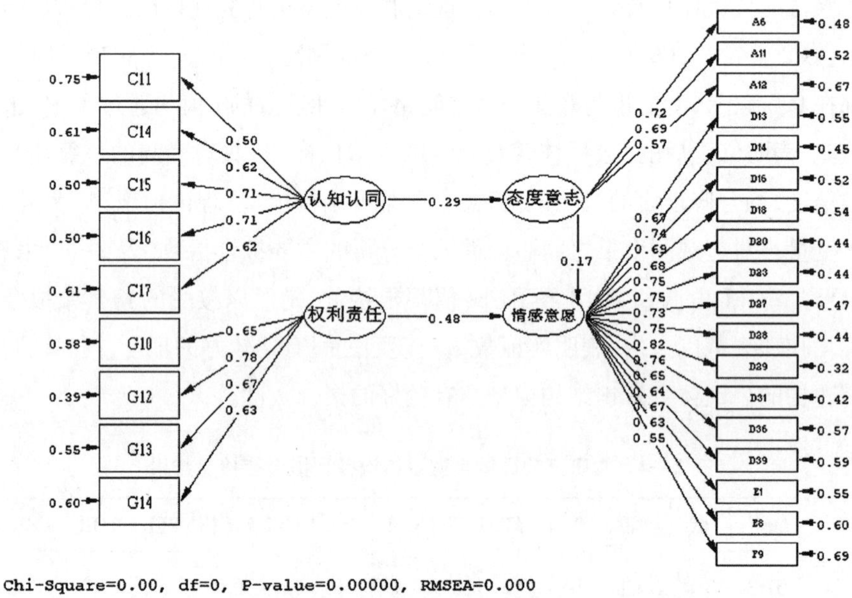


**图 2—3　本研究建构的公民体育意识结构模型及标准化路径图**

### 3. 对本研究建构的公民体育意识结构模型的评价

一个好的模型最重要的是模型本身达到较为理想水平的信度和效度,尤其是建构效度。从本研究建构的公民体育意识 4 维度结构模型与数据拟合情况来看,拟合指数较为理想,总量表和分量表内容结构信度均在 0.7 以上,问卷题项的区分度、同质性也均达到了统计学要求,所提取的 27 个观测变量因子载荷均在 0.5 以上,累计方差贡献率达到了 54.767%。从标准化路径系数看,4 个维度之间既相互影响、相互作用,也相互包含,说明理论构想的 4 个维度间既相互独立，又有所联系，模型结构符合理论构想。

## 第三节　要素解读

### 一、公民体育价值认知与认同

体育价值是指体育能满足人类生存、发展、享受需要的特定效用关系。按体育作用的对象划分，体育价值可以分为个体价值和群体价值；按体育作用的范围划分，体育价值可以分为生理价值、心理价值和社会价值。生理价值表现为健身价值、娱乐价值、医疗价值；心理价值表现为教育价值、艺术价值、审美价值、道德价值；社会价值表现为经济价值、政治价值、军事价值、科学价值、社交价值等。体育价值，存在于体育自身的本质规定之中，并通过构成体育的诸要素之间的相互作用表现出来。然而，体育能否彰显自己的价值，不仅取决于体育本身，还取决于主体对体育价值的认识程度。

体育价值与体育功能有着非常密切的联系，但是两者又存在着较大的差别。体育功能是体育固有的能力范畴。而体育价值则是面对体育功能时的态度和选择，即"体育基于人类社会构建中取向功能的地位和作用"。尽管体育的功能在任何时期都相差不大，但在不同的历史时期会被赋予不同的价值。而不同的个体也会对体育价值产生认识、评价或态度上的差异，这就是我们所说的体育价值观。

体育价值观是人们对体育价值大小、多少、需要与不需要以及重要性的一种评判，是体育的价值在人们头脑中的反映，或者说是人们对体育价值的基本观点，基本看法，是指导人们对体育问题做出价值判断和价值取向的基本原则，是人类价值观在体育方面的具体化，是人们对体育感知、认识的重要内容，是指导、支配和评价体育行为和功效的核心观念。它解决的是体育意识中如何看待体育以及该做什么，不该做什么的问题。体育价值观可分为两个层面：一是以社会为本位的体育价值观，二是以个体为本位的体育价值观。以社会为本位的体育价值观体现的是体育与社会之间的价值关系，体现为体育的政治价值、经济价值、伦理道德价值、文化历史价值等。以个体为本位的体育价值观，体现的是体育对个体的发展的价值关系，强调个体对体育的自由支配，关注的是个体自身目的与把具体运动项目作为直接行为目标的一种价值观念。① 体育价值观决定和影响着个体的态度和行为。一个人越是认为体育对自身有价值,其体育意识就越强,就越会具有行动的驱动力,进而养成锻炼习惯。

认知,在心理学中是指通过形成概念、知觉、判断或想象等心理活动来获取知识的过程②。而体育价值认知则是指个体获得体育价值的有关信息,并把这些信息转化为自身的知识结构和理性认识的心理活动过程。体育价值认知是对有关体育的各种现象所作的感知和认识,是对人参与体育活动的目的、意义、效用等方面知识的基本理解、掌握,以及对体育行为因果关系所作出的反应和判断,是主体在认识体育现象获取体育知识过程中所产生的意识,其获得往往通过感知、领悟、推理等心理过程得以实现。体育价值认知是人体育行为活动的基础和体育意识形成的逻辑起点,它解决体育是什么以及人与体育的关系问题,并与个人的体育行为呈高度正相关。一般来说,对体育价值的认知程度越深,体育意识就会越强,参与程度就会越高。故有什么样的体育价值认知,就有什么样的体育理解和追求。

认同,从字面上看有承认、认可、同意、接受的意思。它既是社会心理现象,又是社会机制作用的结果,具有社会学和心理学的双重含义。从心理学上讲,认同是一个过程,是一个将外在的理念、标准内化于心、外化于行的社会心理过程。

认同的核心是价值认同。价值认同,是指人们对某类价值观念的认可,并形成产生相应行为的过程。价值认同是在价值认知的基础上做出的理性选择。人们总是认同那些与自己的利益、情感和信仰相一致或相近似的东西。就公民体育价值认同而言,公民体育价值认同,是经过公民自己对体育价值的理性思考、利弊权衡,最终做出选择的内心活动。公民体育价值具有多样性,但这些价值是否能够得到公民的认同,最终要落实到公民的价值判断上,即公民是否承认它的价值,与主体的价值体验、价值判断、价值取向密切相关。由于每个公民对体育价值的认识不同,各自认为及追求的最有价值的东西也就不同,进而便形成不同的体育价值取向和强弱各异的体育意识。

---

① 于春艳:《体育锻炼态度、参与度与体育价值观的相关研究》,《沈阳体育学院学报》2009 年第 3 期,第 53—56 页。

② 张利、包莉萍:《论自然科学地方文献资源的价值》,《图书情报工作网刊》2010 年第 9 期,第 24—28 页。

综上所述,公民体育价值认知与认同是指公民对体育价值的知觉、理解、信念和评价,不仅包括公民对体育价值的了解,还包括对它的评价、赞同或反对。公民体育价值认知与认同是公民体育意识形成的发端,不但反映了公民外部信息转化为自身知识结构和理性认识的心理活动过程,也是产生公民体育情感的源泉和形成公民体育态度的前提,同时还是调节行为意愿和决策的重要影响因素。本研究实证发现,公民体育价值认知与认同作为公民体育意识的前因变量,不但可以直接影响公民体育态度和意志,而且可以间接影响公民体育情感,并对公民体育行为意向起正向或负向的强化作用。

## 二、公民体育权利与责任

现代公民的权利和义务是对等的,公民既享有国家提供的各种权利保障,也承担对国家发展负责的责任和义务。正如马克思所指出的,“作为确定的人,现实的人,你就有规定,就有使命,就有任务。至于你是否意识到这一点,那都是无所谓的。这个任务是由于你的需要及其与现存世界的联系而产生的”。①

本研究将“体育意识”的主体限定在“公民”,主要是基于以下两个方面的考虑。其一,作为国家的主人,一方面公民拥有满足自身生活需要和参与维护自身利益活动的权力,另一方面公民理应和国家的利益保持一致,对“全民健身”“健康中国建设”“体育强国建设”“小康社会建设”等公共利益活动负起应尽的责任或义务。其二,从权利和义务视角看,公民只有意识到自己的主体地位,才会“主动地”“有意识地”参与其中,公民自身的体育权利与义务才能够得以实现。

近20年来,随着公民体育健身需求的日益强烈,公民体育权利的实现成为体育法学界密切关注的课题。早在1978年,联合国教科文组织颁布的《体育运动国际宪章》就明确规定“参加体育运动是所有人的一项基本权利”“所有人为了自身的全面发展,都有进行体育运动的基本权利”。但关于公民体育权利的概念以及公民应该拥有哪些方面的体育权利,直到目前国内外学界仍没有达成共识。关于此,陈园园认为,是“由法律确认的人在接受体育教育和从事体育运

① 《马克思恩格斯全集》(第3卷),人民出版社1960年版,第329页。

动过程中所应享有的自由和利益”。① 冯玉军等提出，“是公民通过体育活动实现最大自我利益和公共福利的可能性”。② 唐勇认为，“是一项均等参与体育活动、共享体育利益的权利”。③ 于善旭认为，是“通过法律规定的公民在有关体育的各种社会生活中所享有的权利，是国家以法律确认和保护的公民实现某种体育行为的可能性”。④ 恩格斯将人的需要归纳为生存、享受和发展三个层次。作为自然生命体，人有物质的需要，舍其不能生存；作为社会存在体和文化存在体，人又有其精神和文化需要，舍其谈不到发展和完善。⑤ 而“参加体育活动就是生存的需要、发展的需要和享受的需要”。⑥ 然而，在改革开放之前的很长一段时间里，国人对自己的体育权利定位是很低的，那时人们的一切工作都是围绕满足生存的需要，对体育运动的权利认知应该说是模糊的。大家通常都认为，国家发展群众体育运动是党和政府对人民健康的关怀，很少有人能够意识到这是自己作为公民的一项权利。直到我国颁布《体育法》《全民健身条例》等法律法规后，随着国家对公民社会建设的重视，人们才逐渐认识到参与体育活动也是自己的一项基本权利，通过这种“权利”，可使自身的需要得到满足，生活更有价值。近年来，伴随着全民健身运动的不断深入，公民参与体育运动的自发性、自愿性、积极性日益凸现，这一方面说明公民健康意识在不断提高，另一方面也说明公民所获得的体育权利得到了承认。

我们认为，国家通过《体育法》《全民健身条例》的颁布实施，确认公民享有体育运动的权利，意味着承认公民可以从国家或社会那里获得有利于参与体育活动的必要保证和条件。相应地，公民也应该意识到这种“权利”是自己与生俱来的作为人应当享有的权利，并应清晰地懂得通过参与体育运动获得相应利益的正当性，在法定范围内主张和行使自己从事体育活动的各种权利。因此，从某种意义上说，公民体育意识包含权利意识。

---

① 陈园园：《公民体育权利的法律保障研究》，西南政法大学硕士学位论文，2010 年。

② 冯玉军、季长龙：《论体育权利保护与中国体育法的完善》，《西北师大学报》（社会科学版）2005 年第 3 期，第 114—119 页。

③ 唐勇：《体育权利的证成》，《北京化工大学学报》（社会科学版）2013 年第 3 期，第 21—25 页。

④ 于善旭：《论公民的体育权利》，《体育科学》1993 年第 6 期，第 23 页。

⑤ 柳方祥：《体育价值刍议》，《体育与科学》2004 年第 3 期，第 50—51 页。

⑥ 熊斗寅：《关于全民健身的几个观念问题》，《体育与科学》1995 年第 5 期，第 33—34 页。

相对于公民体育权利的主张，公民对自己应当承担的体育责任和义务的意识较为淡薄，学界对此关注也比较薄弱。在中国语境中，责任有两方面的意思，一是指分内应做的事，如尽责任；二是指因没有做好分内应做的事，因而应当承担的过失，如追究责任。而义务则包含三方面的意思，一是公民或法人按法律规定应尽的义务，如纳税、服兵役等；二是道德上应尽的责任，如见义勇为、拾金不昧等；三是不要报酬的义举，如义务劳动、志愿服务等。由此看来，在中国语境中，责任和义务存在着细微的差异。责任是“应当的”“应该的”，如果不去做，就要受到追究，一般多在道德领域中使用。① 而义务在道德和法律中都是一个关键性概念。在法律层面，义务具有强制性色彩。因为做某事在道德上和法律上是正当的，不管你是否愿意，都必须去做（如服兵役、纳税、抚养未成年子女、赡养老人等），如果该为不为，就会受到法律的制裁。因此，在这些情况下，“义务”就是一种具有法律约束力的“责任”。但在有些时候，“义务”仅限于道义层面，如义务劳动、义务演出、义务献血、慈善行为等。虽然法律提倡你去做，但你没做，只会受到道德方面的谴责，而不会受到法律的惩戒，在这种情况下，“义务”仅是伦理学道义方面的“责任”。

全民健身不仅关乎个人的利益，同样关乎国家的利益。在我国，《体育法》《全民健身条例》作为纽带，已将体育权利交付到公民手中，但同时承担“提高全民族身体素质”的义务也落在了公民肩上。然而值得说明的是，作为法律，它可以创设特定的义务，却无法创设服从法律的一般义务。这就意味着，大众是否遵守《体育法》所创设的承担“提高全民族身体素质”的义务，不能由法律本身来强制执行，而应该由道德来规定。② 因此，公民自觉自愿的参与意识和责任义务意识培育就显得尤为重要。

公民责任意识是指公民自觉承担职责、义务和使命的意识。它要求公民对所处的群体及社会负责，正确地处理个人与他人、个人与集体、个人与社会的关系。一个健康而有序的公民社会不仅是体现公民价值与权利的民主社会，更应该是倡导公民责任的主体性社会。我们认为，社会的存在与发展依赖公民个体

① 姜涌：《论公民责任与公民义务》，《中国海洋大学学报》（社会科学版）2005 年第 5 期，第 21—24 页。

② 梁利民：《体育生活化之视角：大众体育权利和义务探析》，《成都体育学院学报》2001 年第 6 期，第 14—17 页。

对其承担的责任,以及积极地参与和响应,这也是公民社会对公民的潜在要求。具体到公民体育责任和义务这个议题,如果公民责任意识淡化,对国家倡导的全民健身事务漠不关心,不去主动积极地参与,不仅个人不能从中获取利益,"健康中国""体育强国""小康社会"建设也将失去内在动力,"提高全民族身体素质"就难以落到实处。因此,作为国家主体的公民,应本着对国家、对民族、对社会、对家庭、对个人高度负责的态度,从自身做起,让自身的体育参与成为"提高全民族身体素质"的外部条件和健康中国建设成效的重要变量,将参加体育活动、锻炼身体、增强体质、促进健康,看成是个人"应当""应该"的分内之事,积极自觉地参加到适当形式的体育活动中去,肩负起对社会、对国家应该承担的责任与义务。

然而,长期以来,有不少人因体育责任和义务意识缺失,根本没有意识到参加全民健身活动对自己来说是一份责任,对社会来说是一种贡献。他们习惯于把全民健身活动参与视为纯娱乐的个人之事,而没有将其上升为一种对国家、对人民、对人类的强烈的责任感和历史使命感,对全民健身活动漠然处之,使全民健身健康工程推进艰难。我们认为,"全民健身""全民健康"目标的达成有赖于每个公民的自我觉悟与身体力行,需要每个公民的配合与响应,尤其在当前由于身体活动不足带来的全球人口健康危机和"慢性病"发病率节节攀升的严峻形势下,在看病难和看病贵成为社会显著问题的背景下,应对公共健康危机,预防和战胜慢性疾病不仅是政府的责任,更是每个公民应尽的义务。因此,培植公民健康责任义务意识,激发公民积极参与全民健身的热情,使公民通过自我思考、自我反省、自我约束,形成参与全民健身的自律、自治精神,提高自觉参与全民健身活动的主动性和积极性,树立起个人和国家共同治理的意愿,既可为全民健身事业的发展提供源源不断的能量和健康资本存量,也能使健康中国建设快速进入良性循环状态。

综上所述,公民体育权利与责任是指作为国家的公民,应该享有通过参加体育活动促进身体健康和获得幸福的权利,同时承担通过身体锻炼"提高全民族健康素质",建设"体育强国"和"健康中国"的责任和义务。本研究发现,"公民体育权利与责任"作为前因变量可以对结果变量"公民体育情感和意愿"产生直接影响;公民自身的身份意识,有利于形成通过体育锻炼维护自身健康的使命感、责任感以及积极、主动、自觉的体育行为习惯。因此,公民体育意识的形成,离不开公民身份意识的培育，而这种从公民身份角度探讨公民体育意识结构的研究对于理解公民体育意识的本质也更有意义。

## 三、公民体育态度与意志

态度是公民体育意识的外部表现，意志是公民体育意愿的强力推手。公民体育态度和意志作为公民体育意识的重要维度，能对公民体育行为产生方向性和动力性的影响。

关于何谓态度，目前定义较多。例如，《辞海》中对态度的解释有两层含义：一是指神情，即言谈举止所表现的神态；二是对人或事的看法在言行中的表现，如政治态度等。① 社会心理学家里夫认为，“态度是生物有机体对于对象和现象发生反应的准备状态，使个体的反应带有选择性、方向性以及一定的持续性”。② 社会心理学家弗里德曼把认知、情感和行为平行地纳入态度的定义中，认为“态度对任何给定的客观对象、思想或人，都是具有认识的成分、表达成分和行为倾向的持久体系”。③ 张林等认为“态度是个体对特定社会客体（包括人、事件和观点等）以一定方式做出反应时所持有的稳定的、评价性的内部心理倾向”。④ 张红涛等认为“态度是个体对待人或事物较一贯、较固定的心理倾向”。⑤ 从上述表述中可以看出，尽管学者们在定义“态度”时的侧重点不同，但归纳起来主要体现在两个方面：其一，强调态度的组成部分，即由认知、情感和行为意向三种成分构成；其二，强调态度的特性，即强调态度是心理上的“倾向性”，其表达的意义是对某件事物喜欢或者不喜欢的心理倾向，是行为反应的准备状态，或行为意图，而不是真正的行为，但在其某种程度上会影响行为方式。此外，还有人将态度分为内隐态度和外显态度两种。内隐态度是指人们对态度客体的自动反应，是自然而然、不受控制的，并且往往是无意识的一种态度。而外显态度则是

---

① 辞海编辑委员会：《辞海》，上海辞书出版社 1980 年版，第 646 页。

② 时蓉华：《现代社会心理学》，华东师范大学出版社 2002 年版，第 244—247 页。

③ 全国 13 所高等院校《社会心理学》编写组：《社会心理学》，南开大学出版社 2008 年版，第 136 页。

④ 张林、张向葵：《态度研究的新进展——双重态度模型》，《心理科学进展》2003 年第 2 期，第 171—176 页。

⑤ 张红涛、王二平：《态度与行为关系研究现状及发展趋势》，《心理科学进展》2007 年第 1 期，第 163—168 页。

人们能够意识到的，即通过自我反省就能表现出来的态度，是我们意识到的并易于报告的态度。

作为一种具有行动导向的心理活动，态度具有内隐性、习得性、整合性、持久性、中介性等特征，既看不见，也摸不着，只能透过相关的行动或语言反应才能测量。态度是认知、情感和行为倾向等要素组成的三位一体结构，但各自在结构中发挥的作用不同。其中认知成分，是指个体对某种事物价值的认识、理解、信念、怀疑以及赞成或反对等。它是由许多观点构成的认知体系，体现着个体对某事物赞同或反对的倾向。态度的情感成分，是指人们对态度对象肯定或否定的评价以及由此引发的情绪情感。情感成分是态度的核心因素，能使人的某种态度带有强烈的个人情绪倾向，如尊敬与蔑视，同情与冷漠，喜欢与厌恶、愉快与不满等。态度的行为意向成分，是指个体对态度对象意欲表现出来的行为倾向，或行为的准备状态，如谋虑、企图等，影响着个体对行为的选择，其程度取决于态度的认知和情感成分。尽管态度对人的行为能够产生影响，但行为主体还受制于外部环境，并依据自己的信念对外在的行为规范进行选择和整合，最终内化为个体的自觉意识。

公民体育态度是体育运动心理学由社会心理学引进体育心理学领域的一个概念，它特指公民个体对体育活动所持有的评价、体验和行为倾向的综合表现，[①]是公民个人对参与体育的肯定、否定或中性的评价意见，反映的是公民对体育的情感和价值取向，解决的是公民体育意识中做与不做的问题，常常表现为对体育行为的趋向与回避、喜爱与厌恶、接受和排斥等。公民体育态度作为一种具有行动导向的心理活动，是公民参加体育活动的基本动力，对公民体育行为选择和意愿具有重要的调节作用。

意志是行为的强力推手，是决策心理活动过程中重要的心理因素，对行为有发动、坚持和制止、改变等方面的控制调节作用。关于何谓“意志”，目前说法不一。一般认为，“意志”中的“意”，是指人心理活动的一种状态，“志”则是对目的方向的坚信、坚持，而“意志”就是指对实现目的有方向、有信念坚持的一种心理活动。《现代汉语词典》将其解释为“为了达到既定目的而自觉努力的心理状

① 李冉：《体育院校男生与女生的体育态度研究——以北京体育大学为例》，《青少年体育》2016 年第 8 期，第 123—124、73 页。

态”;《哲学大辞典》将其解释为“人自觉而有目的地对自己活动进行调节的心理现象。表现的是人在活动中所特有的自觉目的性与选择性,以及人的价值定向判断能力,体现的是基于人对客观必然性的认识而产生的自觉性”①;《心理学大辞典》将其解释为“个体自觉地确定目的,并根据目的调节支配自身的行动,克服困难,实现预定目标的心理过程”②。此外,还有人认为,意志是人在社会实践的基础上自觉地确定目的,并进而根据目的积极地激活和调节自己的力量与活动以掌握一定对象、实现预定目的的精神力量,它是人对自己的需要、欲望、要求等的一种集中和凝聚,是人的主体和主体性的重要内在根据。③ 综上所述,我们认为概括起来,意志有以下三个特征:1. 具有自觉、明确的预定目的;2. 往往与克服困难相联系;3. 它必然要转化并支配行为。

人的意识对行动的调节是通过意志实现的,它不仅表现为对外部行为的调节,而且也表现为对人的心理状态、认识活动的调节,不仅能对情绪进行调节,而且能对内脏活动进行调节。因此,意志的重要内涵是自觉地调节、控制自己行为的能力。从实践的观点看,意志并非与认知、情感处于同一层次的概念,它不属于“我知”“我思”的范畴,而属于“我欲”“我要”的范畴,是人的意识能动性的集中表现和主要成分。它含有一种通过努力来满足一定需要和愿望的“决心”和“进取心”,并总是渗透在人的观念和具体的实践活动之中。

公民体育意志是指公民为了达到既定锻炼目的而自觉努力的心理状态,反映的是公民体育参与的果断性、坚韧性、自制力以及勇敢顽强的精神。它所起的作用是公民依据体育价值认知和情感果断地确定体育行为的方向和方法,并克服和排除来自外部和内部的诸种障碍与干扰,使行为主体能长时期专注于所确定的体育行为的完成。体育活动不仅是人们有目的的活动,而且也是充满着各种困难的活动。这些困难,既有客观条件上的障碍与困难,又有心理和生理方面的困难,因此,体育活动参与需要有克服行动中的障碍、困难、以实现目的的意识过程,而这种意志过程即是体育行为发动和坚持不懈的根据和保证。

本实证研究发现,“公民体育态度与意志”既受“公民体育价值认知与认同”的制约,也对“公民体育情感与意愿”产生影响,“公民体育价值认知与认同”需

① 哲学大辞典编辑委员会:《哲学大辞典》,上海辞书出版社 1992 年版,第 1410、1675、138 页。

② 林崇德、杨治良、黄希庭:《心理学大辞典》,上海教育出版社 2003 年版,第 1555 页。

③ 张明仓:《论意志在人的活动中的作用》,《东岳论丛》2001 年第 2 期,第 97—100 页。

要通过“公民体育态度与意志”的传递才能对“公民体育情感与意愿”产生效应。因此,本研究认为,“公民体育态度与意志”既是公民体育意识生成的“关键”,也是“公民体育价值认知与认同”与“公民体育情感与意愿”之间的“桥梁”,还是公民体育意识形成的重要中介变量,并在很大程度上影响到公民体育意识水平的高低。

## 四、公民体育情感与意愿

情感作为人们精神生活中的一种特殊体验,虽能给人以铭心刻骨之情、回肠荡气之感,但要真正把握它的本质内涵,却极不容易,要给它以确切的定义,那更是难上加难。[①] 在现代汉语中,“情”是名词,主要指外界事物引起的喜、怒、爱、憎、哀、惧等心理状态。“感”是动词,指觉出、使在意识、情绪上起反应。《辞海》中“情感”被描述为“人的喜、怒、哀、乐等心理表现”。《心理学大辞典》认为:“情感是人对客观事物是否满足自己的需要而产生的态度体验。”[②]《普通心理学》对“情感”下的定义“是人对客观事物的态度体验,是人的需要是否获得满足的反映”“是指对外界客观事物的刺激产生肯定或否定的心理倾向和心理反应”“个体对外界某种事物引起的特定情感的主观感受”。从上述定义中我们可以看出,尽管目前对“情感”的定义还不统一,但我们可从中提炼出“心理状态”“态度体验”“需要”“满足”“心理倾向”“心理反应”“主观感受”等关键词,凝练出“情感”的基本内涵:其一,“情感”是以个体的愿望和需要为中介的一种心理活动,是一种自我感受、内心体验、情境评价、移情共鸣和反应选择;其二,反映的是客观事物与人的需要之间的关系,即人对客观事物的态度体验;其三,这种体验是以人的需要能否得到满足为前提的,凡是能满足人的需要或符合人的愿望、观点的客观事物,便能够引起肯定性的积极的情感,产生渴望、喜欢、欢迎、满意、愉快的情感体验,反之就会产生拒绝、厌恶、憎恨、冷淡、不满的情感体验;其四,作为一种体验和感受,情感具有较大的稳定性、深刻性和持久性。

情感是主体意识结构中内在的组成部分,常常渗透在人的一切认识活动中,并和理性认识因素复杂地交织在一起,与态度中的内向感受、意向具有协调一致

---

① 朱小蔓:《情感是人类精神生命中的主体力量》,《南京林业大学学报》(人文社会科学版)2001 年第 1 期,第 55—60 页。

② 朱智贤:《心理学大辞典》,北京师范大学出版社 1989 年版。

性。与人对其他事物方面的情感一样，人的体育情感则是建立在体育认知基础之上，以体育需求为指向，以体育生活为载体，长期积累而逐渐形成的体育价值取向。为此，本研究将公民体育情感定义为：公民体育情感是指公民建立在体育价值认知认同基础之上，长期积累而逐渐形成的体育价值取向，是公民自己对锻炼经历的内心体验和对体育需要程度的感受和评价，反映的是公民对体育的态度和需求，表现为对体育运动的兴趣、爱好、激情和立场。

公民体育情感是公民体育意识产生的基础和前提，是公民个体对体育文化关注、思索、认同、体认的结果，是个体需求与体育功能产生共鸣的结果，是个体自觉、主动、积极建构体育与生命、生活、人生相互关系，并不断思考、创造个体意义的结果。① 公民体育情感是促进公民体育认知、提升公民体育观念、培育公民体育信念、激发公民体育行为的中介链接，是公民积极主动地参与体育活动的内部动力。它不仅直接影响着每个公民选择什么样的体育行为，而且在很大程度上影响着一个民族选择什么样的参与程度，并在潜移默化中左右着人们的行为。我们认为，公民体育意识的形成在很大程度上取决于公民体育情感，而公民体育情感的培养，既离不开公民对体育价值意义的发现、理解和感悟，也离不开公民对体育活动的态度体验。只有公民认识到参与体育活动的价值意义，并将个人需要与体育功能结合起来，形成积极的态度和情感，才会产生体育行为意愿。

意愿，通常指个人对事物所产生的看法或想法，并由此而产生的个人主观性思维。“意愿”中的“意”指“心意、心的方向”，“愿”指“愿望、原动力”。故“意愿”主要指最初的愿望是想要达到某个特定的目标和方向，然后用尽自己的能力去达成那个目标和方向。“意愿”与“意向”相近，但其意思略有不同。“意向”是某者对待或处理某事物的活动，其表现为此者的欲望、愿望、希望和/或谋虑等行为反应倾向。意向是人类的一种基本心理状态，是指人对于客观事物或行动内容的指向性或倾向性。意愿直接影响人类有目的、有意识的行为活动，对认知过程中的推理判断有重要作用。②

意愿是体育行为参与的重要影响因素，也是体育意识结构的重要组成部分。体育行为，是人类有目的、有意识地利用各种手段和方法，为满足某种需要而进

① 徐京朝、高亮：《大学生体育情感的生成与发展研究》，《搏击（体育论坛）》2013 年第 11 期，第 9—11 页。

② 宋玉坤、贾林祥：《意向研究的新进展》，全国心理学学术会议，2007 年。

行的身体活动,而体育行为意愿(意向)则是个体对体育活动意欲表现出来的行为,是体育行为发生的准备状态。参与体育运动的意愿可以在真正参与运动前相当长时间存在,也可能在参加某项运动后的最后一刻产生。没有意愿,就不会有行动。但愿意参与体育活动并不代表已经形成积极的体育行为,因为体育行为还会受到环境、自我效能、健康状况等因素的影响。

体育意愿是人们对体育的关注或参与的一种渴望和准备的心理状态,是个体参与体育活动的内在动力,它能使个体对体育保持注意,带有积极的情绪色彩。为此,本研究将公民体育意愿定义为:公民体育意愿是公民对体育意欲表达出来的心理和行为倾向,是体育行为的直接准备状态和引发体育行为决策的内驱力,反映的是公民个人对体育参与的渴望程度以及对体育活动的依恋状态,表现为公民体育活动参与的意向或倾向。①

本研究实证发现,"公民体育情感与意愿"作为公民体育意识的结果变量,既直接受"公民体育权利与责任"的影响,也间接受"公民体育态度与意志"的制约。因此,公民体育意识培育既要重视公民体育态度的形成,也要重视公民体育权利的救济,还要注意责任意识培养。

## 五、公民体育意识结构各维度之间的关系

公民体育意识是由多个维度要素组成的,但这些维度要素并不是截然分开和互相独立的,而是建立在互相渗透、相互依赖、互相包容和相互转化的辩证统一关系之上的,它们结合在一起形成一个完整的有机体,发挥着统一的功能和作用。

关于意识结构要素之间的关系。杨艳茹认为,在"知、情、意、行"统一体中,"行"是"知"的目的,"意"是达到这一目的的动力,而"情"是通往"行"的桥梁。没有"情"的连接,"知"往往浮于"纸面","行"则流于形式,从而造成或加剧理想和现实的反差。② 马雅菊等认为,情感是一种特殊的认知,意志是一种特殊的情感。从广义角度来看,知、情、意都是一种认知活动,只是各自侧重

① 尤传豹、乔玉成:《我国公民体育意识的结构要素及其内在关系》,《西安体育学院学报》2021 年第 4 期,第 461—470 页。

② 杨艳茹:《法律情感:构建我国民众现代法律信仰的关键》,《黄山学院学报》2006 年第 1 期,第 70—72 页。

于不同的角度,情感侧重于从意义的角度进行认知,意志侧重于从行为效应的角度进行认知。[①] 认知虽然不像情感那样与意志难分难舍,但同样离不开意志作为自己的前提。[②] 情感主要通过喜怒哀乐的体验对于意志以及行为施加影响,认知主要通过把握事物的好坏价值对于意志以及行为发挥效应。[③] 知识是形成意向的材料,意向参与决策的制定。[④] 此外,樊改霞认为,态度并不是认知、情感或行为倾向某一成分影响下的结果,而是三者综合作用下的产物。在考虑到认知成分的基础性作用上,情感成分与行为倾向成分的关系更为显著。这说明仅仅强调认知并不能导致态度的形成,态度成分之间的不协调更深刻地影响着行为的发生及其效果。另外,态度的形成受多种因素的影响,态度的改变要经过服从、认同和内化三个阶段,这说明态度的形成和改变并不是简单的过程。[⑤]

关于体育意识结构各要素之间的关系。我们认为,体育知识是体育意识的理性层次。它可以引导、控制体育情感,自觉确定和锻炼意志。体育情感在一定程度上反映着人们的思想、理智和文化修养。体育意志作为人们克服行动障碍与困难以实现体育目的的意识活动,是人们从事任何体育行为所不可缺少的。体育的情感与意志二者也是不可分割的。情感表现意志,影响意志;意志左右情感,控制情感。从认识论的意义上看,情感是通过认知活动的"折射"而产生的,它伴随着认知过程,产生于认知活动之中,并影响着认知和活动的进行,对认知过程起破坏或建设作用。体育情感的生成与发展不仅会对人的体育认知的范围产生影响,而且会对体育认知的结果和程度产生影响。体育情感也会影响到体育意志,体育意志又反作用于体育情感。所以,他们是相互联系、相互作用、相互制约和相互转化的有机统一体,是一个完整的体育意识体系。体育意识内的知识观念、意向观念、决策观念不仅相互依赖,而且其之间也有相互渗透的关系。

---

① 马雅菊、蒙宗宏:《心理学基础》,西北农林科技大学出版社 2015 年版,第 130 页。

② 何涛宏:《生命教育视阈下幼儿艺术教育的价值探析》,《中国科教创新导刊》2012 年第 31 期,第 131—132、134 页。

③ 刘清平:《"意志软弱"还是"意志坚强"?——"不能自制"新释》,《人文杂志》2016 年第 12 期,第 1—7 页。

④ 徐向东:《关于安全意识的哲学研究》,《中国安全科学学报》2003 年第 7 期,第 1 页。

⑤ 樊改霞:《"态度决定一切"?——分析教育哲学视角的审视》,http://www.sohu.com/a/125271659_387114。

即在每一类观念中，都包含着其他观念的因素，它们之间的界限并非是天然屏障。① 此外，态度和行为的关系并不像反射那么简单，有什么样的输入就有什么样的输出。它们不是简单的一对一的关系，除了中介变量以外，还有大量的其他的环境变量，或者是心理变量在直接或间接的起作用。②

本研究采用"公民体育意识"这一崭新概念，假设"公民体育意识结构"由"公民体育认知""公民体育价值认同""公民体育情感""公民体育态度""公民体育权利与责任""公民体育意志""公民体育行为意愿"7 个维度构成，但基于实证数据的探索性因子分析结果发现，其结构维度并非 7 个，而是由 4 个维度构成。表面上看，研究假设没有得到实证数据的支持，然而仔细分析就会发现，由探索性因子分析建构的 4 个维度中，"公民体育认知与认同"中包含了"公民体育认知"和"公民体育价值认同"，"公民体育态度与意志"中包含了"公民体育态度"和"公民体育意志"，"公民体育情感与意愿"中包含了"公民体育情感"和"公民体育意愿"。建构的 4 维度结构模型包含了假设中的 7 个维度，既体现了心理学中"意识"的"知""情""意"3 个基本特征，也涵盖了"公民体育意识"的主体——"公民"的"身份意识"，且符合"一个好的模型既要简单，又要与数据吻合"的原则。另外，从内容结构上看，也基本达到了本研究"公民体育意识结构模型"建构时的理论构想。

本研究根据探索性因子分析结果，将"公民体育意识结构"划分为 4 个维度，即"公民体育价值认知与认同""公民体育权利与责任""公民体育态度与意志""公民体育情感与意愿"，并将"公民体育价值认知与认同"和"公民体育权利与责任"作为前因变量，将"公民体育态度与意志"作为"关键"中介变量，将"公民体育情感与意愿"作为结果变量进行结构模型路径分析，结果显示："公民体育价值认知与认同"能对"公民体育态度与意志"产生直接影响，并间接影响"公民体育情感与意愿"；"公民体育权利与责任"能对"公民体育情感与意愿"产生直接影响。结构模型路径分析结果为解释"公民体育意识结构"的维度关系提供了重要依据。

---

① 王虹霞：《论体育意识结构系统之理性思考》，《教育教学论坛》2012 年第 20 期，第 25—26 页。

② 张红涛、王二平：《态度与行为关系研究现状及发展趋势》，《心理科学进展》2007 年第 1 期，第 163—168 页。

# 第三章　公民体育意识的测量与评价

不论是为了揭示公民体育意识的结构，还是为了描述公民体育意识的现状，都离不开对公民体育意识的调查、测量和评价。而且，只有当公民体育意识调查、测量与评价是科学合理的，得出的结论才会对培育和提高公民体育意识具有实践指导意义。然而，要准确地测量公民体育意识确实存在一定的难度。因为从概念上说，公民体育意识具有高度的整合性。因此，对其如何进行测量，如何进行量化，如何进行评价确实是一个需要探索的重要问题。本章将在对以往有关体育意识调查、测量和评价研究综述的基础上，采用自编的“中国公民体育意识测量量表”对中国公民体育意识的现状进行实证调查，摸清中国公民体育意识水平的总体状况，探明体育意识与体育行为间的关系，其目的是为后续的公民体育意识培育研究奠定基础。

## 第一节　研究动向与发展趋势

### 一、公民体育意识调查

公民体育意识是一个从认识体育价值到形成体育态度，并养成自觉参与体育锻炼行为习惯的统一体，是人与体育关系的一种在认知、情感、态度、意志、行为意向上的多层面的客观反映。因此，对公民体育意识测量的第一步就是对公民进行调查。

#### （一）公民体育意识调查的意义

公民体育意识调查的目的和意义在于了解公民体育意识的现状，并在此基础上分析其原因，提出相应对策，为培育和提高公民体育意识提供依据。当前，已有不少学者对公民体育意识水平进行过调查,得出了多种数据,也曾吸引了不少研究者的关注。然而,文献研究发现,这些研究使用的多是自行设计、未经标准化的问卷,指标体系不够完善,且“体育意识”与“体育意愿”“体育意向”“体育态度”概念混淆,导致其研究结果的可信性和实用性大打折扣。此外,一些调查研究的结果分析常常关心的是数据高低的比较,缺少对其数据背后原因的解读,在很大程度上影响到研究的目的、意义和宗旨。

我们认为,公民体育意识调查作为获取公民体育意识水平数据的基础,是针对公民这个特定对象的体育意识进行深入考察和了解的一种手段,需要经过严格的问卷设计,调查过程,来获取准确的调查数据,并通过对数据的整理分析,发现真实存在的问题,进而揭示其本质,得出符合实际的结论。只有这样,其调查结果和结论才能为全民健身计划政策的调整和评判、检验公民体育意识培育效果提供重要依据,这应该是公民体育意识调查最重要的意义。

### (二)公民体育意识调查研究现状

以“体育意识”“调查”为主题词在中国知网(CNKI)进行检索,共检索到期刊论文1661篇(检索时间:2020年10月5日)。从检索到的文献看,国内最早公开发表的一篇调查报告是由沈阳体育学院刘佩德教授等于1990年在《体育科学》发表的《我国城市居民体育现状及其发展战略思考——沈阳南京两地社会抽样调查的总体报告》。该调查报告对沈阳、南京两城市四个社区的22000名16岁以上的城市居民进行了问卷调查,内容涉及现在城市居民对参加体育活动的意识、观念、行为、内容、形式、动机、效果、要求等176项内容。调查结果显示:从对体育价值的认知上看,55.6%的人认为体育是一种保健活动,31.3%的人认为体育是一种娱乐活动。认为体育在生活里无足轻重、可有可无的比例达到了32.1%。从锻炼动机上看,为了健康者占相当大的比例(男50.88%、女34.30%),居第二位是娱乐,男性占12%,女性占11.3%。不同年龄对其参加体育活动的目的,表现出一定的规律,即在为了比赛、健美、娱乐等目的选择上,人数比例随着年龄的增大而减小;在为了健康的目的选择上,则随着年龄的增大而增大,且在以体力劳动为主的工人和以脑力劳动为主的科教工作者的体育价值观念之间,存在有较大的差异。其后,相关文献陆续发表,至2010年达到高潮。

通过对既往研究文献的梳理可以发现,30年来我国学者围绕公民体育意识进行了大量的调查研究,积累了丰富的基础数据,取得了许多有意义的研究成果，为下一步开展全国性的公民体育意识调查积累了宝贵的经验。从调查内容上看，主要是通过问卷了解我国公民对体育价值的了解程度、对参与体育锻炼感兴趣的程度、对全民健身的态度和看法，基本涵盖了体育意识的每个结构维度，尤其在体育行为或体育行为倾向维度方面，通过体育行为反推体育意识的高低，为初步判断公民体育意识水平现状提供了数据支撑。但我们也必须清醒地认识到我国公民体育意识调查还处在摸索阶段，在问卷设计、样本选择、调查方法、结果分析和成果应用等方面，尚存在许多不足。具体表现为：1. 被调查对象多集中在高校大学生，或局部区域的调查样本，缺乏全国性的公民体育意识现状调查，难以反映全国公民群体总体的体育意识状况，尤其是涉及农民、工人、女性、老年人、公务员等特殊人群的调查研究更是鲜见。2. 抽样设计不够科学。受研究经费和其他因素的制约，许多研究要么完全没有进行随机抽样，要么抽样范围缺乏代表性，或样本量偏低，致使调查结果与实际情况之间存在较大误差。3. 问卷内容设计缺乏目的性，指标体系设置不够严谨，缺少调查背景变量。调查内容仅仅是反映体育意识结构的某个维度，难以映射我国公民群体体育意识的现状和特征。4. 调查层次还处在初级水平。许多问卷题目设置偏重于“知道不知道”“同意不同意”的一般性了解，不能真正体现出公民体育意识水平的高低，难以反映出公民对身体活动不足的危机意识。5. 缺少对问卷的信度、效度检验，使调查结果的可信性和有效性大打折扣，导致研究结论缺乏充分的科学依据。6. 缺乏对数据的加权处理，使抽样调查结果与实际公民人口学特征存在较大差距。7. 对调查结果的解读观照不足。许多体育意识调查研究偏重于描述被调查者对问卷中某一具体问题的回答情况，使用频次、频率等方法进行直观描述，或只是对数据进行简单的统计处理即得出结论。还有不少研究对调查结果的分析比较肤浅，对各要素间相互关系很少进行论证，缺乏对公民体育意识进行深入的定量分析和探讨，对体育意识现状的总体规律把握不足①，对影响体育意识形成的因素仅仅从得分高低进行判断，未能展开深入的理性探讨。许多研究对公民体育意识缺乏背后原因的解读还停留在碎片化阶段，对策研究不够深入，难以针对性地提出提高公民体育意识的具体措施，进而影响到公民体育意识调查的

---

① 乔玉成：《中国公民体育意识调查报告（2018）》，《武汉体育学院学报》2019 年第 10 期，第 19—27 页。

实践指导意义。

我们认为,随着我国经济社会的快速发展,以及体力活动不足和慢性病发病率的集中爆发,政府和相关部门对提升公民体育意识越来越重视。无论是政策层面,还是人力物力,都进行了广泛的支持。而公民体育意识调查作为了解我国群众体育发展变化的测量手段,其提供的调查统计数据已成为支持政府决策的重要参考,对推动相关政策的颁布实施具有重要的理论和实践意义。因此,完善调查设计,获得可靠数据,是我们今后努力的方向。对此,本研究在这里提出今后我国公民体育意识调查研究应当重点关注以下几个问题:一是调查方法应当多样性。现行的体育意识调查多以问卷调查法为主。虽然问卷调查具有调查工具、过程、结果标准化,匿名性强,效率高,便于做定量分析等优势,但由于它在很大程度上受被调查者的合作态度、实事求是的科学精神、文字理解能力和表达能力等因素的影响,调查结果的准确性和真实性会有一定水分。因此,今后的研究应当重视运用定量与定性相结合的方法进行,充分借鉴诸如个案分析法、访谈法、网络征答、实地考察法和信息反馈法等多种研究方法的优势,形成多元化的、相互支持的方法体系,以摆脱单一问卷调查方法的局限,推动体育意识研究的深入。二是注重体育意识调查研究的持续性与互补性,采取定期调查与不定期调查、总体调查与专题调查相结合的方法,使所得数据能够相互印证与补充,能真正反映出公民体育意识的变化趋势。三是加强地区间公民体育意识调查研究的横向比较,阐明区域公民体育意识水平的差异及其影响因素,提出有针对性的培育措施。① 四是重视对农村居民、老年人、女性、低收入人群等弱势群体的体育意识及其体育意识培养的调查研究,获得尽可能翔实的资料,了解其体育意识水平的现状与趋势,为我国公民体育意识调查研究再上一个新的台阶提供更权威、更全面的基础支持。

## 二、公民体育意识测量

公民体育意识是体育强国建设的基石,是开展全民健身运动的内驱力。研究中国公民体育意识水平,一个重要的问题是究竟应该如何对公民体育意识进

① 陈泉生、林龙宗:《论环境时代法学生态人模式的建构》,《东南学术》2012 年第 1 期,第 70—87 页。

行测量，因为意识本身是一种心理过程，看不见，摸不着，无法进行直接测量。但人的体育意识又是会在人的具体活动和行为中有所表现的，其水平有高低之分，故其可以通过一些指标间接测量和判断。

### （一）公民体育意识测量的内容

从绪论中我们给公民体育意识所下的定义看，公民体育意识包括公民对体育健康促进价值的认知和认同，对参与体育锻炼的兴趣、情感、态度、体验和行为倾向，对体育参与的权利和义务的认知以及参与体育活动的自觉性、主动性和积极性，而这一切都是可以通过量表进行测量的。例如，是否能够认识到经常参加体育锻炼对人体健康带来的好处，是否掌握一定的体育科学知识、方法和技能，是否具有良好的情感体验，是否在意向上为之付出努力，是否具有体育需要和体育行为倾向，是否有毅力坚持下去等，都是公民体育测量的基本内容。故公民体育意识既包含公民主体对体育价值的“理性认识和反思”，又包含公民对体育的“情感、意志和行动的自觉”。但必须说明的是，上述列出的几个方面，只是为了研究上的方便而分开说明的，实际上人的体育意识是一个连续的统一体。一个人体育意识的形成，是先由认知层面（知识、理解、运用、分析、综合和评价）发展到情感层面（接受、反应、评价、组织、性格化），再由情感层面发展到行为倾向层面的，是一种“环环相扣，级级递增”的关系。其发展过程在时间上有时较长，有时较短，也可能同时出现。本研究认为，真正的公民体育意识不仅包含上述所列内容，还应当包括具有坚定的体育健身理念，较高的健康意识，具备明确的公民意识，具有自觉维护其享有的体育权利的意识和能力，具有自觉履行其所承担的提高整个中华民族身体素养义务的意识与能力，具有积极参与全民健身事务的实际行为等，而这些也都应当列入公民体育意识测量的内容。

当前，由于在公民体育意识概念的界定上还存在较大的分歧，缺少公民体育意识测量的操作性定义，也尚未形成普遍公认的指标体系或者量表，故不同研究在测量指标体系设置方面仍有很大差别，致使得出的结果和结论差异较大。其实，公民体育意识通常以具体和抽象两种形态存在。具体形态以社会个体的体育意识为核心，抽象形态以全社会的体育价值观为结晶。因此，公民体育意识测量不仅是为了对个人体育意识水平进行判断，同时也是评价社会群体体育意识的重要方面。我们认为在设计公民体育意识测评指标体系框架时，至少应当考虑到测评目标、测评维度、测评因子、测评题库四个层面，同时有必要把体育意识问题与被调查对象的公民身份有机地结合起来，建立多个维度的公民体育意识指标体系，从多个层面、多种角度以多种逻辑推理对公民体育意识进行测量。

综观西方国家公民体育意识测量的指标体系，最常使用的工具是"体育素养"量表，这些国家往往将公民体育意识作为体育素养的一个维度进行测量，并将"体育态度"视为"体育意识"最核心的部分，但其研究目的与我们是吻合的，也是为了考量公民对体育的了解程度和关注程度，以及公民对体育的态度、情感、意志和行为倾向。[①] 然而，这些测量都是以个体的理性和独立性作为理论预设，更适合于测量那些生活在西方文化中的人，而对于测量当前中国公民体育意识则存在测量效度的问题。故中国学者在引用和借鉴西方公民体育意识测量工具时，还需要与我国的现实国情、文化、社会传承相结合，对其量表进行本土化检验。因此，如何建构贴近我国普通民众生活，可操作性强，能够反映公民在体育价值认知、态度、情感、意志和行为意愿，能够体现公民"主体意识""权利意识""责任意识"，并能实现对当代中国公民体育意识测量的信度与效度的统一的指标体系，是摆在我们面前的一个亟待解决的问题。目前国内关于公民意识、公民环境意识、公民法律意识的量表开发已经比较成熟。鉴于公民体育意识与公民意识、公民环境意识、公民法律意识、公民安全意识在基本属性上的共通性，本研究在开发公民体育意识测量量表时，借鉴了国内关于公民意识、公民环境意识和公民法律意识量表的研制原理和过程，在题项设置上紧紧围绕"认知—情感—态度—行为意愿"进行设计，在很大程度上考虑到被调查对象的"公民性"。

### （二）公民体育意识测量的方法

公民体育意识测量是公民体育意识培育研究的一个重要领域，虽然国内外在这方面的研究已有较长的历史，但因其测量方法和技术一直未受到重视，所以直到目前也没有形成比较成熟的公民体育意识测量的指标体系。学界近年来发表的大量关于体育意识调查的学术论文，就明显显示出方法学上的欠缺，这在很大程度上阻碍了该领域研究的进一步深入。具体而言，当下已有关于体育意识的调查研究，大致存在如下几方面问题：一是大都缺乏对测量工具的信度和效度检验，致使调查结果的可靠性与准确性受到质疑。二是大多数调查采用的研究

---

① 乔玉成：《中国公民体育意识调查报告（2018）》，《武汉体育学院学报》2019 年第 10 期，第 19—27 页。

方法主要是运用多项选择题或判断正误题进行问卷调查，然后运用简单的描述性方法（如频数和百分比）对数据进行分析，所设题项缺少刻度变量，很少采用因子分析、结构模型等现代社会学研究方法对其进行测量分析，最终导致调查结果的解释力不足。三是题项设问形式杂乱，使得不同地域、不同社会群体体育意识调查的结果缺乏可比性，不利于研究成果的综合和积累。

我们认为，不管是从心理学角度还是从体育与健康学角度研究公民体育意识问题，在做实证研究前都必须先考虑一个问题，即体育意识该如何度量？从目前检索到的有关“体育意识”调查文献和关于“环境意识”“法律意识”“公民意识”等相关“意识”测量的方法看，通常采用的方法主要有量表测量法、行为观察法、访谈法等。

**1. 量表测量法**

量表是一种主观社会学指标测量工具。所谓主观社会指标，是指反映人们的情感、态度、观念等心理状态的指标。对于主观社会学指标测量而言，所设题目不能简单地用“是”和“否”来回答，而应当既要反映出人们心理状态的正、反两个方面，还要反映出其心理状态的不同程度。

公民体育意识中的认知、情感、态度、行为意愿等指标具有一定隐匿性、模糊性，只有被调查者自身能够体验到，因此要调查这些主观因素十分困难，而采用量表测量这种间接调查的方法，往往会收到比较理想的效果，因而体育意识水平测量多采用量表的方法进行。

量表测量的第一步是要编制量表。量表虽可被视为问卷中的一种形式，但在许多地方又与一般问卷存在较大差别。量表编制要以一定的测量理论为指导，要根据所要研究课题的特性，设定法则，编写问题项目，并要运用数字描述受试者对题项所提出问题的认可程度（通常采用李克特 5 点或 7 点计量），不但要测出满意与否，赞成与否，还要测出其程度。故题项设计时各分数之间应尽量做到等距，中点为中性描述，头尾反向性程度对应。量表编制的过程较为复杂，要求也比较高，各个题项需要反复筛选，并要求从测量总体中抽取小样本试测，保留辨别力高的题项，删去辨别力低的题项，最后还要进行效度、信度检验。量表测量的第二步是组织填写，进行实地测试。测试的精确度不但取决于“完美的量表设计”，还与受试者对待测试的“态度”有关。量表测试的第三步是进行统计学处理。通过对不同题项或维度的加权处理，计算出个人的量表总分及项目平均得分,得出公民个体体育意识水平的方向与强度;通过计算出总体平均得分与标准差,得出不同群体公民个体体育意识水平的方向与强度;另外,还可根据需要做进一步的分类统计,得出诸如不同年龄、性别、文化程度等公民群体的体育意识水平及其差异。

从心理测量学角度看,一个好的、有效的量表,最重要的是量表本身达到较为理想水平的信度和效度,特别是建构效度。然而,要编制出这样的量表,不仅需要对公民体育意识的操作性定义做出清晰的界定,并据此编制出量表,还要严格遵循心理测量学等相关理论,测算出认知、情感、态度、行为意向等对体育意识形成的贡献程度,予以各维度指标不同的权重,只有这样,才能更加准确地测量出被试对象的体育意识。

量表测量法的优点主要在于:科学性较强,测验过程客观、严谨,效果准确可靠;标准化程度较高,施测、计分、评价等均有统一标准,容易控制,便于操作;定量化水平较高,测量所获得的数据较为客观,且省时省力又经济,并可用计算机进行结果处理。其缺点主要有:编制测验难度大,费时费力;定量分析多停留在零碎的表面水平的描述和解释上,灵活性差,难以揭示变量之间的因果关系。

**2. 行为观察法**

行为主义认为,任何心理变化都会转化为一定的行为倾向,而行为或行为倾向在很大程度上可以反映出人的心理状态。因此,通过观察人的外显行为可以推测出人的某种意识。

行为观察法是指通过观察、比较、分析公民个体或群体外显体育行为表现来反推其内在的体育意识,从而为理性认识飞跃奠定基础的一种测量方法,其基本假定是意识与行为呈正相关,因而它也是一种间接测量体育意识的方法。

体育行为既包括体育行为的主要表现形式——运动行为(如参加体育锻炼的时间、地点、方式、频率、自觉性等),也包括体育消费、观赏等方面的行为活动,还包括日常生活中的身体活动,如通勤时尽量采用步行、骑自行车等方式;能走楼梯,尽可能地不坐电梯等。体育行为的产生和发展,既受行为者内在生理、心理条件所制约,也受到外界环境包括自然环境、社会文化环境的影响,但在很大程度上主要还是受行为主体体育(或身体活动)意识水平的影响。采用行为观察法对公民体育意识进行测量,最重要的两条,一是要在日常生活中观察被调查者与体育有关的言语、表情、行为活动方向,是否经常有意识地参加一些体育锻炼活动;二是要参照身体活动指南中各类人群的身体活动量标准,观察被试者是否能够达到这个标准,进而对其体育意识水平进行判断。

行为观察法的形式有多种。根据观察者的角色划分,可以分为参与性观察和非参与性观察。参与性观察指观察者参与到观察的情境中,与被观察者一起活动。非参与性观察指观察者置身于情境之外,不参与被观察者的活动,而是靠自己的视觉、记忆和辨别能力,对被观察者在某种情境下的表现及其程度和频次等进行详细而准确地描述。根据结构性来划分,可以分为结构性观察和非结构性观察。结构性观察是指有明确目的的观察(事先定义好要观察的行为),对观察时间和进程有比较清晰的计划。非结构性观察是指以描述性的方式来记录观察过程,所有的资料都是对当时发生的原有行为做描述。根据获取资料的时间特征划分,可以分为横向观察与纵向观察。横向观察,是指在限定的较短时间内,观察公民群体体育行为表现。纵向观察,是指在一个月、一年乃至数年的较长时间内,持续观察某个公民或某一些公民体育行为的表现。

行为观察法与量表测量法有较大区别。首先,量表法是被调查者自己根据量表的提示对自己过去体育行为进行分析的结果,因而获得的信息带有自陈性质;而行为观察法往往是在被调查者不知情的情况下,由研究者观察获得信息,因而属于他评性质。其次,二者获取的资料不同,量表测量法是根据可定量的标准量表采集信息,因而获取的资料便于采用统计学方法进行定量分析;行为观察法是通过实际观察获得的随机信息,因而较难进行定量分析。

行为观察法的优势在于可以不让被调查者本人察觉,获得的信息比较客观和真实,信度和效度较高,且操作简单易行。但这种方法也常常会受到研究者的知识结构、观察能力、研究取向、研究立场等因素的影响而失去客观性,且人的体育行为与体育意识并非简单的一一对应的关系,故由体育行为推测体育意识仅具有参考价值。此外,由于行为观察的结果不易定量,标准也难以统一,致使不同观察者得到的结果差异较大,进而导致观察的结果往往具有表面性,故只有结合其他方法,互相印证,才能保证所得结论的可靠性。

**3. 访谈法**

访谈法又称谈话法或访问法,是指研究者与受访者之间通过口头交谈的方式,获取受访者对体育价值的认知与认同、体育情感、体育态度、体育意志、体育行为意愿以及参与体育锻炼的动机、项目、强度、频度、持续时间、坚持性等信息,以收集研究需要的第一手资料的一种社会学研究方法。访谈法是一种最古老、最普遍的资料收集方法,也是体育社会学研究最重要、最常用的调查方法之一。

作为一种研究方法,访谈与日常谈话是有区别的。访谈是一种有目的、有计划、有准备的谈话,它的针对性很强,有明确的研究主题,还有事先准备好的访谈提纲,而一般情况下的谈话,是一种非正式的谈话,没有明确的目的,也不需要进行相关的准备,随意性较强。

访谈法是从问题的提出开始的,根据研究问题的性质、目的或对象的不同,可采用不同的访谈形式。

根据访谈的标准化程度,访谈法可分为结构型访谈、非结构型访谈和半结构型访谈。结构型访谈是指按预先设定的标准化程序进行,要求访谈者事先列出访问提纲,对访问的内容、方式进行全面深入的了解和规划。访谈时应严格按照访谈提纲上的题目和顺序进行提问。提问时要尽可能地保持中性的语气语调。当访谈对象不清楚题目含义时,访谈者只能重复题目,或者根据访谈手册的统一口径对疑问做出解释。非结构型访谈是指事先没有设定标准化程序的自由交谈。由于没有严格的提纲限制,所以谈话的内容比较灵活,可根据实际情况随时转换话题、谈话方式等,缺点是获得的信息可能会不全或比较肤浅。半结构型访谈是介于结构型访谈和非结构型访谈之间的一种访谈形式,具有结构型访谈的严谨性和标准化的题目,但也给受访者留有较大的表达自己观点和意见的空间。

按调查对象的数量划分,访谈法可分为个别访谈和集体访谈。个别访谈是访谈者与受访者一对一的接触,面对面地进行交流,其目的旨在探究受访者个体对体育的认知、态度、情感、意志和行为意向,这种访谈形式可使交谈进行得更加容易,获取的信息更加全面、具体和真实,挖掘的程度也会更加深入。集体访谈是指由一名或多名访谈者召集多个受访者进行互动交流。这种访谈形式,可以在较短的时间里收集到较广泛和全面的信息。

按照调查次数的不同,访谈法可分为横向访谈和纵向访谈。横向访谈又称一次性访谈,是指访谈者在特定时间内就某一具体问题对受访者进行一次性的访谈,访谈收集内容比较单一,访谈时间短,受访者完成相关的访谈内容即可,不需要重复访谈。这种访谈形式常用于量的研究。纵向访谈又称重复性访谈,是指对固定的受访对象进行多次或重复性访谈。纵向访谈属于一种深入访谈,它可以对问题展开由浅入深的调查,这种访谈常用于质性研究。

按照与受访者接触情况，访谈法还可分为面对面访谈、网上访谈和电话访谈。面对面访谈也称直接访谈，是访谈人员和受访者通过一对一沟通的方式来获取访谈资料的一种方法，也是最常用的一种访谈方法。这种面对面地访谈，不但可以了解访谈对象的观点、看法和见解，同时还能够观察访谈对象的表情、神态和动作等非语言信息，有利于判断访谈结果的可靠程度。网上访谈是基于目前发达的网络即时通信功能而进行的访谈，这种访谈形式可以获得文字形式信息资料。由于网上访谈不需要与受访者直接接触，在很大程度上可以减轻受访者的心理压力，能够获得无法通过语言传达出来的信息。网络访谈相对成本较小，操作灵活，文字记录易于保存。但由于访谈人员和受访者不直接接触，所以无法观察被访者的行为、表情等，对受访者对体育的真实态度、情感的挖掘常常不够深入。电话访谈是指访谈者通过电话形式与受访者进行交流获取信息的方法。电话访谈较为节约时间与经费，访谈时间安排也较为灵活，且可以对访谈结果进行迅速分析，对于结果的真实性也有一定保障。但一般由于访谈时间较短，只能询问一些简单的问题，无法对更加深入的问题进行探讨。

与其他方法相比，采用访谈法获取公民体育意识信息的优点是：获取信息的方式灵活，便于操作，能够更加深入、高效地了解到受访者的观点、态度和内心想法，能够比较系统地收集到想要得到的数据，且信息的真实性、可靠性较高。缺点是：成本较大，需要较多的人力、物力和时间，对访谈者的语言表达能力和逻辑思维能力有较高的要求，且标准化程度低，容易遗漏一些信息，对访谈结果的整理和分析也较为困难。

从本质上说，访谈法和问卷调查法都是与被调查者沟通的过程，其目的都在于获取研究所需的第一手资料。不同的是访谈是以口头语言的问答来收集信息，被访者是先听后说；问卷则是以书面语言的问答来收集信息，被访者是先读后写。访谈通常是面对面的直接言语接触；问卷则是纸与笔的间接言语接触。我们认为，采用上述量表测量法、行为观察法、访谈法测量公民体育意识水平各有其优势与不足，如能取长补短，把这些方法结合起来使用，将会更加精确地揭示出公民体育意识的真实水平。

## 三、公民体育意识评价

公民体育意识评价是对公民体育意识调查和测量结果进行分析、判断，定性、分级，最后得出结论的过程。究竟该如何衡量、判断和把握公民体育意识水平，有没有评价的标准，采用什么方法进行评价，目前国内外对于这些问题的研究还是比较浅显的。在日常生活中，我们说某人的体育意识水平比较差，某人的体育意识水平比较高，往往是评价者根据自己对体育意识的理解做出的一般定性标准，且常常是以举例说明的，其结果只是得到对某人体育意识一些零碎的、模糊的评价。而且，这种举例说明的方式，随意性很大，其科学性常常会受到质疑。其实，对公民体育意识进行科学评价，是要按照一定程序进行的。其步骤包括：1. 确定被评价的对象；2. 建立指标体系；3. 根据指标体系收集数据和信息；4. 确定评价方法；5. 进行数据处理和分析；6. 获得评价结果和结论。也只有这样，才能对公民体育意识作出全面、客观、准确的把握，才能判断出公民体育意识培养工作的社会基础状况，为全民健身计划的调整和深入开展提供科学依据。在这里我们主要对如何构建公民体育意识评价指标体系和评价方法进行探讨。

### （一）公民体育意识评价指标体系

公民体育意识评价指标体系是指由表征公民体育意识各维度结构方面的特征及其相互联系的多个指标构成的整体评价系统，既要反映出公民体育意识的结构内容，也要反映出公民体育意识的层次，还要实际、合理、科学，得到学界和有关部门认可。目前，我国公民体育意识的调查、测量、评价研究已进入迅速发展阶段，也取得了一定的经验和成果，但是综合分析既往的研究，发现仍存在许多不足。其主要存在的问题有：一是公民体育意识评价研究的持续性不足，缺少时间序列的动态分析以及趋势预测，对政策制定提供的依据不足；二是评价研究的互补性不足，样本量过少，缺少全国性的大型调查研究，缺少区域间的比较分析，对国家层面制定有关公民体育培育策略的参考价值不大；三是评价研究的延续性不足，缺少对全民健身计划不同阶段公民体育意识与健康背景之间内在联系的研究，研究成果所发挥的作用还停留在呼吁阶段；四是测量工具维度和题项设置不够全面和科学，缺乏统一的公民体育意识测评指标体系，不少量表缺少信度和效度检验，很少有研究考虑被调查对象的“公民性”，或设置题项对公民体育权利和责任意识进行测量，加之量表题目多为标准化的问题，限制了公民对量表所设问题的独立思考和充分表达，影响到评价结果的准确性和真实性；五是评价方法的多样性不足，评价分析方法单一，高层次的数理统计、心理学分析研究方法应用较少,且多忽略被调查对象人口学特征对体育意识形成的影响,难以充分反映出公民体育意识的真实水平。

公民体育意识测评是了解国情、民情和服务全民健身和体育强国战略决策的重要手段,应当有其科学性、真实性、严肃性和权威性。因此,建构统一的、规范的《中国公民体育意识指标测评系统》应列为当前研究的重中之重。本研究认为,当前公民体育意识测评体系研究在维度和指标内容设计、数据分析、评价方法、质量控制等方面仍有较大的提升空间,还需要进一步提高和完善。

**1. 公民体育意识评价指标体系的设计**

构建指标体系不是若干指标的简单堆积,而是若干指标的有机结合。一个完整的评价指标体系一般由指标、标准、量表和指标权重等多个要素构成。就本研究所指公民体育意识评价而言,评价指标是对公民体育意识本质属性与特征的具体反映,是对公民体育意识各个维度的表征;评价标准是对公民体育意识各评价维度的定性或定量要求,是衡量公民体育意识水平的准则;量表则是衡量公民是否达到标准要求的一种尺度;而指标权重则是指各个评价指标在指标体系中的重要程度。故一个完整的公民体育意识评价指标体系应能够描述出公民体育意识的全貌。

(1)公民体育意识评价指标体系设计的基本原则

公民体育意识指标体系设计有其自身的技术要求:一是要能实事求是地反映当今中国公民体育意识的基本状况和区域差异;二是要满足国家全民健身事业未来发展的需要,要能够支持未来“小康社会”“健康中国”“体育强国”建设对于公民体育意识新的要求;三是要与国家“全民健康”“全民健身”战略及有关政策目标相联系,注重指标构建的解释力和敏感性;四是要具有实践可操作性,要能与测评实践相对接,与测评对象的特点和需求相适应。为此,本研究在这里提出中国公民体育意识评价指标体系设计的四个基本原则:

①整体性原则。指标体系要能够反映出公民体育意识的主要内涵,既要紧扣公民体育价值认知认同、情感、态度、意志、行为意愿以及公民的“权利”“责任”意识等方面的内容,同时还要注意各指标之间的逻辑关系。

②客观性原则。指标体系要尽可能地揭示出公民体育意识最重要的方面,要具有代表性和区分性,同时也要防止片面性。各指标之间既要相互联系,形成

有机整体,又要各有侧重,能从不同角度客观地反映出中国公民体育意识的真实状况,以保证评价结果的准确性。

③科学性原则。指标体系应具有科学性,要遵循人认知事物的规律,由浅入深、循序渐进,可比性要强。同时还要结合被评价对象“公民性”的特点。

④可操作性原则。建构的指标体系既要考虑到数据获取的可能性和难易程度,也要尽可能做到使评价结果更客观、准确。既要测量出个体公民体育意识水平,也要反映出公民群体体育意识的整体概况。

(2)公民体育意识评价指标的选取

公民体育意识的测评是建立在公民体育意识定义之上的,不同的公民体育意识定义可能会形成不同的公民体育意识测量指标和评价体系。本研究主要基于公共卫生和全民健身视角,通过文献研究、经验判断、专家甄别、问卷调查、因子分析等方法对公民体育意识测评指标进行筛选。

①文献研究法。本研究在确立指标前查阅了大量与公民体育意识有关的文献,包括图书、期刊、学位论文、科学报告、专利等。对公民体育意识的概念、本质属性、维度结构进行研究,在对公民体育意识内涵外延有了大概了解的基础上,初步提取出含有 206 个问题的公民体育意识测评“题库”,然后借鉴其他学科领域诸如公民意识、公民生态意识、公民环境意识、公民法律意识、公民安全意识、公民慈善意识、公民海洋意识等测评工具的编制原则、思路、方法,将每个问题编制成题项,并按照本研究给出的“公民体育意识”操作性定义和“公民体育意识结构”实证研究结果(见第二章第二节)进行聚类,建立公民体育意识结构维度框架,以清晰展示公民体育意识的维度和内容。

② 经验判断法。课题组邀请相关学科的专家、教授进行座谈,对研究初步编制的题项进行讨论,根据专家、教授和课题组成员长期积累的知识和经验,通过类推与比较,对中国公民体育意识的现状、发展变化趋势进行非数量化分析、直观预测与判断,从不同角度对“公民体育意识”进行深入剖析,并根据评估目的,将“公民体育意识”抽象成几个要素,同时在对每一个要素属性进行深入分析的基础上,提出对各个要素的评价指标,尽可能避免个人掌握信息量有限和看问题片面的缺点。

③专家甄别法。课题组先后聘请了 5 位专家、教授对本研究初步拟定的 206 个公民体育意识测评题项进行甄别,对每个题项的表述形式进行凝练,并通

过座谈、电话征询和发电子邮件等多种形式广泛征求专家的意见，最后将专家认可度较高的153个测试题项作为问卷调查内容进行问卷调查。

④问卷调查法（见第二章第二节）。

⑤因子分析法。通过隶属度分析、相关分析、主成分分析和因子分析等量化方法，形成公民体育意识结构维度（见第二章第二节）。

（3）公民体育意识评价指标体系的建构

一般而言，指标体系的建构要经过初选、检验、简化与优化等过程，不同阶段对指标选取的要求不同。初选是为了获得与系统评价相关的指标，对系统属性进行全面的认识；检验要解决的是评价指标与评价目的的一致性，以验证指标体系建立的科学性；简化与优化是从指标的重要性出发，通过定性与定量的分析，选取适当的指标体系规模（数量、层次等），最终形成具有鲜明层次的指标体系结构。

本研究经专家多次研讨，选定“公民体育价值认知与认同”“公民体育情感与意愿”“公民体育态度与意志”“公民体育权利与责任”作为公民体育意识评价的四个维度，评价内容涵盖公民身体活动不足风险意识、公民身体健康忧患意识、公民体育锻炼价值意识、公民体育锻炼自觉参与意识、公民体育消费意识、公民体育权利意识、公民健康责任意识、公民终身体育意识等多个方面的内容，并把公民体育意识评价体系分为三个层次，一级指标为目标层，二级指标为准则层，三级指标为领域层，从运动健身知识知晓度（公民对运动健身原理、体力活动不足与健康关系等基本内容的了解、知晓及辨识程度）、体育锻炼价值认同度（对体育锻炼促进人的健康、幸福、全面发展以及对慢性病预防等价值认同的程度）、运动健身理念践行度（公民在日常生活中自觉主动参与体育锻炼、身体活动的意愿程度，以及主动宣传全民健身好处的行为）三个方面综合考察公民体育意识水平（图3—1）。

目标层。以公民体育意识作为目标层指标（0级指标），用以衡量中国公民体育意识水平。在时间维度上，可综合反映中国公民体育意识的水平和发展趋势；在空间维度上，可体现出中国公民体育意识的区域特征；在数量维度上，能折射出中国公民体育意识的整体情况。

准则层。准则层由反映目标的指标构成。为了反映公民体育意识的运动健身知识的普及程度和体育价值认同程度、对体育运动的热爱程度和行为意愿的

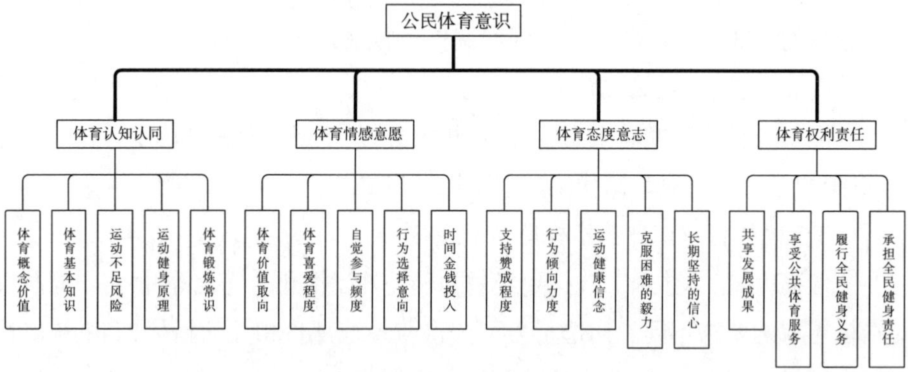


**图 3—1　中国公民体育意识评价指标体系**

程度、支持赞成和参与的倾向程度、全民健身权利和义务意识的启蒙程度，本研究设置了“体育认知认同”“体育情感意愿”“体育态度意志”“体育权利责任”4个一级指标。

领域层。领域层是反映准则层的指标（二级指标），是对准则层指标的再细化。本研究在这层中共设有 19 个二级指标。同时对二级指标中的 5 个指标进一步细化，各拆分成两个指标，最终形成 24 个测试题项（三级指标），见表 3—1。我们认为，这 24 个指标不仅能在静态上反映出中国公民体育意识的现状，而且未来若采用此指标体系对公民体育意识进行测量，可动态反映出中国公民体育意识变化发展的趋势和程度。

（4）指标权重系数的确定

指标权重系数是以定量方式反映各项评价指标在整个评价指标体系中所占的比重。评价指标体系既需要确定各大类指标的权重，也需要确定单项评价指标相对于大类指标的相对权重。指标权重确定的方法有逐对比较法、关联矩阵法、层次分析法等。本研究在专家咨询、课题组讨论、普通公民评价的基础上，初步确定出各题项的权重系数，并结合发放两轮专家调查问卷对所构建的指标体系中各项指标的权重量化情况（聘请山西师范大学、北京体育大学、上海体育学院、山西大学、南京体育学院等有关单位的专家共 12 人进行打分），对本研究初步确立的权重系数进行了再次修订，最终确定了本研究的调查问卷题项及其指标体系权重（表 3—1）。

**表 3—1　中国公民体育意识评价指标体系量表**

| | 一级指标 | | 二级指标 | | 三级指标 | | 综合权重(%) |
|---|---|---|---|---|---|---|---|
| | 指标 | 权重 | 指标 | 权重 | 指标(问卷题项) | 权重 | |
| 公民体育意识 | A1 体育认知与认同 | 0.28 | B1 体育认同 | 0.45 | C1 我非常认可体育锻炼健身、健心、健美的价值和功能 | 0.30 | 3.78 |
| | | | | | C2 我非常认同体育在促进人全面发展和提升幸福感方面的作用 | 0.26 | 3.28 |
| | | | | | C3 我认为体育锻炼是一剂良药,对预防和治疗疾病均有效果 | 0.24 | 3.02 |
| | | | | | C4 我已经充分认识到体力活动不足的危害及其与慢性病的关系 | 0.20 | 2.52 |
| | | | B2 体育知识 | 0.55 | C5 我对体育保健知识已经基本掌握 | 0.22 | 3.39 |
| | | | | | C6 我对体育锻炼的原则、方法和运动处方了解的非常清楚 | 0.28 | 4.31 |
| | | | | | C7 我对体育锻炼的原理了解的非常透彻 | 0.24 | 3.70 |
| | | | | | C8 我非常清楚最安全、最有效的体育锻炼的方式和方法 | 0.26 | 4.00 |
| | A2 体育情感与意愿 | 0.34 | B3 体育情感 | 0.55 | C9 我已经深深体验到体育锻炼给自己带来的好处 | 0.20 | 3.74 |
| | | | | | C10 我一想到要去参加体育运动就兴奋不已 | 0.30 | 5.61 |
| | | | | | C11 我渴望参加体育锻炼,它对我来说就是一种享受 | 0.24 | 4.49 |
| | | | B4 体育意愿 | 0.45 | C12 每次参加体育锻炼后,我都会感到心情非常愉悦 | 0.26 | 4.86 |
| | | | | | C13 我愿意把体育锻炼当作日常生活中最重要的事情来做 | 0.30 | 4.59 |
| | | | | | C14 我打算在近半年内每周至少参加 3 次体育锻炼,且每次在 30 分钟以上 | 0.35 | 5.36 |
| | | | | | C15 我愿意把时间、精力、金钱花在身体锻炼方面 | 0.35 | 5.36 |
| | A3 体育态度与意志 | 0.26 | B5 体育态度 | 0.50 | C16 我非常愿意加入体育社团、俱乐部等公益性体育组织 | 0.30 | 3.90 |
| | | | | | C17 即使工作再忙,我也会挤出一点时间参加体育锻炼 | 0.35 | 4.55 |
| | | | | | C18 我总是想方设法通过各种形式的锻炼来保持或改善自己的健康状况 | 0.35 | 4.55 |
| | | | B6 体育意志 | 0.50 | C19 无论遇到多大困难,我都会根据自己的锻炼计划坚持体育锻炼的 | 0.55 | 7.15 |
| | | | | | C20 尽管体育锻炼很苦很累,但我也至少坚持了半年 | 0.45 | 5.85 |
| | A4 体育权利与责任 | 0.12 | B7 体育权利 | 0.50 | C21 我认为自己有权利共享体育发展的成果 | 0.50 | 3.00 |
| | | | | | C22 我认为自己享有公共体育服务的权利 | 0.50 | 3.00 |
| | | | B8 体育责任 | 0.50 | C23 我认为自己有责任履行“全民健身计划”的义务 | 0.45 | 2.70 |
| | | | | | C24 我认为在体育锻炼提高自己体质水平的同时,也是在为“全民健康”社会建设承担责任 | 0.55 | 3.30 |

### （二）公民体育意识评价方法

公民体育意识水平的评价方法不外乎有两种，一种是定性的方法，一种是定量的方法。

#### 1. 定性评价

定性评价是指评价者利用定性标准和自身所掌握的情况、资料，依据自己的知识、经验和判断对公民个体或群体体育意识水平作出的全面估计和评价。定性评价方法属于"质"性分析，这也是目前大多数公民体育意识研究所采用的方法。由于公民体育意识在很大程度上具有模糊性和非定量化的特点，而定性分析具有方法简单，针对性强，且有利于把握公民体育意识本质的特点，故在公民体育意识评价中已被广泛应用。但是，由于定性评价一般是以评价者的认识、经验和主观判断为主，客观判断的参照标准较为模糊，且容易受各种复杂因素的影响，因而主观随意性和伸缩性较大，会在一定程度上影响评价的科学性和可靠性，这也是主观评价方法的局限性所在。公民体育意识定性评价具体方法主要有经验对比法、专家会议法、特尔斐法、等级法等。

#### 2. 定量评价

定量评价是从"量"的角度，把公民体育意识分解为多个维度，从多个视角对公民体育意识水平进行评价。定量评价通常以数理理论为基础，对指标数据进行转化，用所得均值、方差、协方差反映指标潜在的规律，进而得出在大样本数据下对评价对象的综合认识。量化评价通常需要在一定的假设条件下，引用某些数学模型，对评价指标的原始数据进行"标准化"处理，通过演示和变换来判定诸因素的关联，以数据的形式显示评价的结果，通过数值总结出规律性的结论，进而显示公民体育意识水平的高低和等级。定量评价法提供了一个客观、规范、系统、科学的数量分析方法，与定性分析法相比，其特点是资料客观可靠，分析科学精确，具有可操作性，结论更加精确和直观，可信度较高。它的不足之处在于，量化的标准往往过于简单化和表面化，难以反映公民体育意识的全貌，难以对公民体育意识的本质进行深层次分析。公民体育意识定量评价的方法主要有层次分析法、模糊评价法、主成分分析法、因子分析法、聚类分析法、关联分析法等。

定性分析和定量分析各有优势。定量评价是定性评价的基础，定性评价是定量评价的出发点和结果。两者可互为补充、相得益彰。如能将两者结合起来对公民体育意识水平进行评价,可使其结论更加明晰,解释的力度大大增加,预测性也更加精确和客观。

### (三) 公民体育意识水平等级划分

公民个体体育意识水平评价的常用方法有百分数法和综合指数法。其中综合指数法可使用本研究编制的《中国公民体育意识评价指标体系量表》(表3—1)获得,通过测量24个题项的得分(24个题项满分为120分,对公民体育意识水平高低进行评价时将转换成百分制标准化得分)来判定公民体育意识水平,计算公式:

$$D = (y_1w_1/x_1 + y_2w_2/x_2 \cdots + y_nw_n/x_n) / \sum w_i$$

其中$D$表示公民个体体育意识得分;$y$表示某题项得分,$w$表示某题项综合权重,$x$表示某题项最高分。

公民体育意识水平划分的等级有简有繁,本研究主要采用四级制进行评价(表3—2)。

**表3—2　公民体育意识水平等级评定表(四级制)**

| 综合指数分值 | ≥85 | 84—70 | 69—60 | <60 |
|---|---|---|---|---|
| 体育意识水平评价 | 强 | 较强 | 一般 | 弱 |

如果要对群体进行评价,则可以按各等级所占比例的大小说明公民群体体育意识水平的高低,但这需要事先确定各等级的评价标准,即在质的方面和量的方面达到优等的比例是多少,中等的比例是多少,差等的比例是多少,才能算是“强”“较强”“一般”“弱”。

本研究对公民体育意识进行评价,既要对公民整体体育意识进行评价,也要对公民体育意识不同维度水平的高低进行区分,以便可以对公民体育意识评价结果进行原因追溯,及时发现存在的问题,从而有利于制定相应的培育策略和措施,达成促进公民体育意识水平提高的目的。因此,在对公民体育意识进行评价时,不但要算出每个题项、每个维度的均值、标准差,还要算出每个题项、每个维度达到“强”“较强”“一般”“弱”的比例各是多少,力求使所得到的数据既能显示出公民体育意识的水平,又利于公民体育意识状况的理论阐释。

## 第二节　中国公民体育意识现状

### 一、调查背景

2018年是我国改革开放40周年。40年来，伴随着改革开放的历史大潮，中国的体育事业取得了辉煌成就。一大批优秀运动员通过奥运会、世锦赛等舞台走进国际赛场，在运动场上创造了一个又一个奇迹，为我国人民带来无数令人心潮澎湃的经典时刻。从1979年国际奥委会执行委员会决定恢复中国国际奥委会合法席位，到1984年许海峰实现中国奥运会金牌"零"的突破，到1999年中国女足打进世界杯决赛，再到2008年成功举办北京奥运会……这些里程碑式的事件，标志着中国已经成为一个名副其实的体育大国。而1995年《全民健身计划纲要》的颁布，和之后《中华人民共和国体育法》《全民健身条例》等一系列法规和规章的相继出台，以及"全民健身"上升为国家战略，表明我国群众体育事业也取得了令人瞩目的成就。中国体育事业的蓬勃发展，使国民体育健身意识逐渐增强，体育活动普及程度显著提高，体育健身环境和条件大大改善。体育让中国人有了更多元的生活方式，更积极的生活态度，更开放的生活姿态，也使人们的生活观念发生了巨大变化，健身锻炼成为人们日常生活的重要部分。

但与此不相适应的是，近年来，尽管学术界也积极关注我国公民体育意识的发展，并以学术期刊、媒体为依托对我国公民体育意识的现状、历史及发展进行了广泛讨论，但截至目前关于当前我国公民体育意识的系统性研究还比较缺乏，这一方面不利于今后我国公民体育意识的培育和发展，也势必制约全民健身、全面小康宏伟目标的实现。基于此，《中国公民体育意识培育研究》课题组在国家社科基金的支持下，开展了"中国公民体育意识调查"，力图系统全面地描述现阶段中国公民在体育认知认同、情感态度、意志意愿、权利责任等公民体育意识方面的发展状况；考察全面建成小康社会进程中政治、经济、社会、文化各个方面的发展对公民体育意识发展的影响；分析我国公民在体育场域表现出来的健康忧患意识、体育参与意识、体育消费意识、健康责任意识；研究中国公民体育参与意愿。① 本报告的数

① 乔玉成：《中国公民体育意识调查报告（2018）》，《武汉体育学院学报》2019年第10期，第19—27页。

据结果将向国内、国际社会呈现我国公民体育意识的状况及一般风貌，并利用人口统计学变量和其他相关变量对中国公民体育意识作出分析和解释，旨在为党和国家的体育发展决策和全民健身工程的深化提供重要的基础数据和决策依据。

## 二、调查对象与方法

### （一）调查对象

本次调查以全国为总体，范围覆盖全国除港、澳、台之外的31个省、直辖市、自治区（统称“省级行政单位”），按样本户籍地划分为东部、中部和西部三大区域。[①] 调查对象为18—69岁的中国公民（不含现役军人、智力障碍者以及体育行政机关工作人员、体育教师、教练员、运动员和体育专业的学生）。调查时使用的中国公民定义为：具有中华人民共和国国籍的人。[②] 结合研究实际情况，考虑到问卷施测对被试认知有一定要求的特点，参考中国公民环境意识调查、中国公民法律意识调查、中国公民科学素养调查等全国性公民调查设置的年龄范围，将调查对象的年龄限定在18—69岁。

### （二）测量工具

调查采用本课题组编制的《中国公民体育意识调查问卷》作为调查工具。问卷信度效度检验见第二章。

问卷由两部分组成，第一部分是被调查者的基本情况，包括性别、年龄、地域、户口类型、职业、受教育程度、婚姻状况、月收入、政治面貌、自评健康状况等10项内容；第二部分是围绕关键变量生成的具体题项，包括4个一级指标，19个二级指标，24个三级指标（题项）（图3—1、表3—1）。其中一级指标包括公民体育认知与认同、公民体育情感与意愿、公民体育态度与意志、公民体育权利与责任四个维度，主要显示的是公民体育意识的结构维度。二级指标是对一级指标的细化，除“公民体育权利与责任”细化为4个二级指标外，其余的“公民体育认

① 东、中、西部地区的划分是按照国家统计局的分类标准进行划分的。东部地区包括北京、天津、河北、辽宁、江苏、上海、浙江、福建、广东、海南、山东共11个省（市）；中部包括吉林、黑龙江、山西、河南、安徽、湖北、湖南、江西共8个省；西部包括内蒙古、广西、重庆、四川、贵州、云南、西藏、陕西、甘肃、青海、宁夏、新疆共12个省（区、市）。

② 《中华人民共和国宪法》（2018）第三十三条。

知与认同”“公民体育情感与意愿”“公民体育态度与意志”一级指标均分别由5个二级指标构成。三级指标是直接用于测量公民体育意识的题项。题项设计时充分考虑了被调查者的文化程度参差不齐，尽量做到文字浅显易懂，用语简洁清晰。尽量避免掺杂问卷设计者的主观看法，保证问卷中的每一个问题的中立性。采用里克特量表（5-point Likert Scale）方法，被调查者填写问卷方式为五等级自陈式，要求被试根据题目中的陈述与自己实际情况的赞同与符合程度（完全赞同或符合、基本赞同或符合、不置可否、不大赞同或符合、完全不赞同或符合）作出唯一的选择。每题得分在1—5分之间，分数越高，则表明其体育意识水平越高，参与体育锻炼的意愿越强。为控制调查问卷质量，问卷还设置了3个负向题，穿插分布在整个题项之中，逆向计分。

调查使用的《中国公民体育意识调查问卷》共有24个题项，每个题项最高得分为5分，满分为120分。在对公民体育意识水平高低进行评价时按照表3—1的加权数进行加权，并转换为百分制标准化得分进行评价，其计算公式、评价标准如前所述。

在问卷设计过程中，项目组成员一方面认真搜集相关理论材料和调查资料，另一方面广泛征询有关专家、学者对问卷内容的意见。在2018年2月专门召开了项目设计和问卷设计讨论会，会上邀请了多名专家就项目的抽样方案、问卷设计进行了深入交流，形成了对问卷结构的一致意见。

### （三）抽样设计与数据采集

本次调查抽样以全国为总体，三大区域和省级单位为次总体，以问卷调查为主采集数据，问卷调查采用实地调查与网络在线调查相结合的方法完成①。

#### 1. 实地调查

实地调查采用实地问卷调查法进行。调查员由在山西师范大学范围内招募的来自全国25个省、市、区的在校大学生、研究生组成，对他们进行专门培训，统筹安排，根据其家庭所在位置和各自优势，让他们利用暑期回乡休假期对其原户籍所在地（省、区、市）的不同群体进行调查。对没有招募到学生调查员的西藏、青海、贵州、宁夏、海南、广西6个省（区），则委托课题组成员的朋友、同事、学生

① 乔玉成：《中国公民体育意识调查报告（2018）》，《武汉体育学院学报》2019年第10期，第19—27页。

协助调查。问卷发放前,根据各省、市、自治区的人口规模和实际情况,采用配额抽样和判断抽样相结合的方法分别设计了抽样方案。原则上,每个省、市、自治区调查样本不少于 120 份。问卷发放根据配额要求采用入户调查和在街道、社区、广场、乡镇随机拦截满足条件的调查对象相结合的方法。考虑到抽样精度,城镇居民尽可能涉及居住在省城、地级市、县城的居民,乡村居民尽可能涉及平川、山区、半山区居住的居民,以避免样本的同质性和单一性。尽可能按照概率比例规模抽样法进行抽样,使抽样人群的性别、年龄段、职业、受教育程度基本与本省(区、市)人口学特征相吻合,尽可能避免在一群体中抽取过多的样本数量,问卷人口学特征中不同职业、居住地、年龄阶段、受教育程度、经济收入阶层中的最小样本量不应低于 3 份。问卷当场发放当场回收,并要求调查员在调查过程中指导被调查者填答,以提高问卷调查的有效性。本次调查共发放问卷 4250 份,回收 3747 份,回收率 88.16%。其中有效问卷 3449 份,有效率 92.05%。

**2. 网络调查**

在专门的网络调查平台“问卷星”上发布问卷。问卷题项与纸质问卷相同,但对部分题项的表述方法进行了修改。在问卷题项设计上尽可能做到语言口语化、亲近化,题型上主要为选择题,只需在问卷上选择“√”或“○”,以方便受访者回答,保证获取数据的真实性、有效性、完整性。发放方式通过课题组成员和学校在读本科生、研究生及家人的微信朋友圈向外广泛传播,利用微信朋友圈转发功能,对问卷进行树状扩散。为扩大调研的辐射面,课题组还专门聘请了不同生源地的学生(每个省、市、自治区 3—5 名学生,并给学生发放一定的酬劳)先将问卷转发至他们的家长,再由家长通过他们的微信向朋友圈转发,并要求在微信朋友圈转发时尽可能向不同年龄阶段、文化程度、职业身份、收入层次的群体转发,以保证被调查者身份的多样性。网络调查时间为 2018 年 6 月 15 日—9 月 15 日,投放范围为全国,由网络平台进行问卷回收。为提高被调查者的积极性,被调查者在完成问卷之后可获得一次抽奖机会(奖品为 20—200 元面额不等的健身卡)。本次网络调查共收回问卷 4123 份,通过人工排查的方式,对问卷进行了有效性筛查,最终收集到有效问卷 3539 份,有效率 85.84%。①

① 乔玉成:《中国公民体育意识调查报告(2018)》,《武汉体育学院学报》2019 年第 10 期,第 19—27 页。

对网络问卷调查数据进行初步分析时发现，数据在地域上出现严重偏倚，3539份网络调查问卷中，仅来自山西的问卷就有1227份，占整个问卷的34.67%，为其他省份的8—10倍。分析原因我们认为主要与本次网络调查问卷的扩散方式（课题组成员及在校学生大部分为山西籍，微信群或朋友圈多在山西）有关。基于此，课题组对这1227份问卷重新编号后进行10%的抽样，除将问卷编号末位为“0”的122份问卷留用外，其余的1105份问卷予以删除，以保证样本人群在区域分布上的基本平衡。经过调整，最终进入数据分析的网络问卷数据为2609份。

（四）质量控制

1. 调查前准备阶段。调查前遵循科学可行的原则，围绕调查目的对调查问卷的指标进行认真筛选和明确界定。多次召开研讨会，广泛征求专家及各有关方面的意见，确保调查问卷设计的科学性、有效性及可行性。制订了《中国公民体育意识调查计划及实施方案》，草拟了《实施细则》。选聘了25名具有一定的专业知识、高度的责任心和一定社交能力的调查员，并进行了统一培训，统一调查口径，对《实施细则》的内容进行详细讲解和模拟练习，使其全面掌握《实施细则》的具体内容和方法，以确保所有调查员能够严格按照《实施细则》的要求开展调查。

2. 调查实施阶段。严格按照配额抽样细则进行问卷发放，尽可能使抽样框与目标总体一致，增强样本对总体的代表性。指导被调查者填写问卷，随时回答被调查者提出的问题。建立调查员微信群，对调查中发现的问题及时沟通交流，予以解决。

3. 问卷回收阶段。由课题组制定统一的验收方案，提出验收标准和要求。剔除不合格问卷、消极作答、高度相似问卷。

4. 数据录入阶段。数据双遍录入，对所设置的各个项目变量进行了逻辑检查和定义取值范围检查，发现问题，及时更改，确保调查数据真实可信。

5. 加权调整。由于公民体育意识调查涉及的人口学特征变量较多，即使采用多层随机抽样，也很难把影响公民体育意识的所有因素都考虑到调查设计之中。为了使得调查的样本对应总体有更好的代表性，课题组根据多种辅助信息对样本进行了加权处理。本次调查采用实地调查与网络调查相结合的方法进行。从回收问卷的人口学统计数据来看，与中国公民实际人口学特征相比，存在一定的出入,如果直接用这些数据来进行全国总体特征值的推断必然会产生较大的系统偏差。研究表明,年龄、性别、城乡、受教育程度和地域 5 个人口学特征变量对公民体育意识有显著影响。[①] 由于在本次调查获得的数据中,性别、城乡、地域 3 个变量与我国 18—69 岁人群实际情况出入不大,故本次研究仅对年龄、受教育程度 2 个变量以年代最为接近的国家统计局公布的 2015 年全国 1%人口抽样调查的统计结果[②]为标准进行非线性加权调整,其目的是通过调整样本结构,纠正"抽样框偏差",使得样本结构更接近总体,同时尽可能地接近原来的初始权数,保留抽样设计时的信息,进而对整个中国公民体育意识的总体特征值进行估计。

（五）数据分析

1. 将问卷结果数据录入 Excel 表格,建立原始数据库。

2. 问卷缺失值的处理。在问卷填写过程中难免会出现被调查者因疏忽遗漏或故意隐瞒而没有填写相关选项。尽管本研究在筛选有效问卷时采取的一个标准是将整份问卷漏答超过 3 处以上者作为无效问卷,但问卷中还是会有存在缺失值的可能。本研究对问卷缺失值的处理办法采用的是样本均值法。

本次调查以定量分析方法为基础,采用 SPSS19.0 作为数据统计分析工具对数据进行统计分析,主要方法为描述性分析、$\chi^2$检验与相关分析。采用描述性分析方法,对调查资料进行现况描述。描述性分析采用将所有的指标均转化为分类变量,计算出得分率、均值±标准差,并采用表格法、图示法和数值法对公民体育意识进行评价和分析,以了解当代中国公民体育意识的总体情况。采用独立样本 T 检验以及多因素方差,分析了解当代中国公民体育意识存在的群体差异现状,通过多元回归分析探索影响公民体育意识的因素,使用层次分析法和模糊评价法对中国公民体育意识进行综合评价。

## 三、调查样本的人口学特征

本次调查采用实地调查与网络在线调查相结合的方法,共抽取有效样本

① 乔玉成:《中国公民体育意识调查报告(2018)》,《武汉体育学院学报》2019 年第 10 期,第 19—27 页。

② 国家统计局人口和就业统计司:《中国人口和就业统计年鉴 2016》,中国统计出版社 2016 年版。

6058个,其中实地纸质问卷样本3449个,网络问卷调查样本2609个。其人口学特征如下:

1. 年龄

本次调查样本人群年龄段表3—3所示。

表3—3 调查样本年龄结构(n=6058)

| 年龄段 | 实地问卷调查 | | 网上问卷调查 | | 总体样本 | |
|---|---|---|---|---|---|---|
| | 频数 | 占比(%) | 频数 | 占比(%) | 频数 | 占比(%) |
| 18—29岁 | 1352 | 39.2 | 1147 | 44.0 | 2499 | 41.3 |
| 30—39岁 | 869 | 25.2 | 607 | 23.3 | 1476 | 24.4 |
| 40—49岁 | 643 | 18.6 | 480 | 18.4 | 1123 | 18.5 |
| 50—59岁 | 310 | 9.0 | 264 | 10.1 | 574 | 9.5 |
| 60—69岁 | 275 | 8.0 | 111 | 4.3 | 386 | 6.4 |
| 合计 | 3449 | 100.0 | 2609 | 100.0 | 6058 | 100.0 |

由表3—3可以看出,本次调查样本人群偏向年轻化,18—39岁人群占整个样本量的66.7%。分析其中原因,一是与本次聘请的调查员多为在校大学生和研究生有关,因为这些工作人员的朋友圈多为在校大学生和研究生,让过多的在校大学生填写问卷,会使调查对象发生偏倚;二是与网民的总体年龄结构年轻化的现实有关,相对于年龄偏大者而言,年龄偏小者上网的时间更长,操作也更加熟练。另外,也不排除与年龄偏大者拒访率偏高有关。这些因素均在一定程度上影响到有效样本年龄组的分布。故本次调查数据在年龄结构变量要想精确地推论调查总体的状况,还需要对年龄结构进行加权处理。

2. 性别

本次调查样本人群性别特征如表3—4所示。由表3—4可以看出,不论是实地调查,还是网上调查,或总体样本,均为男多于女,其结构比例与国家统计局发布的《中国统计年鉴2018》和2015年全国1%人口抽样调查中18—69岁中的男女比例结构相近。这说明本次调查数据在性别变量上能够较为精确地推论调查总体的状况。

表 3—4 调查样本性别分布(n=6058)

| 性别 | 实地问卷调查 | | 网上问卷调查 | | 总体样本 | |
|---|---|---|---|---|---|---|
| | 频数 | 占比(%) | 频数 | 占比(%) | 频数 | 占比(%) |
| 男 | 1823 | 52.9 | 1316 | 50.4 | 3139 | 51.8 |
| 女 | 1626 | 47.1 | 1293 | 49.6 | 2919 | 48.2 |
| 合计 | 3449 | 100.0 | 2609 | 100.0 | 6058 | 100.0 |

### 3. 户口类型

由于我国存在城乡二元经济结构、自然环境和地理分布的差异,这些差异在一定程度上可能会影响到公民体育意识水平的高低,因此本调查将被调查对象的户口类型分为城市和乡村两个组别(表 3—5)。由表 3—5 可以看出,本次调查收集到的样本与国家统计局发布的《中国统计年鉴 2018》和 2015 年全国 1%人口抽样调查中 18—69 岁中的户口类型的结构比例差别不大,说明本次调查数据在户口类型这个变量上能够精确地推论调查总体的状况。

表 3—5 调查样本户口类型(n=6058)

| 户口类型 | 实地问卷调查 | | 网上问卷调查 | | 总体样本 | |
|---|---|---|---|---|---|---|
| | 频数 | 占比(%) | 频数 | 占比(%) | 频数 | 占比(%) |
| 城镇 | 1875 | 54.4 | 1258 | 48.2 | 3133 | 51.7 |
| 乡村 | 1574 | 45.6 | 1351 | 51.8 | 2925 | 48.3 |
| 合计 | 3449 | 100.0 | 2609 | 100.0 | 6058 | 100.0 |

### 4. 所属省级行政区以及区域分布

本次调查样本人群所属省级行政区如表 3—6 所示。由表 3—6 可以看出,本次调查样本覆盖我国大陆 31 个省级行政区,既包括经济文化较为发达的东部沿海地区,也包括相对落后的中西部地区,具有较好的代表性。其中,河南样本量最大(279 个,占总样本量的 4.6%),西藏样本量最小(125 个,占 2.1%),有 14 个省级行政区样本量超过 200 个,14 个省级行政区样本量在 150—200 之间,仅北京、西藏和新疆三个省级行政区样本量低于 150 个,但均在 100 个以上,基本达到调查设计要求。此外,在经济结构、自然环境、人文环境、体育发展以及现行政策中，东、中、西部地区有一定的差别，因此本报告在分析时按东部、中部、西部予以分组。本次调查样本区域分布如表3—6、表3—7所示。由表3—6、表3—7和可以看出，本次调查样本中，各大区域样本量与其所属人口之间的比例与实际情况基本接近，与2017年末中国各大区域人口占比和2015年全国1%人口抽样调查中18—69岁占比也比较接近，可在较大程度上推论出调查总体状况。

**表3—6 调查样本所属省级行政区（n=6058）**

| 省级行政区 | 实地问卷调查 | | 网上问卷调查 | | 总体样本 | |
|---|---|---|---|---|---|---|
| | 频数 | 占比（%） | 频数 | 占比（%） | 频数 | 占比（%） |
| 北京 | 52 | 1.5 | 84 | 3.2 | 136 | 2.2 |
| 天津 | 122 | 3.5 | 61 | 2.3 | 183 | 3.0 |
| 河北 | 114 | 3.3 | 147 | 5.6 | 261 | 4.3 |
| 山西 | 147 | 4.3 | 122 | 4.7 | 269 | 4.4 |
| 内蒙古 | 120 | 3.5 | 140 | 5.4 | 260 | 4.3 |
| 上海 | 121 | 3.5 | 92 | 3.5 | 213 | 3.5 |
| 江苏 | 111 | 3.2 | 100 | 3.8 | 211 | 3.5 |
| 浙江 | 119 | 3.5 | 108 | 4.1 | 227 | 3.7 |
| 安徽 | 122 | 3.5 | 75 | 2.9 | 197 | 3.3 |
| 福建 | 119 | 3.5 | 81 | 3.1 | 200 | 3.3 |
| 山东 | 115 | 3.3 | 141 | 5.4 | 256 | 4.2 |
| 江西 | 101 | 2.9 | 55 | 2.1 | 156 | 2.6 |
| 广东 | 106 | 3.1 | 100 | 3.8 | 206 | 3.4 |
| 广西 | 113 | 3.3 | 41 | 1.6 | 154 | 2.5 |
| 海南 | 88 | 2.6 | 67 | 2.6 | 155 | 2.6 |
| 河南 | 123 | 3.6 | 156 | 6.0 | 279 | 4.6 |
| 湖北 | 118 | 3.4 | 68 | 2.6 | 186 | 3.1 |
| 湖南 | 97 | 2.8 | 87 | 3.3 | 184 | 3.0 |
| 陕西 | 110 | 3.2 | 123 | 4.7 | 233 | 3.8 |
| 甘肃 | 82 | 2.4 | 83 | 3.2 | 165 | 2.7 |
| 青海 | 119 | 3.5 | 41 | 1.6 | 160 | 2.6 |
| 新疆 | 110 | 3.2 | 37 | 1.4 | 147 | 2.4 |
| 宁夏 | 116 | 3.4 | 47 | 1.8 | 163 | 2.7 |

续表

| 省级行政区 | 实地问卷调查 | | 网上问卷调查 | | 总体样本 | |
|---|---|---|---|---|---|---|
| | 频数 | 占比(%) | 频数 | 占比(%) | 频数 | 占比(%) |
| 重庆 | 112 | 3.2 | 46 | 1.8 | 158 | 2.6 |
| 四川 | 120 | 3.5 | 109 | 4.2 | 229 | 3.8 |
| 贵州 | 107 | 3.1 | 78 | 3.0 | 185 | 3.1 |
| 云南 | 100 | 2.9 | 100 | 3.8 | 200 | 3.3 |
| 西藏 | 94 | 2.7 | 31 | 1.2 | 125 | 2.1 |
| 辽宁 | 106 | 3.1 | 82 | 3.1 | 188 | 3.1 |
| 吉林 | 145 | 4.2 | 26 | 1.0 | 171 | 2.8 |
| 黑龙江 | 120 | 3.5 | 81 | 3.1 | 201 | 3.3 |
| 合计 | 3449 | 100.0 | 2609 | 100.0 | 6058 | 100 |

**表 3—7　调查样本区域分布(n=6058)**

| 区域分布 | 实地问卷调查 | | 网上问卷调查 | | 总体样本 | |
|---|---|---|---|---|---|---|
| | 频数 | 占比(%) | 频数 | 占比(%) | 频数 | 占比(%) |
| 东部 | 1295 | 37.5 | 1063 | 40.7 | 2358 | 38.9 |
| 中部 | 851 | 24.7 | 741 | 28.4 | 1592 | 26.3 |
| 西部 | 1303 | 37.8 | 805 | 30.9 | 2108 | 34.8 |
| 合计 | 3449 | 100.0 | 2609 | 100.0 | 6058 | 100.0 |

### 5. 婚姻状况

本次调查样本人婚姻状况如表 3—8 所示。由表 3—8 可以看出，本次调查样本 18 岁及以上公民未婚比例较大，占 38.3%，与年龄段占比基本相符，分析其原因可能与在校大学生所占比例较高有关。

**表 3—8　调查样本婚姻状况(n=6058)**

| 婚姻状况 | 实地问卷调查 | | 网上问卷调查 | | 总体样本 | |
|---|---|---|---|---|---|---|
| | 频数 | 占比(%) | 频数 | 占比(%) | 频数 | 占比(%) |
| 未婚 | 1262 | 36.6 | 1059 | 40.6 | 2321 | 38.3 |
| 已婚 | 2029 | 58.8 | 1463 | 56.1 | 3492 | 57.6 |

续表

| 婚姻状况 | 实地问卷调查 | | 网上问卷调查 | | 总体样本 | |
|---|---|---|---|---|---|---|
| | 频数 | 占比(%) | 频数 | 占比(%) | 频数 | 占比(%) |
| 离异 | 115 | 3.3 | 62 | 2.4 | 177 | 2.9 |
| 丧偶 | 43 | 1.2 | 25 | 1.0 | 68 | 1.1 |
| 合计 | 3449 | 100.0 | 2609 | 100.0 | 6058 | 100.0 |

### 6. 受教育程度

受教育程度高低与被调查者对问卷的理解程度和公民体育意识水平有很大关系。从理论上来说,受教育程度较高的群体对体育健康促进有更高的认识,对体育锻炼的需求会更加强烈。本次调查样本受教育程度如表 3—9 所示。从 3-9 可以看出,84.3%的被调查者接受过高中及以上层次的教育。如果将初中及以下赋值为 1,高中/中专/职高/技校赋值为 2,大学专科/职业学院赋值为 3,大学本科赋值为 4,研究生赋值为 5,进一步计算可知,被调查人平均文化程度为 3.10,说明受教育程度普遍较高。本次调查样本中,受教育程度变量比例与 2017 年末或 2015 年全国 1%人口抽样调查中 18—69 岁受教育程度占比有较大出入,需要进行加权处理,才能更准确地推论出调查总体状况。

**表 3—9　调查样本受教育程度(n=6058)**

| 受教育程度(包括在读) | 实地问卷调查 | | 网上问卷调查 | | 总体样本 | |
|---|---|---|---|---|---|---|
| | 频数 | 占比(%) | 频数 | 占比(%) | 频数 | 占比(%) |
| 初中及以下 | 577 | 16.7 | 373 | 14.3 | 950 | 15.7 |
| 高中/中专/职高/技校 | 780 | 22.6 | 371 | 14.2 | 1151 | 19.0 |
| 大学专科/职业学院 | 594 | 17.2 | 346 | 13.3 | 940 | 15.5 |
| 大学本科及以上 | 1498 | 43.4 | 1519 | 58.2 | 3017 | 49.8 |
| 合计 | 3449 | 100.0 | 2609 | 100.0 | 6058 | 100.0 |

### 7. 职业

根据社会分层理论，参照职业分类，并根据调查目的和内容的需要，本次调查将被调查对象分为 7 种职业类别或身份，其样本职业类别结构如表 3—10 所示。从表 3—10 可以看出，在本次调查总样本 6058 人中，企事业单位职工占比最大，其后依次是学生、农林牧业生产人员、专业技术人员、个体经营者、国家机关干部，其中学生网上调查问卷占比较高。分析原因我们认为主要有三：一是抽样误差；二是学生相对于其他人群上网时间较长，频次较高，这也与网民中的职业结构现实基本相符；三是调查员在调查过程中未能严格执行调查问卷的操作规则。经复核，第三种原因的确个别存在，但并不普遍。

**表 3—10　调查样本被调查时所从事的职业（n=6058）**

| 职业 | 实地问卷调查 | | 网上问卷调查 | | 总体样本 | |
|---|---|---|---|---|---|---|
| | 频数 | 占比（%） | 频数 | 占比（%） | 频数 | 占比（%） |
| 国家机关干部 | 175 | 5.1 | 158 | 6.1 | 333 | 5.5 |
| 企事业单位职工 | 1053 | 30.5 | 573 | 22.0 | 1626 | 26.8 |
| 专业技术人员 | 471 | 13.7 | 411 | 15.8 | 882 | 14.6 |
| 农林牧业生产人员 | 607 | 17.6 | 384 | 14.7 | 991 | 16.4 |
| 个体经营者 | 277 | 8.0 | 130 | 5.0 | 407 | 6.7 |
| 学生 | 655 | 19.0 | 688 | 26.4 | 1343 | 22.2 |
| 其他 | 211 | 6.1 | 265 | 10.2 | 476 | 7.9 |
| 合计 | 3449 | 100.0 | 2609 | 100.0 | 6058 | 100.0 |

### 8. 收入

本次调查样本月收入情况如表 3—11 所示。从表 3—11 可以看出，被调查者主要以中等偏低收入为主，其中月收入在 2000 元以下者超过三成，尤其网上调查问卷显示月收入在 2000 元以下者占 35.9%，这也与职业中两成以上的被调查者身份为学生的情况相吻合。

表 3—11　调查样本个人月收入情况(n=6058)

| 月收入 | 实地问卷调查 | | 网上问卷调查 | | 总体样本 | |
|---|---|---|---|---|---|---|
| | 频数 | 占比(%) | 频数 | 占比(%) | 频数 | 占比(%) |
| 2000 元以下 | 898 | 26.0 | 936 | 35.9 | 1834 | 30.3 |
| 2001—5000 元 | 1423 | 41.3 | 942 | 36.1 | 2365 | 39.0 |
| 5001—10000 元 | 906 | 26.3 | 592 | 22.7 | 1498 | 24.7 |
| 10000 元以上 | 222 | 6.4 | 139 | 5.3 | 361 | 6.0 |
| 合计 | 3449 | 100.0 | 2609 | 100.0 | 6058 | 100.0 |

### 9. 政治面貌

被调查者的政治面貌可能会在一定程度上与公民权利和责任意识有关。本研究调查样本中中共党员和共青团员占到两成,民主党派人士占 3.7%,76.1% 的被调查者为普通群众(表 3—12),与我国 18 岁以上人口政治面貌的实际情况基本相符,故在政治面貌这个变量上能够精确地推论调查总体的状况。

表 3—12　调查样本政治面貌(n=6058)

| 政治面貌 | 实地问卷调查 | | 网上问卷调查 | | 总体样本 | |
|---|---|---|---|---|---|---|
| | 频数 | 占比(%) | 频数 | 占比(%) | 频数 | 占比(%) |
| 中共党员 | 357 | 10.4 | 308 | 11.8 | 665 | 11.0 |
| 民主党派人士 | 109 | 3.2 | 118 | 4.5 | 227 | 3.7 |
| 共青团员 | 245 | 7.1 | 312 | 12.0 | 557 | 9.2 |
| 普通群众 | 2738 | 79.4 | 1871 | 71.7 | 4609 | 76.1 |
| 合计 | 3449 | 100.0 | 2609 | 100.0 | 6058 | 100.0 |

### 10. 自评健康状况

自评健康状况是指公民个人对自己的健康状况做整体性的评估。它虽然是一个主观的健康评估,但却是一个有实用价值的健康评量指标,在很大程度上比单纯通过医学诊断得出的健康评价更有意义。参加体育锻炼与健康促进有关,而公民自我健康感觉可能是影响体育参与意识的一个重要变量。我们在实地调查问卷中设置了 10 分制自评健康状态量表,让公民根据自身的感觉填写自我健康状况得分(表3—13),其中1—2分为“差”,3—4分为“较差”,5—6分为“一般”,7—8分为“好”,9—10分为“非常好”。由表3-13可以看出,有77.33%被调查者认为,自己的健康状况“非常好”或“好”。仅有3.07%的被调查者认为自身的健康处于“差”或“较差”的状态,说明本次调查样本绝大多数处于“健康”状态。

**表3—13　调查样本自评健康状况得分和健康等级(n=3449)**

| 自评健康状况得分 | 实地问卷调查 | | 健康等级 | 实地问卷调查 | |
|---|---|---|---|---|---|
| | 频数 | 占比(%) | | 频数 | 占比(%) |
| 1 | 11 | 0.3 | 差 | 20 | 0.58 |
| 2 | 9 | 0.3 | | | |
| 3 | 34 | 1.0 | 较差 | 86 | 2.49 |
| 4 | 52 | 1.5 | | | |
| 5 | 209 | 6.1 | 一般 | 676 | 19.60 |
| 6 | 467 | 13.5 | | | |
| 7 | 789 | 22.9 | 好 | 1684 | 48.83 |
| 8 | 895 | 25.9 | | | |
| 9 | 547 | 15.9 | 非常好 | 983 | 28.50 |
| 10 | 436 | 12.6 | | | |
| 合计 | 3449 | 100.0 | 合计 | 3449 | 100.0 |

综上所述,本次调查样本受访群体偏向中青年化,男女比例较均衡,已婚人数多于未婚人数,大陆31个省级行政区均有分布,城乡分布基本符合我国人口特征,大专及以上文化程度占六成以上,大学生、单位普通员工、职业技术人员占比较高,收入水平以中等偏低为主,自认为自身的健康处于“差”或“较差”状态着不到4%,基本符合实际情况。与2015年全国1%人口调查18—69岁人口学特征相比,年龄、受教育程度存在的差异较大,故需要进行加权处理(表3—14)。

表 3—14 本次中国公民体育意识调查的样本分布与加权分布表(n=6058)

| 变量 | 频数 | 样本比例(%) | 加权后(%) | 变量 | 频数 | 样本比例(%) | 加权后(%) |
|---|---|---|---|---|---|---|---|
| **性别** | | | | **月收入(元)** | | | |
| 男 | 3139 | 51.8 | 53.1 | 2000 以下 | 1834 | 30.3 | 23.8 |
| 女 | 2919 | 48.2 | 46.9 | 2001—5000 | 2365 | 39.0 | 44.0 |
| **年龄(岁)** | | | | 5001—10000 | 1498 | 24.7 | 18.7 |
| 18—29 | 2499 | 41.3 | 19.2 | 10000 以上 | 361 | 6.0 | 6.2 |
| 30—39 | 1476 | 24.4 | 22.6 | **职业** | | | |
| 40—49 | 1123 | 18.5 | 25.8 | 国家机关干部 | 333 | 5.5 | 5.5 |
| 50—59 | 574 | 9.5 | 17.6 | 企事业单位职工 | 1626 | 26.8 | 27.2 |
| 60—69 | 386 | 6.4 | 14.8 | 专业技术人员 | 882 | 14.6 | 16.6 |
| **户口类别** | | | | 农林牧业生产人员 | 991 | 16.4 | 34.4 |
| 城镇 | 3133 | 51.7 | 51.2 | 个体经营者 | 407 | 6.7 | 8.1 |
| 乡村 | 2925 | 48.3 | 48.8 | 学生 | 1343 | 22.2 | 12.0 |
| **学历** | | | | 其他 | 476 | 7.9 | 8.4 |
| 初中及以下 | 950 | 15.7 | 21.3 | **政治面貌** | | | |
| 高中/中专 | 1151 | 19.0 | 24.5 | 中共党员 | 665 | 11.0 | 11.3 |
| 大专 | 940 | 15.5 | 16.5 | 民主党派人士 | 227 | 3.7 | 4.1 |
| 本科及以上 | 3017 | 49.8 | 37.6 | 共青团员 | 557 | 9.2 | 4.3 |
| **地域** | | | | 群众 | 4609 | 76.1 | 83.6 |
| 东部 | 2358 | 38.9 | 44.7 | **自评健康状况** | | | |
| 中部 | 1592 | 26.3 | 23.7 | 差 | 20 | 0.58 | 0.68 |
| 西部 | 2108 | 34.8 | 31.6 | 较差 | 86 | 2.49 | 2.87 |
| **婚姻状况** | | | | 一般 | 676 | 19.60 | 20.71 |
| 未婚 | 2321 | 38.3 | 21.1 | 好 | 1684 | 48.83 | 48.13 |
| 已婚 | 3492 | 57.6 | 72.4 | 非常好 | 983 | 28.50 | 27.61 |
| 离异 | 177 | 2.9 | 4.6 | | | | |
| 丧偶 | 68 | 1.1 | 2.0 | | | | |

说明:1 为了最大限度地提高利用调查样本对总体估计的精度,调查参照国家统计局公布的 2015 年全国 1% 人口抽样调查统计数据,对调查数据在年龄、文化程度两个变量上进行了非线性的口径加权处理。2. 自评健康状况为实地调查问卷数据,总体样本 3449 个。

## 四、调查结果与分析

### （一）中国公民体育意识总体情况

本次调查统计结果（表 3—15）显示，中国公民整体体育意识水平平均得分 60.83 分，处于中等偏下水平；被调查者中体育意识最高得分为 87.51 分，最低得分为 17.50 分，标准差达 14.46，表明个体差异较大；只有 8.6%的被调查者体育意识水平等级为“强”，19.0%的公民处于“较强”水平，4 成以上被调查者得分在 60 分以下（表 3—1）。18—69 岁中国公民其体育意识达到“及格线”水平者仅占该人群总体的 43.1%。如果按照“认知认同”“情感意愿”“态度意志”“权利责任”四个维度都达到“比较符合”及以上水平，具备体育意识的中国公民仅占本次调查总体的 19.69%。据此我们有理由认为，中国公民体育意识总体上还处于较低层次，公民体育意识培育还任重道远。①

**表 3—15　中国公民体育意识水平总体情况及各等级占比（n=6058）**

| 得分 | | | | 公民体育意识水平等级比例（%） | | | |
|---|---|---|---|---|---|---|---|
| 均值（分） | 标准差 | 极大值 | 极小值 | 弱（<60 分） | 一般（60—69.9 分） | 较强（70—79.9 分） | 强（≥80 分） |
| 60.83 | 14.46 | 87.51 | 17.50 | 43.1 | 29.2 | 19.0 | 8.6 |

说明：1. 本次调查总体有效样本量为 6058 个（其中实地调查问卷样本 3449 个，网上调查问卷样本 2609 个）。
2. 为了最大限度地提高利用调查样本对总体估计的精度，本次调查参照国家统计局公布的 2015 年全国 1% 人口抽样调查统计数据，对获取的数据在年龄、性别、受教育程度、地域等变量进行了非线性口径加权处理。
3. 本次调查问卷共计 24 题，满分为 120 分，结果分析时对问卷各题项先进行权重，然后按百分制进行标准化处理（表 3—1）。
4. 图表中的数据如无特殊说明，皆为加权后的数据结果（下同）。

### （二）中国公民体育意识水平的群体差异

#### 1. 性别差异

从性别上看（表 3—16），男性公民的体育意识水平显著高于女性公民（$x^2$ = 122.295，P = 0.000），且“强”“较强”等级占比也呈现出同样的结果。分析原因，

① 乔玉成：《中国公民体育意识调查报告（2018）》，《武汉体育学院学报》2019 年第 10 期，第 19—27 页。

我们认为这一方面与世俗的观念有关，如世俗观念认为体育应该是“男人的事儿”，女性应柔弱、稳重，而强壮、好动、出头露面就不像“传统女性”；①另一方面，与女性对健康关注点集中在饮食、保健调理等方面，对体育运动价值认知不足有关。这也在一定程度上解释了当前全民健身活动中，男性参与率远远高于女性这一现实。这一结果提示，提高女性公民体育意识水平，应列为公民体育意识培育的重点。②

**表 3—16　中国公民体育意识水平的性别差异及各等级占比（n=6058）**

| 性别 | n | 综合指数分值（$\bar{\chi}$±SD） | 公民体育意识水平等级比例 | | | |
|---|---|---|---|---|---|---|
| | | | 弱 | 一般 | 较强 | 强 |
| 男 | 3139 | 61. 79 ±14. 70 | 40. 8% | 27. 9% | 20. 5% | 10. 8% |
| 女 | 2919 | 59. 74±14. 09 | 45. 8% | 30. 7% | 17. 3% | 6. 2% |

## 2. 年龄差异

从年龄段上来看（表 3—17），18—29 岁年龄段公民的体育意识水平均值显著高于其他年龄段（*F*=66. 139，P=0. 000），且“强”“较强”等级占比明显高于其他年龄段。30—39 岁、40—49 岁、50—59 岁、60—69 岁之间均无显著差异（P>0. 05），其中“40—49 岁”年龄段等级为“弱”的公民最多，接近 5 成，而“60—69 岁”年龄段等级为“强”者仅占 2. 6%。说明年轻人具有较好的体育意识，而 30 岁以上人群体育意识相对滞后。

**表 3—17　中国公民体育意识水平的年龄段差异及各等级占比（n=6058）**

| 年龄段 | n | 综合指数分值（$\bar{\chi}$±SD） | 公民体育意识水平等级比例 | | | |
|---|---|---|---|---|---|---|
| | | | 弱 | 一般 | 较强 | 强 |
| 18—29 岁 | 2499 | 64. 9±13. 8 | 33. 9% | 25. 7% | 25. 8% | 14. 6% |
| 30—39 岁 | 1476 | 60. 4±14. 2 | 45. 3% | 26. 6% | 21. 1% | 7. 0% |

① 孙娟、王岳：《我国公民体育锻炼意识的提升路径》，《体育学刊》2016 年第 2 期，第 52—56 页。

② 乔玉成：《中国公民体育意识调查报告（2018）》，《武汉体育学院学报》2019 年第 10 期，第 19—27 页。

续表

| 年龄段 | n | 综合指数分值 $\bar{\chi}$±SD) | 公民体育意识水平等级比例 | | | |
|---|---|---|---|---|---|---|
| | | | 弱 | 一般 | 较强 | 强 |
| 40—49 岁 | 1123 | 59.8±15.5 | 49.3% | 20.8% | 20.0% | 9.8% |
| 50—59 岁 | 574 | 60.0±15.2 | 41.5% | 33.4% | 17.4% | 7.7% |
| 60—69 岁 | 386 | 59.1±11.7 | 43.0% | 47.2% | 7.3% | 2.6% |

### 3. 城乡差异

从户口类型上来看(表 3—18),城镇居民的体育意识水平明显高于农村居民(F=224.6,P=0.000),且“强”“较强”等级占比城镇居民显著高于农村居民,而“弱”等级占比城镇居民明显低于农村居民。分析其原因,可能与长期中国社会二元结构引起的社会资源分布不均衡以及学校体育教育的城乡差异①,导致城乡体育意识文化、体育行为文化和体育物质文化发展不均衡②,进而影响到乡村居民的思想观念、体育价值观、体育消费观和体育文化水平的差异有关,而这一现象,正好与我国历次群众体育调查所反映的问题相吻合。③

**表 3—18　中国公民体育意识水平的城乡差异及各等级占比(n=6058)**

| 户口类别 | n | 综合指数分值 $\bar{\chi}$±SD) | 公民体育意识水平等级比例 | | | |
|---|---|---|---|---|---|---|
| | | | 弱 | 一般 | 较强 | 强 |
| 城镇 | 3133 | 62.2±13.6 | 37.2% | 31.6% | 21.9% | 9.2% |
| 农村 | 2925 | 59.0±15.0 | 48.8% | 26.9% | 16.2% | 8.1% |

### 4. 区域差异

从地域上看(表 3—19),“东部”“中部”“西部”间公民体育意识水平均值存在显著差异(F=108.284,P=0.000),“东部”好于“西部”,“西部”好于“中部”。

---

① 梁丽珍、姜丽莉:《教育机会均等视野下的我国学校体育城乡差异的研究》,《体育研究与教育》2006 年第 Z2 期,第 26—29 页。

② 柯海宝:《影响我国城乡体育文化协调发展的原因分析》,《邵阳学院学报》(自然科学版)2013 年第 4 期,第 66—68 页。

③ 乔玉成:《中国公民体育意识调查报告(2018)》,《武汉体育学院学报》2019 年第 10 期,第 19—27 页。

从等级水平上看，“中部”“强”者占比最多，“弱”者占比也最多；而“中部”与“西部”“强”者或“弱”者占比相差不大（P>0.05），但“东部”处于“一般”等级者占比明显高于“西部”和“中部”。进一步分析发现，各省级行政区之间存在显著差异（F=125.844，P=0.000）。其中浙江省平均分值最高，达73.6分，河南省平均分值最低，仅39.4分。超过65分的有浙江、黑龙江、辽宁、广西、海南、甘肃、云南、青海、吉林；不足55分的有河南、湖南、湖北、江苏、陕西；经济较为发达的上海、北京、广东、天津、山东等并没有位于前列。说明经济发展水平可能与公民体育意识水平存在一定关系，但经济发展较快也并不意味着公民体育意识水平必然处于较高水平。

**表3—19　中国公民体育意识水平的地域差异及各等级占比（n=6058）**

| 区域 | n | 综合指数分值（$\bar{\chi}$±SD） | 公民体育意识水平等级比例 | | | |
|---|---|---|---|---|---|---|
| | | | 弱 | 一般 | 较强 | 强 |
| 东部 | 2358 | 62.1±12.5 | 41.7% | 33.2% | 16.4% | 8.8% |
| 中部 | 1592 | 57.6±17.7 | 48.3% | 24.4% | 18.2% | 9.0% |
| 西部 | 2108 | 60.8±14.1 | 41.4% | 27.1% | 23.4% | 8.1% |

### 5. 学历差异

从受教育程度上看（表3—20），受教育程度越高，公民体育意识越强。“大学本科及以上”强于“大学专科”，“大学专科”强于“高中”，“高中”强于“初中及以下”，且不同受教育程度之间公民体育意识水平均值存在显著差异（F=328.789，P=0.000）。从等级水平上看，学历水平越高，处于“弱”等级的比例越低，处于“强”和“较强”等级者比例越高，说明受教育程度是影响公民体育意识水平的一个重要因素，公民体育教育是培育公民体育意识的重要路径。一般而言，文化水平不同，思维方式不同。学龄越长，知识面就越广，对事物的看法相应也越理性。① 有研究表明，受教育程度对健身意识与行为的影响作用是广泛的，时间是持续的，方式主要是通过与教育程度相关的其他因素间

① 乔玉成：《中国公民体育意识调查报告（2018）》，《武汉体育学院学报》2019年第10期，第19—27页。

接、渗透式地发挥作用。①

**表 3—20　不同受教育程度公民体育意识水平差异及各等级占比（n=6058）**

| 受教育程度 | n | 综合指数分值（$\bar{\chi}$±SD） | 公民体育意识水平等级比例 | | | |
|---|---|---|---|---|---|---|
| | | | 弱 | 一般 | 较强 | 强 |
| 初中及以下 | 950 | 55.8±15.3 | 59.5% | 21.6% | 11.8% | 7.1% |
| 高中/中专/职高 | 1151 | 58.2±14.0 | 49.4% | 33.6% | 11.5% | 5.5% |
| 大学专科/职业学院 | 940 | 60.9±14.4 | 40.8% | 33.3% | 17.6% | 8.2% |
| 大学本科及以上 | 3017 | 65.4±12.8 | 30.8% | 28.8% | 28.7% | 11.8% |

### 6. 职业差异

从职业上看（表 3—21），不同职业之间公民体育意识水平均值存在显著差异（F=104.104，P=0.000）。由高到低依次为“国家机关干部”“学生”“专业技术人员”“企事业单位员工”“其他”“个体经营者”“农林牧业生产人员”，且等级水平也有类似趋势。“企事业单位员工”“个体经营者”“农林牧业生产人员”是我国小康社会建设的中坚力量，是社会发展的中流砥柱，因此，要提高全民族体质健康水平，应将这一部分人群列入公民体育意识培育的重点对象。

**表 3—21　不同职业公民体育意识水平差异及各等级占比（n=6058）**

| 职业 | n | 综合指数分值（$\bar{\chi}$±SD） | 公民体育意识水平等级比例 | | | |
|---|---|---|---|---|---|---|
| | | | 弱 | 一般 | 较强 | 强 |
| 国家机关干部 | 333 | 66.3±11.2 | 25.1% | 36.0% | 29.2% | 9.7% |
| 企事业单位员工 | 1626 | 61.2±14.5 | 41.9% | 30.8% | 17.1% | 10.2% |
| 专业技术人员 | 882 | 63.8±13.6 | 32.1% | 31.4% | 27.5% | 9.1% |
| 农林牧业生产人员 | 991 | 55.5±14.5 | 59.0% | 26.4% | 9.9% | 4.7% |
| 个体经营者 | 407 | 57.8±13.9 | 56.1% | 24.5% | 13.7% | 5.7% |
| 学生 | 1343 | 65.3±13.2 | 31.4% | 28.1% | 28.3% | 12.2% |
| 其他 | 476 | 61.0±14.6 | 42.7% | 28.7% | 18.2% | 10.3% |

① 席淑仪：《山西省太原市乒乓球业余俱乐部消费者调查分析》，《体育科技文献通报》2018 年第 7 期，第 112—114、131 页。

### 7. 婚姻状况差异

从婚姻状况上看(表3—22),不同婚姻状况之间公民体育意识水平均值存在显著差异(F=127.235,P=0.000)。由高到低依次为“未婚”“已婚”“离异”“丧偶”,但“已婚”与“离异”之间差别不大(P=0.222);在等级水平方面,“未婚”者“强”“较强”等级水平占比最高,而“丧偶”者处于“弱”等级水平者达到6成。

表3—22 不同婚姻状况公民体育意识水平差异及各等级占比(n=6058)

| 婚姻状况 | n | 综合指数分值 $\bar{\chi}\pm SD$) | 公民体育意识水平等级比例 | | | |
|---|---|---|---|---|---|---|
| | | | 弱 | 一般 | 较强 | 强 |
| 未婚 | 2321 | 64.9±13.8 | 33.4% | 26.3% | 26.6% | 13.6% |
| 已婚 | 3492 | 60.0±14.2 | 45.6% | 29.7% | 17.2% | 7.5% |
| 离异 | 177 | 59.3±14.7 | 42.5% | 34.3% | 18.3% | 4.9% |
| 丧偶 | 68 | 50.0±17.9 | 60.0% | 29.6% | 6.2% | 4.2% |

### 8. 收入差异

从收入上看(表3—23),不同月收入水平之间公民体育意识水平均值存在显著差异(F=53.871,P=0.000)。月收入在10000元以上者显著高于其他3组(P<0.05),且体育意识处于“强”“较强”等级水平的公民达46.2%以上;月收入“2000元以下”与月收入“5001—10000元”者公民体育意识水平均值无显著差异(P>0.05);月收入“2000以上”随收入的增加公民体育意识水平逐步升高。尽管多元分析表明,收入并非公民体育意识的显著影响因素,但在单因素方差分析的过程中会发现,随着个人收入水平的提高,公民体育意识会表现出先降后升的特征。当个人收入达到一定程度后,公民自身的需求才会从物质转向更高层次的精神需求,对体育健身锻炼的需求才会更加重视。

表3—23 不同收入公民体育意识水平差异及各等级占比(n=6058)

| 月收入 | n | 综合指数分值 $\bar{\chi}\pm SD$) | 公民体育意识水平等级比例 | | | |
|---|---|---|---|---|---|---|
| | | | 弱 | 中 | 较强 | 强 |
| 2000以下 | 1834 | 61.6±14.6 | 40.4% | 29.8% | 19.8% | 10.0% |
| 2001—5000 | 2365 | 59.6±14.2 | 46.3% | 30.9% | 16.2% | 6.7% |

续表

| 月收入 | n | 综合指数分值 $\bar{\chi}$±SD) | 公民体育意识水平等级比例 | | | |
|---|---|---|---|---|---|---|
| | | | 弱 | 中 | 较强 | 强 |
| 5001—10000 | 1498 | 61.0±14.5 | 42.9% | 27.7% | 21.2% | 8.2% |
| 10000 以上 | 361 | 66.1±14.4 | 32.4% | 21.4% | 27.0% | 19.2% |

### 9. 政治面貌差异

从政治面貌上看(表 3—24),不同政治面貌公民体育意识水平均值存在显著差异(F=106.248,p=0.000)。“中共党员”“共青团员”“民主党派人士”显著高于“普通群众”(P<0.05),“中共党员”“共青团员”“民主党派人士”三者之间无显著差异(P>0.05)。从公民体育意识水平等级看,“民主党派人士”和“普通群众”体育意识水平等级处于“弱”者均超过 4 成。这种现象是否与有党派组织的公民具有更强的权利和责任意识有关,仍有待于在“公民体育权利与责任”维度中进行挖掘。

**表 3—24　不同政治面貌之间公民体育意识水平的差异及各等级占比(n=6058)**

| 政治面貌 | n | 综合指数分值 $\bar{\chi}$±SD) | 公民体育意识水平等级比例 | | | |
|---|---|---|---|---|---|---|
| | | | 弱 | 中 | 较强 | 强 |
| 中共党员 | 665 | 65.8±14.0 | 28.5% | 27.3% | 29.0% | 15.1% |
| 民主党派人士 | 227 | 64.3±13.1 | 40.2% | 23.6% | 22.3% | 13.8% |
| 共青团员 | 557 | 65.1±12.9 | 33.7% | 26.3% | 28.0% | 12.0% |
| 普通群众 | 4609 | 59.7±14.4 | 45.9% | 29.9% | 17.0% | 7.3% |

### 10. 自评健康状况之间的差异

从自评健康状况上看(表 3—25),不同自评健康状况之间公民体育意识水平均值存在显著差异(F=147.312,P=0.000)。总体上看,自评健康状况越好,公民体育意识水平越高。自评健康状况处于“非常好”“好”的公民体育意识水平显著高于其他三组人群(P<0.05),且公民体育意识水平等级“强”“较强”者占比越高,而处于“弱”等级水平者占比越低,自评健康状况“差”“较差”者,等级处于“强”者为“0”。

**表 3—25 不同自评健康状况公民体育意识水平的差异及各等级占比(n=6058)**

| 自评健康状况 | n | 综合指数分值($\bar{\chi}$±SD) | 公民体育意识水平等级比例 | | | |
|---|---|---|---|---|---|---|
| | | | 弱 | 中 | 较强 | 强 |
| 差 | 20 | 48.8±13.9 | 75.0% | 19.2% | 5.8% | 0% |
| 较差 | 86 | 49.0±13.7 | 79.2% | 10.6% | 10.2% | 0% |
| 一般 | 676 | 53.9±15.0 | 60.7% | 26.2% | 9.9% | 3.1% |
| 好 | 1684 | 61.0±13.9 | 41.5% | 33.1% | 17.8% | 7.6% |
| 非常好 | 983 | 61.7±14.0 | 42.3% | 30.0% | 17.4% | 10.3% |

### (三)中国公民体育意识水平要素分析

为描述公民体育意识各要素得分情况,此次调查以公民体育意识中的公民体育认知与认同、公民体育情感与意愿、公民体育态度与意志、公民体育权利与责任4个维度为基础,对公民体育意识不同维度得分情况进行分析,其结果如表3—26、图3—2所示。

**表 3—26 公民体育意识不同维度得分情况(n=6058)**

| 公民体育意识维度 | 得分(分) | 要素 | 得分(分) |
|---|---|---|---|
| 体育认知与认同 | 3.45±0.81 | 认同 | 3.59±0.82 |
| | | 认知 | 3.31±0.94 |
| 体育情感与意愿 | 3.40±0.97 | 情感 | 3.47±0.99 |
| | | 意愿 | 3.33±1.03 |
| 体育态度与意志 | 3.42±0.98 | 态度 | 3.48±1.02 |
| | | 意志 | 3.37±1.08 |
| 体育权利与责任 | 3.88±0.97 | 权利 | 3.90±1.02 |
| | | 责任 | 3.86±1.03 |

注:每个维度赋值5分。

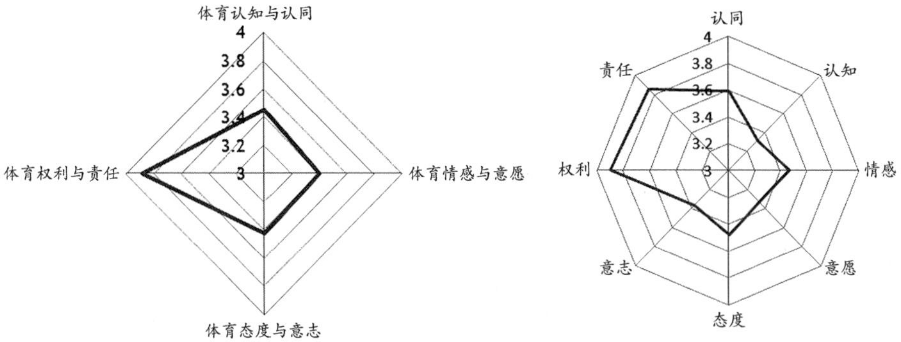


**图 3—2　公民体育意识各维度要素得分情况雷达图**

由表 3—26、图 3—2 可见，受访人群“体育权利与责任”平均分值最高，“体育认知与认同”和“体育态度与意志”差别不大，位居第二、第三，“体育情感与意愿”分值最低，位居最后。从总体来看：①中国公民体育权利与责任意识较强，其均值达到 3. 88 分，换算成百分制得分为 77. 6 分，表明公民对自身拥有的体育权利和在维护全民族体质健康方面的责任有较高的认同；②“公民体育认知与认同”和“公民体育态度与意志”分值不是很高，换算成百分制分别是 69. 0 分和 68. 4 分，表明公民对体育价值的认知和认同，以及对于体育的态度和意志仍处于发展阶段；③“公民体育情感与意愿”分值最低，换算成百分制为 68. 0 分，一方面表明公民对体育的喜爱程度普遍较弱，体育价值认知、体育责任意识与体育情感和预期体育行为之间不协调，公民体育情感培养仍有很长的路要走；另一方面表明公民体育主动参与意愿不高，在全民健身行动方面表现相对欠缺、滞后，这也与多年来我国体育人口基数停滞不前的基本现实相符。如果将四个维度拆分为 8 个要素，“权利”“责任”得分较高，“认知”“意志”“意愿”得分较低。公民体育意识“知”“意”“行”之间脱节现象严重，无法从中看到体育知识对体育行为意愿的指导作用、体育行为意愿对体育意志的回馈。因此，公民体育培育应更加关注“认知”“意志”“意愿”维度，以促使公民体育意识协调发展。①

**1. 公民体育认知与认同**

公民体育知识和对体育价值的认同，是公民内在体育价值主张与观念的支

① 乔玉成：《中国公民体育意识调查报告（2018）》，《武汉体育学院学报》2019 年第 10 期，第 19—27 页。

撑,是公民体育意识形成的基础,是制约群众体育发展的关键性因素之一。本研究共设 8 道题目对公民体育认知与价值认同进行测量,其得分和认知认同情况如表 3—27 所示。数据分析结果显示,整体上看,中国公民对体育价值认同程度较高,但体育知识和技能水平相对较低,呈现出“认同”“认知”发展不同步,认同坚定和认同迷茫并存的现象。

**表 3—27 “公民体育认知与认同”维度得分情况(n=6058)**

| 维度 | 得分 | 题项 | 得分 |
|---|---|---|---|
| B1<br>体育认同 | 3.59±0.82 | C1 我非常认可体育锻炼健身、健心、健美的价值和功能。 | 4.10±1.08 |
| | | C2 我非常认同体育在促进人全面发展和提升幸福感方面的作用。 | 3.89±1.13 |
| | | C3 我认为体育锻炼是一剂良药,对预防和治疗疾病均有效果。 | 3.26±1.20 |
| | | C4 我已经充分认识到体力活动不足的危害及其与慢性病的关系。 | 3.13±1.16 |
| B2<br>体育认知 | 3.31±0.94 | C5 我对体育保健知识已经基本掌握。 | 3.46±1.17 |
| | | C6 我对体育锻炼的原则、方法和运动处方了解得非常清楚。 | 3.26±1.19 |
| | | C7 我对体育锻炼的原理了解得非常透彻。 | 3.35±1.18 |
| | | C8 我非常清楚最安全、最有效的体育锻炼的方式和方法。 | 3.35±1.03 |

注:C1、C2、C3、C4 题项分别赋值 5、4、3、2、1 分,分别代表“非常认同”“比较认同”“说不清楚”“不怎么认同”“不认同”;C5、C6、C7、C8 题项分别赋值 5、4、3、2、1 分,分别代表“非常清楚”“基本了解”“知道一点儿”“不怎么了解”“一点儿也不了解”。

本次调查,共设“对体育健身、健心、健美价值的认同”“对体育在促进人全面发展和提升幸福感作用的认同”“对预防和治疗疾病均有效果的认同”“对体力活动不足的危害及其与慢性病关系的认同”4 道题目对公民体育价值认同进行考察(表 3—27)。总体来看(图 3—3),公民对体育的“健身、健心、健美价值”和“在促进人全面发展和提升幸福感方面的作用”认同度较高,表明体育的“健身、健心、健美价值”和“在促进人全面发展和提升幸福感方面的作用”在中国社会正逐渐被公民认可和接受,而对“预防和治疗疾病的效果”和“体力活动不足的危害及其与慢性病的关系”方面认同度不高，且 4 道题项的标准差均在 1.0 以上，反映组内个体间的离散程度较大。这一方面说明中国公民普遍承认体育参与的重要性、必要性，另一方面说明公民对体育价值的认同意见不一。尽管在所有维度中，“体育认同”得分相对较高，但从图 3—3 可以看出，4 道题中仍分别有 12. 5%、18. 5%、27. 7%、32. 8%的受访者表示中立，有 5. 3%、9. 6%、19. 8%的公民对 C1、C2、C3 中的体育价值和功能“不怎么认同”，18. 8%的公民对“体力活动不足的危害及其与慢性病的关系”“不怎么认同”，分别有 4. 2%、3. 9%、8. 2%、9. 9%的公民对 C1、C2、C3 的体育价值和“体力活动不足的危害及其与慢性病的关系”持否定态度，或比较陌生，或关注度不高，折射出我国公民对“体力活动不足的危害及其与慢性病的关系”缺乏清醒的认识，“未雨绸缪”的意识仍然比较淡薄。因此，我们建议医疗卫生部门及时发布《中国居民体育活动水平与慢性病状况》，定期公布死亡病因排序、人均医疗费开支等基本状况，以引起公民对“体力活动不足的危害及其与慢性病的关系”的重视。① 通过各种渠道、方式向公众，尤其是青少年学生，普及体育锻炼防治慢性病的知识，提高其对体育价值的认同，进而提升其体育意识。

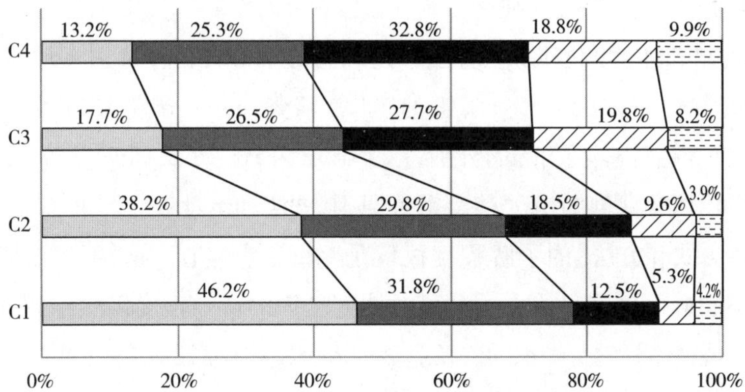


**图 3—3　中国公民体育价值认同度**

公民体育价值认同是公民对体育价值的一种肯定性的心理反应，意味着公民对体育健康促进功能的心理依附，它不仅是决定全民健身事业发展方向和发展速

① 乔玉成：《中国公民体育意识调查报告（2018）》，《武汉体育学院学报》2019 年第 10 期，第 19—27 页。

度的重要因素和思想基础，而且对公民体育行为也具有潜移默化的影响作用。当代中国已将全民健身和全民健康上升为国家战略，能否顺利推动全民健身与全民健康深度融合发展，在一定意义上取决于当代中国公民的体育认同问题能否得到真正解决。从调查获取的数据上看（图 3—4），当前中国公民体育认同状况具有如下特点：高度认同与认同消解并存。尽管 7 成左右的公民对体育价值表现出“非常认同”和“比较认同”，但仍有接近 3 成的公民对“体育的健身、健心、健美价值”认识不清，有 3 成以上的中国公民对“体育在促进人全面发展和提升幸福感作用”持怀疑态度。有近 6 成左右的公民对“体育预防治疗疾病的效果”和“体力活动不足的危害及其与慢性病的关系”“说不清楚”“不怎么认同”或“不认同”。因此，大力培育公民体育价值认同意识，就成为当代中国体育改革和发展所面临的重大课题，也是体育相关部门在新的历史条件下所要承担的政治使命。

体育基础知识是公民关心体育问题和参与体育活动的前提和基础，而掌握丰富的体育知识是具备体育意识的人应有的基本素质。关于公民体育认知和知识维度，本调查共设了 4 个问题（C5、C6、C7、C8），主要是考察公民对体育知识的了解或掌握程度。调查结果显示，尽管中国公民对体育价值的认同程度较高，但关于体育健身的相关知识仍然比较缺乏。调查数据显示（图 3—4），中国公民对“体育保健知识”（C5）、“体育锻炼原则、方法和运动处方”（C6）、“体育锻炼原理”（C7）、“体育锻炼方式和方法”（C8）了解的“非常清楚”的仅分别占 22.0%、17.1%、14.0%和 17.5%，“基本了解”的分别占 29.6%、27.5%、27.1%和 30.4%，有一半以上的公民对“体育保健知识”“体育锻炼原则、方法和运动处方”“体育锻炼原理”“体育锻炼方式和方法”的了解程度仅仅是“知道一点儿”，或“不怎么了解”，或“一点都不知道”，说明目前中国公民对体育知识的认知程度仍然停留在较低层次。因此，公民体育健身知识的普及应该列入公民体育意识培养的重点。

为了进一步挖掘受访者在体育认知与认同上出现的差异，笔者分别从性别、年龄、受教育程度等人口学变量对其进行了分析。

从性别上看，在体育价值认同上，整体上男性公民明显高于女性公民（$P<0.001$）（表 3—28），但其差异主要体现在“对预防和治疗疾病均有效果的认同”和“对体力活动不足的危害及其与慢性病关系的认同”上。而“对体育健身、健心、健美价值的认同”和“对体育在促进人全面发展和提升幸福感作用的认同”不存在性别差异（$P>0.05$）。在了解和掌握体育知识方面，整体上男性公民明显

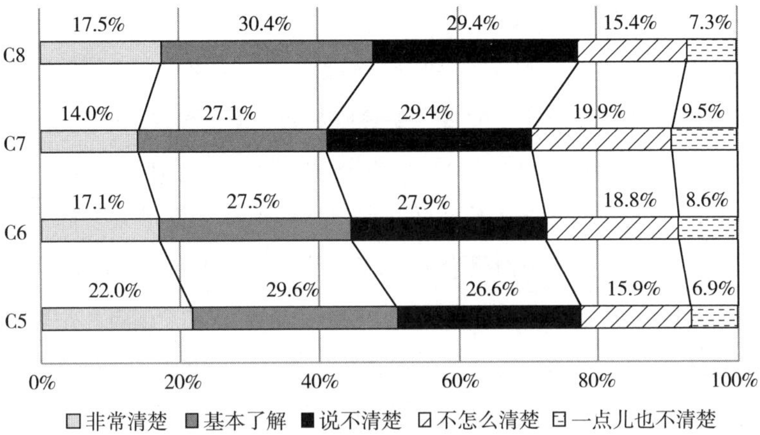


**图 3—4　中国公民对体育知识的了解程度**

强于女性公民（P<0.001），但在对“体育保健知识”的了解和掌握上不存在差别（P>0.05），其差异主要体现在对“体育锻炼原则、方法和运动处方”（C6）、“体育锻炼原理”（C7）、“体育锻炼方式和方法”（C8）的了解和掌握上，分析其原因，可能与男性公民较女性公民更加爱好体育运动有关。

**表 3—28　公民体育认知与认同的性别差异（n=6058）**

| 维度 | 得分 | | 题项 | 得分 | | t | P |
|---|---|---|---|---|---|---|---|
| | 男 | 女 | | 男 | 女 | | |
| 体育认同 | 3.61±0.84 | 3.55±0.80** | C1 | 4.11±1.09 | 4.09±1.07 | 0.983 | 0.326 |
| | | | C2 | 3.89±1.15 | 3.89±1.13 | 0.452 | 0.651 |
| | | | C3 | 3.36±1.20 | 3.14±1.19 | 10.111 | 0.000 |
| | | | C4 | 3.17±1.17 | 3.08±1.14 | 4.343 | 0.000 |
| 体育认知 | 3.35±0.95 | 3.26±0.92** | C5 | 3.48±1.19 | 3.44±1.14 | 2.082 | 0.037 |
| | | | C6 | 3.31±1.19 | 3.20±1.19 | 5.093 | 0.000 |
| | | | C7 | 3.20±1.18 | 3.12±1.17 | 3.925 | 0.000 |
| | | | C8 | 3.41±1.15 | 3.29±1.15 | 5.741 | 0.000 |

注：** 与男性相比，P<0.001。

从年龄段来看（表 3—29），中国公民各年龄段对“体育健身、健心、健美价值”和“体育在促进人全面发展和提升幸福感作用”的认同普遍高于对“预防和治疗疾病均有效果”和“体力活动不足的危害及其与慢性病关系”。在“体育健身、健心、健美价值”和“体育在促进人全面发展和提升幸福感作用”认同方面，“18—29岁”年龄段较高，“30—39岁”年龄段最低，“40—49岁”“50—59岁”“60—69岁”又出现逐步回升，到“60—69岁”年龄段超过“18—29岁”年龄段水平，呈现“U”形态势。进一步分析发现，“60—69岁”年龄段对“体育健身、健心、健美价值”“非常认同”的占比高出均值4.6个百分点，而对“体育在促进人全面发展和提升幸福感作用”“非常认同”的比例则相对较低，低于均值0.4个百分点，反映出年长者比年轻人对体育价值的认同更加偏重于“身心健康”。在“预防和治疗疾病均有效果”和“体力活动不足的危害及其与慢性病关系”认同方面，“18—29岁”年龄段得分最高，“30—39岁”“40—49岁”“50—59岁”依次递减，“60—69岁”年龄段得分率最低，反映出年长者比年轻人对“体力活动不足的危害”以及“通过体育锻炼防治慢性病”更加敏感，折射出年轻人的自我体育保健意识更强。在体育知识方面（表3—29），无论是“体育保健知识”（C5），还是“体育锻炼原则、方法和运动处方”（C6）、“体育锻炼原理”（C7），还是“体育锻炼方式和方法”（C8），均有随年龄段升高逐步降低的趋势，说明年龄越大，体育知识和技能越差，主动获取体育知识的能力越差。分析原因，我们认为一方面有可能与接受体育教育的年限有关，另一方面可能与年龄越大对“体育”的重视关注程度越低存在关联。

**表3—29　公民体育认知与认同的年龄段差异（n=6058）**

| 维度 | 题项 | 得分 | | | | | F | P |
|---|---|---|---|---|---|---|---|---|
| | | 18—29岁 | 30—39岁 | 40—49岁 | 50—59岁 | 60—69岁 | | |
| 体育认同 | C1 | 4.24±0.95 | 4.01±1.12 | 4.02±1.14 | 4.10±1.11 | 4.24±0.99 | 26.355 | 0.000 |
| | C2 | 4.01±1.09 | 3.83±1.14 | 3.80±1.18 | 3.87±1.20 | 3.99±1.01 | 18.622 | 0.000 |
| | C3 | 3.51±1.20 | 3.20±1.25 | 3.22±1.21 | 3.22±1.21 | 3.10±1.04 | 39.608 | 0.000 |
| | C4 | 3.34±1.18 | 3.14±1.23 | 3.08±1.20 | 3.10±1.24 | 2.97±0.97 | 32.443 | 0.000 |
| 体育认知 | C5 | 3.74±1.09 | 3.47±1.19 | 3.43±1.21 | 3.46±1.22 | 3.12±0.99 | 78.812 | 0.000 |
| | C6 | 3.50±1.18 | 3.23±1.21 | 3.23±1.24 | 3.19±1.20 | 3.11±1.04 | 35.392 | 0.000 |
| | C7 | 3.34±1.17 | 3.09±1.16 | 3.13±1.01 | 3.09±1.24 | 3.18±1.01 | 19.305 | 0.000 |
| | C8 | 3.63±1.12 | 3.33±1.13 | 3.30±1.22 | 3.33±1.21 | 3.16±0.95 | 53.125 | 0.000 |

注：** 与男性相比，P<0.001。

从受教育程度上看（表3—30），不论是体育认同，还是体育认知水平，其得分均呈现出随受教育年限的延长逐步升高的趋势(P<0.001)。尽管在体育价值认同方面,“本科及以上”学历与“初中及以下”学历在“非常认同”等级所占的百分比之间的差别不大,但在体育知识与技能方面,其等级达到“非常清楚”者的比例,“本科及以上”学历比“初中及以下”学历均高出5个百分点,甚至高出15个百分点(C8)。表明受教育程度越高,体育价值认同度越高,体育知识技能掌握程度的比例越高。体育知识得分均值快速提高的学历起点为“高中”,但认知程度明显提高的学历起点则是“大专”,说明受教育程度越高,对体育信息的认知、敏感度和洞察力越强,公民体育知识水平越高,这表明学校体育教育作为公民体育意识培育中的一条重要路径具有不可替代的作用。同时提示,公民体育意识培育,不同受教育程度的公民,其培育方式和内容应有不同的起点,无差别的体育培育模式很难在不同的受教育群体中发挥出更大的效果。

表3—30　公民体育认知与认同的学历差异(n=6058)

| 维度 | 题项 | 得分 | | | | F | P |
|---|---|---|---|---|---|---|---|
| | | 初中及以下 | 高中 | 大专 | 本科及以上 | | |
| 体育认同 | C1 | 4.05±1.14 | 4.03±1.17 | 4.02±1.14 | 4.22±1.08 | 28.244 | 0.000 |
| | C2 | 3.75±1.19 | 3.84±1.19 | 3.92±1.13 | 3.97±1.14 | 24.029 | 0.000 |
| | C3 | 2.92±1.24 | 3.12±1.18 | 3.27±1.16 | 3.53±1.20 | 175.358 | 0.000 |
| | C4 | 2.92±1.26 | 2.98±1.13 | 3.20±1.10 | 3.32±1.16 | 100.914 | 0.000 |
| 体育认知 | C5 | 3.14±1.27 | 3.19±1.13 | 3.38±1.08 | 3.84±1.06 | 325.715 | 0.000 |
| | C6 | 3.00±1.18 | 3.12±1.13 | 3.30±1.18 | 3.47±1.15 | 110.015 | 0.000 |
| | C7 | 2.90±1.25 | 3.04±1.17 | 3.23±1.14 | 3.36±1.12 | 112.596 | 0.000 |
| | C8 | 3.13±1.24 | 3.18±1.16 | 3.39±1.07 | 3.59±1.51 | 126.427 | 0.000 |

### 2. 公民体育情感与意愿

公民体育情感与意愿是持续左右和引导公民体育活动参与的动力,是公民体育意识水平高低的决定性因素。本研究共设7道题目对公民体育情感与意愿进行测量,其得分情况如表3—31所示。将表3—31的体育情感和意愿换算成百分制,得分分别为69.4分和66.6分,表明中国公民体育情感和意愿整体上还处于中等偏下水平。

表 3—31 “公民体育情感与意愿”维度得分情况(n=6058)

| 维度 | 得分 | 题项 | 得分 |
|---|---|---|---|
| B3<br>体育情感 | 3. 47±0. 99 | C9 我已经深深体验到体育锻炼给自己带来的好处。 | 3. 66±1. 13 |
| | | C10 我一想到要去参加体育运动就兴奋不已。 | 3. 28±1. 18 |
| | | C11 我渴望参加体育锻炼,它对我来说就是一种享受。 | 3. 40±1. 17 |
| | | C12 每次参加体育锻炼后,我都会感到心情非常愉悦。 | 3. 55±1. 17 |
| B4<br>体育意愿 | 3. 33±1. 03 | C13 我愿意把体育锻炼当作日常生活中最重要的事情来做。 | 3. 35±1. 18 |
| | | C14 我打算在近半年内每周至少参加 3 次体育锻炼,且每次在 30 分钟以上。 | 3. 40±1. 20 |
| | | C15 我愿意把时间、精力、金钱花在身体锻炼方面。 | 3. 23±1. 208 |

注:C9、C10、C11、C12 题项分别赋值 5、4、3、2、1 分,分别代表“体验非常深刻”“体验比较深刻”“体验一般”“不怎么有感受”“感受不到”。C13、C14、C15 题项分别赋值 5、4、3、2、1 分,分别代表“非常愿意”“比较愿意”“说不清楚”“不怎么愿意”“不愿意”。

公民体育情感是指公民对与体育有关的行为、现象的感受、评价。它不仅是公民体育意识发挥主观能动作用的主要动力,也是维系公民体育活动参与的纽带和桥梁。本次调查,共设“我已经深深体验到体育锻炼给自己带来的好处”“我一想到要去参加体育运动就兴奋不已”“我渴望参加体育锻炼,它对我来说就是一种享受”“每次参加体育锻炼后,我都会感到心情非常愉悦”4 道题目对公民体育情感进行考察(表 3—31)。总体上看(表 3—31、图 3—5),公民对“体育锻炼能给自己带来好处”和“参加体育锻炼后感到心情非常愉悦”体验较为深刻,而对“一想到要去参加体育运动就兴奋不已”和“体育锻炼是一种享受”的体验度较低。从本调查获取的数据看,当前中国公民体育情感状态并不乐观。尽管有 60. 8%的公民能够“深刻”或“比较深刻”的体验“体育锻炼给自己带来的好处”,有 46. 3%的公民能够“深刻”或“比较深刻”的感受“一想到要去参加体育活动就兴奋不已”,分别有 49. 1%和 55. 6%的公民能够“深刻”或“比较深刻”体验“体育锻炼对自己来说就是一种享受”和“锻炼后会感到心情非常愉悦”,但仍有 4 到 5 成的公民对这些体验“说不清楚”,或持否定态度,难以感受到体育给人带来的良好情感体验。由此看出,我国公民对体育的喜爱程度仍然不是很高,公民体育情感仍处于较低水平。因此,如何引导公民热爱体育运动,加深对体育的情感体验,促成公民体育情感的产生和发展,将成为未来公民体育意识培育的重要内容。

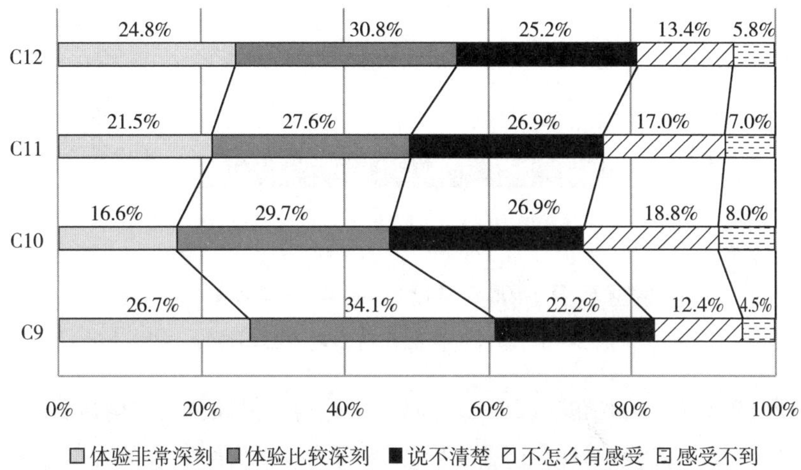


**图 3—5　中国公民体育情感体验等级情况**

公民体育意愿是指公民个人根据自身体育需要产生的一种看法或想法,并由此产生个人想要达到的体育活动参与目标和方向,然后凭借自己的能力去达成这个目标和方向。关于公民体育意愿维度,本次调查共设了 3 个问题(C13、C14、C15),主要是考察公民体育意愿程度。调查结果显示(图 3—6),分别有 19. 1%和 29. 1%的公民"非常愿意"或"比较愿意""把体育锻炼当作日常生活中最重要的事情来做";分别有 21. 1%和 30. 2%的公民"非常愿意"或"比较愿意""在近半年内每周至少参加 3 次体育锻炼,且每次在 30 分钟以上";分别有 16. 7%和 26. 9%的公民"非常愿意"或"比较愿意""把时间、精力、金钱花在身体锻炼方面",愿意积极参与到体育健身的公民不到一半。分别有 26. 8%、23. 7%和 27. 5%的公民在上述 3 个问题上"说不清楚",持中立态度;有 2 到 3 成的公民在上述 3 个问题上明确表示"不怎么愿意"或"不愿意",表明目前中国公民体育参与意识仍然比较薄弱,体育参与积极性也不高,5 成或 5 成以上的公民体育意识还只停留在表面,没有落实到行动上。

为了进一步挖掘受访者在体育情感意愿上出现的差异,本研究分别从性别、年龄、受教育程度等人口学变量对其进行了分析。

从性别上看,在体育情感体验方面(表 3—32),不仅男性公民整体上显著高于

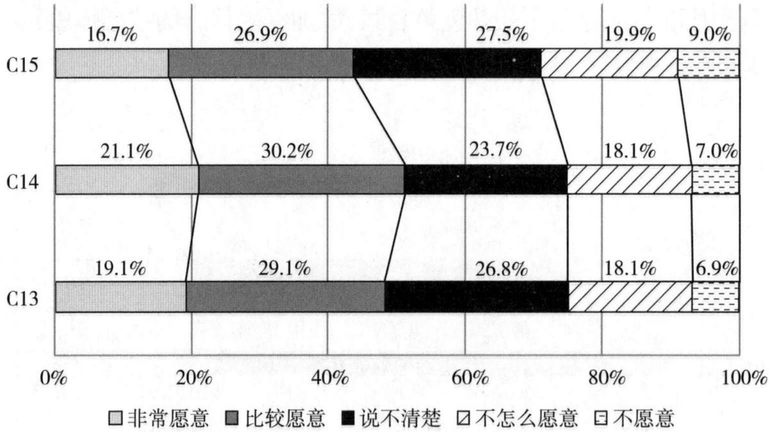


**图 3—6　中国公民体育行为意愿等级情况**

女性公民(P<0.001),各题项(C9、C10、C11、C12)得分男性公民也均显著高于女性公民,(P<0.001),表明男性公民较女性公民"体育情感"更深,在体育参与过程中,获得的情感体验也更加强烈。在体育意愿方面,也呈现出与体育情感类似的态势,这也基本与我国历次群众体育调查体育参与率的性别差异数据相吻合。

**表 3—32　中国公民体育情感与意愿的性别差异(n=6058)**

| 维度 | 得分 | | 题项 | 得分 | | t | P |
|---|---|---|---|---|---|---|---|
| | 男 | 女 | | 男 | 女 | | |
| 体育情感 | 3.54±0.99 | 3.40±0.98** | C9 | 3.71±1.12 | 3.60±1.14 | 5.546 | 0.000 |
| | | | C10 | 3.35±1.17 | 3.20±1.18 | 7.658 | 0.000 |
| | | | C11 | 3.50±1.18 | 3.27±1.20 | 11.114 | 0.000 |
| | | | C12 | 3.59±1.19 | 3.27±1.20 | 3.544 | 0.000 |
| 体育意愿 | 3.39±1.04 | 3.26±1.02** | C13 | 3.43±1.19 | 3.27±1.16 | 7.779 | 0.000 |
| | | | C14 | 3.46±1.20 | 3.34±1.20 | 5.447 | 0.000 |
| | | | C15 | 3.29±1.22 | 3.16±1.18 | 6.301 | 0.000 |

注:** 与男性相比,P<0.001。

从年龄段上来看,在体育情感方面(表 3—33),中国公民各年龄段对"体育锻炼能给自己带来好处(C9)"的体验均高于"参加体育锻炼后感到心情非常愉悦"(C12)、"一想到要去参加体育运动就兴奋不已"(C10)、"体育锻炼是一种享受"(C11),表明中国公民在"体育锻炼给自己带来好处"方面有较为深刻的体验。总体上看，C9、C10、C11在"18—29岁"年龄段得分值最高，显著高于其他年龄段（P<0.001），但C9、C10、C11在"30—39岁""40—49岁""50—59岁"年龄段之间差别不大（P>0.05），说明年轻人比年长者体育情感体验更加深刻和丰富。在"50—59岁"年龄段得分值最大，表明该年龄段公民对"参加体育锻炼后感到心情愉悦"（C12）体验较为深刻，"60—69岁"年龄段对"体育锻炼能给自己带来好处"（C9）体验较为深刻，而在"一想到要去参加体育运动就兴奋不已"（C10）和"体育锻炼是一种享受"（C11）方面得分值最低，说明进入老年阶段的公民在体育情感体验方面更加"实在"。

在体育意愿方面（表3—33），无论是"愿意把体育锻炼当作日常生活中最重要的事情来做"（C13），还是"愿意把时间、精力、金钱花在身体锻炼方面"（C15）、均呈现出随年龄段升高得分值逐步降低的趋势，说明年龄越大，参与体育活动的意愿越低。但在"打算近半年内每周至少参加3次体育锻炼，且每次在30分钟以上"题项中，"18—29岁"得分值最高，后随年龄段的升高逐步降低，"40—49岁"年龄段出现拐点，并逐步回升，总体上呈"U"型，这与我国目前体育人口的年龄结构极为相似，说明体育意识在影响体育行为方面具有重要的作用。

**表3—33　公民体育情感与意愿的年龄段差异（n=6058）**

| 维度 | 题项 | 得分 | | | | | F | P |
|---|---|---|---|---|---|---|---|---|
| | | 18—29岁 | 30—39岁 | 40—49岁 | 50—59岁 | 60—69岁 | | |
| 体育情感 | C9 | 3.85±1.06 | 3.61±1.12 | 3.58±1.21 | 3.60±1.18 | 3.71±0.99 | 26.871 | 0.000 |
| | C10 | 3.55±1.18 | 3.25±1.18 | 3.23±1.23 | 3.18±1.21 | 3.18±0.96 | 42.322 | 0.000 |
| | C11 | 3.66±1.17 | 3.38±1.19 | 3.32±1.27 | 3.42±1.22 | 3.19±1.02 | 49.393 | 0.000 |
| | C12 | 3.34±1.18 | 3.31±1.15 | 3.30±1.22 | 3.50±1.23 | 3.39±0.99 | 62.803 | 0.000 |
| 体育意愿 | C13 | 3.59±1.17 | 3.47±1.19 | 3.43±1.24 | 3.30±1.22 | 3.25±1.00 | 32.927 | 0.000 |
| | C14 | 3.60±1.18 | 3.36±1.20 | 3.28±1.26 | 3.38±1.26 | 3.44±1.00 | 27.510 | 0.000 |
| | C15 | 3.52±1.16 | 3.25±1.18 | 3.14±1.27 | 3.14±1.26 | 3.06±1.02 | 56.940 | 0.000 |

从受教育程度上看（表3—34），无论是体育情感，还是体育意愿，其得分值均呈现出随受教育年限的延长逐步升高的趋势，不同受教育程度之间存在显著性差异（P<0.001），表明受教育程度越高，公民体育情感体验越强，体育行为意愿水平越高。在体育情感体验方面，"本科及以上"受教育程度"体验非常深刻"

和“体验比较深刻”占比要比“初中及以下”高出 23. 3 个百分点，而“不怎么有感受”和“感受不到”的占比要低 12. 7 个百分点；在体育行为意愿方面，“本科及以上”受教育程度者“非常愿意”和“比较愿意”“把体育锻炼当作日常生活中最重要的事情来做”“把时间、精力、金钱花在身体锻炼方面”“打算在近半年内每周至少参加 3 次体育锻炼，且每次在 30 分钟以上”者的占比要比“初中及以下”受教育程度的占比高出 23. 2 个百分点，而“不怎么愿意”和“不愿意”的占比要比“初中及以下”受教育程度的占比低出 21. 2 个百分点，说明学校体育教育在培育公民体育情感和行为意愿方面具有重要的作用。

**表 3—34　公民体育情感与意愿的受教育程度差异（n=6058）**

| 维度 | 题项 | 得分 | | | | F | P |
|---|---|---|---|---|---|---|---|
| | | 初中及以下 | 高中 | 大专 | 本科及以上 | | |
| 体育情感 | C9 | 3. 39±1. 22 | 3. 56±1. 67 | 3. 64±1. 08 | 3. 89±1. 03 | 134. 976 | 0. 000 |
| | C10 | 2. 97±1. 22 | 3. 13±1. 16 | 3. 26±1. 13 | 3. 56±1. 12 | 183. 259 | 0. 000 |
| | C11 | 3. 08±1. 21 | 3. 23±1. 19 | 3. 36±1. 19 | 3. 70±1. 24 | 200. 412 | 0. 000 |
| | C12 | 3. 12±1. 18 | 3. 34±1. 17 | 3. 54±1. 13 | 3. 94±1. 05 | 375. 232 | 0. 000 |
| 体育意愿 | C13 | 2. 97±1. 26 | 3. 23±1. 11 | 3. 37±1. 14 | 3. 64±1. 12 | 218. 621 | 0. 000 |
| | C14 | 3. 09±1. 29 | 3. 29±1. 18 | 3. 44±1. 13 | 3. 63±1. 14 | 138. 252 | 0. 000 |
| | C15 | 2. 79±1. 28 | 3. 03±1. 14 | 3. 28±1. 15 | 3. 58±1. 11 | 311. 564 | 0. 000 |

### 3. 公民体育态度与意志

公民对体育的理解和支持是国家体育事业发展的基础。作为公民体育意识的重要维度之一，体育态度与意志主要反映的是公民对体育的稳固认知倾向、情感倾向和行为倾向，以及自觉坚持参与体育活动，克服活动中的障碍、困难，以达到目的的心理表现。公民体育态度与意志涵盖了公民体育意识的“内隐—外显”两方面，能较为准确地预测公民体育意识在“知—行”上的实际变化情况。本次调查共设 5 道题目对公民体育态度与意志进行测量，其得分情况如表 3—35 所示。数据分析结果显示，整体来看，中国公民体育态度积极热情与消极心理并存，体育意志坚定与三心二意同在，勾勒出中国公民体育态度与意志水平不容乐观的现实状态。

表 3—35　“公民体育态度与意志”维度得分情况(n=6058)

<table>
<tr><th>维度</th><th>得分</th><th>题项</th><th>得分</th></tr>
<tr><td rowspan="3">B5<br>体育态度</td><td rowspan="3">3.48±1.02</td><td>C16 我非常热衷于参加体育活动。</td><td>3.38±1.19</td></tr>
<tr><td>C17 即使工作再忙,我也意愿意挤出一点时间参加体育锻炼。</td><td>3.50±1.17</td></tr>
<tr><td>C18 我正在想方设法通过各种形式的体育锻炼来改善自己的健康状况。</td><td>3.55±1.17</td></tr>
<tr><td rowspan="2">B6<br>体育意志</td><td rowspan="2">3.37±1.08</td><td>C19 无论遇到多大困难,我都会根据自己的锻炼计划坚持体育锻炼的。</td><td>3.34±1.22</td></tr>
<tr><td>C20 尽管体育锻炼很苦很累,但我也至少坚持了半年。</td><td>3.40±1.21</td></tr>
</table>

注:C16、C17、C18、C19、C20 题项分别赋值 5、4、3、2、1 分,分别代表“非常符合”“比较符合”“不确定”“不太符合”“非常不符合”。

公民体育态度是指公民个体对体育所持有的评价、体验和行为意向的综合心理表现,是一种带有惯性的体育行为直接准备状态,具有后天获得性、指向性、稳定性等特点。公民体育态度不仅调节着公民诸如是否参与体育活动、参与什么样的体育活动、如何参与体育活动等问题的选择,而且对个体体育参与行为产生影响。例如,有些人对参与体育活动达到迷恋的程度,有的人可能对体育活动缺乏热情,这都是体育态度的表现。本次调查,共设“我非常热衷于参加体育活动,因为我认为体育锻炼对的健康非常有益”“即使工作再忙,我也意愿意挤出一点时间参加体育锻炼”“我正在想方设法通过各种形式的体育锻炼来改善自己的健康状况”3 道题目对公民体育态度进行考察(表 3—35)。总体来看(表 3—35),公民在“非常热衷于参加体育活动”题项上得分均值不高,而在“愿意挤出一点时间参加体育锻炼”“正在想方设法通过各种形式的体育锻炼来改善自己的健康状况”两个题项的得分均值上相对较高。从公民体育态度“等级”上看(图 3—7),“非常热衷于参加体育活动”(C16)、“愿意挤出一点时间参加体育锻炼”(C17)、“正在想方设法通过各种形式的体育锻炼来改善自己健康状况”(C18)的公民不足 3 成。有 4 到 5 成的公民对这三个问题持“中立”或“否定”态度,表明公民体育行为意向仍处于“模糊”或“消极”状态,离形成较为稳定的体育兴趣和积极的体育态度仍有一定的距离。因此,如何加深公民对体育的情感体验,促成公民形成强烈的体育活动参与倾向和良好的体育态度,引导公民积极投入到体育活动之中，将成为未来公民体育意识培育不可或缺的内容。

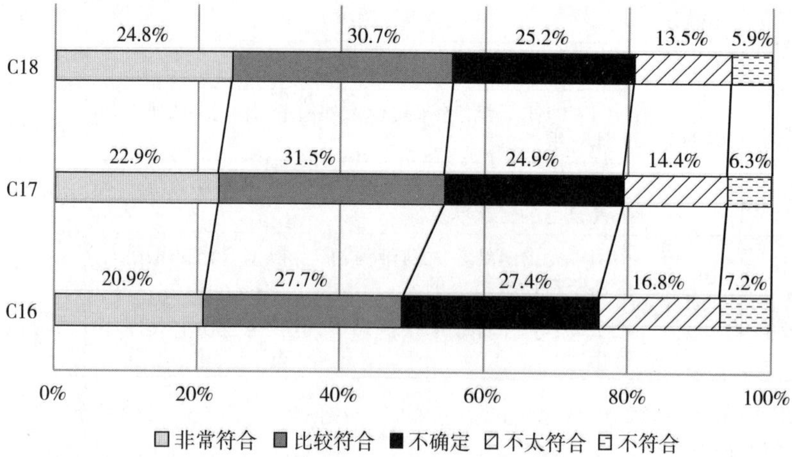


**图 3—7　中国公民体育态度等级情况**

公民体育意志是指公民为达到参加体育活动目的不畏艰苦，勇于克服困难的意志品质，包括参与体育活动的自觉性、主动性、果断性、自制性，坚持性和坚韧性。参加体育活动需要克服各种困难，如中长跑“极点”时的坚持、酷暑严寒气候下的锻炼、力量练习带来的肌肉酸痛、器械体操练习的畏惧情绪等。公民体育意志是公民参与体育活动巨大的精神力量，是人类意识能动性的集中表现和体育行为的原动力，在体育意识中占有重要地位。关于公民体育意志维度，本次调查共设了 2 个题项（C19、C20），主要是考察公民体育意志程度。调查结果显示：公民体育意志（B6）平均分值不高（表 3—35、图 3—8），仅分别有 20.2%和 22.1%的公民“非常符合”“无论遇到多大困难，都会根据自己的锻炼计划坚持体育锻炼的”和“尽管体育锻炼很苦很累，但自己也至少坚持了半年”，分别有 28.0%和 28.2%的公民“比较符合”，但仍分别有一半左右的公民在上述两个问题上持“中立”或“否定”态度，表明目前中国绝大多数公民体育意志仍然比较薄弱，参加体育锻炼的自觉性、主动性、坚持性都比较差，怕苦怕累，缺乏毅力，遇到困难和挫折往往会产生动摇，这也应当成为我们在公民体育意识培养中不可忽视的重要方面。

在上述对公民体育态度和意志整体分析的基础上，本研究还分别从性别、年龄、受教育程度等人口学变量对此维度进行了进一步的挖掘。

从性别上看，在体育态度方面（表 3—36），不仅男性公民整体上显著高于女

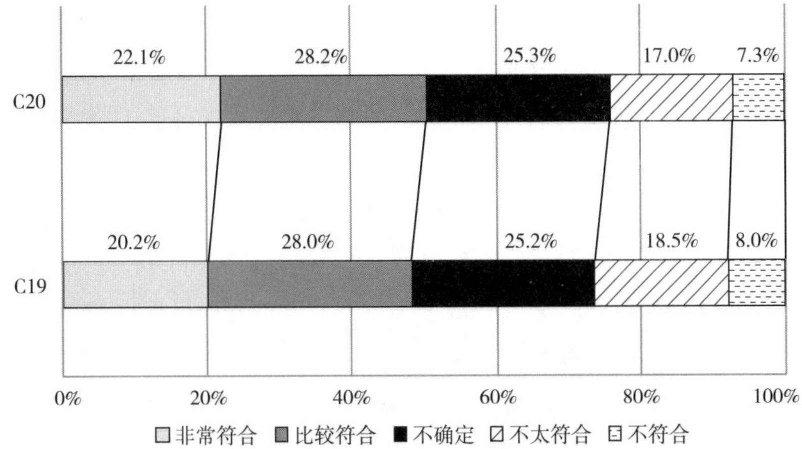


**图 3—8　中国公民体育意志"等级"情况**

性公民(P<0.001),各题项(C16、C17、C18)得分男性公民也均显著高于女性公民(P<0.001),表明男性公民较女性公民更加"热衷于参加体育活动",更加愿意"在工作之余挤出一点时间参加体育锻炼",对"体育锻炼能够改善自己健康状况"更加认可。在体育意志方面,男性公民比女性公民参与体育活动的"自觉性、主动性、果断性、自制性,坚持性和坚韧性"也更强,克服困难的决心更大。

**表 3—36　中国公民体育态度与意志的性别差异(n=6058)**

| 维度 | 得分 | | 题项 | 得分 | | t | P |
|---|---|---|---|---|---|---|---|
| | 男 | 女 | | 男 | 女 | | |
| 体育态度 | 3.53±1.03 | 3.42±1.01** | C16 | 3.57±1.21 | 3.40±1.18 | 6.226 | 0.000 |
| | | | C17 | 3.66±1.16 | 3.45±1.18 | 7.833 | 0.000 |
| | | | C18 | 3.74±1.14 | 3.48±1.16 | 10.036 | 0.000 |
| 体育意志 | 3.47±1.02 | 3.25±1.07** | C19 | 3.59±1.19 | 3.20±1.23 | 14.617 | 0.000 |
| | | | C20 | 3.63±1.20 | 3.44±1.21 | 10.900 | 0.000 |

注:** 与男性相比,P<0.001。

从年龄段上来看(表 3—37),在体育态度方面,中国公民各年龄段对"正在想方设法通过各种形式的体育锻炼来改善自己健康状况"(C18)和"在工作之余挤出一点时间参加体育锻炼"(C17)的态度得分值高于"非常热衷于参加体育活动"(C16),表明中国公民在"认知倾向"和"情感倾向"方面好于"行为倾向"。

总体上看(表3—37),C16、C17、C18在“18—29岁”年龄段得分值显著高于其他年龄段(P<0.001),且有随年龄增加得分值呈逐步下降的态势,但在“50—59岁”年龄段又出现小幅度的回升,到“60—69岁”年龄段又开始下降,说明“18—29岁”年龄段的年轻人比年长者更加热衷于参加体育活动,更愿意在工作之余挤出一点时间参加体育锻炼来改善自己健康状况。在体育意志方面,无论是在“遇到多大困难,都会根据自己的锻炼计划坚持体育锻炼”(C19)上,还是“尽管体育锻炼很苦很累,但自己至少坚持了半年”(C20)上,均呈现出随年龄段升高得分值逐步降低的趋势,说明年龄越小,参与体育活动的“自觉性、主动性、果断性、自制性,坚持性和坚韧性”越强,而年龄越大,体育意志越薄弱。

**表3—37 公民体育态度与意志的年龄段差异(n=6058)**

| 维度 | 题项 | 得分 | | | | | F | P |
|---|---|---|---|---|---|---|---|---|
| | | 18—29岁 | 30—39岁 | 40—49岁 | 50—59岁 | 60—69岁 | | |
| 体育态度 | C16 | 3.66±1.16 | 3.37±1.21 | 3.30±1.26 | 3.33±1.21 | 3.13±0.92 | 51.488 | 0.000 |
| | C17 | 3.64±1.15 | 3.46±1.17 | 3.39±1.25 | 3.52±1.23 | 3.46±0.94 | 17.151 | 0.000 |
| | C18 | 3.68±1.12 | 3.52±1.17 | 3.47±1.24 | 3.54±1.21 | 3.40±0.98 | 16.486 | 0.000 |
| 体育意志 | C19 | 3.45±1.23 | 3.24±1.23 | 3.27±1.24 | 3.22±1.24 | 3.26±1.02 | 14.251 | 0.000 |
| | C20 | 3.58±1.18 | 3.35±1.23 | 3.33±1.27 | 3.35±1.25 | 3.26±0.99 | 23.463 | 0.000 |

从受教育程度上看(表3—38),无论是体育态度,还是体育意志,其得分均呈现出随受教育年限的延长逐步升高的趋势,不同受教育程度之间存在显著性差异(P<0.001),表明受教育程度越高,体育态度越积极,体育意志越坚强,越热衷于参加体育活动,越愿意挤出一点时间参加体育锻炼以改善自己的健康状况,参与体育活动的“自觉性、主动性、坚持性和坚韧性”也越强。在体育态度方面,“本科及以上”受教育程度体育态度(B5)“非常积极”和“比较积极”参与体育活动的比例比“初中及以下”高出8.2个百分点。在体育意志方面,“本科及以上”受教育程度者体育意志(B6)“非常顽强”和“比较顽强”者的比例要比“初中及以下”占比高出19.9个百分点,说明学校体育教育在培育公民良好体育态度和顽强体育意志方面具有重要的作用。

**表 3—38　公民体育态度与意志的受教育程度差异（n=6058）**

| 维度 | 题项 | 得分 | | | | F | P |
|---|---|---|---|---|---|---|---|
| | | 初中及以下 | 高中 | 大专 | 本科及以上 | | |
| 体育态度 | C16 | 3.09±1.29 | 3.21±1.21 | 3.45±1.16 | 3.73±1.21 | 219.593 | 0.000 |
| | C17 | 3.24±1.30 | 3.34±1.17 | 3.50±1.16 | 3.77±1.09 | 162.114 | 0.000 |
| | C18 | 3.36±1.30 | 3.39±1.19 | 3.54±1.14 | 3.81±1.07 | 147.272 | 0.000 |
| 体育意志 | C19 | 3.22±1.26 | 3.18±1.23 | 3.24±1.20 | 3.58±1.19 | 125.770 | 0.000 |
| | C20 | 3.11±1.30 | 3.27±1.22 | 3.40±1.20 | 3.71±1.29 | 179.656 | 0.000 |

### 4. 公民体育权利与责任

公民体育权利与责任是指作为国家的公民，应该享有通过参加体育活动促进身体健康和获得幸福的权利，也有承担通过身体锻炼“提高全民族健康素质”，建设“体育强国”和“健康中国”的责任和义务。本次调查将“体育意识”的主体限定在“公民”，而不是“国民”“居民”“群众”，主要是基于被调查对象的“公民”身份。公民体育意识是公民意识的组成部分，而公民意识的核心是公民的权利和责任意识，故公民体育意识离不开权利与责任意识。本次调查共设置了 4 个题项（表 3—39），主要从“主体—权利意识”和“主体—责任意识”两个视角对当代中国公民意识的“权利与责任”维度进行测量，其目的是考察公民在体育健康促进方面的身份自觉，以及在体育权利和责任意识方面的现状。数据分析结果显示，整体上看，中国公民体育权利意识和责任意识在公民体育意识 8 要素中处于前两位，得分较高，说明随着公民社会的建设，公民体育权利意识和责任意识也得到了较好的发展。

**表 3—39　“公民体育权利与责任”维度得分情况（n=6058）**

| 维度 | 得分 | 题项 | 得分 |
|---|---|---|---|
| B7<br>体育权利 | 3.90±1.02 | C21 我认为自己有权利共享体育发展的成果。 | 3.92±1.10 |
| | | C22 我认为自己享有公共体育服务的权利。 | 3.87±1.11 |

续表

| 维度 | 得分 | 题项 | 得分 |
|---|---|---|---|
| B8 体育责任 | 3. 86±1. 03 | C23 我认为自己有责任履行“全民健身计划”的义务。 | 3. 84±1. 12 |
| | | C24 我认为在体育锻炼提高自己体质水平的同时，也是在为“全民健康”社会建设承担责任。 | 3. 88±1. 14 |

注：C21、C22、C23、C24 题项分别赋值 5、4、3、2、1 分，分别代表“非常符合”“比较符合”“不确定”“不太符合”“非常不符合”。

公民体育权利是指公民为了参与体育活动而应享有的，由国家和法律予以保障的，与体育有关的利益。而公民体育权利意识则是指公民自己应该意识到享有这种“权利”，了解通过参与体育运动获得相应利益的正当性。本次调查，共设“我认为自己有权利共享体育发展的成果”和“我认为自己享有公共体育服务的权利”2 道题目对公民体育态度进行考察（表 3—39）。总体来看（表 3—39、图 3—9），有近 7 成的公民已经“完全”或“部分”意识到自己有权享有“体育发展的成果”和“公共体育服务”的权利，仅有不到 3 成的公民对此持“中立”或“否定”态度，说明中国公民体育权利并非仅仅停留在体育法律法规的主张层面，公民的体育权利意识和观念已初露端倪，中国在普及落实《中华人民共和国体育法》《全民健身条例》方面所作的努力得到了较大程度的回报。

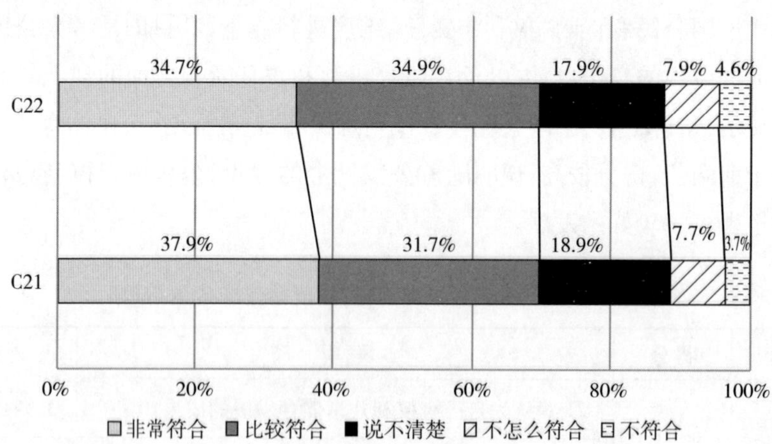


**图 3—9　中国公民体育权利认可度**

每个人一出生，就背负着对自己、对家庭、对社会、对国家的责任。珍爱生命，维护健康，既是每个公民的权利，也是公民对自己和家庭的关爱和责任，更是对社会、对国家应当承担的义务。因为健康不仅是公民自身全面发展的基础，也是家庭幸福、社会和谐与发展的基础。健康中国建设，需要提高公民的健康水平，需要国家和社会全体成员共同努力，营造一个有利于健康的支持性环境。因此，作为共和国的公民应当有这份责任和担当。大量循证医学证据证明，经常参加体育锻炼有益于人的身体健康，能够提高人的心肺耐力，改善人体功能状态，减少罹患心脑血管疾病的风险，降低多种疾病的发病率和死亡率，不仅可以使自己不得病、少得病，获得良好的生活质量，同时也可大大减轻家庭和国家的医疗负担。因此，每个公民应当了解体育在健康促进方面的作用，将体育视为预防疾病、延缓衰老，逆转慢性疾病的“疫苗”，肩负起通过体育锻炼维护自身健康的使命，并自觉、主动、认真地去履行这个职责，将其转化到行动中去。关于公民体育责任维度，本次调查共设置了“我认为自己有责任履行‘全民健身计划’的义务”(C23)、“我认为在体育锻炼提高自己体质水平的同时，也是在为‘全民健康’社会建设承担责任”(C24)2 个题项，主要是考察公民对体育责任和义务的认知程度。调查结果显示(图 3—10)：有 6 成以上的公民对自身在体育健康促进方面应当承担的责任和义务认知“非常清晰”或“比较清晰”，仅有 3 成多的公民在上述两个问题上持“中立”或“否定”态度，表明目前大多数公民在体育健康促进方面表现出较强的责任意识和自觉奉行精神。

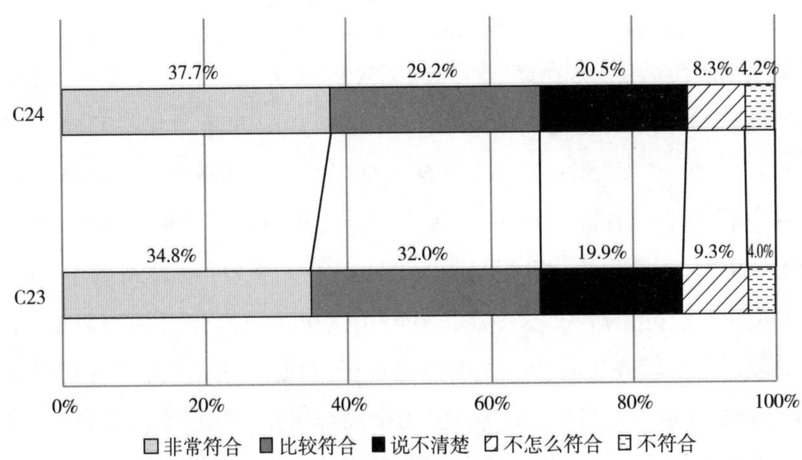


**图 3—10 中国公民体育责任认可度**

从性别上看，在体育权利意识(B7)方面(表 3—40)，男性公民与女性公民不存在显著差异(P>0.05)，在题项(C21、C22)得分上男性公民也不存在显著差异(P>0. 05),表明男性公民和女性公民对自己享有的“体育发展成果”“公共体育服务”权利认知不存在差别。虽然在“自己有责任履行‘全民健身计划’的义务”(C23)(表3—40)方面男性公民与女性公民之间差异不大(P>0. 05),但在总体体育责任意识(B8)方面,男性公民明显高于女性公民(P<0. 05),在题项“我认为在体育锻炼提高自己体质水平的同时,也是在为‘全民健康’社会建设承担责任”(C24)得分上,男性公民也显著高于女性公民(P<0. 01),说明在履行体育健康促进责任方面,男性公民比女性公民更有担当。

**表3—40　中国公民体育权利与责任意识的性别差异(n=6058)**

| 维度 | 得分 | | 题项 | 得分 | | t | P |
|---|---|---|---|---|---|---|---|
| | 男 | 女 | | 男 | 女 | | |
| 体育权利 | 3. 90±1. 01 | 3. 89±1. 03 | C21 | 3. 93±1. 11 | 3. 92±1. 09 | 0. 045 | 0. 832 |
| | | | C22 | 3. 88±1. 14 | 3. 86±1. 14 | 1. 193 | 0. 275 |
| 体育责任 | 3. 88±1. 02 | 3. 84±1. 04* | C23 | 3. 85±1. 11 | 3. 84±1. 12 | 0. 705 | 0. 401 |
| | | | C24 | 3. 90±1. 13 | 3. 84±1. 13 | 8. 990 | 0. 003 |

注:* 与男性相比,P<0. 05。

从年龄段上来看(表3—41),无论是公民体育权利意识,还是公民体育责任意识,不同年龄段公民之间均存在显著差异(P<0. 01),总体趋势是年龄越小,体育权利意识和责任意识越强。在公民体育权利意识方面,“18—29岁”>“30—39岁”>“40—49岁”>“50—59岁”>“60—69岁”,唯一例外的是在“享有公共体育服务权利”(C22)方面,“60—69岁”年龄段显著高于“50—59岁”“40—49岁”“30—39岁”年龄段,分析其原因,可能与“60—69岁”已进入老年“有闲”阶段,更加关注自己健康有关,这一点正好与历次中国群众体育调查数据“60—69岁”年龄段参与率较高相吻合。而在体育责任意识上,无论是在“有责任履行全民健身计划的义务”(C23)方面,还是“为全民健康社会建设承担责任”(C24)方面,均呈现出随年龄段升高得分值逐步降低的趋势,说明年龄越小,体育责任意识越强,而年龄越大,体育责任意识越薄弱。

表 3—41　公民体育权利与责任意识的年龄段差异（n=6058）

| 维度 | 题项 | 得分 | | | | | F | P |
|---|---|---|---|---|---|---|---|---|
| | | 18—29 岁 | 30—39 岁 | 40—49 岁 | 50—59 岁 | 60—69 岁 | | |
| 体育权利 | C21 | 4.17±0.99 | 3.92±1.14 | 3.86±1.14 | 3.85±1.09 | 3.79±1.06 | 43.586 | 0.000 |
| | C22 | 4.03±1.05 | 3.83±1.15 | 3.82±1.15 | 3.79±1.15 | 3.92±1.00 | 19.383 | 0.000 |
| 体育义务 | C23 | 4.07±1.03 | 3.85±1.15 | 3.84±1.17 | 3.74±1.17 | 3.67±0.99 | 41.195 | 0.000 |
| | C24 | 4.12±1.03 | 3.92±1.22 | 3.86±1.19 | 3.81±1.17 | 3.59±1.06 | 62.409 | 0.000 |

从受教育程度上看（表 3—42），无论是体育权利意识，还是体育责任意识，其得分值均呈现出“初中及以下”与“高中”之间无显著差别（P>0.05），“高中”以上随受教育年限的延长而逐步升高的趋势，不同受教育程度之间存在显著性差异（P<0.001），表明“高中”是体育权利意识和责任意识逐步增强的拐点。在体育权利意识方面，“本科及以上”受教育程度体育权利意识（B7）得分在 4 分以上者所占比例比“初中及以下”“高中”高出 18.4 个百分点。在体育责任意识方面，“本科及以上”受教育程度体育责任意识（B8）得分在 4 分及以上所占比例要比“初中及以下”或“高中”受教育程度的占比高出 20 多个百分点，说明学历越高，体育权利和责任意识越强，教育对提高公民身份意识具有重要作用。

表 3—42　公民体育权利与责任意识的受教育程度差异（n=6058）

| 维度 | 题项 | 得分 | | | | F | P |
|---|---|---|---|---|---|---|---|
| | | 初中及以下 | 高中 | 大专 | 本科及以上 | | |
| 体育权利 | C21 | 3.70±1.18 | 3.73±1.15 | 3.92±1.07 | 4.18±0.971 | 164.345 | 0.000 |
| | C22 | 3.75±1.21 | 3.73±1.15 | 3.79±1.12 | 4.06±1.11 | 80.387 | 0.000 |
| 体育责任 | C23 | 3.68±1.19 | 3.69±1.15 | 3.78±1.14 | 4.06±1.01 | 104.928 | 0.000 |
| | C24 | 3.68±1.24 | 3.66±1.17 | 3.84±1.13 | 4.14±1.00 | 160.310 | 0.000 |

### （四）相关性分析

在完成交叉列联分析之后，利用相关分析判断 10 个人口学变量与体育意识总体水平以及各维度之间的关系强弱程度和相关方向,结果如表3—43所示。

表3—43 相关变量与体育意识各要素之间的相关性分析(n=6058)

| 变量 | 相关系数 | | | | |
|---|---|---|---|---|---|
| | 体育意识总体水平 | A1 体育认知与认同 | A2 体育情感与意愿 | A3 体育态度与意志 | A4 体育权利与责任 |
| 年龄 | −0.133** | −0.098** | −0.100** | −0.104** | −0.107** |
| 性别 | −0.088** | −0.050** | −0.072** | −0.088** | −0.013 |
| 受教育程度 | 0.234** | 0.218** | 0.264** | 0.250** | 0.178** |
| 婚姻状况 | −0.138** | −0.157** | −0.153** | −0.152** | −0.119** |
| 户口类型 | 0.100** | 0.098** | 0.134** | 0.131** | 0.095** |
| 职业 | −0.026** | −0.040** | −0.027** | −0.022* | −0.005 |
| 月收入 | 0.047** | 0.045** | 0.047** | 0.032** | 0.010 |
| 政治面貌 | −0.154** | −0.149** | −0.135** | −0.124** | −0.101** |
| 健康等级 | −0.078** | −0.027** | −0.071** | −0.085** | −0.096** |
| 区域 | 0.024** | −0.016 | −0.030** | −0.032** | −0.035** |

注:* 在0.05水平(双侧)上显著相关;** 在0.01水平(双侧)上显著相关。

变量间相关系数绝对值越大,表明两个变量之间的相关程度越强。由表3—43可知,10个人口学变量对公民体育意识总体水平影响强度依次为:“受教育程度”>“政治面貌”>“婚姻状况”>“年龄”>“性别”>“自评健康状况”>“月收入”>“职业”>“区域”。

由表3—43可见,受教育程度与公民“体育意识总体水平”以及“体育认知与认同”“体育情感与意愿”“体育态度与意志”“体育权利与责任”四个维度均呈显著正相关,且相关程度是10个人口学变量中最强的。关于教育水平与公民体育意识水平的正相关关系在几乎所有学者的相关研究中均得到了证实。受教育的水平越高,其认知认同水平越高,体育情感越深,参与意愿越强,态度越积极,意志越坚定,权利和责任越清晰。本研究认为,受教育程度之所以会对公民体育意识产生正性影响,是由于教育的内容中含有与体育健康促进相关的信息与要素,这既包括直接的体育知识,也包括间接的与体育价值功能有关的信息,同时也由于教育会提高公民个体对体育价值功能的理解水平,使公民对体育与健康、幸福、人的全面发展的关系有更加透彻的认识,进而促使自身体育意识水平提升。

政治面貌是一个人的政治身份最直接的反映,可间接表明本人的思想倾向、政治立场和政治观点。本次调查发现,公民体育意识与其政治面貌关联强度处于10个人口学变量的第二位,且与4个维度呈现出高度负相关,“中共党员”“共青团员”“民主党派人士”的体育意识显著高于普通“群众”,说明公民政治身份是影响公民体育意识的重要因素。有党派身份的人对体育价值功能的认知认同水平较高,对体育的情感较深,参与意愿较强,态度更为积极,意志更为坚定,体育权利意识更加明晰,对“提高整个中华民族身体素质”和“健康中国建设”的更有责任担当。

婚姻状况与公民体育意识存在显著负相关,即未婚公民的体育意识高于已婚公民,已婚公民高于“离异”和“丧偶”。分析原因,我们认为,一方面在未婚人群中,属于“受教育程度”比较高的群体的在读大学生和研究生占比高达54.7%,而他们对体育的“认知认同”“情感意愿”“态度意志”“权利责任”得分是高于其他群体的;另一方面,未婚人士受家庭、家务拖累小,相对“有闲”,这也使得未婚人群的体育意识显著高于已婚人群。而就“离异”“丧偶”群体而言,毕竟经历了人生重大变故的“打击”,独处的境遇又常会使他们感到莫名的失落和寂寞,从心理上影响参加体育活动兴趣、态度和意志,其权利意识和责任担当自然也会受到某种程度的影响。

从年龄段上看,年龄段与体育意识呈显著负相关关系,即年龄越小,体育意识水平越高。分析原因,我们认为一方面与受教育程度有关,即年龄段越低的群体,高学历水平占比越高(表3—44),对体育价值功能的敏感性越强,进而更容易形成积极的“态度”和“情感”,更愿意肩负起“提高整个中华民族身体素质”的重任。而年龄越大的人群对体育知识技能的了解越少,对体育价值功能认同度越低,情感越淡薄,参与意愿越低,态度越不积极,意志越不坚定,权利和责任意识越薄弱。另一方面,这种状况正好与历次中国群众体育现状调查所获取的体育人口年龄结构呈现出是“两头热,中间冷”的“马鞍型”分布相吻合,即青少年和离退休人员为主体的体育人口比例显著高于中年人群,“工作忙,没时间”“工作生活压力大”成为中年群体体育意识相对薄弱的主要原因。

表 3—44 年龄段与受教育程度交叉列表(n=6058)

| 年龄段 | 受教育程度 | | | | 合计 |
|---|---|---|---|---|---|
| | 初中及以下 | 高中 | 大学专科 | 本科及以上 | |
| 18—29 岁 | 6.9% | 9.7% | 11.7% | 71.7% | 100.0% |
| 30—39 岁 | 11.9% | 18.6% | 19.5% | 50.0% | 100.0% |
| 40—49 岁 | 25.7% | 26.2% | 18.5% | 29.6% | 100.0% |
| 50—59 岁 | 30.5% | 29.3% | 17.8% | 22.5% | 100.0% |
| 60—69 岁 | 36.0% | 44.3% | 13.0% | 6.7% | 100.0% |
| 合计 | 21.3% | 24.5% | 16.5% | 37.6% | 100.0% |

此外,对公民体育意识各要素进行相关性分析发现,公民体育意识各要素间均呈现出高度正相关关系(表 3—45),说明公民体育意识各要素之间可以相互影响,公民体育意识培育应从多个层面入手,以促使公民体育意识各维度协调发展。

表 3—45 体育意识各要素之间的相关性分析(n=6058)

| 变量 | 相关系数 | | | | | | | |
|---|---|---|---|---|---|---|---|---|
| | 体育认同 | 体育认知 | 体育情感 | 体育意愿 | 体育态度 | 体育意志 | 体育权利 | 体育责任 |
| 体育认同 | 1 | | | | | | | |
| 体育认知 | 0.701** | 1 | | | | | | |
| 体育情感 | 0.706** | 0.608** | 1 | | | | | |
| 体育意愿 | 0.661** | 0.568** | 0.834** | 1 | | | | |
| 体育态度 | 0.684** | 0.589** | 0.817** | 0.820** | 1 | | | |
| 体育意志 | 0.637** | 0.552** | 0.816** | 0.792** | 0.754** | 1 | | |
| 体育权利 | 0.648** | 0.497** | 0.559** | 0.490** | 0.565** | 0.465** | 1 | |
| 体育责任 | 0.637** | 0.491** | 0.559** | 0.490** | 0.578** | 0.473** | 0.793** | 1 |

注:* 在 0.05 水平(双侧)上显著相关;** 在 0.01 水平(双侧)上显著相关。

## 五、调查结论

1. 我国公民体育意识个体差异较大,总体上还处于较低层次。18—69 岁公民体育意识平均得分勉强达到“及格”线水平；只有8.6%的被调查者体育意识水平等级为“强”，19.0%的公民处于“较强”水平，达到“及格线”的公民仅占本次调查总体的43.1%。

2. 公民体育意识水平与其人口学变量之间存在显著性相关，其中受教育程度是影响公民体育意识水平的一个突出因素，不同性别、年龄、受教育程度、收入、职业、政治面貌、自评健康状况等人口学变量群体的体育意识水平参差不齐。

3. 公民体育意识各维度、要素之间发展不平衡，呈现“高认同、低认知、行为意愿滞后”的特征，这其中，“体育权利”“体育责任”意识较强，“体育认同”发展速度较快，“体育态度”“体育情感”相对薄弱，“体育意志”“体育意愿”仍处于发展阶段，“体育知识与技能”为短板。总体上看，“体育健康促进”已引起中国公民的广泛关注，“全民健身”作为一项基本国策在观念上已经为中国公民普遍接受。但在另一方面，由于“知识”“技能”缺乏，“情感”“意志”薄弱，“态度”上还不怎么积极，致使体育活动参与“意愿”较低，这或许就是多年来我国体育人口处于低位徘徊的状态的重要原因之一。

4. 公民体育意识各要素之间具有相互影响、相互促进作用。

# 第四章　公民体育意识的形成与发展

体育意识作为社会意识的一种特殊形式，是人们对体育内在价值的认知认同，对待体育的情感态度、意志意向以及决策观念的统一体。它既包括人们在社会实践中形成的关于体育现象的感觉、情绪、愿望和要求，也包括人们对大量感性材料进行的思维加工和抽象概括，但这种集合不是简单相加、堆砌，而是一种系统化、理论化思想观点的升华和有机的组合，其外在表现形式则是人们的体育习惯和行为规范。

人的体育意识既非与生俱来，也非后天自发生成，而是在反复的社会生活实践中，通过学习和领会，由浅入深、由低到高，逐步生成、发展的，同时也是人们有意识地选择和培育的结果。因此，公民体育意识的生成和发展既需要公民个人的兴趣、动机、认知、情感、态度、信念、意志等心理机制，也需要一定的社会、文化、经济、制度基础，还需要效应的外在条件，它是这些因素共同作用的结果。而这种意识一经形成，便成为一种引导人们自觉、主动参与体育活动的力量源泉。本章采用文献研究与逻辑思辨相结合的方法对公民群体体育意识形成和发展的社会、文化、经济、制度基础，公民个人体育意识生成和发展的心理机制、外在条件、过程、规律、表现形式等问题进行探讨，其目的是为后续的公民体育意识培育路径选择奠定基础。

## 第一节　形成的基础

从社会心理学角度看，公民体育意识包括公民个体体育意识和群体体育意识两个层面。公民个体体育意识是指公民个人对体育活动的主观反映，而群体体育意识则指某一群体关于体育意识的归纳，是公民群体关于体育的一种普遍情感、普遍认知以及普遍意向①，是在公民个体体育意识基础上形成的相互交融的产物。公民个体的体育意识都有自己独特的特点，但总是在群体体育意识的影响和熏陶下形成的。群体体育意识水平的高低，又直接影响着公民个体体育意识的形成与发展。

当代我国公民群体体育意识是在全球人口体力活动不足成为影响人类健康的重要因素的背景下，在小康社会、健康中国、体育强国建设以及通过全民健身、体卫融合提高全民族体质健康水平的实践过程中逐渐形成和得到发展的。在其形成和发展的过程中，存在着深刻的内在逻辑、客观前提和现实基础，且个体与群体之间存在着复杂的互动机制。②

## 一、价值共识：公民体育意识形成和发展的支撑

价值，从哲学层面看是抽象的信念、理想、规范、标准、关系、倾向、爱好、选择等等，它看不见、摸不着，但却时时处处起作用，指导着人们的思想，支配着人们的行动。从心理学层面看，它是客体满足主体需要或需要程度的标志，体现了主体在认识客体、判断客体、选择客体的过程中对主客体关系的一种把握。共识，指的是社会成员对某件事物达成一致的认识与认同。价值共识则是指特定的社会共同体成员对社会生活中的某一价值观念所达成的相对一致的共同理解和见解。③ 其形成是基于社会成员对未来的向往和无限的追求，更是其世界观的集中表现。

体育价值是指体育能满足人类生存、发展、享受等需求的特定效用关系。按其作用的范围可分为生理价值、心理价值和社会价值三个方面。生理方面表现为健身价值、娱乐价值、医疗价值；心理方面表现为教育价值、艺术价值、审美价值、道德价值；社会方面表现为经济价值、政治价值、军事价值、科学价值、社交（含外交）价值等。④ 体育价值观则是指体育价值在人们头脑中的反映，是人们

---

① 梅贵芳：《五年制师范生体育意识培养的实践研究》，山西人民出版社 2014 年版，第 120—121 页。

② 贾三刚、乔玉成：《体医融合：操作层面的困境与出路——临床医生视角》，《体育学研究》2021 年第 1 期，第 31—37 页。

③ 陈顺伟：《论国家治理体系结构的法治化》，《岭南学刊》2015 年第 3 期，第 64—70 页。

④ 吴光远、黄亚玲：《体育人文社会学概论》，北京体育大学出版社 2011 年版，第 26 页。

对体育社会现象的根本看法、观点和态度①,是指导人们对体育进行价值判断的基本原则,是主体根据自身需要而产生的一种价值取向。从认识论角度看,体育价值观包括价值目标、价值选择、价值取向、价值标准、价值评价等内容。从本体论角度看包括体育的教育价值观、体育竞争价值观、体育的休闲价值观和体育的经济价值观四个方面。

体育的价值,对个体而言,可以提高人的体能,完善人的身心健康,激发人的自尊心、自信心、自豪感,使人获得愉快、满足和幸福,可以促进人的全面发展,使人形成积极、健康、向上的心态。对群体而言,有倡导"友谊与团结、和平与公正、关爱与尊重"以及规则至上,和谐共荣的价值,在提升全民族综合素质和人民生活质量,丰富人民文化生活,满足社会多元情感需求,促进经济社会发展等诸方面均能发挥重要作用。对于国家而言,则是国家强而有力的文化武器,拥有改变世界格局的力量。能够帮助国家或地区预防危机、化解危机、抵御、降低危机损失,具有化干戈为玉帛的价值。② 在提升民族体育软实力,争取国际体育话语权,捍卫"国家荣誉""民族尊严""民族自豪感"方面具有重要的政治价值。

体育价值共识是社会共同体成员在人类文明进步进程中,在各民族文化交流中对体育价值达成的相对一致的共同见解,它是不断变化的和发展的。从西方国家国民对体育价值达成共识的历史演变看,其经历了古希腊时期的身心和谐体育价值观、为军事服务的体育价值观,中世纪的"轻身体、重精神"体育价值观、骑士精神体育价值观,文艺复兴到启蒙运动时期的人文主义体育价值观、审美主义体育价值观,以及18—19世纪的以军国民思想为价值取向,以竞技、娱乐为价值取向的体育价值观③的历史过程。从我国国民对体育价值共识的发展历程看,经历了民国时期的"强兵、强种、强国体育价值观""军国民体育价值观""自然主义体育价值观""国粹体育价值观",以及新中国成立初期提出的"为国家建设和国防服务的体育价值观","文化大革命"时期的"为无产阶级政治服务的体育价值观",改革开放时期的"为国争光,为社会经济文化发展服务的体育

---

① 周传志:《后奥运时代中国体育改革的代价及其解决》,《吉林体育学院学报》2012年第2期,第8—10页。

② 柏慧敏:《体育强国的文化解读》,《体育科研》2009年第4期,第28—30页。

③ 何祖新:《体育社会学》,浙江大学出版社2013年版,第32—50页。

价值观”，全面建设小康社会时期的“以人为本，构建和谐社会的体育价值观”的历史过程。①

一个民族的体育价值观是该民族成员的共同价值选择，是引领和支撑该民族体育行为的灵魂。中国社会发展至今，已进入中国特色社会主义建设新时代。随着社会转型和生产、生活方式的根本性变革，人们余暇时间增多，以及社会发展理念和价值取向的转变，整个社会成员对体育价值的认同也在发生着新的变化。被强化的体育工具价值、被放大的体育政治价值正在不断地被淡化，体育基本价值正在得到逐步回归，并成为未来一段时期内国民体育价值的主导。以体育树立国家形象，增强国家认同，促进国家建设为目标的价值观念，以及以体育服务于市场，促进经济发展为目标的价值观念，正在被以体育满足普通民众健康、娱乐等基本需要为目标的价值观念以及“强身健体”“娱乐消遣”“延年益寿”“优化生命质量”“提高身体素养”的价值选择所取代。公民体育参与和表达的主题正在由过去的“精英化”向“世俗化”和“平民化”转变；公民体育参与意识也正在由娱乐有罪化向娱乐合理化、“被动”向“主动”“自觉”“需求”转变②，体育锻炼在促进公民身心健康和幸福感方面的价值已得到绝大多数公民的认同，成为社会共同体成员在体育价值认同方面的最大公约数。体育健康促进的价值已经成为国家体育发展的主导以及国家意志的体现，成为指导公民体育行为的准则。

体育价值共识是公民体育意识形成和发展的内在动力机制，也是全民健身工程纵深发展的基础。这种价值共识一旦达成，将会成为社会成员体育行为选择的基础和体育发展的主导力量。③ 同时，国家基于人民群众美好生活需求，聚焦体育与生活关系，以全面提高人的生命质量和生活质量为目标，以满足普通民众健康、娱乐等基本需要为目标的体育价值观念和制度安排④，以及国家体育事业发展从以国家利益至上，以竞技体育为驱动的国家体育转向为以公民个体为

---

① 田雨普：《新中国60年体育发展战略重点的转移的回眸与思索》，《体育科学》2010年第1期，第3—9页。

② 柯亮：《体育娱乐化转向的现实危机与再造途径》，《体育与科学》2017年第2期，第36—42页。

③ 董传升：《论中国体育发展方式的公共转向：从国家体育到公共体育》，《北京体育大学学报》2013年第1期，第14—19、63页。

④ 任海：《聚焦生活　重塑体育文化》，《体育科学》2019年第4期，第3—11页。

利益，以全民健身为驱动的公共体育政策，[①]也在不断强化着公民群体体育价值观的达成。这一切不但奠定了当代公民体育意识形成和发展的基石，也为公民体育意识培育创造了良好的条件。

## 二、公民意识：公民体育意识形成和发展的内在诉求

公民意识是公民个人对自己在国家地位中的自我认识，是一种与“公民”概念相伴而生的公民社会民众的基准性身份和角色意识，以及一种把国家主人翁的责任感、使命感和权利义务观融为一体的自我认识，包括主体自我意识、人格自觉意识；自由平等的观念，法治契约的理念；权利义务的思想，尊法护法的责任；爱国敬业的精神，追求卓越的志向；创造开拓的意志，崇尚科学的态度；沟通合作的意愿，诚实守信的习惯；维护公正的勇气，关怀弱者的情怀；自我健康维护的意识，善待生命的信念；终身学习的观念，慎独自律的毅力；等等。

公民意识的核心是权利和义务，人权与自由，反映的是公民对待个人与国家、个人与社会、个人与他人之间的道德观念、价值取向、行为规范等，强调的是人在社会生活中的权利意识、责任意识、公共意识、公德意识、参与意识等。本研究将体育意识的主体限定在“公民”，而不是“臣民”“国民”“人民”“民众”，也主要是基于公民身份特征所考虑的。即作为中华人民共和国的公民，不仅有享受社会供给的各项资源、公共福利待遇，享有参与体育活动的权利，而且作为社会生活中的主体和社会持续发展的核心助力，还必须拥有公共精神，为社会进步和发展承担起提升中华民族身体素质和建设体育强国的责任。只有主体认识到自己的公民身份，明确自己的公民角色，拥有公民意识，行使公民权利，履行公民义务，才能在此基础上谈如何培育公民体育意识。

## 三、体育文化：公民体育意识形成和发展的基石

公民体育意识的形成和发展，既非一夜能成，亦非凭空而来。它需要以一定的体育文化为依附，需要经过长时间的孕育，才能真正成长起来。

文化是一个社会、国家或民族的历史、地理、风土人情、传统习俗、生活方式、

---

① 邵凯：《从“制度理性”到“公共理性”：我国竞技体育的公共价值演进》，《体育文化导刊》2016年第11期，第82—87页。

文学艺术、行为规范、思维方式、价值观念等的反映。“文化”由“文”和“化”两个字组成。“文”是精神、是思想、是艺术；“化”是渗透、是改造、是变化。“文化”是精神力量的显示，是思想作用的发挥，是艺术功能的展现。“文化”的着力点，在“化”字上，是以“文”化人，以“文”化物，以“文”化事，通过“文化”来提高人的素养，提升物的价值，提炼事的本质，最终达到改造人类，改造世界，促进社会发展进步的目的。①

文化作为一种客观的、潜隐的、软性的力量，如水银泻地无孔不入，渗透到人类活动的一切领域。② 它不仅影响和规范着社会成员的生活方式，在很大程度上，还是我们赖以生活的一切。文化的力量是巨大的，这种力量既可以表现为影响力、塑造力、支撑力、驱动力、辐射力，又可以表现为吸引力、亲和力、感召力。它就像是一只看不见的巨手，决定着人们的价值观念，左右着人们的实际行动，并通过吸引、感召、同化等使社会成员获得认同感、亲近感、归属感，使社会成员自觉自愿地遵从或服从。

作为人类重要的文化形态之一，体育文化是关于人类体育运动的物质文明、精神文明的总和。它包括体育认识、体育情感、体育价值、体育道德、体育制度和体育的物质条件③，其本质是“一种利用身体活动来改善人类身体素质、追求精神自由的实践活动”④。而体育意识则是人们对体育价值功能的认知，对体育的兴趣、情感、态度、体验和行为倾向。体育文化与人的体育意识两者之间存在着内涵和外延的交互和关联。体育文化能让人们在一种浑然不知的情况下，通过物理学中的“场”效应对人发挥作用，通过哲学中的“太极”效应对人施加影响，使人们在参与和观赏中产生自觉或不自觉地接受或认同，并渗透到人对体育的知、情、意、行等各个层面。因此，体育意识的形成与发展与体育文化存在着千丝万缕、不可割裂的联系。“物以类聚，人以群分”。成千上万的人能在同一时间去看球赛，能在同一时间跳广场舞、打拳、锻炼，这些统一的行动，不用命令，不用法律规定，为什么可以成为一种自觉？这都是体育文化的使然，其背后无不折射

① 徐光春：《河南五年间（2004—2009）》第三卷，河南人民出版社 2012 年版，第 1218 页。

② 张清林：《文化力量的哲学阐释》，《西安交通大学学报》（社会科学版）2013 年第 5 期，第 94—99 页。

③ 卢元镇：《体育人文社会科学概论》，高等教育出版社 2004 年版。

④ 易剑东：《体育文化学》，北京体育大学出版社 2006 年版，第 2 页。

出体育文化底蕴的影响力，而这种聚与分的标准就是文化。

体育文化是体育意识形成和发展的内在条件，是体育意识外化的驱动力。体育文化具有历史积淀性、民族性、群体性、相对独立性和互融性。从历史看，我国体育文化的发展进程包含着相辅相成的两个方面：一是纵向的体育传统文化的继承；二是横向的中外体育文化的开拓与交流。纵向的继承凸显着体育文化的民族传统性，横向的开拓和交流则凸显着不同体育文化形态的“交融”。①

不同时期的体育文化是人类社会不同体育发展阶段的印迹，不同时期社会群体的体育意识是社会体育变迁的标记，与不同历史时期人的生存需要和社会发展相适应。古代中国社会以个体农业经济为基础，以宗法家庭为背景，以儒家思想为核心，儒、道、墨、医、阴阳交融的体育文化，造就了先民们的礼仁并重、尚武娱乐、养气养生、“修身正心”的传统体育意识。清末民初，西方体育文化的引入和发展，让国人对体育有了新的认识，新的体育意识和体育思想萌发并不断发展而趋于成熟。② 五四运动之后，毛泽东同志倡导的以体育养生而强国的体育文化，杨贤江、张伯苓倡导的学校体育文化，开拓了国人视野，促进了国人现代体育意识的觉醒，对推动中国体育文化的发展、体育思想的嬗变、体育理念的追求以及国人体育素质的提高起到了积极的推动作用。新中国成立以后，以毛泽东体育思想为理论基础，以追求体育社会教育观念和政治功利性为价值取向的体育文化③，造就了国民以国家利益、集体利益为价值取向的体育意识。改革开放以来，我国体育文化呈现出多元化发展趋势，形成了以赶超体育文化、商业体育文化和惠民体育文化为主要形态的体育文化④，形成了国民以“健身”“健康”“娱乐”“休闲”“幸福”为价值取向的体育意识。

今天，随着我国体育文化服务体系建设的不断推进，“以人为本”的体育文化在不断引领和支撑着公民体育意识的生长和发展，这固然是可喜的，但我们仍应清醒地看到，在当今中国，与之相适应的文化土壤尚未形成。一方面，人民日

① 周涛、于华、杨青龙：《试论体育现代化进程中的文化意识》，《体育与科学》2004 年第 6 期，第 40—41 页。

② 陈科：《清末民初新式体育文化的引入和体育意识的觉醒》，《学习论坛》2014 年第 11 期，第 67—69 页。

③ 于涛：《社会转型与中国体育文化的三次嬗变》，《上海体育学院学报》1997 年第 1 期，第 1—5 页。

④ 任海：《聚焦生活　重塑体育文化》，《体育科学》2019 年第 4 期，第 3—11 页。

益增长的美好生活需要和体育文化不平衡不充分的发展之间的矛盾仍然比较突出,场地供给不足,区域发展不平衡,竞技体育、群众体育、体育产业投入不平衡,体育社会组织数量不足,经常参加体育锻炼的人数比例不平衡,体育产业发展不充分等问题依然没有解决,整个体育文化产品和服务的供给渠道还不是那么畅通,供给机制还不是那么健全,体育的工具价值仍在被强化,政治价值仍然在被放大,基本价值还在被淡化。另一方面,体育的本体价值在中国社会还未得到普遍认同,"麻将人口""棋牌人口"居高不下,网络游戏占据了青少年乃至中年人大量的业余时间,这与西方国家强化肢体和大肌肉运动的体育锻炼活动形成了极大的反差①。加之中国人的社会交往名目繁多,许多人有种种理由、种种借口不将体育作为固然生活的一部分,"花钱买健康"的观念尚未得到广大民众的普遍认同,这些均会对公民体育意识形成和发展造成负面影响。

党的十九大报告提出:文化是一个国家、一个民族的灵魂;文化则兴国运兴,文化强则民族强。深厚的体育文化是提高全民族体育意识的基础,也是衡量一个国家文明程度的重要指标。因此,如何在新的时期、新的形势下,准确把握体育文化价值取向,明确体育文化发展方向,促进体育文化繁荣发展,充分发挥体育文化的支撑作用,在全社会营造浓厚的体育文化氛围,培养人们主动参与体育活动的热情,形成浓厚的体育锻炼文化,建立公民体育意识长效培育机制,将成为未来一段时期我国群众体育发展的主要任务。

## 四、公共卫生事件:公民体育意识形成和发展的催化剂

"生命如花,绚烂之极"。然而,这如花的生命常常会遇到暴风骤雨和各种危机。

2003 年,一场突如其来的"非典"(非典型肺炎,SARS)疫情在我国部分地区暴发、蔓延,它像一团乌云笼罩在我们头顶,使得享受着和平和繁荣的中国,卷入了一场前所未有的公共卫生事件危机,严重危及公民的身体健康乃至生命安全,对我国社会、经济生活造成了全方位的巨大冲击。② 关键时刻,党和政府采取了一系列的措施,迅速控制了疫情的发展和蔓延。同时卫生部门、体育部门向全国

---

① 易剑东:《中国体育文化建设三题》,《上海体育学院学报》2012 年第 2 期,第 6—12 页。

② 李竖锐:《SARS 对大学生健康意识、体育意识和体育行为的影响》,《广州体育学院学报》2004 年第 2 期,第 48—52 页。

人民发出倡议，提出“在非典病因还不完全明确，没有特效预防‘疫苗’和治疗药物的情况下，提高自身免疫力，提高自身的抗病毒能力是关键”，倡导全国人民革除陋习、讲究卫生、强身健体。此时期，各级领导对体育工作重要性的认识普遍增强，单位因势利导、创造条件，提供场地和多种服务，积极组织各种体育活动。主流媒体与体育部门密切配合，对加强体育锻炼、增强体质，有效抵御疾病进行了主动、全面、及时、准确的直面报道，引导群众进行小型分散的户外运动，进一步推动了全面健身的广泛开展。广大群众对体育锻炼高度关注，强身健体意识、健康责任意识普遍增强。去歌舞厅等娱乐场所、泡网吧、串门聊天、通宵打牌的少了，聚餐狂饮的社会应酬交往活动少了，参加户外锻炼活动的多了，步行、骑自行车上下班的多了，体育锻炼的人数和时间增加了，健身场所人员爆满、异常繁荣，体育人口在短时期内大幅度增加，全民体育健身活动以前所未有的“燎原”之势波及全国，各地迅速掀起了体育健身热潮，群众参与体育锻炼的自觉性、积极性和热情空前高涨；体育用品市场分外火爆，实物型体育消费快速增长，羽毛球拍、乒乓球拍、运动服装等各体育用品店销售呈直线上升，个别商店甚至出现脱销现象，一时间形成了浓郁的全民健身氛围。①

“非典”让每一个“在场”的中国人都直面着“健康还是病痛”“生存还是死亡”的问题，让人们对体育的认知开始转回到人的自身、生命的本质上来。它带给人类的健康意识、体育健康促进的思想观念，已经超过了一代人甚至几代人的理论灌输和观念积累。② 它让人们一夜间忽然明白：“拥有健康不代表拥有一切，但是失去健康就意味着失去一切！”“工作忙”“应酬多”“事业重”不能成为不参加身体锻炼的理由，“名和利”“金钱和地位”“安逸和享乐”与“健康”“生命”比起来已显得微不足道。这场空前灾难所唤醒的全民健康意识、体育意识，使民众在短时期内受益匪浅，但随着危机的解除，人们的热情也逐步退去。直到2019年末“新冠肺炎”（COVID-19）在世界范围内的大流行，再次警示人们体育意识的重要性和通过体育锻炼提升机体免疫力的必要性。

---

① 许春煌：《“非典”对我国社会体育影响的社会学分析》，《贵州体育科技》2005年第2期，第4—6页。贾雄、贾秀雯：《体育教学改革创新的新思考——从“非典”期间太极拳受到学生青睐谈起》，《山西大学学报》（哲学社会科学版）2004年第2期，第123—126页。

② 张雪、任锐、李莉：《公共卫生与全民的健康意识》，《医学与哲学》2005年第8期，第2—3页。

近30年来，一场新的健康危机——慢性病，正在包括中国在内的世界多个国家蔓延。慢性病的主要危险因素包括吸烟、过量饮酒、身体活动不足和高盐、高脂等不健康饮食，其主要危害是造成脑、心、肾等重要脏器的损害，易造成伤残，影响劳动能力和生活质量，且医疗费用极其昂贵，增加了社会和家庭的经济负担。[①] 慢性病对人类健康的威胁绝不亚于“非典”和“新冠”。《中国健康管理与健康产业发展报告》(2018)指出，2016年全球总死亡人数达5470万人，其中因慢性病导致的死亡人数占72.3%。相比2006年，2016年慢性病死亡人数增加16.1%。全球70岁以下人口中，因慢性病死亡者约占死亡人口总数的44%，其中高收入国家占比26%，中低收入国家占比高达48%。在影响全球经济的众多因素中，单因慢性病造成的经济负担就高达1万亿美元，甚至远高于全球金融危机所带来的危害。[②] 2016年我国慢性病发病人数在3亿左右，城市和农村因慢性病死亡的人数，占总死亡人数的比例分别高达85.3%和79.5%，[③]慢性病已成为危害我国居民健康的头号杀手，导致的疾病负担已占疾病总负担的70%。但能够起到病因治疗、弥补“体力活动不足”的“体育锻炼”并没有再次掀起运动健身的热潮。为什么同样是健康危机，“慢性病”却没能成为促成公民体育意识的催化剂，其背后原因值得我们深思。

我们认为，“非典”“新冠肺炎”是一种能够对人类健康构成重大威胁，需要对其采取紧急处理的急性传染病，其特点是发病急，症状重，传染性强，病情变化快，死亡率高。当危机来临的时候，人们不可避免地会产生恐惧和恐慌。而在面对“死亡”或“被传染”极有可能成为现实时，“生存”“活着”成为人们的“优势需要”，其他需求则会降低。此刻，人的“求生意识”“生存意识”本能，促使了求生欲望和信念的激发，进而引导着后续意识活动的路向、路径，决定着行为活动的样式。当“通过体育锻炼增强身体免疫力”被定义为一种有效抵御“非典”“新冠肺炎”手段的时候，对生的强烈眷念迫使人们毫不犹豫地去响应，做出最经济最快捷的选择。

---

① 焦文波、盖凤春、盖国忠:《子午流注理论在现代临床护理中的研究进展》,《长春中医药大学学报》2020年第2期,第406—408页。

② 武留信:《中国健康管理与健康产业发展报告2018》,社会科学文献出版社2018年版。

③ 关贺文、郑锴、钟越等:《我国慢性病健康管理存在的问题及改进措施》,《管理观察》2020年第5期,第185—186页。

相对于“非典”“新冠肺炎”,“慢性病”的最大特点就是“慢”。慢,就是温水煮青蛙,就是慢刀子杀人,就是在神不知鬼不觉的情况下悄然发生。慢,还让人无从下手,让人看不到其发生发展与恶化的机理,更看不到治疗的明显效果。即使是人改变了饮食习惯、运动习惯,改变了生活方式,也看不到与之前有什么明显不同。现实生活中,我们常会遇到这样的情况:“运动不足”与“慢性病”发生发展的关系多数人已熟知,但其仍然我行我素,该吃吃,该喝喝,还不愿去参加锻炼。究其原因,我们认为主要有下面几点。其一,形成体育健身意识,改变“久坐不动”行为或生活方式,向有利于健康的行为转变,需要割舍个人的爱好。改变久已形成的坏习惯,这对大多数人来讲,是件难事。例如,久坐不动的行为不利于健康,但一些高危人群却喜爱去娱乐场所、泡网吧、串门聊天、通宵打牌,从事消遣活动,让他们尝试去户外锻炼,会觉得没有兴趣。其二,建立良好的锻炼行为,需要付出艰苦的行动。例如,对于一个超重或肥胖者,减轻体重的最好方法是在适当控制饮食的基础上加大活动量,进行体育锻炼。但这是一个极需毅力与恒心的过程,需每天进行,持之以恒。但很多减肥者由于吃不了这样的苦,遭不了这样的罪,难以坚持下去。其三,人们担心发生行为转变的意义不大,尤其是长期有某些行为的老年人。例如,一些老年人认为自己一辈子就不喜欢运动,已经活这么大的岁数了,锻炼不锻炼已经无所谓了。其四,人们普遍存在侥幸心理,即使知晓运动不足对机体有危害,但总是认为这样的事不会发生在自己头上,认为自己虽然不喜欢运动,但身体素质好,应该能逃过“运动不足”带来的危害。其五,运动不足引起的慢性病潜伏期长,特异性差。“运动不足”一般要经过相当长的时间才可能由量变到质变,发生明显的致病作用,如“体力活动不足”,不是今天不运动,明天就会患慢性病,而常常是在几年、十几年,甚至几十年之后才会发病。潜伏期长的特点使“运动不足”与慢性病的关系不易为人们觉察和理解,要人们爱上运动,投入运动的确有一定的难度。加之,“运动不足”不会像“非典”“新冠肺炎”那样,病因清楚明确,且单一,它就是由于感染了“SARS 病毒”“SARS-CoV-2 病毒”所致。“运动不足”与多种慢性病或健康问题有关,而一种慢性病或健康问题又涉及多种不良生活方式。例如运动不足与糖尿病、冠心病、高血压等多种疾病有关;而糖尿病又与饮食、缺乏锻炼等多种不良行为生活方式有关。一因多果、多因一果,且慢性病虽然让人活不好,但又不至于马上死掉,你说运动对它有效,但发病后即使立马投入运动也难以出现特异的效果，于是就常常引起人们对“运动与慢性病”之间关系的质疑，也就不容易建立起通过“体育锻炼”预防慢性病的信念与信心。

社会学研究表明，作为社会环境的“非常规事件”对人们行为意识的影响往往远比“常规事件”大得多。① “非典”“新冠肺炎”是人类社会经历的空前劫难，面对它们对自己生命和健康造成的突如其来的巨大威胁，惊魂未定的人们抱着“宁可信其有”的心态，短时期内对体育锻炼表现出了极大的热情，希望它能对自己规避感染发挥出哪怕是些微的作用，但“非典”“新冠肺炎”一过，又有许多人疏远了锻炼，对运动健身不再那么在意，尽管他们仍会面对着慢性病的威胁。究其原因，这首先仍然和慢性病的“慢”直接相关。虽然“慢性病”极大地影响着人类的健康，严重地威胁着人类的生存，但其病程长，不传染，不会在短时期内让人死亡，也就不至于引发人们对其的恐惧和恐慌，许多人也就根本不把它当回事，加之受传统“重治轻防”的陈旧思想的影响，人们主动预防参与不够也就在情理之中了。其次，虽然预防医学和体育科学研究皆证实“体力活动不足”与“慢性病”存在着较大的关联，但这两者之间仍然缺乏特异性的因果证据，碎片化、不成体系的说教不能引起人们对它的重视。鉴于此，如何紧紧抓住“慢性病”防治这一契机，让广大民众意识到体育锻炼是“慢性病”病因防治的重要抓手，唤醒公民的健康忧患意识和忧虑情感，促使其通过体育锻炼弥补当前人类体力活动不足带来的健康危机，让体育锻炼成为人们生活中的优势需求，进而提高广大人民群众的运动健身意识，将成为未来一段时期全球公共卫生和预防医学面临的重大挑战。

## 第二节　内在机制

公民体育意识是客观存在的体育现象在公民头脑中的反映，是公民对体育锻炼价值的感觉、理解和判断的总和。公民体育意识既不是与生俱来的，也不是后天自发生成的，它来源于人们对“运动不足”带来的严重后果的深刻反省，来源于对现存公共卫生危机的不断觉醒，来源于自身对个人、家庭、社会、国家未来

① 何敏学、都晓娟、宋强：《“非典”前后城镇居民的体育行为》，《体育学刊》2006 年第 6 期，第 33—35 页。

发展的关注及责任感。它的形成和发展过程是一个复杂的心理体验过程，是一个把体育价值认知认同、体育情感、体育意志和体育行为意愿内化为意识、外化为行为习惯的过程。①

## 一、体育认知：公民体育意识形成和发展的逻辑起点

公民体育价值认知是指公民个体通过心理活动获取有关体育价值知识的过程，它包括对体育价值内容、性质、意义、结构等的看法、感知、记忆、想象等，其本质是公民个体获得、贮存、转化和应用体育价值有关信息的心理活动过程。公民体育价值认知是公民体育意识形成和发展的逻辑起点。公民只有知晓、理解和把握了体育现象的本质规律，了解和理解到体育的价值内涵和意义，并将之转化为自己的思想认识，才有可能将体育价值内化为自己的情感认同、价值认同，进而外化为自己的体育自觉行为，体育意识才有可能生成。如果连体育对人自身的生存、发展、完善有什么价值和意义，对人自身的健康、幸福、快乐有什么作用，对参与体育锻炼能够达到什么目的都不清楚、不了解，公民体育意识的生成就无从谈起。现阶段，我国大多数公民对体育的本质规律以及价值、意义等的认识还不是十分清楚。② 无论是对体育的基本概念、分类、本质特征的认识，还是体育对健康、幸福、快乐、促进人的全面发展的价值功能的理解，还是体育锻炼的方式方法掌握，都未能达到令人满意的程度，即使多少知晓一点，也只是“知其然”“不知其所以然”。这不仅影响到其正确体育意识的形成，而且对公民体育参与行为造成极大的负面影响。因此，公民体育意识培育首先要让公民在头脑中形成清晰的体育认知，准确把握体育价值的内涵，明确体育价值的科学性和重要性，只有将体育价值转化为公民的社会常识和思想认识，才能为公民体育意识形成和发展奠定基础。

公民体育价值认同是指公民根据自身利益诉求和价值取向对体育价值产生强烈的认同感，承认体育对自己有意义、有价值，并内化为一种素质、信念，指导自己的行动。没有充分的认知，就不会有高度的认同。因此，认同是一种在充分

① 陈弘：《科学与人文相融合的普通高校体育课程教学的研究》，辽宁师范大学硕士学位论文，2008 年。

② 方程：《全民健身活动中群众体育意识形成的理论研究》，《价值工程》2011 年第 5 期，第 212—213 页。

认知基础上形成的价值选择，是体育价值内化于心、外化于行的关键所在。只有当公民个体和群体深刻地认识到体育对于自己有特别的重要性时，才有可能积极追求、自觉选择体育行为。本研究前期调查发现，当前我国公民体育意识存在“高认同、低认知、行为意愿滞后”的特点，这种认同其实是一种“假认同”，有着“盲目”和“麻木”认同的嫌疑，表露出当代公民对体育的价值认同或许并非源于自身的理性自觉和真心实意，反映出当代公民对体育的价值还缺乏全面、系统、深刻的理解。因此，要使公民对体育价值促使认同，还需要通过环境熏陶、情感体验、心理诱导等方式，帮助其将体育价值整合到自己的价值体系，以促使其形成崭新的思想观念和价值认同。①

建构公民体育意识，就是要把体育价值体系作为主要抓手，增强公民对体育价值的理性认知，深化公民对体育价值体系内在结构和内在逻辑的把握，以提升认同感，激发人们对体育价值的崇敬和信念，并最终把这种认知认同转化为体育实践。也只有这样，才能让越来越多的公民加入到全民健身的大潮中来。

## 二、体育情感：公民体育意识形成和发展的精神支柱

公民体育情感是指公民对体育是否满足自己的需要而产生的态度体验，是公民个体在体育实践中经历无数感性和理性的情感体验最终凝结的一种客观结果。公民体育情感来源于公民个人对体育文化的关注、思索和认同，反映的是体育与公民需要之间的关系，它随着人的需要产生而产生，变化而变化，并决定着公民体育行为的取舍。当公民需要得到满足时，便产生积极的态度和情感，如喜爱、向往、思念、迷恋、赞许、敬仰、愉快、满足、自豪等。反之，则呈现出拒绝的态度，产生否定的情感，如厌恶、鄙视、憎恨、沮丧、愧疚、忧虑等。

公民体育意识的生成，在很大程度上取决于公民在体育情感上的认同和共鸣，也会遵循“感受产生情感——情感促进理解与联想——在理解与联想中产生领悟并生成意义——领悟和意义深化情感反应”这一心理过程。② 当公民对

① 乔玉成：《中国公民体育意识调查报告（2018）》，《武汉体育学院学报》2019 年第 10 期，第 19—27 页。

② 徐京朝、高亮：《大学生体育情感的生成与发展研究》，《搏击（体育论坛）》2013 年第 11 期，第 9—11 页。

体育产生积极的情感体验时，便会促使公民对体育产生浓厚的兴趣，激活和启动公民体育行为动机的产生，维持和强化公民体育参与意愿，促成体育行为的发生；当产生消极的体育情感体验时，公民则会表现为厌恶、鄙视、憎恨等情绪反应，阻碍其体育行为意愿和实际行为的发生。

近些年来，在提倡全民健身、全民健康的时代背景下，体育学界已经开始重视公民体育情感培养问题研究，学校体育教育也为此付出了艰辛的努力。然而，公民对待体育的情感却始终难遂人愿。虽然导致这一结果的原因很多，但更重要的缘由无不与目前公民体育教育过多地强调"晓之以理"，而忽略了"动之以情"，忽视了公民个体的情感诉求或情感共鸣有关。体育认知与行为的关联性研究发现，体育认知和体育行为之间存在一种低相关关系，其中体育情感具有重要的中介作用。我们认为，体育认知认同如果没有相应的情感反应或情感共鸣配合，很难有效转化为行为动机和实际行为。相反，它会导致公民对此习以为常，甚至产生逆反心理。事实上，目前许多公民并非不知道运动不足导致慢性病问题的存在，而是他们心理上不愿正视问题，或倾向逃避①，究其原因，还是缺乏体育情感。

古人云："道始于情，情生于性。"如果忽视了人对体育的情感，体育意识就不可能生成，体育价值认知认同也不可能有效转化为体育行为。因此，如何从情感入手，通过教育、体验、实践和参与提升公民对体育的热爱、亲近、向往、思念、迷恋的情感，从内心情感上爱上体育，对体育产生兴趣，并从中感触到体育与自身生活状态的多种联系，是公民体育意识培育必须解决的问题。也只有这个问题得到解决，公民才有可能以极大的热情投入到全民健身活动的洪流中去。

## 三、体育意志：公民体育意识形成和发展的内在动力

意志由"意"和"志"两个字组成。意，是指心理活动的一种状态。志，是指对目的方向的坚信、坚持。"意志"作为一个心理学名词，主要是指"人为了一定的目标，自觉地组织自己的行为，并与克服困难相联系的心理过程"。《现代汉

① 王建明：《环境情感的维度结构及其对消费碳减排行为的影响——情感—行为的双因素理论假说及其验证》，《管理世界》2015 年第 12 期，第 82—95 页。

语词典》将“意志”解释为“决定达到某种目的而产生的心理状态，往往由语言和行动表现出来”，[①]《哲学大辞典》将“意志”表述为“人自觉而有目的地对自己活动进行调节的心理现象。表现了人在活动中所特有的自觉目的性与选择性，表现了人的价值定向判断能力，体现了基于人对客观必然性的认识而产生的自觉性”。[②] 因此，“意志”具有三大特征：1. 明确的自觉性、目的性；2. 受意识调节，与克服困难直接相联系；3. 直接支配人的行动。

意志是人类所特有的心理现象，是人主观能动性的集中表现，对人的心理健康、人格形成和发展、事业成功都有极其重要的意义。[③] 作为体育意识的能动要素，体育意志主要是指公民在体育行为抉择过程中，支配、调节、控制自己的体育观念和体育行为，克服困难、消除障碍，从而实现预定目标的精神力量和心理倾向。体育意志蕴含着冲动、执着、坚韧、奋进和渴望[④]，是体育活动参与决策心理活动过程中重要的心理因素，是人意识能动性的集中表现，对体育行为有发动、坚持和制止、改变等方面的控制调节作用。

意志可以被视为一种能量，这种能量又被称为“意志力”，即人们为达到预定目标而自觉克服困难、努力实现的一种意志品质。意志力不仅是指驾驭公民个人“我要做”“我不要”和“我想要”的力量，以及控制自己注意力、情绪和欲望的能力，还指一个人为做某件事情下决心的能力，以及所有“进行自我引导的精神力量”，它代表着一个人生活或做事的方式。心理学研究证实，较强的意志力与更好的个人行为联系在一起，而较弱的意志力与更糟糕的个人行为联系在一起。[⑤] 在体育教学、训练、竞赛、健身过程中，我们总会遇到各种各样的困难，其中有来自内心的，如紧张、害怕，胆怯、失意、慌乱、信心不足等情绪问题，也有来自外界的，如环境、气候、物质条件以及裁判的错判、别人的干扰等因素的影响，还有运动过程中出现的疲劳、呼吸困难、肌肉酸疼，甚至出现头晕、恶心等生理反

① 中国社会科学院语言研究所词典编辑室：《现代汉语词典》（第 6 版），商务印书馆 2012 年版，第 1546 页。

② 哲学大辞典编辑委员会：《哲学大辞典》，上海辞书出版社 1992 年版，第 1410、1675、138 页。

③ 李佑发、王婷婷：《意志品质的质性分析及模型建构》，《北京体育大学学报》2011 年第 3 期，第 75—78 页。

④ 余良华、缑小燕：《体育意志蕴涵论》，《北京体育大学学报》2011 年第 3 期，第 12—15 页。

⑤ 钟粤俊、董志强：《意志的力量——青少年时期意志力对成年收入的影响》，《产业经济评论》2017 年第 2 期，第 23—38 页。

应。在这种情况下，为了实现目的，需要参与者具有承受巨大痛苦，克服各种困难的顽强毅力和忍耐力；需要参与者付出努力和汗水，建立强大的信心和信念；需要发挥意志的作用，持之以恒，百折不挠。也只有这样，体育活动才能坚持下来，才能取得最后的胜利，体会到它带给人的愉悦和益处。

体育意志是连接体育活动参与者内在心理与外在行为的关键环节和纽带。它一旦形成，便在公民体育行为选择以及社会体育生活中，成为一种强大精神动力和调控力量。当前，我国公民体育意识薄弱，全民健身活动参与率不高，公民参与体育锻炼的自觉性、主动性、积极性、坚持性不够，难以形成锻炼习惯，究其原因，在很大程度上与公民体育意志的驱动力不足以及缺乏持之以恒的精神有关。

## 四、体育需要：公民体育意识形成和发展的重要前提

需要是人类在生存和发展的过程中，感受到的生理和心理上对客观事物的某种要求。① 它往往以内部的缺乏或不平衡状态为基础，并受生理状态、情境和认知水平等诸多因素的影响。它不仅是动机的源泉、基础和出发点，也是某一行为发生的最原始的动力。②

需要是产生一切欲求的前提，没有需要就不可能有欲求、渴望和动机，而没有动机也不会有满足需要的行为。③ 因此，任何社会现象和生命现象，无不以社会需要和人的需要作为其产生、存在和发展的依据。④ 体育也不例外，它的产生和发展也是以人的需要作为前提的，而人的主动参与又与体育能使人类自身的需要得到满足存在着极大程度的关联。从原始社会人类生存的需要，到奴隶社会和封建社会愉悦性情的需要，到资本主义社会培养、提高、保护劳动者工作能力的需要，到今天人们彰显自我价值，休闲放松，舒缓压力，享受快乐，愉悦身心，塑造形体气质，消除紧张情绪，追求幸福体验，促进人际交往，弥补身体活动不

① 陆烨、唐钰灵：《“00后”大学生精神需要及其引导》，《当代教育实践与教学研究》2020年第3期，第237—238页。

② 宋杰：《山东省农民体育需要调查研究》，《中国体育科技》2008年第5期，第42—46、50页。

③ 宁沈生、徐兵、李军华：《试论期刊编辑信息意识的生成与培养》，《辽宁教育行政学院学报》2014年第2期，第83—85页。

④ 胡晓风：《人与社会决定体育的发展（“关于体育学几个基本理论问题”讲座连载之二）》，《成都体育学院学报》1986年第4期，第1—9页。

足，还原身体自由，满足身心健康，以及自我完善、自我超越，自我实现，增强人适应社会的能力，促进人的全面发展等多方面的需要，不仅促使体育在内容、形式、规模、水平上不断地得到发展，成为满足人类生活需要的重要方式，而且使体育的价值也在满足人类的需要之中得到了体现。正如鲍明晓先生所说，体育作为一种社会文化现象，之所以能伴随着人类文明史生生不息，绵延至今，并对今日世界产生全方位的重大影响，皆因为体育具有满足人和社会发展现实需要的实际效用。① 因此，人的需要是体育发展的内在动因，而体育的发展进程，也就是人的需要不断产生并不断得到满足的过程。由此看来，体育需要与体育发展及人的发展具有内在统一性。

从概念上说，需要是个体感到某种缺乏时产生的一种主观意识，既是力求获得满足的心理倾向②，又是个体积极性的源泉，并且常以意向、愿望、动机、抱负、兴趣、信念、价值观等形式表现出来。③ 心理学认为，行为产生的直接原因取决于人的内驱力，即动机，而动机又来源于人的生理、心理需要和外部环境的刺激。人的体育意识是与人对体育的需要交织在一起的，是人类对体育需要的产物。体育需要不仅促成了人参与体育活动的动机，还决定着人参与体育活动的意向和愿望，以及为满足需要所采取的方式。体育需要、体育动机、体育意志、体育行为相辅相成，有着密切的关系。体育需要的成分中包含体育认知、体育情感、体育意志的转化和沉淀，同时又反过来制约体育认知、体育情感和体育意志等体育意识维度的生成与发展。体育需要是内在心理、生理失衡及外环境诱因刺激下产生的对体育强烈、迫切的愿望，进而引发出的体育行为动机；动机在目的性和指向性刺激引导下又会激发人的意志；意志中的“想要”原本就植根于人的“需要”，是维持人体育行为的动力；而人对体育活动的认知、情感、“需要—想要—意志”“欲望”造就了体育行为意识的形成和发展，引发了主体参与体育活动的主动性和积极性。总之，体育需要是个体体育意识生成与发展的重要源泉，在体育意识的形成过程中扮演着重要的角色，贯穿于体育意识生成与发展的各个环

① 鲍明晓：《体育价值的哲学思考》，《体育文史》1999 年第 1 期，第 10—11 页。

② 朱洵韬、翟春：《女大学生锻炼需要、目标定向与体育行为的关系》，《成都体育学院学报》2014 年第 12 期，第 85—90 页。

③ 肖林鹏：《我国青少年学生体育需求问题的理论思考》，《西安体育学院学报》2012 年第 3 期，第 257—261 页。

节,为体育意识的生成与发展提供了内在动力保证。

人类社会是不断前进的,人对体育的需要也是不断更新的。随着经济社会的发展,人类需要的内容会越来越丰富,需要的结构体系也会越来越复杂,人对体育的需要在人的需要体系中的地位也会不断提升,并且还会随着时间、空间条件的变化而变化。同时,人在生命的不同时期,对体育有着不同的需求。孩童时期促进身体生长发育的需求,成年时期维持健康体适能的需求,老年时期延缓身体机能衰退的需求,构成了人对体育的终身需要。这些需要将成为人的体育意识形成和发展的不竭动力源泉。因此,公民体育意识培育的主体是要正确认识体育对于满足人类生存和发展需要的巨大价值,遵循人的"需要"机制,以满足人的生存、学习、工作和生活需求为前提,因势利导,把公民对体育的需要转化成"优势需要",强调参与体育活动的意义及效果,激发公民个体的体育需要,促使公民自我需要结构同自我工具功能相适应或统一。如此,公民体育意识水平才能不断提升,锻炼习惯才能形成。

## 第三节 外在条件

公民体育意识是实施"全民健身""全民健康""体育强国"国家战略的基本条件,而公民体育意识的生成除了靠公民自我体育认知、体育情感、体育意志、体育需要等内在心理机制的驱动外,还需要外部环境予以强化和培养,还有赖于在外部创造公民体育活动参与的诱因和土壤。

### 一、有钱有闲:公民体育意识形成和发展的基本条件

古人云:"仓廪实而知礼节,衣食足而知荣辱。"马斯洛的需求理论认为,人的需求虽然是多种多样的,但可以由低向高分为生理需要、安全需要、归属和爱的需要、尊重的需要和自我实现的需要五个层次。这五种需要像阶梯一样,从低到高,低一层次的需要获得满足后,就会向高一层次的需要发展。只有在较低层次的需求得到满足之后,较高层次的需求才会有足够的活力驱动行为。

人对体育的需要是人的一种特殊的、高级的社会需要,是一种享受和发展性的需求。尽管在现实生活中,人不一定只有丰衣足食后才有体育需要,才去参与体育活动,但自觉自愿、主动积极地去参与的体育活动,一定是在满足其他需要

之后才会去考虑的。尤其是不带有任何强制性，自愿参加，随意选择活动内容和方式的休闲类体育活动，如传统的骑马、击剑、打猎、角抵、蹴鞠等项目，现代的高尔夫、网球、探险、飞行、航海、冲浪、滑雪等项目，更是在“有钱”“有闲”“有愿望”“有技能”后才能实现的。试想，一个连温饱问题都不能解决、整天为衣食奔波的人，怎么可能有闲情逸致去参加体育活动。他关心更多的是基本生活需要，所想的是如何挣钱养家。高层次的休闲体育需求对他来说只是一种欲望或奢求，遑论转化为持久、自觉、主动的行为追求，体育意识的生成也就无从谈起。而这一点，已被古今中外无数事例所证实。

大量的研究表明，公民对体育的需求，尤其是休闲性体育，与国家的经济发展水平和人均可支配收入有关。发达国家的经验表明，当恩格尔系数达到30%的相对富裕阶段，经济的发展使更多的公民成为“有钱有闲”中产阶级的时候，人们日常生活中用于体育消费方面的开支才会大幅度增加，体育产业才会驶入快车道，人们的体育意识也才会有突飞猛进的发展。

从我国国民经济发展状况看，改革开放前，我国国民经济发展速度较慢。特别是在“文化大革命”动乱时期，我国国民经济甚至还出现了停滞，乃至倒退现象。1978 年实施的改革开放政策，使我国的经济发展驶入快车道，人民生活的水平有了大幅度提升。到 2000 年，我国人均 GDP 达到 959 美元，人民群众基本摆脱了贫困，生活水平基本达到“小康”标准。到 2019 年，我国人均 GDP 达到了 10261 美元，不断向“全面小康”社会迈进。国家经济的发展为群众体育发展创造了厚实的物质基础，不仅促进了各类体育运动的普及、体育基础设施的完善，更将大批重要的体育赛事(例如奥运会、F1 赛事、网球赛事等)引入中国，为中国民众提供了更多认识和接触体育的机会，极大地促进了我国民众体育兴趣的提高；而民众收入的增加使得消费结构发生了明显变化，富裕了的人们逐渐把体育消费列入自己的“财政预算”，使得投入休闲体育活动的资金明显增加。与此同时，体育健身活动也越来越受到人们的青睐，成为人们生活中不可缺少的一部分。如今，花钱买健康已成为有钱、有闲都市人的流行消费。网球、高尔夫、马术、沙狐球、飞镖、跆拳道、滑雪、瑜伽等，各种运动五花八门，层出不穷。过去一些只能在运动场上或电视上看到的竞技体育运动或贵族运动项目，开始走进了平民百姓家。“有钱”不但为群众参加体育活动提供了良好的“资本”条件，促使公民从温饱型向小康型消费转变，同时也为公民体育意识的生成和发展奠定了良好的物质基础。但我们同时也应看到,目前我国居民收入总体水平离发达国家还有不小的距离,中产阶层人口数量明显不足,还存在收入预期不明确、消费预期不明确、体育消费意识较差等诸多问题,这使得属于提高人的生活质量的体育消费和公民体育意识,并未出现人们所期待的快速增长态势。加之我国地域广、人口多,地区间、城乡间发展不均衡,仍有许多人口生活在"一方水土养不起一方人"的地区,城市弱势群体所占比例仍然相对较大。我们坚信,随着国家"脱贫攻坚"战略的不断巩固以及"两不愁三保障"政策的落实,全面建成小康社会的底线目标一定会实现,中国贫困人口与全国人民一道迈入全面小康社会的"有钱""有闲"时代,享受体育快乐也不再会是什么难事。

健身锻炼、休闲体育是人们在用来满足基本生存和生理需要所需时间以外的余暇时间里进行的。因此,"闲暇"就成为人们进行体育活动的基本条件。自工业革命以来,人类的生产方式与生活方式发生了巨大变化。机械化、自动化、电气化、信息化,劳动工具的改进,社会生产力的进步,使劳动效率不断提升,大大降低了人的劳动强度和持续时间,使人们获得了越来越多的自由时间,有更多可支配的闲暇时间去参与各式各样的文娱、体育活动。而社会财富的极大丰富,也使得精神文化需求日益增长,促使人们的生活方式逐步由"生产—休息—生产"向"生产—休闲—娱乐"转变。如今,中国人闲暇时间已越来越多,除了每年的法定假日已由 60 天增长到 115 天,日常生活中的家务劳动减轻,也让我们的生活有一半时间处于闲暇状态。可以说,"有闲"已为绝大多数中国公民参与体育活动奠定了基础。

然而,"有闲"只是参与体育活动的基本条件,而非充分条件。"有闲"并不意味着必然会有体育行为。如果没有体育意识,没有参与体育活动的愿望,即使有再多的闲暇时间,也不会参与到活动中去。一项调查研究结果显示:在我国城乡居民余暇时间支配方式中,看手机、电视和电影为第一位,占 73.53%,阅读小说、报刊为第二位,占 44.04%,从事体育活动为第三位,占 26.68%。每天看电视 0.5—2 小时的有 61.50%,2—4 小时的有 33.90%,说明随着闲暇时间的增多,我国群众体育的发展并没有逐步升温,而是趋于平淡,部分地区和部分人群甚至表现出趋冷的态势。因此,如何引导公民合理支配闲暇时间,使他们通过积极主动的体育活动来充填余暇,是未来社会体育理论研究和实践必须解决的问题。体育人类学认为，除非以忍受磨难为代价换取利益，没有人愿意痛苦地进行身体活动。[①] 而享乐作为人的本性，是有深远的生物学基础和社会文化根源的。因此，通过以“玩”“享乐”为吸引的宣教，树立体育健康、快乐、时尚的新形象，将人们的休闲兴趣向体育方面引导，唤醒人们主体体育意识的觉醒和对自身健康的关注，不失为一种好的思路。

此外，相对于“有闲”，还有许多公民自由支配时间不足，无暇顾及体育锻炼。国家体育总局多次公布的中国城乡居民参加体育锻炼现状调查结果显示，在不参加体育锻炼的人群中，因为“没时间”而不参加体育锻炼的人数比例最高，达到30%以上，说明公民群体中处于忙碌状态的人仍占较大比例。这就需要政府将相关政策向弱势群体倾斜，通过增加工资，改善劳动条件，给予他们更多的业余时间和工间休息，以满足公民体育参与所需要的“有闲”这个必需条件，促使公民体育意识水平提升。

综上所述，“有钱”“有闲”是人们享受体育生活的先决条件。人们只有在生存与生活压力较小，拥有一定的经济基础，有可自由支配的时间以及有健康生活方式意识的条件下，才有可能对体育产生较为稳定和强烈的追求，也才会有体育意识的萌发，才会将潜在的体育需求变为现实的体育自觉行为，体育也才能成为人的生活必需。否则，在同样有钱有闲可以玩的情况下，还是会有人选择泡吧、赌马、买奢侈品等生活方式的。

## 二、社会支持：公民体育意识形成和发展的调节因素

社会支持是指个人感知到的来自外界对自己的关心和支持。具体到本研究则主要指个体所能感受到的来自社会、他人对自己参加体育运动的支持和鼓励。[②] 社会支持的主体包括国家、政府、单位、社区、体育社会组织、家庭、个人（同学、朋友、家人、同事、社会体育指导员、志愿者、医生等），支持的内容包括两大方面：一是客观的、实际的或可见的支持，包括物质上的支持和直接服务，如资金、场地、设施、器材、技术指导等。二是主观的、体验到的或情绪上的社会支持。

① 李立群、胡静雯：《体育美学》，安徽师范大学出版社2012年版，第83页。

② 潘秀刚、张中江、韩骥磊等：《体育认知决策理论研究》，西安交通大学出版社2014年版，第55—56页。

如个体在社会中被尊重、支持、理解的情感体验和满意程度。①

到目前为止,已有许多研究证实了社会支持与公民体育意识的形成与发展间的密切关系。无论是从整体角度,采用社会学方法对社会支持与公民体育意识的形成与发展所作的宏观分析,还是从个体角度,采用心理实验方法对社会支持与体育意识结构某一要素关系所进行的微观研究,都显示出社会支持对个体体育意识的形成和发展均有显著的正向影响。它不仅被证实为公民体育意识形成和发展的外源动力,而且还被证实可以激活公民体育参与的内在动机,在公民体育意识的形成与发展过程中起重要的调节作用,尤其对内生因素与社会行为间的调节效应非常显著②,对于培养公民体育锻炼习惯极为有益。例如:在社会支持对公民体育意识形成方面,董宝林等认为,公民若能从外界获得积极的帮助、支持、劝告、提醒,则能有效促使其锻炼意识和行为发生;若未能获取足够的社会支持,形成的锻炼意识也会被抑制,直至行为倾向消退。③ 潘颖秋认为,外界的支持会调整和完善个体行为规范,激活、内化行为的动力和热情,对公民体育意识的形成和锻炼习惯的建立、巩固极为有益。社会环境给予锻炼个体的情感支持,会引导公民不断调整和完善体育信念,促进效能感而使行为更具活力。对于青少年而言,他们如果得到来自家庭、朋友和老师的社会支持越多,就越能促进其体育行为的坚持。这其中,朋友的支持有助于提升锻炼信念和热情,父母的支持有助于促进个体积极践行体育活动,学校或教师的支持则可使学生获得锻炼认同,对其锻炼自主性起到推动作用。

在公民体育行为意向向实际行为转化方面,计划行为理论认为,行为由意向决定,意向由态度和主观标准决定,而行为意向本身又是意识的重要组成部分。个体获得的社会支持越多,越易形成积极的锻炼意向和动力,锻炼坚持性也就会越强。此外,还有大量的研究表明,社会支持在锻炼意识与锻炼行为之间发挥着重要的中介作用。公民如能获得来自家人、同伴、老师、医生的态度或精神上的

---

① 周广琳、沈小丽、朱业等:《冠心病患者社会支持现状调查及其对应对方式、生活质量的影响》,《齐鲁护理杂志》2020 年第 1 期,第 26—29 页。

② 常彦秀:《体育专业大学生社会支持,应对方式和就业压力对心理健康的影响》,《北京体育大学学报》2013 年第 11 期,第 102—106 页。

③ 董宝林、张欢、朱乐青等:《健康信念、自我效能感和社会支持对青少年余暇锻炼的影响》,《山东体育学院学报》2018 年第 5 期,第 106—112 页。

支持与鼓励、赞扬和肯定,持续参加身体锻炼的内在动力将会大大增加,进而引发较高程度的运动承诺,保持持续参加身体锻炼的欲望与决心。

在社会支持主体方面,李强认为,在向市场经济体制转轨的过程中,必然会出现一个数量较为庞大的社会脆弱群体,而对弱势群体提供社会支持应该是政府的责任。① 自 20 世纪 90 年代以来,无论是从国家层面,还是从地方政府层面,都先后制定了一系列发展大众体育和推进全民健身的政策法规。这些政策法规的出台,不仅对确立公民参与体育活动的价值,有效改变体育公共产品和公共服务提供不足的现状,保障公民享有参加体育健身活动的基本权利具有重要意义,而且这些政策法规凭借其本身的导向性和政治动员性,以无以比拟的巨大力量,推动着公民体育意识的形成和全民健身活动的开展。与此同时,政府推出的"雪炭工程""全民健身路径""一二一工程""三边工程""六个身边工程",提供的经费、场地、设施、器材、交通、信息、技术指导支持,以及民间体育组织、社团、社区、单位提供的各种社会支持,使得休闲体育这只"王谢堂前燕"飞入了"寻常百姓家",这对公民体育意识的形成和发展,以及激发公民体育锻炼参与热情,增加公民体育锻炼参与机会,无疑具有重大的理论和实践意义。

在团体支持方面,常娟等认为社区既是社会支持资源的主要聚集地,也是体育健身社会支持资源的重要落脚点。② 长期居住在同一社区的居民,彼此之间更容易产生心理上的认同感和信任感,而彼此之间的认同、信任则是社会支持产生与维持的基础。张广林等认为,社区体育具有显著的区域性、民间性、自发性、公益性、平等性、便利性等特征,具有较强的社会整合功能和凝聚功能。亲民、便民的社区环境对于引导、动员、接纳弱势群体参与全民健身活动,促使其体育意识的形成具有巨大优势。③ 姜文等认为,社区和民间体育组织支持是公民体育参与最直接、最有效的支持方式,其提供的物质支持、行为支持和精神支持对于促进弱势群体体育意识形成,引导和动员社区居民体育健身活动参与,以及促进

① 李强:《社会支持与个体心理健康》,《天津社会科学》1998 年第 1 期,第 66—69 页。

② 常娟、李波:《城市弱势群体与体育健身的社会支持》,《体育科学研究》2005 年第 1 期,第 27—29 页。

③ 张广林、胡小浪:《弱势群体体育健身社会支持模式研究》,《社科纵横》2006 年第 12 期,第 178—179 页。

社区体育健康发展具有极大的优势。①

在个人支持方面，以血缘关系（如家庭成员、亲戚等）为基础的个人支持，以地缘关系（邻居、同乡等）为基础的个人支持，以业缘关系（同事、同学等）为基础的个人支持构成了个人支持的三种基本类型。杨闯建从政策支持、社区支持、家庭支持、朋友同事支持和邻居支持5种社会支持来源视域，调查了妇女参加体育活动的社会支持系统结构状况，结果显示：妇女参加体育锻炼寻求的社会支持的结构和功能存在差异，她们主要从家庭、朋友同事和邻里中获得归属感和情感支持，而从政策、社区中获得的条件和信息支持较少。② 有研究指出，父母的日常体育行为以及对待体育的态度对孩子的体育意识的形成能起到潜移默化的作用。③ 这一影响可以通过父母对待体育锻炼的态度、榜样行为以及对于体育锻炼的信念产生，继而与学校政策、社区教育、周围体育设施可及性等因素共同影响学生的体育锻炼情况。在家庭中，夫妻关系最为密切。一方的体育锻炼意识、兴趣、习惯等会对另一方产生影响。如果夫妻相互支持，一起进行体育锻炼，则会起到事半功倍的效果。④ 此外，退休后的老年人伴随着从"单位人"完全转变成"社会人"的生活空间的转换，会使其原有的业缘关系网络出现不同程度的断裂，致使来自"业缘"的支持对体育参与行为影响减弱。随着血缘关系规模的缩小以及老年人退休后业缘关系的断裂，以"趣缘"关系为纽带的体育组织将成为影响老年人参与体育锻炼的重要因素。对于老年人来说，由于从社会生活的主要领域里退出，加之子女成长离开家庭，其社会交往大幅减少，而集体组织形式的体育锻炼可以拓展老年人日常生活的人际交往渠道，增加其获得家庭之外社会支持的可能性，可满足老年人对社会交往以及获得社会支持的需要，进而能提升其生活满意度水平。刘慧梅认为，独乐乐不如众乐乐。运动参与虽然是个人的事情，但也与其他参与者有着直接或者间接的联系。参与者之间的情感安慰、相互接纳、相互肯定、相互关爱、相互陪伴等情感支持对公民体育意识形成均具

① 姜文、张亚斌、肖长海：《城市弱势群体体育健身的社会支持体系研究》，《当代体育科技》2014年第21期，第126—127页。

② 杨闯建：《城市妇女参加体育锻炼的社会支持的心理动因》，《武汉体育学院学报》2007年第2期，第49—51页。

③ 董彦会、杨招庚、王西婕等：《体育锻炼家庭支持性环境对中小学生身体素质的影响》，《中国学校卫生》2018年第9期，第1297—1300页。

④ 李强：《社会支持与个体心理健康》，《天津社会科学》1998年第1期，第66—69页。

有重要意义。① 在参加体育锻炼的过程中，参与者如果能够得到来自他人的鼓励、表扬甚至是钦佩，并从中获得认同感与归属感，将会对公民自身形成积极的体育情感和态度，以及坚定的体育锻炼信心和决心起到“潜移默化”“润物细无声”之功效。

连续多次的我国群众体育调查结果显示，“缺场地”“缺时间”“缺器材”“缺技能”“缺技术指导”等已成为影响我国公民体育活动参与的重要制约因素。这说明尽管随着我国全民健身战略的不断推进，国家对群众体育的社会支持范围不断扩大，涉及部门不断增多，但公民体育需求与满足需求之间的矛盾仍然非常突出，仍然存在着社会支持力度不够，管理体制不顺，运行机制不畅等问题，还没有真正形成政府主导、部门配合、社会联动的体育健身服务的支持工作格局，公民基本体育权益得到公平保障的体制和机制仍面临着新的挑战。这就要求我们在今后的工作中，还要不断加强政府部门与社会团体之间的互动和沟通，不断扩大社会支持资金来源渠道，以解决社会支持不足的“瓶颈”问题。同时，还要充分发挥体育社团、民间体育组织的工作积极性，进而为公民体育意识水平的提升和全民健身事业的纵深发展奠定基础。

## 三、锻炼氛围：公民体育意识形成和发展的外在引力

锻炼氛围是指锻炼主体在体育锻炼实践中通过互动和感染，形成的对其体育行为构成影响的某种精神、心理的气氛和情调。锻炼氛围是一种通过长期锻炼活动积淀所形成的体育文化底蕴，是一种能被公民体验到的软环境或主观知觉心理环境，以及锻炼参与者对锻炼环境的评价和感知。虽然它看不见、摸不到，但其质量的优劣，水平的高低是可以被感受到的，是可以衡量的。其基本标准是体育锻炼活动中的自由、宽松、安全、积极、温暖、支持、合作、快乐、热烈、相互尊重、人际关系和谐等状态。

锻炼氛围可分为自然氛围和人际氛围。自然氛围主要是指锻炼环境的硬件条件，如场地、设施、交通、环境、费用等。当锻炼者感知到锻炼场所数量及布局、可达性和可入性符合预期或满足需求，便会唤起兴趣、热情和欲望，激发锻炼行为，并成为决策锻炼的信息记忆，促使个体保持规律、频繁的自主锻炼成为可能。

---

① 刘慧梅：《城市化与运动休闲》，浙江大学出版社 2014 年版，第 137—139 页。

人际氛围则主要指锻炼团队成员的言行举止,它可以影响个体对锻炼的认知、情感、选择和表达,促使参与者与周围同伴建立群体认同,形成趋同化行为。① 良好的锻炼氛围能够起到榜样作用、带动作用、激励作用和教育作用,能够增强锻炼承诺,促进参与者参加体育锻炼的决心和坚持性。② 董宝林等认为,环境在个体认知与行为中具有调节器的作用。作为锻炼外界环境的重要元素,锻炼氛围是社会环境和自然环境对个体参与体育活动的支持氛围,在心理特质与锻炼行为间发挥着重要的调节功效。良好的锻炼氛围能引导个体对挫折、失败、不愉快等锻炼应激事件及其消极影响进行主动的认知重评与反思,促使个体在锻炼群体内部自由讨论、自主思辨中产生积极心理反应,形成积极锻炼行为,保持锻炼坚持性。③ 潘秀刚等调查发现,许多大学生没有坚持锻炼是因为"自己意识不足,缺乏环境和氛围""没有环境和气氛,例如学校那么多的场地空在那里都不见几个人影""没有体育锻炼的氛围,缺乏共同运动伙伴""周围同学都在玩网络游戏,自己也没有兴趣去一个人打球"。而能够坚持体育锻炼的大学生常常与"身边的同学都在坚持""有一群热爱体育运动的朋友""有很好的运动气氛"有关。④ 李国一等认为,运动氛围具有导向、辐射的功效。良好的运动氛围对于学生参与课余锻炼具有重要的导向意义,能够激起学生参与课余锻炼的积极性,同时也是影响运动坚持性的重要因素。他在探讨体育锻炼动机、运动氛围对运动坚持性的影响时发现,广场舞参与群体的体育锻炼动机和运动氛围都能显著影响运动坚持性,且氛围在动机影响坚持性过程中起着部分的中介效应。⑤ 中老年人参加体育锻炼"喜群不喜单",喜欢到热闹的环境中与他人一起锻炼身体。究其原因,就是希望与他人进行交流、希望拥有友情、关心,希望拥有一个可以归

---

① 程韵枫、董宝林:《锻炼氛围、主观体验对大学生余暇体育锻炼的影响》,《天津体育学院学报》2018 年第 2 期,第 177—184 页。

② 刘微娜、周成林、孙君:《青少年户外运动动机对运动坚持性的影响:运动氛围的中介作用》,《体育科学》2011 年第 10 期,第 41—47 页。

③ 董宝林、毛丽娟:《核心信念、主动反刍与大学生锻炼坚持性:锻炼氛围的有调节中介效应》,《天津体育学院学报》2018 年第 5 期,第 441—447 页。

④ 潘秀刚、张中江、韩骥磊等:《体育行为认知决策理论研究》,西安交通大学出版社 2014 年版,第 57—58 页。

⑤ 李国一、杨文波:《体育锻炼动机对运动坚持性的影响:运动氛围的中介效应——以广场舞参与群体为例》,《中国学校体育(高等教育)》2016 年第 5 期,第 82—87 页。

属的群体。[①] 由于同伴群体成员的趋同性、群体的认同感，以及体育活动的群体性特征，促使他们产生认同感和成就感，进而坚定了体育锻炼的信心和决心。此外，体育活动常常是一种群体参与的“仪式”活动，这种活动氛围能为参与者创造一个超越日常互动的特殊时空，能够提升参与者的交往愿望，激发他们互动的兴趣，有利于形成共同的价值规范。[②]

大量的研究表明，锻炼氛围对公民体育意识和行为的形成与发展均有积极的促进作用。它以一种耳濡目染、潜移默化的方式影响着公民参与体育锻炼的动机、态度和热情，它所依托的场景、音乐、舞蹈等艺术形式，能让参与者在心灵上产生某种呼应。它能促使参与者在体育锻炼过程中相互模仿与学习、感染与熏陶、鼓励与激发，能让参与者有更多机会结交朋友，发展人际关系，使其归属的需要得到满足。它像一块磁石，能够吸引人们的注意力，牵拉、引导着人们朝着锻炼场域前进。因此，如何在全社会营造出良好的体育锻炼氛围，以吸引更多的公民参与到体育锻炼的行列中来，是新时代全民健身向纵深发展的关键，当前风靡全国的广场舞就是一个例证。

广场舞是我国改革开放后城市市民阶层在城市公共区域开展的一种自发的舞蹈活动。在不到十年的时间内，它已由中国的大中城市扩散到三线、四线小城市，成为中国普通百姓参与度最高的健身项目，深受广大中老年朋友，尤其是中老年女性朋友的欢迎。广场舞之所以如此火爆，究其根本原因，在于它在很大程度上营造了“我运动”“我快乐”“我健康”“我任性”“我青春”的活动“氛围”。

广场舞犹如“燎原之火”，能够迅速由“点”到“线”到“面”铺展开来，吸引着无数人的积极参与，一方面是由于它的准入门槛低，简单易学，没有条件和标准约束，不需要有多高的舞蹈基础和技巧，照葫芦画瓢即可。同时跳舞的氛围宽松，舞者随性，来去自由，具有大众化、平民化、草根化的特征。另一方面，它不受年龄、场地、服装、人数等诸多因素的限制，只要有一块空地、一个音响喇叭，加上一位领舞或组织者，就可以拉扯起一个舞蹈团队。它以潜移默化、寓教于乐的形式引导人们的需求层次从最初的生理需求到自我实现需求的转变。它形成的临

① 刘慧梅：《城市化与运动休闲》，浙江大学出版社 2014 年版，第 137—139 页。

② 吴永慧、李志方、曾玮：《我国大学生的社会支持与体育锻炼因素的相关性研究》，《山东体育学院学报》2008 年第 12 期，第 65—68 页。

时非熟人社会的和谐氛围,拉近了参与者之间的关系,较好地满足了大众的休闲、健身、交际、娱乐需求,给普通百姓的平淡生活赋予了新的意义。

夜幕降临,华灯初放,在城市的大小广场、十字路口、街头巷尾,立交桥下,一群群四、五十岁的“大妈”,或统一着装、或统一道具,在耳熟能详的音乐伴奏下,迈着“齐刷刷”的舞步,挥动着多少有些张扬的舞蹈动作,自我陶醉地炫动着自己的舞姿。她们自我展示的天性,在“热情奔放”“忘乎所以”“炫耀有闲”的氛围中得到体现。这种氛围,反映的是舞者生活方式的集体在场,以及对舞蹈的激情,对生活的热爱。这种氛围,在招惹路人目光的同时,也在不断地内化于舞者的精神世界,外化于舞者的群体生活。它不仅符合普通百姓对充实公共生活的要求,也满足了他们对集体主义赋予的安全感与归属感的渴求,以及获得别人认可、尊重或赞赏的需求。这种氛围,达成了体育的激励、教育、熏陶等功能的进一步凝聚,对激发舞者锻炼需要、增强锻炼动机,提高参与的积极性和主动性有极大的推动作用。这种氛围,能够让观者感受到广场舞的魅力,通过暗示、感染、模仿、从众、认同等心理机制,潜移默化地受到熏陶和思想教化,进而加入广场舞的群体中来。

综上,浓厚的体育锻炼氛围就像是一部立体的、多彩的、富有吸引力的教科书,对培育公民体育情感,重塑体育价值认同,激发体育意识觉醒具有重要意义。同时,浓厚的体育氛围也是公民体育意识形成和发展的土壤,对培养公民体育锻炼兴趣,激发公民锻炼自主性,促进公民体育锻炼习惯形成也具有重要的支撑作用。因此,如何营造和谐、健康的锻炼氛围,突出锻炼活动的个体性、趣味性和科学性,争取让越来越多的公民加入体育健身浪潮中来,是未来制定全民健身发展计划应该考虑的重点内容之一。

## 四、体育实践:公民体育意识生成和发展的不竭源泉

体育意识是体育的本质、现象以及规律在人脑中的反映,是人在社会实践中逐渐形成的对待体育的基本态度和观念。因此,公民体育意识的形成发展离不开体育实践。究其原因主要有三:

首先,体育意识来源于体育实践。马克思主义认为,认识是对客观事物的反映。没有人的实践,客观存在着的自然现象和社会现象是不会自动地反映到人们头脑中来的。从意识产生的机制看,人脑提供了产生意识的物质条件和生理

基础,客观世界提供了产生意识的源泉,只有当外部物质世界的事物、现象通过感觉器官作用于人脑,人脑和外界发生联系,实现了两者的结合,才会产生意识①。因此,人的意识很难摆脱其实践出身。从个体发展过程来看,人的认识、情感、意志、品德、个性等的发展也不可能离开个人的社会生活实践。没有人的实践活动就没有人的心理和意识,狼孩的事例就足以证明这一点。体育心理学认为,体育意识是人脑对客观存在的体育现象的反映,是体育实践活动的直接产物,来源于体育实践活动的内化。由于每个人体育实践经历和体育需要的千差万别,因而每个人形成的体育意识也丰富多彩和多种多样。由此看来,体育实践建构了体育意识培育及发展的土壤。只有体育实践,才是推动体育意识发展的根本动力。离开体育实践,不仅体育意识本身成了无源之水和无本之木,而且不会有任何的实际意义。

其次,体育意识又反作用于体育实践。人之所以区别于动物,主要在于其心理、意识对实践的指导作用,使其实践活动成为有目的、有计划的活动。人之所以能够依据自己的需要,有目标、有目的地改造自然,改造社会,也源于其心理、意识对实践的指导作用。人的意识一旦形成,便会反作用于实践活动,实现主观与客观的对立统一。人的体育意识也不例外,其形成发展依赖于体育运动实践经验的积累。一方面,体育实践制约着体育意识发展的深度与广度。另一方面,体育实践又是一种在意识的指导下的实践活动。在进行体育实践之前,参与者已经有了对体育的初步认识,有了实践的目的、计划和预期的结果,进而通过支配体育活动参与主体的体育行为,对体育行为起导向作用。因此,体育意识对体育行为具有制约作用。具有一定体育意识的人,往往会表现出与其体育意识相吻合的体育行为。而体育意识的正确与否,又直接影响着人们体育实践活动的成败。

最后,体育意识来源于体育实践,也必然会在体育实践中得到进一步的升华。这是因为实践产生了认识,形成了理论,理论又可以反过来指导实践。新的实践又产生新的认识,促进理论进一步发展,发展了的理论又指导、推进更新的实践,这既是实践与理论的辩证关系,也是实践与意识的相互作用。这种循环往复以至无穷的过程,本身就是不断地修正、完善认识的过程,不断塑造人的新思

① 陶代禄、周德先等:《政治理论课学习纲要》,重庆出版社1983年版,第35页。

想、新观念的过程，就是这个过程，促使人的意识水平由低级向高级、由零散向系统、由个体向群体发展。同理，公民体育意识也是在这种体育实践活动中不断得到发展和强化的。例如，在体育实践活动中，随着体育知识和技术技能水平的提高，对体育整体认识的不断加深，必将促进个人自身体育意识的深化发展和自我完善，促使人自身从最浅表层次的体育情感和经验形态的体育意识①，到较高层次的体育价值观和体育理想中发展。因此，通过各种各样的体育实践活动可增强人们对体育的认知、情感和意向，有助于提高人的体育意识。

公民体育意识培育问题，既是一个学理问题，更是一个实践问题。从系统论上讲，公民体育意识与体育行为也是一个系统，存在着信息输出与反馈。画饼不能充饥，望梅不能止渴，体育意识不管多么完美，如果不能在体育实践中得到激发、增强、丰富和发展，仅仅停留在说教的层面上，也只能是海市蜃楼。因此，未来公民体育意识培育，仍需要通过开展各种体育实践活动，激发公民体育锻炼兴趣，挖掘公民体育潜能，磨炼公民体育意志，强化公民对体育锻炼的重视程度。让公民在体育实践过程中，体验到体育带来的乐趣与满足，形成正确的体育观念和信念，产生"一日无它，三餐无味"之感，进而养成规律参与体育锻炼的习惯和终身参与体育锻炼的意识。也只有这样，公民体育意识培育才能收到事半功倍之效。

## 第四节　形成与发展过程

从本质上看，体育意识无非包括两大方面，一是内在心理体验，二是外在行为表现。而从其形成和发展的过程看，又可分为内化和外化两个过程。内化过程，就是公民个人把接收到的体育信息变成个人内在的、坚定的体育信念，把体育价值功能转化为个人的体育信奉，并由此使其成为指导自身行为实践的强大动力。外化过程，就是将公民个体对体育的认知、情感、态度、意志、信念等变成个人的自觉行动。在体育意识的形成和发展中，内化和外化是有机统一的互动过程，内化是输入，外化是输出。内化是外化的前提，外化是内化的具体表现。

① 陈楠楠、成万祥：《上海市部分大学生体育意识与体育行为调查研究》，《广西教育学院学报》2008 年第 2 期，第 49—52 页。

内化的结果是使人形成新的思想，外化的结果是使人产生新的行为①。两者相互依存、相互衔接、相互渗透、相互作用，从体育意识到体育实践，再到体育意识，由浅入深、由低到高，如此反复循环，螺旋式上升，促使公民体育意识从萌芽到强烈，从懵懂到清晰，进而推动着公民体育意识的不断升华，不断发展，以及体育锻炼习惯逐步养成。

## 一、公民体育意识形成的内化过程

内化，从字面含义来看，就是由外而内，将外面的客观现实转化为主观映像，进而形成思想意识的过程。“内化”作为一个概念，目前的定义较多。法国社会学家涂尔干认为“内化就是社会价值观、社会道德观转化为个体的行为习惯”。《辞海》将其定义为“人对外部事物通过认知转化为内部思维的过程”。在社会心理学中，内化主要是指个体将一定的精神文化经过社会学习而转化为稳定的心理因素的过程，即将人类知识、经验、社会规范与价值体系转化为个体的知识、经验价值与信念。② 具体到本研究所说的体育意识形成过程中的“内化”，我们认为是指“公民出于自身的内在体育需要，对通过各种渠道所获取的体育知识、体育规范、体育思想、体育文化、体育价值观等外部信息加以选择、认同、整合、接纳，并从内心深处相信和接受他人的观点，进而转变成自己的体育思想、观点和信念，纳入自己的思想意识和态度体系之中，成为支配、控制自己思想、情感、行为的内在力量的过程”。这一过程可以划分为知识的内化、方法的内化、观念的内化、素质的改变和个性的形成五个层次，由三个阶段组成。

**1. 注意、认知阶段**

注意，即人们对外部体育刺激产生心理活动的指向性和集中性。注意环节是公民体育意识形成的萌芽。在此阶段，公民个体无论出于主动注意还是被动注意，无论是接受他人的影响和启迪，还是以他人的行为为榜样，最终是要将外部体育有关信息输入到大脑，实现对体育现象的初步认知。

注意环节的目的在于解决“是什么”的问题。人只有首先了解体育（锻炼）

---

① 冯兵：《习近平新时代中国特色社会主义思想“三进”需要处理的四种关系》，《思想政治课研究》2020 年第 4 期，第 89—93 页。

② 栗克元、吕瑞萍：《犯罪心理学》，郑州大学出版社 2009 年版，第 38—39 页。

"是什么样的东西",才有可能对它的其他方面进行深入了解。因此,注意环节的关键是认知。人的认知过程是一个逐步深化的过程,通常要经过"感性—知性—理性"三个阶段。体育认知活动作为人类认知活动的重要组成部分,也不例外,也有其一定的内在逻辑联系与层次结构。初始层面的认知多体现在对体育的兴趣、爱好、情感等感性认知方面;中级层面的认知多体现在对体育的熟知、理解、领悟等知性意识方面;高级层面的认知多体现在对体育的科学、系统的把握以及对体育本质与规律产生理性的认识方面。因此,公民体育意识的生成首先要通过感性、直观、具体的形式获得对体育面目的初步认识,并在对体育价值作出判断、理解和领悟的基础上,把现行的体育知识、体育价值观变成自己的东西,进而通过认知机制的整合作用,形成自己的体育思想和观点。

公民体育认知是公民体育注意环节的重要组成部分,而引起公民对体育的注意又离不开三个基本条件:一是公民体育需要。如果外界的体育信息符合公民个体的需要,个体就比较容易对此产生注意。反之,个体就很难对它产生注意。二是公民体育兴趣。公民体育兴趣是公民个体积极认识体育活动的心理倾向,它建立在公民个人原有的知识经验之上,并常常与新的外部刺激保持一定的心理联系。公民个体一旦对体育产生兴趣,就会主动对与体育有关的事情和信息表现出特别的关注,因而它影响着公民体育参与的具体活动方向和强度。三是公民体育情感。公民个体在以往经验中对体育产生的肯定性或否定性情感,会促使其对外界的体育信息产生注意或者消退注意。① 因此,公民体育意识培育,首先要通过各种宣传教育活动引起公民对体育现象的关注,让公民心有所动、情有所转、思有所变,从而引起主体内部各种思想向正确的方向转移,进而为公民体育意识的生成打下必要的基础。

**2. 认同、信奉阶段**

认同是一个内涵丰富的概念。从字面上看,可以简单地概括为对外界某一种事物的"承认""认可""赞同"。奥地利著名心理学家弗洛伊德将"认同"界定为"个人与他人、群体或模仿人物在情感、心理上的趋同过程"。② 在社会学领

① 蒋笃运、张雪琴:《公民意识形成的内在机制及启示》,《河南大学学报》(社会科学版)2011年第6期,第43—48页。

② 李忠、石文典:《当代民族认同研究述评》,《西北民族大学学报》(哲学社会科学版)2008年第3期,第24—28页。

域，认同泛指个人与他人有共同的想法，其本质是主体对外界某一事物在认知、情感与行为方面的趋同。认同是经过认知、认识后的认可和赞同，更多的是属于心理学范畴，表明主体已在思想、情感、态度和行为上主动接受他人的影响，使自己的态度和行为与他人相接近，其本身也是一种"求同"和"存异"的过程。认同包括情感认同、身份认同、文化认同、政治认同、价值认同等。具体到公民体育意识形成过程中的认同，主要是指公民个体对社会成员共同践行的体育价值观念产生情感上的共鸣，对体育锻炼重要性和价值合理性产生心理上的趋同，并由此产生自觉接受、自觉服从、自觉遵循、自觉践行的态度。

认同解决的是"有何用""有什么价值""值得与不值得去做"的问题。人们只有认识到体育锻炼对自己"有用""值得去做"，才会以体育价值观作为标准来规范自己的活动，并使之内化为自己的价值取向。因此，只有不断地强化公民体育价值认同，公民体育意识培育才有可能取得实效。

公民体育价值认同，对公民个人的体育思想行为具有重要导向和推动作用。它一旦形成就具有相当的稳定性和传承性，并成为人们的价值和经验之源，极大地影响人们体育意识和行为的形成。因此，在公民体育意识培育中一定要贴近公民实际，重视价值认同。否则，既不利于公民体育意识的生成，也有碍于公民内在的体育意识转化为自觉的体育行为。

信奉的本义是坚信并奉行，是认同的升华。与公民体育价值认同相比，公民对体育价值的信奉是一种带有深厚情感、高度自觉的行为态度，是认知、情感和意志的有机统一，也是公民体育行为的强大动力和精神支柱，在公民体育意识形成的内化过程中起重要的桥梁作用。公民在体育价值认同基础上，确立的对体育健康促进价值的信奉，形成的体育锻炼信念，表明了公民对体育锻炼的接纳、赞成或肯定的态度，具有强烈的情感、评价和情节性。这种信奉和信念一旦确立，会促使公民对体育价值功能坚信不疑，进而建立起坚定的信心和强烈的责任感，产生强烈的体育锻炼激情。

**3. 深化、整合阶段**

公民在经过比较、鉴别、选择、摄取等过程后，就会将自己认同的体育思想同自己原有的体育观点、信念融为一体，形成一个完整的、系统的理论体系和体育价值观念。这种体育价值观，如果能在社会实践活动的反复检验中得到肯定性评价，就会获得肯定性的愉快的情感体验，进而形成新的体育信念。这种新形成的体育信念往往带有对体育价值的理解、认同、接纳与强烈的追求、实践欲望，具有相对的稳定性。

在这一阶段，公民个人首先需要将从外界获得的体育信息主动纳入头脑中已有的认知体系，内化为自我认知地图的一部分，实现外部信息与自己原有的价值体系发生对接、融合、重建，形成新的价值观和新的认知结构，实现对体育价值认知的实然向应然跃迁；其次，还需要将外部的新思想、新观点、新情感、新意志、新行为纳入自己的价值体系之中，真正从内心深处相信并接受他人的观点，彻底转变自己原有的态度，彻底解决“应该怎么办”的问题；此外，还需要把握知、情、意、行诸因素之间的平衡发展问题，需要对自身的体育需要、动机、态度、兴趣等心理学问题以及行为学上的自省、自律、信念、权利、责任、效益、舆论、时尚、习惯、行为控制等问题进行有机整合，正视内部矛盾与冲突，积极调和、解决冲突并放弃不可能实现的目标。

## 二、公民体育意识形成的外化过程

“外化”是一个与“内化”相对应的概念。从字面上的意思看，是指把“内在的东西转化为外在东西”。“外化”是教育心理学和思想政治教育领域常用的一个热词，主要是指“受教育者将自己的思想政治品德转化为外在的行为实践，稳定的行为习惯表现出来的过程，也就是教育者帮助和引导受教育者将自己已经形成的思想品德意识转化为自己的思想品德行为，并养成良好的思想品德行为习惯的过程”。[①] 其本质是主体将内部信息由信息的心理形式转化为信息的自然形式而输出的过程，以及“由主观的、内部的心理活动向外部行为活动转化的过程”[②]，也就是由知到行的过程。从教育心理学的角度看，内化是外化的基础和前提，外化是内化的外显和表现。内化是变“社会要我这样做”为“我要这样做”，外化则是变“我要这样做”为“我正在（已经）这样做”[③]，是受教育者将内在的个体意识转化为外在的实践行为的过程，说白了就是观念、意识向行为转化的

① 冯兵：《习近平新时代中国特色社会主义思想“三进”需要处理的四种关系》，《思想政治课研究》2020 年第 4 期，第 89—93 页。

② 罗大华、李德、赵桂芬：《犯罪心理学》，北京师范大学出版社 2012 年版，第 191 页。

③ 蒋笃运、张雪琴：《公民意识形成的内在机制及启示》，《河南大学学报》（社会科学版）2011 年第 6 期，第 43—48 页。

过程。就公民体育意识形成而言,外化就是把已经内化了的体育思想观点、价值信念等自觉地转化为符合社会要求的体育行为,使之形成习惯的过程,这也是公民体育意识培育的最终目标。公民体育意识形成的外化过程一般包括自觉行为动机生成、自觉意识外化、自觉行为效果形成三个层次结构,大体可以划分为以下五个阶段:

**1. 行为动机阶段**

动机通常指促使人从事某种活动的念头,它涉及行为活动的发端、方向、强度和持续性。在心理学上动机常常与行为连用,构成词组行为动机,指行为主体为实现一定的目标所表现出来的主观愿望和意图。动机是引起行为的原因,其产生主要受两大因素的影响:一是内在需要;二是外在刺激。身体在各种内外环境因素的刺激下,为了满足某种需要,常常会产生一种行动的动力,这种动力就是动机。可以说,公民体育行为的动机阶段就是体育意识“外化于行”的动力阶段,也是公民体育意识向行动转化的起始阶段。

公民参与体育活动的动机往往表达了公民个体的体育欲望、体育需要、体育兴趣及体育意向,是引发体育锻炼行为的直接原因,也是体育锻炼行为生成的动力机制。① 没有体育锻炼动机,就谈不上体育锻炼行为,更谈不上自觉的体育锻炼行为。因此,在这个阶段,如何激发公民体育锻炼动机是关键,而动机的前提是需要。

体育锻炼需要一旦形成,便会推动个体去寻求相应的满足。当必须通过体育锻炼才能满足自身需要时,个体的体育锻炼动机便随之产生。因此,激发公民体育锻炼动机,要以公民体育锻炼需要为主线,要教育公民正确处理好眼前需要与长远需要、个人需要与社会需要的关系,把自我需要与国家需要、社会需要、家庭需要统一起来,将公民个人已经形成的体育思想观念、价值信念转化为践行体育锻炼行为意愿,以顺利完成公民体育意识外化的酝酿和准备阶段。

**2. 行为选择阶段**

公民体育行为选择是指公民个体在体育意识支配下,依据自己对体育价值

① 颜军:《体育锻炼习惯形成的心理学思考》,《上海体育学院学报》1995 年第 2 期,第 64—67 页。

功能的理解以及对身体体育能力的判断,自觉自愿地选择出适合自己的体育行为方式,并作出行为决策的过程。从选择内容上看,主要包括体育行为动机的选择、体育行为目标的选择、体育行为方式方法的选择等。一般来说,公民个体在进行自我体育行为选择时需要具备两个基本条件:一是个体要有多种行为方式选择的可能性;二是必须具备意志自由,即选择的行为模式既要符合自身的动机、欲望、冲动要求,也要符合自身的生活信念和价值观念,同时,还必须自觉承担相应的责任和义务。

行为选择一般发生在行为动机之后。一旦产生了行为动机,公民便会根据自身在实际生活中的所见所闻和实际感受,以及大众媒介和老师、家人、朋友、同学等提供的有关信息对未来的体育行为进行筛选,并对不同的体育行为方式进行比较,再作出最后的选择。因此,行为选择阶段主要解决的是"以何种方式去实现"的问题。实现同一个目的方法有多种,怎样才能选择出最佳方案,不但与人的知识、能力、技能有关,更重要的是还要受公民个体意志水平的影响。[①] 因此,如何根据已有的行为实践知识和实践经验预测出采取何种行为最有可能达到或实现所预设的目标,是行为选择阶段必须考虑的问题。

在行为选择阶段,内化了的体育思想观念会产生新的动机,动机若能找到相应的体育行为方式,就会向行为实施阶段过渡。若找不到合适的实现方式,个体在内化阶段所形成的体育思想观念很可能会逐步消退。因此,在公民体育意识培育过程中,为个体设计合适的实践方式至关重要,比如通过"全民健康日""全民健身日"等主题活动增强公民的健康意识;通过"仿效"的方式让公民主动地模仿共同体中其他成员表现出的健身行为,如"广场舞""骑行活动"等,增强公民的体育权利意识;通过举办"运动会"和各种体育比赛活动,增强公民的参与意识等,都是促进公民体育意识向行为转化的有效方式。如果没有这些有效的方式,再成功的观念灌输也会流于形式。如果内化阶段形成的认知与现实行为发生矛盾,已形成的正确认知还有可能转化成其他错误的思想观念,进而导致"知行分离"。

**3. 行为实施阶段**

体育行为实施阶段是公民体育意识外化的第三阶段,是行为主体在一定的

① 曹爱明:《旅游心理学》,甘肃文化出版社 2006 年版,第 27 页。

动机驱使和目标指引下，采取具体行为或行为组合阶段。进入这个阶段，公民常常会把自己头脑中形成的体育意识、体育价值观念等付诸实践，在经历了实践的考验后，公民的体育意志得到锤炼，最终会以稳健、成熟、稳定的行为习惯形式表现出来。

一般来说，公民在作出行为选择决定后，很快会付诸实践。体育行为过程是一种把需要、欲望、动机、态度、情感、信念等内容综合为一个目的、一种精神力量进而转化为实际行动的过程，也是公民体育意愿付诸实践的实际操作过程。在这个过程中，参与者希望得到周围人的支持和帮助，需要在意志毅力的作用下，克服内部和外部的各种困难。同时，此过程也会受到诸如时间、场地、器材、伙伴、健身指导等多种外界环境因素的干扰和影响，但只要能提供良好的社会支持环境，就有利于外化的体育行为坚持下去。

**4. 行为评价阶段**

体育锻炼行为评价是公民个体按照体育锻炼标准、体力活动指南等对自身体育锻炼行为所做的审度、权衡和评估活动，是公民个体对自身锻炼行为的动机、目标、所选择的锻炼项目、强度、频度、持续时间及所达到的效果等进行的评价。体育锻炼行为评价活动的本质是公民个体对自身锻炼行为所做出的一种自我认识、自我判断和自我评估。在这个过程中，“效益”“效果”“效用”充当着重要的角色。

在体育行为评价过程中，“效益”指的是体育行为实施后所带来的实际效果和利益；“效果”指的是体育行为直接带来的成效与结果；而“效用”则指的是体育行为满足自己需求、欲望的程度。如果公民自己对其选择的体育锻炼行为在提高自身健康、获得幸福、防治疾病、促进自身全面发展等方面的“效益”“效果”感到满足与欣慰，就有可能坚持下去，并最终形成锻炼行为习惯。反之，则会感到羞愧和不安，进而导致其锻炼行为终止。因此，公民体育行为评价是公民体育意识固化的一种重要方式，通过提高体育锻炼行为的“效益”“效果”“效用”，可促进公民体育锻炼意识和行为得到进一步的发展和完善。

**5. 习惯养成阶段**

习惯养成阶段是指人们按照正确的体育锻炼行为方式，经过长期反复的实践，最终形成良好体育锻炼行为习惯的阶段。人的个别体育行为往往带有偶然性和情境性，很难真实地反映一个人的体育意识和观念，只有经过反复训练才能转化为稳定的习惯行为。① 因此,锻炼习惯的养成是体育锻炼活动多次重复的结果,公民体育意识培养需要反复加强和巩固体育锻炼行为,并使之转变成体育锻炼习惯。

在锻炼习惯养成阶段,公民个体需要充分运用情感、意志、信念和人格的力量,并在体育锻炼行为实践中反复践行;需要通过一定的途径和方法使公民的体育锻炼行为由不经常变为经常,由不稳定变为稳定,使其不仅能在特定的条件和情境中表现出来,而且也可以在其他多种多样的活动中表现出来;需要不断通过获得成功体验、设置适当的目标、自我激励等来对其行为予以强化,令其自我效能不断提高,最终促使体育意识外化的结果处于相对的稳定状态。

体育锻炼习惯是人们在健身实践中逐渐形成的,比较稳定的身体锻炼行为。从心理学角度看,是在锻炼动机确定的基础上,依靠内驱力的力量来调节自己的行为,定时、定量、科学地进行身体锻炼,并成为日常生活中的一项重要内容。因此,公民体育锻炼行为养成的应然状态应该是公民体育锻炼参与的积极性、自觉性和主动性。

综上,体育意识形成的外化过程是一种把公民内心已经形成的体育意识逐步转变成为相应的行为动机,进而支配和调节自己行为,最终形成锻炼习惯的过程。应该指出的是,体育意识转化为体育行为的过程是极其复杂的。内在的体育意识并非一定会有外在行为,体育健身实践中的"知行脱节"问题就是典型的例证。这说明,公民体育意识的外化过程还会受到多种主客观因素的制约。例如,公民体育行为动机形成、行为方式的选择常会受到公民个人体育价值观的影响;公民体育锻炼意愿、行为常常会受到公民个人体育情感、态度、信念、意志。技能等因素的影响;公民体育锻炼行为选择和实际行为还会受到诸如场地、器材、锻炼环境、锻炼氛围、技术指导等外部因素的制约。因此,在公民体育意识培育过程中,培育者要善于引导外化过程,促进被培育者的知、情、信、意、行诸心理要素的均衡发展,激发公民体育意识外化为锻炼行为的动机,同时还要创设有利于公民体育行为发展的制度机制、决策机制和利益机制,创造一切可能的条件,强化体育锻炼行为,以促进体育意识向体育行为的转化。

① 蒋笃运、张雪琴:《公民意识形成的内在机制及启示》,《河南大学学报》(社会科学版)2011年第6期,第43—48页。

## 三、公民体育锻炼习惯的养成

### 1. 体育锻炼习惯养成的定义

关于何谓“习惯”，目前说法不一。词典将它解释为“积久养成的生活方式”。但不同学科、不同学者对其所下的定义又有着较大的差别。例如，有人把它界定为“信念变成习性，思想化为行动的过程”，或“在一定情况下自动地进行某些活动的特殊倾向”①，还有人把它界定为“在后天影响下，逐渐形成的一种自动化、下意识的思维方式、行为倾向和价值选择”②。习惯到底是一种“需要”、一种“模式”，还是一种“特殊倾向”，由于人们所依据的理论来源不同，对此尚有较大的分歧。站在行为科学的角度分析，习惯是在一定情况下人们自动地进行某些活动的需要；而根据心理学原理观察，习惯就是一种后天获得的趋于稳定的心理定势，这种定势也就是人们常说的一种模式。③ 虽然不同学者对其的定义有所差别，但从这些定义中可以看出，它至少具有习得性、稳定性、自觉性、经常性 4 大特征。

体育锻炼习惯是指发生在体育锻炼环境条件下的一种行为习惯。它是通过反复的锻炼实践形成的具有积极效应的、相对稳定的、自动化的行为定式和思维模式，具有稳定性、重复性、自动化以及效果的积极性等特征。④ 是人们为了满足生理、心理或社会需要，在内在动因和外界环境交互作用下重复发生的有利于身体健康的躯体运动，是在不断重复身体练习的基础上形成的持之以恒地经常进行体育锻炼的自动化和生活化的行为取向和行为方式。体育锻炼习惯是在体育健康促进信念支撑下的稳定锻炼行为，与自动化体育动作习惯有着本质的区别。它是在公民个体不断深化的体育价值认知基础上形成的，是对体育健康促进观点的确信和坚持。其中，信念是体育锻炼习惯的支撑力量，它能让个体保持对自身健康的关注，持久激发个体的体育锻炼需要，使其产生体育锻炼动机，执

① 王则珊：《学校体育理论与研究》，北京体育大学出版社 1995 年版，第 34 页。

② 朱永新：《习惯养成是核心素养形成的行动路径——新教育实验推进“每月一事”的理论与实践》，《课程·教材·教法》2017 年第 1 期，第 6—17 页。

③ 徐玲、白文飞：《习惯形成机制的理论综述》，《北京体育大学学报》2005 年第 5 期，第 618—620 页。

④ 王坤、季浏：《青少年体育锻炼习惯的概念模型建构》，《体育学刊》2013 年第 5 期，第 93—96 页。

着于体育锻炼行为,不轻言放弃。① 综合专家们的观点,笔者在这里将其界定为"人在后天长期参加体育锻炼过程中逐渐形成的、具有内在需要的、比较稳固的、自觉参与、坚持身体锻炼的行为方式"。②

从词源考察,"养成"的本意是通过培养而使之形成或成长,而培养的过程常常又含有"教育"的成分,故通常又把"养成"称为"养成教育"。养成教育包含着"养"和"成"两个层面的意思。其中,"养"规定着"成",两者内含着"前提—结果""手段—目的"的逻辑结构。③ 而"习惯养成"则主要是指以"习惯"为内容、以"养"为手段,以"成"为目的的一种教育活动。④

世界上一切优良的东西,都是经过"培养"之后才能"形成"的。一旦某种优良规范"形成",它便流传于世,成为一种"习惯",并将影响人的整个一生。人的锻炼行为也不例外。要形成良好的锻炼习惯,就需要培养、训练,综合各种教育力量和途径,晓之以理、动之以情、导之以行。为此,本研究在这里将"体育锻炼习惯养成"界定为:良好体育锻炼习惯的培养、训练、形成过程。也就是从行为训练入手,综合多种外在培养与自我内化教育手段,通过长期不断地重复与强化,最终形成良好体育锻炼习惯的过程。这个过程既包括对锻炼者锻炼行为的引导、指导、督导,也包括锻炼者锻炼习惯形成过程中的自我教育和自我培养。⑤

### 2. 公民体育锻炼习惯养成的标准

公民体育意识培育的最终目的,是要将内化的体育意识转化为体育行为,形成体育锻炼习惯。那么,公民体育锻炼习惯形成的标准是什么,也就是说公民表现为什么样的行为,我们就可以认为他形成了体育锻炼的习惯呢?

关于公民体育锻炼习惯形成的标准,既往研究多以公民参加体育锻炼的强度、频度、锻炼持续时间以及坚持性等"体育人口""体力活动指南"中的说法作

---

① 翁孟迁:《体育锻炼习惯的本质及运动健身信念模型》,《体育学刊》2014 年第 3 期,第 36—39 页。

② 乔玉成:《青少年锻炼习惯的养成机制及影响因素》,《体育学刊》2011 年第 3 期,第 87—94 页。

③ 谭兰:《青少年道德行为养成教育问题研究》,华中师范大学硕士学位论文,2006 年,第 17 页。

④ 朱永新:《习惯养成是核心素养形成的行动路径——新教育实验推进"每月一事"的理论与实践》,《课程·教材·教法》2017 年第 1 期,第 6—17 页。

⑤ 乔玉成:《青少年锻炼习惯的养成机制及影响因素》,《体育学刊》2011 年第 3 期,第 87—94 页。

为标准。例如,在锻炼强度上达到“中等或中等以上负荷(心率大于 110 次/min)”;在频度上达到“每周 3 次或以上”;在锻炼持续时间上达到“每次 30 分钟及以上”;在锻炼坚持性方面达到“6 个月,或 1 年以上”,如同时满足上述条件,即可认为是“养成了体育锻炼的习惯”。笔者曾撰文认为,良好的锻炼习惯是人在后天长期参加体育锻炼过程中逐渐形成的、具有内在需要的、比较稳固的、自觉的参与和坚持身体锻炼的行为,这种行为是在一种完全自由的状态下表现出来的,无须强迫,不受规章制度的制约。如对在校学生来说,如果出于考试需要和规章制度要求,学校安排的体育课或者早操、课间操,无论他们愿意与否,一般都会参加的,因此,都可能在锻炼次数上和锻炼时间上达到上述要求,形成所谓的“良好锻炼习惯”,但这与学校体育教育目标所追求的锻炼习惯养成有着本质的区别。因为这些被视为已形成“良好锻炼习惯”的学生,一旦走出校门,多数难以坚持。鉴于此,笔者在这里将具有体育意识的公民界定为“在外表现为参与体育活动的自觉性、主动性和积极性”,将体育锻炼习惯形成的标志定义为:

(1)主观上有主动参加体育锻炼的愿望;

(2)每天能主动、自觉、积极地参加体育锻炼 30 分钟以上,并坚持至少 6 个月以上;

(3)掌握 1—2 项体育锻炼项目技能或技术;

(4)有一定的体育锻炼常识和体育保健知识。

在本标准中,“主观上有主动参加体育锻炼的愿望”指所参与的体育锻炼活动是在不需要别人的督促和强迫的条件下完成的,是一种自由、自主的行为。本标准特别强调“主动”“自觉”“积极”。因为“主动”意味着公民体育锻炼行为是其内在动机驱动的结果,其本身是一种自愿的行为,而非迫于外部压力被动表现出来的行为。“自觉”意味着公民虽然没有完全对体育价值产生认同,但他已经能够根据自己的感性和理性认识相信这些体育锻炼是正确的,其锻炼行为是一种自律的行为。“积极”意味着公民对自身参与的体育锻炼行为是肯定的、热心的,表明其参与的体育锻炼行为是一种能够让自身需要得到满足的行为。“坚持至少 6 个月以上”说明公民体育锻炼行为习惯趋向定型化、稳固化。“掌握 1—2 项体育锻炼项目技能或技术”“有一定的体育锻炼常识和体育保健知识”,说明体育锻炼行为已基本达到自动化程度,不再需要别人的帮助和提醒,也不必再花费较大的意志努力。

### 3. 公民体育锻炼习惯养成的机制

习惯是人的“第二自然”，它形成于感觉经验的重复练习，是心灵秩序与行为秩序的直接统一。[①] 然而，我们知道，人是一个完整的有机体，其本身有其特有的生理、心理的调节规律，这些调节规律会自动地影响人的心理活动和行为调节。体育锻炼习惯是生理、心理或社会需求产生锻炼动机，在动机的驱动下产生锻炼行为，行为的结果符合主体的动机目标，从而促使锻炼行为不断重复、强化，在生理上形成较为巩固的动力定型，在心理上形成固定的心理定势，逐渐巩固成为一种自动化的行为方式。因此，一个人要想养成习惯，并非易事。而揭示其形成机制，对培养公民体育锻炼习惯具有重要的理论和实践意义。

(1)生理学机制。就生理机制而言，体育锻炼习惯的形成是在长期的、系统的锻炼过程中，由刺激与反应之间所建立的稳定条件反射活动的过程。神经科学研究表明，由感觉器官传入的体育锻炼信息通过传入神经，传导至脑干上行网状激活系统、下行网状反馈系统和丘脑纹状体、边缘系统以及新皮质、前额叶等脑组织，由这些组织对输入信息进行处理加工。在这个过程中，当再次遇到熟悉的、具有相似性的记忆信息时，中枢会自动而快速地对整个中枢神经系统起到易化与兴奋的作用，形成感觉“记忆痕迹”构型或运动构型。使大脑皮层各中枢与皮质下中枢之间建立起广泛的系统性环路联系，形成一个条件反射系统，促使行为反应更为精确、平稳和可靠。这种反射活动经过无数次的重复后，就会在大脑皮层形成快速反应通道，形成稳定的条件反射和动力定型，并使其反应过程呈现出定型化、自动化的特点，于是习惯就慢慢产生了。[②] 这种条件反射和动力定型一旦形成，不需要专门的思考和意志的努力，就会在特定的时间和空间里出现。

(2)心理学机制。心理学研究认为，人的体育锻炼习惯的形成过程是：需要—动机—行为—效果—行为的持续和反复—习惯。[③] 个体的体育锻炼习惯的形成是从运动需要或欲望开始的，在需要的基础上形成锻炼动机，在动机的推动下，个体产生体育锻炼行为，锻炼行为的持续和反复便促成了锻炼习惯的形成。此外，根据斯金纳的操作性条件反射原理，个体锻炼行为所产生的结果(效果)对锻炼行为不断地产生强化或者消退作用，会导致个体锻炼行为持续进行或者

---

① 高兆明：《论习惯》，《哲学研究》2011 年第 5 期，第 66—76、128—129 页。

② 肖正德：《教师概论》，浙江大学出版社 2013 年版，第 231—232 页。

③ 吴兆祥：《学校体育与健康新论》，安徽人民出版社 2009 年版，第 434 页。

中断。一般来说,如果锻炼的效果能使锻炼者的需要得到满足,这种活动就会一直持续下去,进而形成内在需要的、比较稳固的自动化行为方式,即形成了体育锻炼的习惯。反之,则会中断锻炼活动。在斯金纳的操作性条件作用理论看来,习惯是经过长时间的强化之后在大脑里形成的一个牢固的"概念群"。在面临一种情境时,意识就迅速地把一些相关的"概念"纠集到一起并发出陈旧的信息指令而表现出某种习惯①。这种习惯一旦形成,就会有自动化的倾向,只要原来(或类似)的刺激情境出现,习得的习惯性反应就会自动地出现。同时也会变成人的一种需要,如果不这么做,就会感到很别扭。

(3)行为学机制。行为学派认为,习惯是人们长期学习的结果,是人的一种心理行为定式。"学习"过程可以形成习惯性的心理行为,也可能引发习惯行为的中断与消退。美国心理学家约翰·沃森认为,人类的行为习惯都是后天习得的,无论是正常的行为还是病态的行为均可以通过学习而获得。美国行为主义心理学家斯金纳认为,强化是行为习惯形成的重要机制。强化可分为积极性强化和消极性强化两种形式。积极性强化能给个体带来快乐感受和体验,使行为的发生频率增加,或促使个体再次实施这种行为;消极性强化则可使个体的痛苦得以减轻甚至免除,进而增加行为发生的频率。②

(4)社会学机制。社会学机制认为,人的体育锻炼习惯是在人的社会化和社会学习过程中逐步形成的。人在不同年龄阶段,有着不同的社会化需求。而体育锻炼习惯又常常与人不同时期的社会化相伴而行。其作用主要是满足人际交往、情感交流、改善人际关系、形成良好的社会群体互动,达到调节生活节奏、丰富生活情趣、提高生存生活质量的目的。

**4. 公民体育锻炼习惯养成的规律**

公民良好的体育锻炼习惯不是天生的,而是在参加体育锻炼活动过程中逐步养成的。从公民体育锻炼习惯生成与发展过程来看,它是由"他律"走向"自律",由"自律"走向"自觉",再由"自觉"走向"自由"的过程。其中他律是起点,自律是内核,自觉是关键,自由是归宿,四者相互依存,相互影响,相互渗透。

从公民体育锻炼习惯养成的一般规律看,它需要经过由外部支配到内部控

---

① 赵振杰:《论习惯形成与公共文明建设》,《学术交流》2011 年第 8 期,第 14—18 页。

② 闫宏微:《大学生网络游戏成瘾问题研究》,上海人民出版社 2015 年版,第 46—48 页。

制，由简到繁，由易到难，由波动到稳定，是一个条件反射不断巩固的过渡，自动化作用不断增强，动力定型不断完善的过程。①

从体育锻炼习惯培养路径上看，它离不开学校、家庭和社会的引导和培育，离不开公民体育价值认知、情感和意志的正向作用，离不开公民参与体育锻炼的自觉自愿。需要“从小做起，抓好开端”“激发兴趣，提高认识”“循序渐进，打好基础”“融洽关系，启发诱导”“树立榜样，正确评价”“持之以恒，终达自然”。需要教育者的“培养”，公民个体的自我“修炼”，外部环境的“熏陶”；需要形成以自律养成为核心，他律养成为基础，环境养育为支持，外因内因相一致，主观客观相结合，“强化—内化—外化”相统一，环境、他律、自律三管齐下的养成运行机制。②

从制约公民体育锻炼习惯养成的因素看，“教育体制问题”“学校体育教育问题”“评价机制问题”“公民主体意识淡漠、权利义务意识薄弱、健康意识缺乏、自觉意识虚化、参与意识不足”以及“传统文化观念”“体育价值观念”“体育文化氛围”“体育意识教育滞后”“家庭教育缺位”“体育资源供给不足”“体育锻炼的基本知识和锻炼方法的指导缺乏”“有效督促不够”“锻炼技能低下”“网络及其他休闲活动的负面影响”等从不同方向和角度对公民体育锻炼习惯养成具有负面作用。

---

① 王艳：《怎样培养学生的良好习惯》，吉林教育出版社 2012 年版，第 133—135 页。

② 乔玉成：《青少年锻炼习惯的养成机制及影响因素》，《体育学刊》2011 年第 3 期，第 87—94 页。

# 第五章　公民体育意识的培育

体育强国和健康中国建设以及小康社会的建成，离不开体育文化的弘扬，而在此过程中，塑造与其相匹配的公民体育意识更为关键。虽然全民健身计划的提出和实施为我国公民体育意识的形成和发展创造了有利条件，打下了牢靠的思想基础，并一定程度上催醒了我国公民的体育意识，但现实中尚存在许多制约公民体育意识进一步提升的因素，以致我国公民体育意识水平整体低下的现实并未得到彻底改观。大量的研究表明，体育意识是支撑与维系个体长期坚持体育锻炼活动的决定性力量，但它并非是自然生成的，而是由社会发展、体育文化、身体观念、价值观念建构起来的。因此，其培育塑造过程既需要从机制、观念入题，更需要从行为养成破题。鉴于此，本章在第四章揭示公民体育意识形成和发展的基础上，以公民体育意识培育为主线，以公民体育意识培育的思想基础和基本理论为依据，提出公民体育意识培育的目的、意义、目标和原则，阐明当前公民体育意识培育面临的机遇和挑战，其目的是为公民体育意识培育的实施奠定基础。

## 第一节　目的与意义

2019 年 7 月国务院印发的《国务院关于实施健康中国行动的意见》（国发〔2019〕13 号）（简称“健康中国行动”）明确指出，人民健康是民族昌盛和国家富强的重要标志，而要人人健康，预防是最经济最有效的健康策略。为此，“健康中国行动”围绕疾病预防和健康促进两大核心，提出将开展 15 个重大专项行动，以促进以治病为中心向以人民健康为中心转变，努力使群众不生病、少生病。其中在重大行动第三条提到要“实施全民健身行动”。到 2022 年和 2030 年，要使城乡居民达到《国民体质测定标准》合格以上的人数比例分别不少于90.86%和92.17%，经常参加体育锻炼人数比例达到37%及以上和40%及以上。“健康中国行动”是国家为民谋幸福、谋健康的重大决策部署。但是，要真正将“健康中国行动”中的“全民健身行动”转化为全体公民的自觉行为，离不开公民体育意识的培育，离不开全体公民的积极参与，也只有这样，公民健康责任才能从单纯依靠卫生健康部门向社会整体联动转变，公民健康维护策略才能从注重“治已病”向“治未病”转变。因此，公民体育意识培育的意义不言而喻。

## 一、提升公民健康素养和体育素养水平，为公民建立健康生活方式奠定基础

2016年习近平总书记在全国卫生与健康大会上发表重要讲话时指出：“要倡导健康文明的生活方式，树立大卫生、大健康的观念，把以治病为中心转变为以人民健康为中心，建立健全健康教育体系，提升全民健康素养，推动全民健身和全民健康深度融合。”

要实现“健康文明的生活方式”离不开公民的健康素养和体育素养。健康素养是人们在生命全程中进行与医疗服务、疾病预防和健康促进有关的日常活动时，获取、理解、评价和应用健康信息以做出健康相关决定进而维持或提高生活质量的知识、动机和能力。① 体育素养是指个体在一生中保持适当水平的身体活动动机、信心、身体活动能力、理解力和知识，是一种通过参与体育活动而形成的修养和与涵养。无论是健康素养，还是体育素养，其目的都是为了人的“健康”和“幸福”，都强调知识、能力、态度的统整，凸显情感、态度、价值观的重要。

健康素养具有综合性、层次性、互动性、终身性和目的性等特点，与“体育素养”存在包含关系。“健康素养”包含“体育素养”，“体育素养”含有健康元素。体育素养由体育知识、体育技能、体育意识、体育精神与体育锻炼习惯五个维度组成，与健康素养中的健康知识、健康理念、健康技能与健康行为密切相关。体育素养中的知识、技能、理解能力和态度等内容能够为培养公民健康生活方式，形成良好健康行为提供基础，而体育素养中的体育意识则是反映公民健康素养

① 胡洁、郭海健、李洋等：《江苏省60—69岁老年人健康素养现状及其影响因素》，《中国公共卫生》2016年第9期，第1156—1158页。

水平高低的重要指标之一。从这个视角看,公民体育意识培育是提高公民健康素养水平,改善个体健康状况的重要途径,直接关系到国民健康状况的能力和水平。

体育素养作为一个与健康产出相关的变量,是以具身认知观为指导,着眼于身体活动与积极生活的关系,立足于人的整体发展,在情感、认知和身体等相互关联的多种维度上,激发动机,培养能力,以促成终身参与身体活动的行为习惯。这一理念不仅旨在解决因身体活动缺失带来的日趋严重的全球健康问题,而且有力地推动着体育融入生活,全面提高生活质量。① 当前,公民体育素养问题已受到国内外研究人员和各国政府的高度重视,而体育意识作为体育素养的重要组成部分,对体育素养相关的各个方面都有着重要的影响。体育意识薄弱的个体意味着缺乏与体育锻炼相关的知识、情感、态度、意志和意愿,较少主动参与体育锻炼相关活动,更没有通过体育锻炼活动维持和促进健康的持久动力。而体育意识水平较高的个体不仅能够认识到体育锻炼活动的价值,减少或避免体力活动不足对健康的危害,还能调控自我锻炼动机和行为,改善锻炼技能和养成锻炼习惯。这些都是促进和维护公民健康水平的重要基础和前提。

当前,由于公民体育意识薄弱、运动不足导致的慢性病井喷状态已给我国公民整体健康状况和国家卫生系统带来了严重负面影响,并成为我国重大的公共卫生问题。2014 年国家体育总局全民健身活动状况调查显示,我国城乡居民经常参加体育锻炼的比例为 33.9%,其中 20—69 岁居民经常锻炼率仅为 14.7%。《2018 年中国居民健康素养监测报告》显示,具备健康素养的中国居民占被调查者总数的比例仅为 17.06%,虽然健康素养总体水平,知识、行为、技能三方面的素养以及安全与急救素养、科学健康观素养、健康信息素养、慢性病防治素养、基本医疗素养、传染病防治素养六类健康素养与 2017 年相比均有不同程度提升,但我国公民的整体健康素养水平仍然令人担忧。本研究前期调查结果显示,具备体育意识的中国公民仅占本次调查人数的 19.69%。② 而 2018 年由世界卫生组织、国家卫生计生委等机构联合发布的中国医改联合研究报告指出,中国现有

---

① 王晓刚:《国际体育素养研究的前沿热点、主题聚类与拓展空间》,《北京体育大学学报》2019 年第 10 期,第 102—116 页。

② 乔玉成:《中国公民体育意识调查报告(2018)》,《武汉体育学院学报》2019 年第 10 期,第 19—27 页。

慢性病患者近3亿,癌症、糖尿病、心脏病等慢性病已成为最主要的健康威胁,这些慢性病超过六成是因不良生活方式导致的。[①] 上述数据说明,中国公民健康素养、体育素养、体育意识整体仍处于较低水平,慢性病患病率持续升高的趋势仍然没有改观,控制慢性病危险因素的任务迫在眉睫,公民健康素养、体育素养和体育意识水平亟待提高。

公民体育意识是公民健康素养和体育素养的有机组成部分,也是公民健康生活方式的基础。因此,借鉴国际社会关于公民健康素养和体育素养培育的研究成果,对健康素养和体育素养的结构及其形成过程进行分析,厘清体育意识培育与体育素养、健康素养体系的关系,充分认识体育素养和健康素养的可塑性和可培育性,激发公民体育锻炼兴趣和动机,培养公民体育锻炼情感,营造全民健身活动氛围,增强公民体育意识,促使公民逐渐形成集知识、技能、情感、态度于一体的公民体育素养形态,不仅顺应社会发展的应然要求,也是公民通过自主、自觉、自愿锻炼行为促进自身健康的内在诉求。从此意义上讲,公民体育意识培育,既承担着提升公民体育素养和健康素养的重任,也肩负着改善公民身心健康的责任。

## 二、促使公民运动健康促进观念形成,满足人民群众对美好幸福生活的向往与追求

党的十八大以来,以习近平同志为核心的党中央高度重视关心体育工作。习近平总书记多次强调:“全民健身是全体人民增强体魄、健康生活的基础和保障,人民身体健康是全面建成小康社会的重要内涵,是每一个人成长和实现幸福生活的重要基础。”“体育既是国家强盛应有之义,也是人民健康幸福生活的重要组成部分。”这些论断从公民健康、幸福指数、社会进步的高度认识体育在现代社会中的重要作用,把满足人民对健康幸福的追求作为体育工作的出发点与落脚点,开启了全民健身、全民健康、全民幸福的新时代。

关于运动健康促进的功效,目前已得到循证医学的证实,限于篇幅原因,这里不再赘述。

---

① 央视网:《全国现有慢性病人近3亿,六成因不良生活方式导致》,http://news.cctv.com/2016/09/01/ARTIaPNlDSkP4v3QsSoc3cfb160901.shtml。

如何才能让人获得幸福，既是古今中外先哲圣人苦苦思索的千古命题之一，也是当今中国百姓最为关注的热点话题之一，更是当前诸多学科最为重要的研究课题之一。大量的研究表明，人的幸福感与收入、健康、教育、医疗、住房、婚姻、家庭、环境质量、食品安全、就业状况、休闲程度、生活事件、价值观念、社会保障、社会支持、宗教信仰、民主权利，以及人口学因素如年龄、性别等诸多因素有关。而如今，体育也被列入其中。

我们知道，影响人类幸福感的因素是极其复杂的，但概括起来不外乎两个方面，一是外在的环境因素（如行为、社会文化、教育、经济、地理、生活事件、美学等），二是人自身的因素（如遗传、认知、人格、伦理等）。从行为学角度看，虽然能够给人带来幸福感的行为有多种多样，但各有各的缘由。吃、喝、玩等行为之所以能够给人带来幸福感，是源于它们能够让人获得生理和心理上的回报；金钱之所以能够切入人的幸福感，是由于它能让人获得物质上的满足；旅游之所以关涉人的幸福感，在于旅游能够通过休闲、娱乐、美感达到消遣、自由、认知、审美和移情的目的，使游客能在旅游过程中获得“悦”“新”“情”的幸福体验；唱歌之所以能够给人带来幸福感，是基于唱歌能够诱导β-内啡肽、催产素的分泌，进而让人产生愉悦感；教育能之所以对人的幸福感有所作为，一是鉴于教育有助于改善个体生存和发展的外在条件，二是因为教育有助于提升个人获得幸福的能力……而体育之所以能够给人带来幸福感，是由于体育本身蕴含有能够让人幸福的“元素”，即“玩”“休闲”“游戏”“运动”“比赛”“观赏”“教育”等“组分”，均有提升人的幸福感的作用。① 体育锻炼活动过程中产生的愉悦效应、情绪调节效应、生活满意度效应、自尊效应、健康效应，以及流畅体验、成功体验、需要满足、人际交往、社会比较、社会支持等均能为参与者带来幸福的感受。从这个角度说，体育不仅仅只是一种强身健体的活动，更是幸福生活的载体。它的价值不仅在于能够促进身体健康，防治疾病，更多的是能够增进人民福祉，给普通百姓的幸福生活带来快乐和内心富足，能进一步增强公民对党的信任，增强公民对中国特色社会主义的信念。从积极心理学的视野看，幸福感既来自主观体验，又来自客观存在，是主观与客观、快乐与意义、享受与发展、个人与社会维度上的和谐

① 乔玉成、范艳芝：《诘问与回应：体育与幸福关系研究的8个基本问题》，《上海体育学院学报》2020年第7期，第1—15页。

与统一。我们认为,体育本身不仅含有“幸福”的意义,同时也是个体实现主观幸福感的有效途径。当参与和观赏体育活动让人体验到愉悦和兴奋时,主观幸福感即被激活。这种来自客观存在的主观体验,既能让人感觉到身心的自由与放松,也能让人体验到身心的快乐与满足,进而升华至参与体育活动的幸福感,这或许就是体育能给人带来幸福的原因所在。①

体育代表着青春、健康、活力,关乎着人民的幸福和民族的未来。如今,“运动能使生活更美好”的观念已得到大多数人的认同,通过开展全民健身活动保障公民身心健康,砥砺公民意志,凝聚民族精神,让人民群众享有更多的“获得感”和“幸福感”。登高望远,亿万群众的健身参与热情已被激发,感人的全民健身场景催人奋进,美好的全民健身景象激动人心:健身馆内,挥汗如雨的矫健身姿,尽情享受运动带来的快乐;居民小区,健身器材间穿梭嬉戏的稚嫩童颜,洋溢着蓬勃欢快的气息;公园里,扭腰伸腿晨练的大爷大妈们,用太极拳、功夫扇勾勒出和谐幸福生活的美景;大街边、广场上,广场舞、健身操引领火热健身时尚,传递着人民群众的健身热情和对健康幸福生活的追求和向往;城市间,马拉松、万人健步走燃爆运动激情,记录着全民健身融入美好幸福生活的时代风貌,为进入新时代的中国增添了无限的活力。但我们也清晰地看到,现阶段我国公民的体育意识整体上还比较淡薄,体育能够促进健康和实现人民美好幸福生活的观念还没有真正普遍地植根于人民群众的内心之中,尤其是青少年群体的健身参与意识还比较低下,久坐不动、追求安逸、不愿参加全民健身活动的现象在他们之中还较为普遍地存在,许多人还没有真正认识到体育与美好幸福生活的关系,没有意识到个人体育的参与直接影响到健康中国、体育强国和小康社会建设的步伐,这就要求我们必须加快公民体育意识培育步伐,以激发全体公民健身锻炼的主动性、能动性,激发公民对体育活动的兴趣和价值认同,提升公民体育意识水平,进而达到改善公民整体体育素养低下现状的目的。

让体育成为人民健康幸福的重要组成部分,需要全社会的共同努力。一方面,作为政府要狠抓“六个身边”工程,把全民健身国家战略落到实处;要着眼于公民体育意识的培育,体育素养的提升,体育锻炼习惯的养成,让运动健康促进

① 乔玉成、范艳芝:《诘问与回应:体育与幸福关系研究的8个基本问题》,《上海体育学院学报》2020年第7期,第1—15页。

的理念深入人心，让全民健身成为实现人民群众美好幸福生活的催化剂、调节剂和实实在在的原动力；让每个公民肩负起通过运动健身促进健康的自身责任、家庭责任和社会责任，让运动场所成为“吸铁石”，逐步形成人人崇尚运动健身、人人参与运动健身的良好社会氛围。要把全民健身计划打造成全民幸福计划，让每个人公平地享有运动权利、享受体育快乐，以顺应人民群众盼健康、盼幸福的强烈愿望。另一方面，作为共和国的公民，要秉承“我运动、我健康、我快乐、我幸福”的健身宗旨，让体育锻炼成为自己的一种生活方式，成为生活中的必需，拒绝“宅”生活、“燃烧卡路里”，在全民健身热潮中焕发活力，收获“愉悦感”“幸福感”“安全感”“认同感”。

## 三、提高体育人口数量和质量，为健康中国和体育强国国家战略目标的实现创造条件

体育是社会发展和人类进步的重要标志，是综合国力和国家软实力的重要体现。① 党的十八大以来，我国体育事业迎来了前所未有的发展机遇。“健康中国”“体育强国”“全民健身”先后被确定为国家战略。而要落实这三大国家战略，着力培育全体公民浓厚的体育意识势在必行。

习近平总书记多次强调，“没有全民健康，就没有全面小康”。健康中国建设是我国全面建成小康社会背景下建构的全民健康蓝图，涵盖了健康社会、健康环境、健康人群、提供健康的生活方式和生活行为四个方面。它突出的是“大健康”理念，强调的是坚持以人民为中心的发展思想，倡导的是健康的生活方式和生活质量，它把人民健康放在优先发展的战略地位，其根本目的是促进全体公民的身心健康和健康素养的全面提升。而运动健身本身作为一种健康的生活方式，以及增强人民体质、保证人民健康生活、实现全面小康的基础和手段，已经深深嵌入到健康中国建设的大格局之中。因此，培育公民体育意识，开展全民健身运动，既是在为建设“健康中国”奠定根基，也是在为全面建成小康社会提供保障，更是当代体育改革发展应该肩负的时代责任。

体育强国作为新时代中国体育事业发展的总体目标，是我国从体育“大国”

① 孙国友、桑飞鸣：《习近平关于体育工作重要论述的逻辑起点、实践追求和价值旨归》，《体育学研究》2019 年第 6 期，第 40—46 页。

到“强国”转变的创造性发展举措,凝聚着党和政府、社会以及全体公民的共同夙愿。体育强国建设以促进竞技体育、群众体育均衡和谐发展,关注体育事业及产业的协调发展为指导思想,以转变体育发展方式为主线,以不断增强人民体质、提升全民族身体素质和满足人民日益增长的美好生活需要为出发点与落脚点,将体育发展融入富国强民的实践中,以体育强身健体的功能增强国家生产力和国防力,以体育的符号象征功能,彰显国家主权,树立国家形象,体现的是中华民族伟大复兴和建设社会主义强国的内在要求。①

全民健身是健康中国和体育强国建设的战略基础和前端要地,是全体人民增强体魄,获得幸福生活的基础保障。作为提高人们身心健康素质以及非医疗健康干预的最有效、最廉价、主动寻求健康的方式和手段,以及实现全民健康的核心环节和有力支撑,全民健身以“强身健体”和“快乐参与”为导向,对全方位、全周期保障人民健康,全面提升公民健康素养,夯实体育强国国家体育目标的实现意义非凡。其“国民健康素养”的塑造功能、“健康价值观”的导向功能、“服务社会健康”的增补功能、“健康服务战线”的共建功能、“替代医学发展”的辅助功能、“治未病观念”的激励功能、“健康环境营造”的潜在功能、“健康体育文化”的引领功能、“多元产业发展”的融合功能、“体育产业升级的”驱动功能必将对“健康中国”和“体育强国”建设作出突出贡献。② 因此,助力落实“全民健身”国家战略,既是健康中国建设最重要、最基础的工作任务,也是建设体育强国最显著、最鲜明的时代特征,更是实现体育强国和健康中国两大战略的内在要求和提高国民体育参与程度,提升体育人口的整体数量和质量的客观要求。

“体育强国”和“健康中国”既是“中国梦”的重要组成部分和依托,也是实现中国梦的应有之义,实现“两个一百年”目标的内在要求。而全民健身作为实现体育强国和健康中国战略的助推器与重要引擎,既是社会发展对体育事业的必然要求,也是体育的自身生命力和发展的动力所在,具有鲜明的时代价值。从这个意义上讲,“全民健身”为“健康中国”和“体育强国”的提出和实施奠定了基础,创造了条件,“健康中国”和“体育强国”建设又为体育事业的发展提供了

---

① 赵富学:《论习近平新时代体育强国思想蕴含的马克思主义哲学观》,《北京体育大学学报》2020 年第 5 期,第 1—12 页。

② 郭秀玲、徐铭阳、赵宪恒等:《体育在“健康中国”中的功能审视》,《体育文化导刊》2018 年第 9 期,第 5—9 页。

目标和导向。“全民健身—全民健康—体育强国—全面小康”的内在逻辑关系，已经构成了一个完整的逻辑链。“全民健身”“健康中国”“体育强国”三大国家战略在理论层面和技术层面存在的高度契合，必将产生巨大的政策叠加和递增效应，当然这一切又都离不开全体公民的积极参与，离不开全民健身氛围的烘托与铺垫。

近年来，我国“全民健身”“健康中国”“体育强国”三大国家战略实施取得了显著成就，但我们还应该清醒地认识到，我国群众体育的整体发展水平还不够高，全民健身事业发展与党和人民的期望，与建设健康中国和体育强国的要求相比仍然存在很大差距。体育发展中不平衡、不充分的问题，群众体育基础不扎实、竞技体育核心实力不强、体育产业效益质量不高以及社会和市场参与体育发展的机制不畅、青少年运动参与不足、体质持续下滑、城乡公共体育空间不足、群众身边体育场地奇缺、体育科技和人才支撑乏力等问题也都还没有得到有效的解决。[①] 公民亚健康状况仍普遍存在，由体力活动不足引发的慢性病发病率的“井喷”态势依然没有得到有效遏制。还存在公共体育事业投入不足，基层公共体育服务能力薄弱，公共体育服务均等化差距较大，基层群众体育组织覆盖面不广，组织力量薄弱，活力不足，作用发挥不够等问题。此外，公民体育意识薄弱，健康素养、体育素养低下，体育消费水平不高，体育健身观念相对落后，参与健身、享受健身的积极性不高，经常参加体育锻炼的人数、养成体育锻炼习惯的人口比例与体育强国相比还有较大差距，健康中国和体育强国建设的“塔基”还不够牢固，以上种种，已经成为制约“健康中国”“体育强国”建设和全民健身纵深发展的“拦路虎”和“绊脚石”。

2016 年 10 月 25 日国务院印发的《“健康中国 2030”规划纲要》提出，到 2020 年城乡居民达到《国民体质测定标准》合格以上的人数比例要达到 90. 6%，2030 年要达到 92. 2%；2020 年经常参与体育锻炼的人数要达到 4. 35 亿，2030 年要达到 5. 3 亿。居民的健康素养水平要从 2015 年的 10% 过渡到 2020 年的 20%，并在 2030 年最终达到 30%的目标。2019 年 8 月 10 日国务院办公厅印发的《体育强国建设纲要》提出，到 2035 年，我国经常参加体育锻炼的人数比例要

① 鲍明晓：《以新时代改革开放，统领体育强国建设》，《体育科学》2019 年第 3 期，第 13—18 页。

达到45%以上，城乡居民达到《国民体质测定标准》合格以上的人数比例要超过92%。

新时期、新形势、新任务。要实现《“健康中国2030”规划纲要》和《体育强国建设纲要》所提出的宏伟目标，不仅需要加快体育外部形态的精准塑造，还需要正确把握全民健身活动参与者的需求响应、需求引导，做到全民动员，全员参与，全程规划，全域覆盖。意识决定行为，行为决定习惯。公民体育意识一旦形成，便会影响、支配体育行为，成为健康中国和体育强国建设的基础和灵魂。如果说“共建共享、全民参与”是建设健康中国和体育强国的战略主题，那么公民体育意识培育就是健康中国和体育强国建设的助推剂。唤起公民主体意识、权利意识、责任意识、合作意识及国族意识，强化公民自我健康管理意识和自我保健能力，营造人人崇尚体育、人人渴望参与锻炼、人人享有体育生活的浓厚的全民健身活动氛围，改变民众在“物质富裕、营养过剩”情况下却极少参与身体锻炼的不良生活方式，形成人人参与、人人尽力、人人共享、人人快乐，人人健康，人人幸福的全民健身活动新生态，既是实施“健康中国”“体育强国”国家战略的客观要求，也是实现全民健身国家战略的内在诉求。而以体育锻炼价值认同为纽带，将体育知识转化为行为理念及技能，提高公民参与体育锻炼活动的依从性，让运动健身成为更多公民自觉的、重要的生活方式之一，亦将成为小康生活不可缺少的重要内容。只有如此，才能真正实现全民健身，为中国体育强国建设添彩，为健康中国建设添砖加瓦。

## 第二节　指导思想

公民体育意识培育指导思想是公民体育意识培育活动的“纲”与“魂”。中国公民体育意识培育总体指导思想是：以马克思列宁主义、毛泽东思想、邓小平理论、“三个代表”重要思想、科学发展观、习近平新时代中国特色社会主义思想为统领，以“以人为本”“健康第一”“终身体育”思想为指导，以提高公民身体素养为宗旨，以提升公民体育意识水平为主线，以培育公民体育价值观为核心，以满足公民体育知识技能需求为责任，以培养公民体育兴趣为前提，以打牢公民体育情感根基为重点，以锤炼公民体育意志品质为基础，以促进公民积极、主动参与全民健身活动和养成终身体育习惯为根本目标，紧紧围绕党在新时期的健康中国、体育强国建设目标要求和决胜全面建成小康社会战略需求,坚持“立足中国、借鉴国外,挖掘历史、把握当代,关怀人类、面向未来”的培育理念,把公民体育意识培育摆到我国全民健身国家战略的全局中去谋划、去推动、去落实、去担当,不断满足人民日益增长的健康需求,满足人民对美好生活的向往,为夺取“体育强国”“健康中国”“小康社会”建设伟大胜利,实现中华民族伟大复兴的中国梦作出新的、更大的贡献。

## 一、以人为本

古人云:“天地万物,唯人为贵。”“以人为本”就是凡事皆以人为先,以人为重,以人为尊。说白了就是以人的生存和发展作为最高出发点和最后落脚点,以人的健康和幸福作为最高的价值目标,一切从人的利益出发,一切为了满足人的物质需要、精神需要和发展需要。针对公民体育培育活动而言,其要旨就是突出培育活动的“人文关怀”,强调以人的发展需要统领培育活动,把人放在第一位,把培育活动与人的自由、健康、幸福联系起来,通过培育活动,使人在身体、心理、社会适应能力等方面得到全面发展,在生活中更加幸福美满。

公民体育意识培育活动“以人为本”就是从人的根本利益和实际需要出发,切实解决人最关心、最期盼、最直接、最现实的问题。① 健康和幸福是新时期国民最根本的利益和需求。体育能增进人的健康,促进人的快乐,陶冶人的情操,发展人的完美个性,增强人对社会的义务感、责任感,改变人们的物质生活、精神生活的内容与形式,是促进人全面发展和获得健康和幸福的重要手段。从这个意义上看,公民体育意识培育本身蕴含“以人为本”的价值理念。

“以人为本”是人全面发展的思想基础。人的全面发展是让每个人的需要、能力、社会关系和个性得到全面发展。健康体魄是“人的全面发展”所依附的基础,健康、长寿是人类发展的基本标志。体育作为经济社会不可或缺的组成部分,在提升人们健康素质,营造时尚生活方式,有效改善社会民生,促进发展方式转变等方面发挥着不可替代的独特作用②,同时也是充分强化人的体力、智力、

① 韩慧、郑家鲲:《“以人民为中心”的体育发展观探赜:逻辑、内涵与价值——基于习近平总书记关于体育工作重要论述研读》,《武汉体育学院学报》2018 年第 11 期,第 5—11 页。

② 丁云霞、潘时华:《体育综合体转型发展的逻辑动因与路径——基于“以人民为中心”的体育价值取向》,《上海体育学院学报》2018 年第 6 期,第 30—35 页。

想象力、创造力等能力的全面发展的重要手段。体育的目的就是以练“体”带动身心的和谐发展。在此意义上,追寻完整的人是当代人本体育哲学的价值坐标和最高目标,也是体育的逻辑起点,更是公民体育意识培育的意义所在。

人的全面发展体现为两个方面:一是体现为促进人的各方面的全面发展(德、智、体、美、劳等);二是体现为促进所有人的全面发展。人的全面发展和全体人的发展,既是人的整体发展,也是整个社会人的全面发展。因此,“以人为本”和“以人民为中心”在某种意义上有着相同的内涵。

“以人民为中心”是始终贯穿中国体育事业发展的一条“红线”。毛泽东同志提出的“发展体育运动,增强人民体质”,邓小平同志提出的“把体育运动普及到广大群众中”,江泽民同志提出的“为增强人民体质服务”,胡锦涛同志提出的“以人为本”的体育发展观,习近平总书记提出的“以人民为中心”的体育发展观,其本质都是一切为了人民的体育发展观。① 因此,“以人民为中心”的体育发展观,既是人民的呼声、人民的期待,也是公民体育意识培育活动的基本遵循。

“以人民为中心”的体育发展观是习近平总书记面对新的世情、国情、民情所提出的关于深入推进全民健身事业发展的新理念、新思想、新战略,其核心内容是:体育发展为了人民、依靠人民、成果由人民共享。其重大价值在于对社会主要矛盾的历史性变化作出了时代应答,为谋划和推动新时代体育事业发展提供了道路遵循,为新时代体育强国建设凝聚了共识和力量。②

人是社会的真正基础,是构成国家整体的第一要素。在全面建设小康社会征程中,没有人的全面发展,就没有也不可能建成全面小康社会。因此,开展公民体育意识培育,首先要把人当作主体、本质和目的,把培育活动放到“人的全面发展”和国家民族命运的高度来认识。而坚持“以人为本”“以人民为中心”的指导思想,就是强调在培育活动中要尊重人的生命、情感、意志、本能的意义和价值,尊重人的权利,尊重人的个性,尊重人的能力差异,尊重人的独立人格,关注弱势群体,不断满足人的基本需求,把人当作世界的本真和最高的存在,把培育活动与人的尊严、自由、健康、幸福和终极价值联系起来。

当前,我国公民体育意识培育活动在很大程度上还存在着忽视以人为本的

---

① 刘鹏:《一项面向民生的体育健身工程》,《求是》2011 年第 10 期,第 51—53 页。

② 韩慧、郑家鲲:《“以人民为中心”的体育发展观探赜:逻辑、内涵与价值——基于习近平总书记关于体育工作重要论述研读》,《武汉体育学院学报》2018 年第 11 期,第 5—11 页。

现象。主要表现在:一是过分突出培育主体的主导作用,忽视被培育对象的主动性和积极性。二是忽视被培育对象的差异性,在培育目标上执行同一个规格、同一个要求,采用一个模式、同一种程序。三是培育方式多采取单向灌输的办法,片面强调体育知识和技能掌握的重要性,忽略了被培育对象的个人需要,忽略了人与人心灵之间的交流,其结果必然导致部分被培育者“知而不信”“言而不行”“知行背离”。[①] 这些客观存在的培育现状迫切需要培育主体尽快建立健全以人为本的公民体育意识培育体系。

公民体育意识培育活动是对被培育对象施以影响的一种有计划的活动,其核心是唤醒个体的体育意识,其本质是育人。然而,人具有个体性和差异性,尤其是我国实施全民健身计划以来,国家体育工作的重点是逐渐从国家、民族、政治等宏大主题转移到生活世界中形形色色、千差万别的社会个体上来,而公民体育意识形成和发展不可能“齐步走”。因此,公民体育意识培育活动在培育内容设置、培育方式方法选择、培育过程落实等方面,要特别注意个性化、差异化设计。要强化“一切为了人,为了人的一切”以及“以人为核心”的服务理念,强调服务于不同个体的需要。调动一切人的积极性,凝聚人的一切积极力量。既要实现“全地域覆盖、全周期服务、全社会参与、全人群共享”“惠及十几亿人口”的目标,也要考虑到“尊重不同人群多样化的体育需要”。同时,在分析、思考和解决问题时,要确立起人的尺度,实行人性化服务。唯有抓住这个根本,公民体育意识培育活动才会收到事半功倍的效果。

## 二、健康第一

健康是民生之要,幸福之基,生命之本。对个人来说,当今世界有三件东西任何人都不会拒绝,那就是健康、自由和财富。三者相比,健康更为重要。因为健康是“1”,其他都是“0”。人一旦失去健康,就等于失去一切。没有健康的身体、思想和行为,就无所谓自由、幸福和快乐。对国家来说,健康中国应该由每一个健康的中国人组成。只有人人健康,社会才能和谐,国家才能真正富强安康;只有全民健康,才能支撑起朝气蓬勃的健康中国。因此,自远古时代到现代社

---

① 乔玉成:《公民体育锻炼知行脱节的自身影响因素分析》,《天津体育学院学报》2020 年第 3 期,第 334—340 页。

会,健康一直是人们不变的追求。无论是远古时代的为了“生存”,近代社会的为了“生活”,还是当代社会的为了“幸福”,“健康”在历史长河中始终占据着重要地位,“健康第一”已成为当今统领我国社会经济发展和小康社会建设的总体方向。

“健康第一”的基本含义是:健康是人类高质量生存和生活的基础,是社会发展的前提,是人类文明的标志。我国教育家陶行知指出:“忽略健康的人,就等于和自己的生命开玩笑。”法国物理学家居里夫人认为:“幸福的基础是健康的身体。”德国诗人哈格多恩认为:“唯有健康才是人生。”1946 年,世界卫生组织提出:“健康是每个人的基本人权,不论他的种族、宗教、政治、经济和社会地位如何,实现每一个民族的健康目标是赢得全世界和平与安宁的最基本保证。”1950 年和 1951 年,针对当时青少年学生存在的健康水平低下、学习负担过重等问题,毛泽东同志两次作出“健康第一”的重要指示,对指导以后的学校教育工作具有划时代的历史意义。1954 年,毛泽东同志又提出:“改善人民健康的状况,增强人民体质是党的一项重要任务。”1999 年《中共中央国务院关于深化教育改革全面推进素质教育的决定》明确提出:“学校教育要树立健康第一的指导思想,切实加强体育工作,使学生掌握基本的运动技能,养成坚持锻炼身体的良好习惯。” 2018 年,习近平总书记在全国教育大会上再次强调:学校“要树立健康第一的教育理念,开齐开足体育课,帮助学生在体育锻炼中享受乐趣、增强体质、健全人格、锤炼意志”。尽管学校教育“健康第一”指导思想每次提出的时代背景不同,或基于“学生负担过重”,或基于“过分追求升学率”,或基于“青少年体质水平持续下降”,但都基本迎合了“世界健康问题”的大背景和我国教育发展的总体方向,与健康在青少年身心发展中的核心地位,以及国家强盛的需要、社会发展的需要、学校教育的需要和人的全面发展的需要遥相呼应。

然而,长期以来,由于理性思维的贫乏,我们在学校教育指导思想观念和体制方面留下了诸多的遗憾。尽管毛泽东同志发出“健康第一”指示至今已有 70 余年,但我们在对其基本内涵的认识方面,还是长期处于“集体无意识”状态,只是将“健康第一”作为一个美丽、动听的口号,而没有变成亿万人民的实践指南,致使学校体育教育与人的全面发展以及青少年体育意识的建立相脱离,从根本上阻碍了我国群众体育事业的发展。其表现为:

一方面,青少年体质状况不容乐观。由于受以分数和考试作为指挥棒的应试教育的影响，社会和学校普遍存在重智育、轻体育的倾向，学生课业负担过重，休息和锻炼时间严重不足，体育课和课外的体育活动得不到重视，有些甚至被取消。1979 年至今的 7 次对全国 7—22 岁学生进行的体质健康调研数据显示，青少年学生耐力、力量、速度等身体素质指标在持续下滑，视力不良率居高不下，超重和肥胖青少年的比例持续增加，青少年体质健康水平降到了发育期的最低点。高校招生中，有 85%的考生因身体原因报考专业受限；征兵工作中，有 63. 7%的高中毕业生因体检不合格被淘汰。对此，社会各界不断有人发出“我们是在牺牲孩子今天、明天的健康去换取好分数”的警示。

另一方面，居民慢性病发病率仍处于高发状态。有研究指出，改革开放以来，虽然我国经济得到飞速发展，人民生活水平得到了很大程度的提高，但随着工业化、城镇化、人口老龄化进程不断加快，居民生活方式、生态环境、食品安全状况等对健康的影响逐步显现。其中慢性疾病的高发就是目前医疗卫生健康领域所面临的最大的挑战。据《中国居民营养与慢性病状况报告(2015 年)》数据统计结果显示，我国 18 岁及以上成人高血压患病率为 25. 2%，糖尿病患病率为 9. 7%，40 岁及以上人群慢性阻塞性肺病患病率为 9. 9%，超重及肥胖症人口达 5. 07 亿人，这其中有一半慢性病发生在 65 岁以下人群。另有调查数据显示，慢性病已成为我国居民的重要死因。2016 年心脏病和脑血管疾病死亡人数占我国总死亡人数的比例分别为 22. 4%和 21. 7%，仅次于恶性肿瘤，且呈逐年上升趋势。除致死外，慢性病还常伴有并发症，严重影响患者的生存质量。慢性病发病、患病和死亡人数的不断增多，导致国家和家庭医疗负担日益沉重，仅每年花在疾病治疗上的费用就占到了我国国民生产总值(GDP)的 8. 2%，而且这些费用还在逐年上升，预计到 2020 年中国慢性病支出将提升至 5. 5 万亿元。慢性病发病原因复杂，但过度饮食和体能消耗过少(包括体育锻炼缺乏和日常体力活动不足)，已成为前两位因素。另外，健康素养水平低下，慢性病知晓度低，预防意识较差，早发现、早治疗、合理用药等维护健康的知识技能缺乏，吸烟、过量饮酒等不健康生活行为方式也是其中重要原因。

“每个人是自己健康的第一责任人”。世界卫生组织指出，在影响健康因素中，生物学因素占 15%、环境影响占 17%、行为和生活方式占 60%、医疗服务仅占 8%。由此可见，获得健康最简单、最有效的方法和策略，就是培养健康的生活方式，把健康融入生活的方方面面，而参加有规律的体育锻炼就是健康生活方式的重要体现。有研究指出，就身体健康而言，相比医疗、药物等对健康的治疗效用，环境、营养对健康有保障和支持的意义，而体育对健康的功效则有促进和改善作用，可预防和辅助性降低某些疾病的风险。① 毛泽东同志指出，体育之效，在于“强筋骨”“增知识”“调感情”“强意志”。目前，体育活动之于健康的强身、育心、怡情、审美、益智和促技等多方面作用已成为大多数人的共识，但在实践层面还有相当大的差距。《健康管理蓝皮书：中国健康管理与健康产业发展报告(2018)》统计数据显示，有35.9%的人从不参与体育锻炼，成年人经常锻炼的比例仅为18.7%。在参与锻炼的人群中仅有24%的人每周锻炼的时间达标。究其原因，与缺乏体育锻炼意识直接相关。由此可见，公民体育意识的培育重要而急迫。

促进公民“健康”和“幸福”，既是公民体育意识培育的出发点，也是公民体育意识培育的归宿。公民体育意识培育要树立“健康第一”的指导思想。其根本目的是提高公民健康意识、改善健康状况并逐渐养成健康文明的生活方式。树立“健康第一”的指导思想，从增进人的健康的大局出发，把这一理念落实到培育工作中的各个环节中去，要着力提高公民的健康意识，以培育出拥有体育意识，健康素养，符合社会需求、能促进社会发展的现代公民，这与健康中国和体育强国建设战略目标是具有一致性的。基于此，在贯彻“健康第一”指导思想时要注意以下几个问题。其一，培育主体要树立正确的健康观，把握好健康的多维内涵，使之做到目标明确，方法得当。其二，要加强政策引导，充分发挥“健康第一”的导向性作用，引领公民体育意识培育向“关注自身体质状况改善，追求健康、文明的生活方式，注重生活质量的提高”的方向发展。其三，在培育内容上要创建体育健康知识与技能、过程与方法、情感态度与价值观有机统一的课程结构；在培育形式上要发挥各个环节的协同作用，以形成一个良好的氛围；在培育方法上，要注重健康知识传授和体育行为培养相结合，以促进公民形成健康的生活方式；在培育理念上，要以观念为先导，突出健康意识的树立和健康行为习惯的养成；在目标的达成上，要以增进公民的健康幸福为基本出发点和归宿，为实现人的全面发展打下基础。其四，要建立监督评价机制，对培育活动进行指导和

① 熊文：《辨误与厘正：学校体育“健康第一”理论立足点检视》，《体育科学》2019年第6期，第89—97页。

协调,及时反馈和调整,使“健康第一”的指导思想切实得到贯彻。也只有这样,才能持续推动培育活动的高质量发展。

## 三、终身体育

终身体育是指一个人需要终身接受体育教育和参加体育锻炼的一种行动方式。其含义包括两个方面(图5—1):一是接受体育教育要涵盖整个生命周期。这是因为在社会高速发展的今天,体育知识、技能更新的速度也会随之加快。个体在不同年龄、不同地点、不同身体状态以及变化的生活情景之中对体育知识和技能的需求也会不断发生变化。没有任何体育知识和运动技能可以为一个人受用终生,要确保体育教育的连续性,就必须通过个体的终身体育学习来促进体育行为的连续性。说白了就是“活到老,学到老”。二是参加体育活动要贯穿人的一生,这是因为锻炼身体不可能“一次完成”,更不可能“一劳永逸”,需要“经常”“坚持”“规律”。只有使身体得到不断的刺激—反应—适应,才能达到身心愉悦、终身受益的目的。说白了就是“活到老,练到老”。

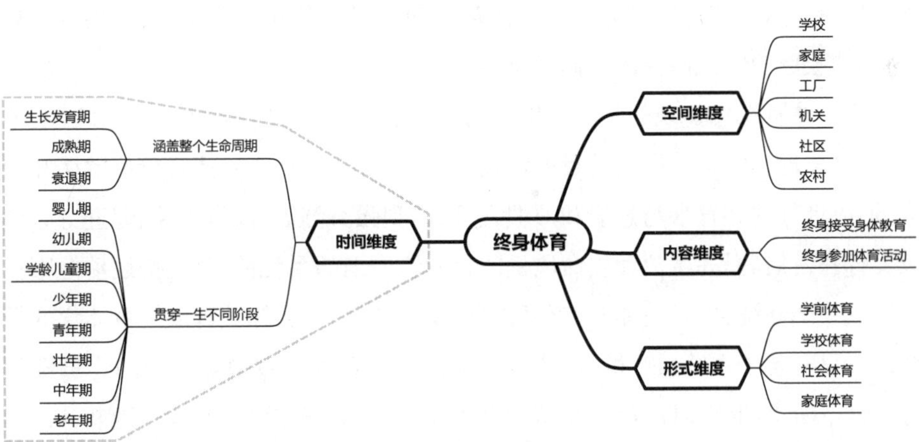


**图5—1　终身体育概念含义**

终身体育是人在生命全过程中持续不断地完善人类体质的系统工程。在其结构体系上,不仅包括小学、中学、大学的学校体育,还包括婴幼儿体育和学龄前儿童体育、青壮年体育、成年人体育、老年人体育,它是学校、社会、家庭体育的综合体。也就是说,终身体育不只是把体育局限在个人发展的某个阶段,而是要将其融入人生全过程,成为生活中不可或缺的重要内容。

终身体育作为一种现代体育思想，其基础主要来自两个方面。一是人自身的发展需要体育锻炼伴随终生。人一生中的身体发展变化，是有规律可循的。一般要经历生长发育期、成熟期和衰退期。体育锻炼具有增进健康、增强体质的作用，对人的各个不同时期的身体健康，都具有积极影响。所以，体育锻炼要根据各个不同时期人体发展的特点，提出相应的要求。即生长发育时期促进身体的正常生长发育；成熟期保持旺盛的精力与充沛的体力；衰退期延缓衰退、延长工作年限、延年益寿。二是终身体育是现代社会发展的需要。一方面，现代社会正向着科学化、自动化、信息化方向发展，对人的身体质量和素养提出了更高的要求，需要通过参加体育来促进它的全面发展。另一方面，现代生产生活方式的变化，对人们的健康状况带来了许多不利的影响。现代化生产方式，使脑力劳动比例加大，注意力高度集中，造成人的神经系统高度紧张；同时，自动化的流水作业方式，又使人的体力活动减少，局部肌肉长期疲劳或因缺乏活动处于萎缩状态；而现代生活方式带来的久坐不动、热量摄入过多等一系列问题，又是导致高血压、心脏病、肥胖症、神经官能症等慢性病发病率的元凶，严重威胁着人类的健康和生命。这一切都需要通过参加体育运动予以调节和补偿。因此，终身体育是个人、家庭、社会、国家的共同需求。

终身体育思想体现的是一种以人为本的哲学思想，具有目的性、系统性、整体性、自律性等特征。所谓的目的性，就是以引导人们提高对体育价值的认知程度，形成良好的体育参与意识和习惯，进而达到强身健体、修身养性、促进身心健康发育和发展、提高生活和生命质量的目的。所谓的系统性，就是把运动健康促进看成一个系统，把学前体育、家庭体育、学校体育、社会体育看成终身体育的子系统。只有各子系统紧密衔接，才能保证体育教育和体育锻炼行为的连贯性和有效性。所谓的整体性，就是把终身体育看成一个整体，将“运动、健康、快乐、幸福”等思想贯彻于人的一生；把家庭体育、学校体育、社会体育看成一个整体，把学校体育看成为整个终身体育的一个重要阶段，让其具有无限的延伸性，即把视角从关注学生的当前扩展到关注学生的未来和终生。① 所谓自律性，是指终身体育需要较为完善的自我意识加以规范与调控。否则，带有强制性、约束性的

① 李正花、郑伟、兰舒：《论韩国终身体育思想的形成及其对中国的启示》，《东疆学刊》2019年第2期，第36—42页。

规定和措施一旦取消，体育参与意愿和行为很快就会消失殆尽。

学校体育是终身体育的基础，是培养学生终身体育意识的关键环节。而当今学校体育过分注重学生的现实锻炼，盲目追求体育教育的近期效益，片面地将增强学生体质的教育目标归结于增强在校期间学生的体质，缺乏培养学生从事体育活动的兴趣、爱好、意识、习惯以及独立进行身体锻炼的能力。学校体育课程过分强调以传授运动技术为中心的教学、技术技能的教授，忽视与体育人文、体育锻炼有关的人体科学知识的传授；学校体育评价，过多地从考试、考查的角度考虑，偏重运动的外在表现形式。致使为数不少的学生在学校接受体育教育只是为了应付考试，考过之后，技术技能随之消失，更无运动兴趣和爱好可言。一旦离开校门，体育生活便走向终结。不少受过高等教育的知识分子的体育观念仍然比较淡薄，不能做到经常参加体育锻炼，有的根本不懂得怎样锻炼便是典型例证。因此，作为学校体育，需以终身体育思想为指导，除教授体育知识和技能外，还应重视终身体育意识、观念、兴趣和习惯培养，为学生走出校门不间断地参与体育锻炼奠定基础。

将终身体育思想作为公民体育意识培育的指导思想，就是要以培养公民终身体育意识、观念为核心，把增进身心健康的阶段效益与培养终身体育兴趣、习惯和能力的长远效益结合起来，使公民能够正确认识和理解体育对于自身成长、健康、幸福、生活质量以及精神世界的价值，形成终身参与体育锻炼的心理活动倾向，最终实现终身坚持参加体育锻炼活动的自觉性、主动性和积极性。因此，在其培育活动过程中，要抛弃体育活动只是人一生中某一特定时期的短时行为这一错误概念，把家庭体育、学校体育和社会体育与终身体育目标进行整合和有效衔接，基于老、中、青等不同阶段群体的体育生活需求和终身受益设计培育内容；操作层面上，要将显性与隐性、过程与结果、起点与进步评价相结合，树立以健身、健心、健脑和社会适应为目标的终身体育观念。

## 第三节　培育目标

公民体育意识培育的目标是指进行公民体育意识培育活动所要达到的预期结果。从本质上看，公民体育意识培育活动受制于培育目的，而培育目标正是培育目的的具体化。目标是行动的指南，是培育实践的出发点，贯穿于培育过程的始终，它在培育体系中处于一种核心与基础地位，起指导和调节作用。有什么样的目标就会有什么样的行动，就能达到什么样的结果。因此，确立公民体育意识培育目标要切合实际，既不能过高，也不能太低。过高，会脱离了中国的实际，事实上也是做不到的；太低，则产生不了预期的效果。我们认为，公民体育意识培育目标，应服从并服务于健康中国、体育强国、小康社会建设的需要，与《“健康中国 2030”规划纲要》和《体育强国建设纲要》所提出的具体目标相吻合。基于此，我们将公民体育意识的培育目标分为基本目标和终极目标两个层次。基本目标体现了贯穿于整个公民体育意识培育活动的基本要求，终极目标体现了在基本目标基础上的对公民的高层次要求。

## 一、基本目标

公民体育意识培育的基本目标：促进公民形成良好的生活方式和积极主动参与体育锻炼的行为。

围绕健康中国、体育强国、小康社会建设的现实需要，当前公民意识培育的基本目标定位应立足于《“十四五”体育发展规划》《“健康中国 2030”规划纲要》和《体育强国建设纲要》所提出的目标，即“塑造自主自律的健康行为”“培育良好的生活习惯”“普及科学健身知识和健身方法，推动全民健身生活化”“培育青少年体育爱好，基本实现青少年熟练掌握 1 项以上体育运动技能，确保学生校内每天体育活动时间不少于 1 小时”“健身意识普遍增强”“全民族身体素养和健康水平持续提高”“人民健康水平持续提升”“主要健康危险因素得到有效控制”。到 2020 年经常参加锻炼的人数达到 4. 35 亿；到 2030 年经常参与体育锻炼的人数达到 5. 3 亿；到 2035 年经常参加体育锻炼人数比例达到 45%以上。这个目标可以看作是我国公民体育意识培育所要达成的近期行动目标。

围绕这个行动目标，从“知、情、意、行”公民体育意识构成的四个维度来分析就是：以培养公民对体育价值的认知认同为核心，用新的思想取代旧的观念，实现思维方式的转变，引导公民形成正确的体育价值观；以塑造公民体育情感和态度为基点，促使公民生成体育情感、爱好与兴趣，调动公民参加全民健身活动的积极性和自觉性；以培养公民体育意志和责任意识为重点，增强其参与体育锻炼活动的自信心，建立“每个人是自己健康第一责任人”的理念，使其自觉承担起健康中国和体育强国建设的社会责任；以能力培养为抓手，让每个公民掌握

1—2 项锻炼技能和方法，使每个公民个体主观上有自觉主动参加体育锻炼活动的愿望，并外化于行，将体育活动参与作为一种生活方式，每天能坚持体育锻炼 60 分钟以上。一言蔽之，就是培养公民对全民健身活动的认同感、依赖感和责任感。

## 二、终极目标

公民体育意识培育活动的终极目标：促使公民体育健康促进信念形成，养成终身参加体育锻炼习惯。

信念是指人们对自己的想法、观念及其意识行为倾向，强烈的坚定不移的确信与信任。信念是一种坚定不移的主观愿望，是一种精神，一种观念，一种信仰，一种对有价值目标的崇高追求。习惯是指是在长期的过程中积久养成的、一时不容易改变的行为模式、倾向或生活方式。印度有句谚语说得好："播种一种信念，收获一种行动；播种一种行动，收获一种习惯；播种一种习惯，收获一种性格；播种一种性格，收获一种命运。"信念变成了行动，行动变成了习惯，习惯养成了性格，性格决定了命运。

公民体育意识培育的最终目标是要促使公民形成体育健康促进信念，养成终身参加体育锻炼习惯。体育健康促进信念是个体在体育实践中，在不断深化运动健身认识体验的基础上形成的，是对体育运动促进身心健康观点的确信和坚持，是体育锻炼习惯的支撑力量，是决定个体是否能够形成体育锻炼习惯的关键。它能让个体保持对自身健康的关注和敏感，增强健康意识，持久激发个体的体育锻炼需要，使其产生体育锻炼动机，保持持久稳定的体育锻炼行为，不轻言放弃。① 因此，通过公民体育意识培育的"教化"环节，使公民对体育价值"入耳"；通过各种培育方式方法的"内化"环节，使公民体育情感"入脑"；通过各种培育渠道的"强化"环节，使公民体育意识培养"入心"；通过体育生活化的"外化"环节，使公民体育锻炼行为"入情"，是最终促使公民形成个体体育健康促进、幸福促进信念，并升华为对体育的信仰，对体育的热爱与忠诚，进而养成终身参加体育锻炼习惯的根本所在。

① 翁孟迁：《体育锻炼习惯的本质及运动健身信念模型》，《体育学刊》2014 年第 3 期，第 36—39 页。

笔者认为，上述“促使公民形成体育健康促进信念，养成终身参加体育锻炼习惯”的终极目标，以及将“知、情、意、行”作为公民体育意识培育的基本目标，指明了公民体育意识培育的价值诉求，具有系统性与层次性有机统一，现实性与导向性紧密结合，基础性与长期性相互观照的鲜明特征。更为重要的是，两个“目标”不仅是让公民知道体育锻炼活动的价值，而且要学会运用体育价值体系长时期控制自己的行为，进而自觉自愿地付诸行动。

## 第四节　培育原则

公民体育意识培育原则是人们对公民体育意识培育实践活动的高度概括，是依据培育目标，遵循培育规律而制定出来的用以指导公民体育意识培育工作的基本要求。它不但架起了公民体育意识培育理论通往实践的桥梁，而且建立了联系培育主体与客观的纽带。为使公民体育意识培育工作取得更大的实效，本研究总结了培育工作应该遵循的六条基本原则。

### 一、认知教育与实践体验相结合

认知是指人们获得知识或应用知识的过程，是感知、注意、记忆、想象、思维等全部心理过程的总和。体育认知教育则是指通过教育的方式促进公民个体对体育理论知识的掌握和体育价值的理解，其目的是促进公民体育情感、体育意志的发展，激发公民对体育的热爱，帮助公民养成良好的体育行为习惯。研究表明，公民个体掌握体育知识的多少是决定其体育素养水平高低的重要因素。① 因此，公民体育意识培育首先需要向公民灌输和传授有关体育锻炼的知识，包括体育基础理论知识、体育锻炼的方法技能、体育保健常识、体质健康评价知识、运动伤病的预防等。公民只有掌握了这些应有的知识，了解了体育锻炼的价值，才能够准确客观地对自身体质健康状况做出评价，制订出合理的锻炼计划，才能够树立正确的体育价值观，养成良好的体育锻炼习惯。

实践体验是指培育主体通过触发体育情感把客体（公民）接受、认可的体育

① 乔玉成：《中国公民体育意识调查报告（2018）》，《武汉体育学院学报》2019 年第 10 期，第 19—28 页。

价值观放在生活实践中去观照、去体验、去感悟，从而引发公民的体育行为，促使客体体育素养提升的实践活动。也可理解为公民用所学知识和观念指导自己“去做”的过程，在“做”的过程中实现知与行的统一。公民体育实践体验既可加强公民对体育相关理论的认识和理解，还可在实践中弥补书本知识的不足，进而激发人的体育情感，磨炼人的体育意志，最终实现体育意识水平的提升。因此，公民体育实践体验既是公民体育意识培育的根本途径，又是固化公民体育意识的关键环节。不仅是促成公民个体体育行为发生的基础，而且也是促使公民个体体育行为发展的源泉。

马克思主义认为，实践是沟通人的主观世界和客观世界的桥梁。人只有通过实践才能透过事物的现象发现事物的本质和内在规律，从而形成正确的思想和观念。而传统公民体育意识培育最大的弊端就是将体育意识培育片面归因于体育认知，而忽略了人的内在体育需要，从而错误地认为体育认知水平的提高必然导致体育锻炼行为的发生。其实，认知教育与实践体验并不是必然对应的，公民体育锻炼过程中的“知行脱节、言行不一”存在的根本原因就在于体育教育中没有激发公民的体育需要，没有观照到公民的体育需求。因此，无论从公民体育意识培育的目的和途径看，还是从公民体育意识培育的最终结果讲，都离不开实践体验，都需要将认知教育与实践体验结合起来，从而发挥实践体验的潜移默化作用，让公民个体从体育实践体验中找到感觉，获得身体上、精神上的满足。也只有这样，才能加深公民对体育价值的认识，激发公民体育情感，实现知、情、意、行的整合与统一，进而提升公民体育意识水平。

## 二、价值认同教育与体育生活化相结合

公民体育价值认同是公民对体育价值的一种肯定性的心理反应，意味着公民对体育健康促进功能的心理依附，它不仅是决定全民健身事业发展方向和发展速度的重要因素和思想基础，而且对公民体育行为也具有潜移默化的影响作用。[①] 公民对体育价值的认同不是一生下来就有的，它既来自教化熏陶，也来自现实体认，两者互为表里、共同作用。公民体育意识培育的首要任务就是要提升

---

① 乔玉成：《中国公民体育意识调查报告（2018）》，《武汉体育学院学报》2019 年第 10 期，第 19—28 页。

公民对体育价值的认同，使知、情、意、行与价值观达到统一，并内化为自身的自觉行动。因此，公民体育意识培育，需要从体育价值认同培育入手，通过宣传与教育，让公民充分认识到参与体育锻炼活动的价值，包括体育在促进人的全面发展、强身健体、塑造体形、愉悦身心、防治疾病、延缓衰老、增进身体活力、增加人际交往、增强团队意识、提升人的幸福感等方面的价值，进而为公民体育意识水平的提升奠定基础。

体育价值认同是体育价值在人头脑中的反映，是人们关于体育价值的基本观点和看法。它不仅是决定公民个体体育态度和行为形成的心理基础，以及个人行为选择的指南，而且具有激发与维持体育行为的作用，同时在很大程度上还与公民个体的生活方式相关联。在同样条件下，具有不同体育价值观的人会产生不同的体育行为。比如在同样面对慢性病威胁的情况下，有的人把体育锻炼看得很重，而有的人并不十分在乎，其主要原因就是因为对体育锻炼价值的认同不同所致。然而，也有研究指出，价值认同似乎只有在行为源自有意识的决策时，才对行为产生影响。但是，现实生活中个体的大多数行为都是自发的，很少考虑到价值倾向。此时生活方式、态度等中介变量在价值认同与行为的关系之间起到了显著的桥梁作用。因此，如何将公民体育意识培育渗透到生活中的各个方面和各个阶段，把体育与生活结合起来，使参与体育锻炼活动成为广大公民生活方式的一项内容和生活中不可缺少的日常行为就显得尤为重要。

要将体育融入公民日常生活之中，使之成为公民生活方式的重要内容，需要具备下列几个基本条件：一是广大公民在自主、自愿的前提下，有经常进行体育锻炼和体育运动的生活习惯；二是掌握一定的科学体育锻炼的方法和知识；三是经常参加各种不同体育组织举办的体育活动；四是经常关注体育运动，并具有一定的欣赏高水平竞技体育竞赛的知识和爱好。这就要求我们要经常开展以体育活动为形式和内容，以维护终身健康和提高生活质量为目的的生活方式教育，因势利导，唤起人们潜意识中本能的原始冲动和对体育的需求及情感，以培养公民终身参与体育活动的能力和情趣，促使公民积极主动地投入到体育锻炼活动中来，使体育锻炼成为公民日常生活中的自发需求和自觉行为。要让人们意识到体育锻炼，就应该像吃饭穿衣一样自然，一样不可或缺，而不能只是一时的冲动，以满足当代公民健康、娱乐、休闲、医疗、保健、康复、情感交流等各种需要，进而形成终身体育锻炼行为和积极向上、健康文明的生活方式。

## 三、系统化教育与主题教育相结合

公民体育意识培育是一项长期的系统工程,需要建立经常化、长效化的培育机制,需要系统整体推进。系统教育的目的是让广大公民对体育锻炼活动的目的、意义、作用、价值、功能等有全面的理解,能充分认识自己身心发展的具体状况和身体素质、运动能力、运动技能的水平,从而培养公民体育锻炼的兴趣和爱好,使其掌握体育锻炼的基本理论、方法和原则,加深公民对参与体育锻炼活动的情感体验,提高其参加体育锻炼的积极性、自觉性和主动性。了解如何科学地选择锻炼内容和方式,如何在独立锻炼过程中对练习的次数、运动时间、运动强度、运动频度进行自我调控,懂得专项运动的基本规则、技术和战术知识,以提升自我体育锻炼和观赏体育比赛的能力,进而达成“运动参与、运动技能、身体健康、心理健康、社会适应”五个领域目标,为终身体育锻炼习惯的养成奠定基础。

在进行系统教育的同时,还应通过校园体育节、社区体育节、全民健身日、体育活动周、主题班会、主题教育网站、主题展览等开展系列主题教育活动。例如,将奥运会、全民健身、休闲体育、阳光体育、传统体育、身体活动、运动处方、运动是良医、静坐的危害、运动与慢性病的关系、运动与幸福的关系等列为教育主题,在教育手段和形式上不断创新,以增强公民体育意识的培育效果。因为,首先,对于普通公民来说,许多体育知识和技能是艰涩难懂的,不论是其概念、规则、技术、操作,还是其价值、功能、作用,都是不易理解的。单纯的系统教育容易使公民感觉沉闷枯燥,进而影响培育效果。如果能在常规系统教育中将体育意识的培育目标和内容分解、细化,每次培育活动中只围绕一个主题,就不仅可以降低公民对体育知识理解的难度,也便于他们将其内化为体育意识。其次,公民体育意识培育针对的是全体公民,其成分较为复杂,对于处在学校以外的公民并不能完全保证其会全部接受系统的体育知识教育。这样的话,主题教育形式灵活多样,主题可大可小,覆盖面较大,实施起来较为容易的特点,极有利于对全体公民进行体育意识培育。最后,主题教育按照体育意识的培育目标设定主题,创设培育氛围,让公民在动态情境中接受教育,具有很强的实践性、时效性、针对性和显著的导向性作用。可以引起公民的广泛关注,提高培育的吸引力、感染力和影响力。因此,在接受体育系统知识和技能教育的基础上,开展主题鲜明、内容新颖的主题教育活动,对提高公民体育意识培育工作的实效性具有重要意义和价值。

## 四、普遍性与特异性相结合

本研究前期调查显示，我国公民体育意识整体仍处于较低水平，公民年龄、性别、受教育程度、经济基础、社会阶层等人口统计学变量不同，参与体育活动的动机和行为选择便具有明显的差异。① 因此，在开展公民体育意识培育工作时，既要遵循“普遍性”“全民性”“系统性”的原则，以全体公民为服务对象，保障全体公民有平等参与体育的权利，让其全体都享受到体育的乐趣；同时，也要遵循“特异性”“差异性”“因材施教”的原则，为不同社会成员提供多元化的体育需求培育服务，把普遍性与特殊性结合起来，只有这样，公民体育意识培育才能取得更好的效果。

我国全民健身工作的重点是农村，难点也在农村。② 我国农业人口占全国人口的50%，从某种意义上讲，没有农村居民体育意识的提升，就不可能有公民体育意识整体水平的提高。就城市和农村居民来说，因生活环境不同，大部分人的文化水平不同，两种不同群体对体育价值的认同以及对体育知识的理解和接受程度上也会存在差异。所以不宜把对城市居民培育的内容用到农村，而要根据农村居民的文化水平和嗜好、习惯进行调整，使培育内容变得通俗易懂，生动活泼，让农民朋友一听就能明白。同时要注意因地制宜，把体育活动融入农民的日常生活之中，让农民们在参与和欣赏中学习体育知识，接受体育教育。此外，要根据不同人群的实际情况，进行针对性的培育。例如，作为祖国的未来和民族的希望，青少年学生必然成为公民体育意识培育的主要对象。因为这个时期既是他们生理、心理剧烈变化的时期，也是人的人生观、世界观和价值观形成的关键时期。如果能在这个时期充分利用学校体育教育的优势，提升他们的体育意识和素养，不仅可使其自身体育意识得到提升，将来走向社会也会对周围人的体育参与产生显著影响。作为国家的“半边天”，受社会文化和经济等因素影响，我国女性体育锻炼意识还相对薄弱，她们积极主动参与体育锻炼的热情仍然偏低。因此，在对女性进行体育意识培育工作时，一方面要注意培养女性积极、开

---

① 乔玉成：《中国公民体育意识调查报告（2018）》，《武汉体育学院学报》2019年第10期，第19—28页。

② 乔玉成：《构筑小康社会全民健身体系若干问题的思考》，《中国体育科技》2004年第1期，第43—46页。

放、自信、独立的思维方式和生活态度，从文化、精神层面启发女性参加体育锻炼的自觉性；另一方面要让她们从传统价值观念束缚中解脱出来，形成适应新时代的自我价值意识观念，充实其内在的生活内容，从而增强女性体育锻炼的内在需求，激发其主动参与体育锻炼的欲望，最终形成科学、健康的体育生活方式，为终身体育锻炼打下基础。① 此外，还要通过推进区域经济合作，缩小东部与西部、沿海与内地的区域间经济差距，尽可能消除由于经济因素所引发的经济落后区域的公民体育锻炼意识薄弱；通过扶贫攻坚，帮助贫困人口尽快脱贫；通过发挥国家政策的导向作用，建立健全扩大就业再就业的政府主导机制，建立和完善与中国经济社会发展水平相适应的社会保障制度，促使弱势群体获得自尊、自立、自强，实现自我价值，吸引更多年老、多病、残疾等弱势人群参与到全民健身活动中来，以达到我国公民体育锻炼意识水平的整体提升。

## 五、个体培育与群体培育相结合

个体体育意识是社会成员对体育关系客体的主观反映，是个体体育认知、情感、兴趣、价值观念的总和。群体体育意识是对某类人群体育意识的归纳与总结，是某一类人群对于体育的普遍认知、情感和态度。个体体育意识与群体体育意识的关系，是个别与一般的关系，两者既相对独立、相互依存，又相互联系、相互制约。一方面，群体体育意识存在于个体体育意识之中，并通过个体体育意识表现出来；另一方面，个体体育意识又总是和群体体育意识相联系而存在，个体影响群体，群体制约个体。因此，公民体育意识需要把群体培养目标与个体培养目标统一起来，在注重对公民个体体育意识进行培育的同时，注重对群体体育意识的培育。遵循个体培养循序渐进，群体培养逐层推进的原则。

公民个体由于政治、经济、文化、情感等利益关系会在体育的认知、情感、兴趣、意向上存在着较大差别，这就需要根据其个性化需求制订有针对性的培育方案。个体培育可实行社会体育指导员带教制。即选择岗位层级较高，具有丰富培育经验，具备良好沟通技能的人员担任培育人员，以提升公民参与体育活动的自觉性、主动性、积极性为目标，引导公民个体充分认识参与体育锻炼活动的价

① 孙娟、王岳：《我国公民体育锻炼意识的提升路径》，《体育学刊》2016 年第 2 期，第 57—61 页。

值，重点培养公民的体育情感和兴趣以及“运动是良医”的理念，进而提升公民体育参与意识、自我保健意识和健康责任意识。公民群体体育意识培育则可以以宣传普及为主，通过出版物、门户网站、视频或电视广播等途径向公民传播体育价值，或通过全民健身主题日活动，向公民传播运动健身知识和技能，提高公民的运动健康促进意识。也可通过授课、专题研讨、经验交流等具体形式，围绕某一群体在健身活动遇到的实际困难进行专题辅导，解答公民在全民健身过程的困惑与诉求，进而提升整个群体的体育意识水平。

## 六、学校、家庭与社会培育相结合

提高公民体育意识，实施全民健身活动是一项长期的宏大的社会工程，需要建立学校、民间组织、机关、企事业单位、科研院所、社区等多位一体的多元主体培育机构，多管齐下，共同发力，全面推进。同时要依托各类新媒体如电视、网络、手机等信息平台，宣传推广体育知识，形成以家庭为始点，学校为主阵地，社会为主渠道的全社会“立体式”参与的多元化公民体育意识培育体系，将家庭的启蒙作用、学校的主导作用、社会的引导作用统一起来，促使公民体育意识不断提升。

公民体育意识培育需要家庭、学校、社会协同发力，更需要培育主体各司其职。一个人体育意识的形成和发展，家庭是源头，父母的一言一行对子女都有着言传身教、陶冶熏染和潜移默化的作用。父母或其他年长者对于体育的看法，对孩子参与体育活动的态度，对儿童和青少年进行的体育教育，包括能否从小就培养孩子吃苦耐劳的精神和意志，对孩子养成良好的体育锻炼习惯以及形成终身体育意识具有奠基作用。学校是公民体育意识和素养培育的主要机构和场所，其对学生进行的体育锻炼目的教育，体育基础知识和技能教育，体育权利和健康责任教育，对激发学生参与运动的兴趣，培养学生体育锻炼的意识、技能和习惯具有不可替代的作用，可为学生提高参与体育活动的能力打下基础，让学生终身受益。社会是公民体育意识培育的重要渠道，故建立以街道、社区和村庄为原点的放射状的公民体育意识培育脉络，形成常态化的公民体育意识培育模式和培植制度尤为重要。因此，要鼓励体育专业的大学生和从业人员走进街道、社区和村庄，通过开设公民体育教育课程，开展全民健身主题文艺演出、征文、体育比赛、健身指导等活动，充分调动所有社会成员的积极性，把全民健身变成自主、自觉、自愿的个体行为，让体育锻炼融入百姓日常生活之中，建立显性教育与隐性教育相结合，理论性与实践性相统一，微观培养与社会宏观熏染相呼应、舆论引导与榜样先导相互补的培育机制，并通过强化运动健康促进理念，体育情感培养，体育健身实践，让体育价值观内化于心，外化于行，让全民健身活动“家喻户晓，人人参与”，从而促使整个社会提高体育意识，促进体育的社会化进程。

## 第五节　理论依据

公民体育意识培育理论是开展公民体育意识培育活动的总体导向和指引，可帮助理解、分析公民体育意识和行为变化的过程，是评估培育计划、评价培育结果的理论框架，是公民体育意识培育工作持续化、制度化、规范化发展的重要保证，对培育活动具有实际的指导意义。然而遗憾的是，对比于我国公民体育意识培育工作在实践领域取得了不少成果，我国公民体育意识培育在理论领域的研究明显滞后，尚未形成自己系统的理论体系。因此，要深化研究公民体育意识培育，一方面亟待获得更多其他学科理论养分的滋养，另一方面也需要挖掘已有的理论资源。目前关于公民体育意识培育的理论基础已相当广泛，主要涉及教育学、心理学、体育学、预防医学、健康教育学、传播学、社会学、行为学等学科的理论。其中社会心理学理论中的认知论、社会学习论、需要层次论、群体动力论和健康教育学中的知信行理论、健康信念理论、计划性行为理论、阶段变化理论等对公民体育意识培育活动都具有非常重要的借鉴意义。

### 一、社会心理学理论

#### （一）认知论

所谓的认知主要是指人们看待事物的方式。其基本含义：一是人们对人对事的综合觉察和认识；二是通过心理活动（如形成概念、知觉、判断或想象）获取知识。认知包括一个人的思想观点、阐释事物的思维模式、评价是非的标准、对人对事的基本信念等。认知论则指关于认知本身的理论。认知论从对影响个人行为的环境因素的认知、理解、解释角度出发，研究认识的对象和来源，认识的能力和限度，认识的形式和方法，认识的目的和任务，认识的真理性之标准等问题。认知论既属于世界观，又属于认识论和方法论，无论哪一部分内容，都蕴含着关于人类对世界上的人和事物的基本看法。认知论强调认知对行为影响的重要性,认为当人进行认知活动时,作为外部世界内化了的有关知识单元或心理结构图式即被激活,使人产生内部知觉期望,以指导感觉器官有目的搜寻和接受外部的特殊信息。凡是个体有目的的活动都受个体对环境中事物及环境与自己行为关系的认知所支配。同时,由于人常常生活在自己的主观世界中,往往无法客观地把握事物的原貌,因此,即使看了、听了或者是体验了同样的事物,每个人的认识、理解,仍会千差万别。

依据认知论原理,开展公民体育意识培育活动,一方面要对被培育对象进行有关体育知识、体育价值观的教育,以使被培育对象真正了解"体育",认同它的价值;另一方面要根据具身认知理论,改变传统的培育理念,使被培育对象树立正确的身心发展观,将"身体"引入培育活动,以彻底告别"隐身的教学"和"塑心的课程",让培育活动从"全脑教育"转向"全身教育";充分认识认知、身体和环境的整体统一性关系,通过情境启发、切身体验,让被培育对象置身于体育生活世界,为解决培育实践中的认知困惑提供理论支撑。

### (二)社会学习论

社会学习论是心理学家班杜拉于20世纪60年代提出的,其基本定义是:社会学习是个体为满足社会需要而掌握社会知识、经验和行为规范以及技能的过程。班杜拉主张社会学习要把依靠直接经验的学习和依靠间接经验的观察学习综合起来,提倡通过观察模仿来学习,强调要从社会环境、文化关系对人的影响方面来进行研究。

社会学习论的基本观点是:个人的行为不是由动机、本能、特质等个体内在结构所决定的,而是由个人与环境的交互作用来决定的。也就是说,人的行为会受到个体内在因素和外在环境因素的双重影响。行为、环境、个人内在因素这三者之间相互影响、相互制约,构成了一种三角的互动关系。

通过对他人的行为进行观察和模仿进行学习,从而学会新的行为模式是社会学习论的核心。公民体育意识培育的最终目的是促使公民形成终身体育锻炼的行为习惯。根据社会学习论的观点,公民体育意识培育活动不但需要培育者为培育对象提供一对一的全民健身政策咨询,通过讲授、解释、提供运动健康促进的相关信息与资料,帮助被培育者了解体育以及体育价值功能,同时,还需要创设良好的培育情景,为被培育对象树立好榜样,使其通过模仿榜样的锻炼行为养成终身锻炼的习惯。

### （三）需要层次论

需要就是人对某种目标的渴求或欲望。需要是人的行为的动力基础和源泉，是人脑对生理和社会需求的反映。人的需要具有对象性、阶段性和层次性等特征。所谓的对象性，即人的需要不是空洞的，而是有目的、有对象的，且会随着满足需要的对象的扩大而发展。所谓的阶段性，即人的需要是随着年龄、时期的不同而发展变化的。个体在发展的不同时期，需要的特点也不同。所谓的层次性，即人类的基本需要存在优先次序，可排成阶梯式的层次（图 5—2）。具体到人对体育的需要而言，主要涉及生存需要、享受需要和发展需要。包括满足人的“健康”“安全”的需要；“社会交往”“友谊”和“爱”的需要；“尊重”“赞许”“审美”“自我实现”“自我成就”的需要。此外，还包括“休闲”“娱乐”“弥补运动不足”“比赛”“观赏”“防身”“寻求刺激”等，这些需要都是人的健康和心理、精神的需要。

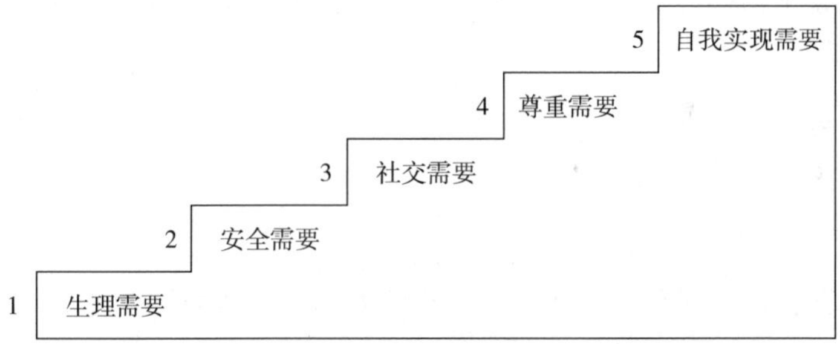


**图 5—2　“需要层次”理论框架示意图**

需要层次论是美国心理学家马斯洛（Maslow）提出的。马斯洛不仅将人的需要按照不同层次进行了划分，而且十分强调各层次之间的关系。其核心观点：1. 一般情况下，生理需要是最重要的，只有它得到满足之后，人才得以生存，然后才考虑其他的需要；2. 通常是在一个层次的需要被满足之后，更高一层次的需要才出现，并逐渐明显；3. 人们满足较低层次需要的活动基本相同，而越是高层次的需要越为人类所特有，人们采用的满足方式越具有差异性；4. 随着需要层次向高层次移动，各种需要满足的意义对每个人来说越具有差异性；5. 各需要层次之间可相互影响。6. 人的需要满足程度与身心健康成正比。

需要层次论为公民体育培育提供了理论框架，可指导培育工作有效进行。

1. 帮助培育主体识别被培育对象的需要的性质,并加以归类和确认,承认和研究被培育对象的各种需要。2. 帮助培育人员根据需要层次和优势需要,确定需要优先解决的问题,满足被培育对象的优先需要。3. 帮助培育者观察、判断被培育对象未感觉到或未意识到的需要,满足各种合理需要。4. 帮助培育者对被培育对象的需要进行科学指导,合理调整需要间关系,引导被培育对象去实现高级需要。5. 注意不同的人在满足需要方面存在的差异性。不同的人有不同的需要,即使同一个人在不同时期,其需要状况也是不同的。要针对个体的现实需要,制定培育策略。

（四）群体动力论

群体动力论是美籍德裔学者库尔特·卢因(Kurt Lewin)提出的关于群体中各种力量对个体行为的作用和影响的理论。群体动力论认为,群体动力来自群体的一致性,这种一致性表现为群体成员有着共同的目标、观点、兴趣、情感等,群体成员在群体动力的相互作用和影响下,其行为会发生变化。① 群体中人的行为(B),是个体内在需要(P)和环境外力(E)相互作用的函数或结果,用公式表示为:

$$B = F(P \cdot E)$$

其中B是个人行为的方向和强度,P是个人的内部动力、内部特征,E是个体所处的群体环境,F是函数。

群体动力论借用了力学中的"场"原理来解释群体对群体中个体的影响,进而揭示群体行为的特点。② 卢因认为,人们结成群体后,个体间会不断相互作用、相互适应,从而形成群体压力、群体士气、群体规范、群体凝聚力等,它们既影响和规范群体中个体的行为,也最终影响群体行为。一个群体像一个"场"一样,处于这个群体的个体,其行为往往不是个人控制,而是受到群体的深刻影响,即取决于内在的"心理力场"与外在群体的"心理力场"的相互作用和相互影响。③ 因此,要改变人的态度,不仅要考虑个人因素,还要考虑群体因素。

---

① 张克昕:《现代管理心理学 理论与应用》,航空工业出版社1998年版,第178页。

② 孙昕霙、王培玉:《健康教育在健康管理中的应用》,《中华健康管理学杂志》2009年第3期,第175—180页。

③ 冷超、李大威:《"互联网+体育"教学模式改革与实践》,《继续教育研究》2018年第8期,第124—128页。

群体动力论对公民体育意识培育工作具有启示意义。1. 培育者应从内因的角度去考察和研究群体体育意识和行为的产生和发展规律，应充分注意社会环境和个人所属群体对公民体育意识和行为形成和发展的影响；2. 从群体成员间的关系以及整个群体参与培育活动的氛围中去把握群体行为的变化过程，充分认识个体、群体和社会三者之间的关系，调动群体成员的积极性，促使群体行为更加合理化。3. 个体行为的好坏会影响群体行为。群体行为的好坏，也会对个体的主观意识产生影响。因此，培育者应高度重视两者间的相互影响作用，为培育目标的实现奠定基础。

## 二、健康教育学理论

### （一）知信行理论

知信行是知识、信念和行为的简称。知信行理论最早由英国健康教育委员会主任柯斯特提出，用以说明知识、信念、行为在促进个体健康行为改变方面的关联作用。该理论将人们行为的改变分为获取知识、产生信念、形成行为的三个连续过程（图 5—3），其中知是基础，信是动力，行是目标。

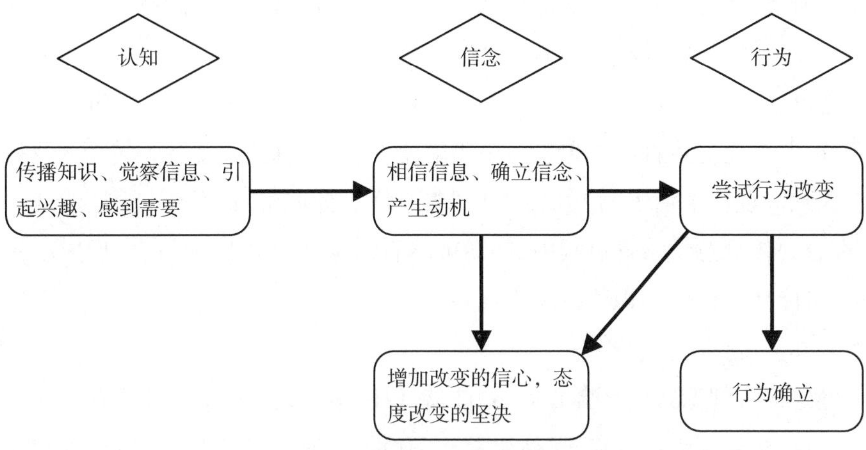


**图 5—3　“知信行”理论框架示意图**

知信行理论模型是有关行为改变的较成熟模式。其中“知”是指人们对卫生保健知识和卫生服务信息的知晓和理解；“信”是指对健康信息的相信，对健康价值的态度；“行”是指产生促进健康行为、消除危害健康行为等行为改变过程。

人们从接受知识到行为改变是一个非常复杂的过程(图 5—3)。① 先通过学习,获得有关知识和技能,再通过对知识的独立思考,逐步形成信念和态度,进而支配行动、改变行为。这其中任何一个因素的变化都有可能导致行为形成或转变受阻。

人只有首先掌握了知识,才有可能有意识地采取行动。没有知识,很难建立起信念,也不会有意志,更不会有积极、主动的行为。以"久坐不动"行为为例,要改变一个人久坐不动的行为习惯,提高其身体活动水平,首先要使其了解久坐不动对健康的危害和提高身体活动水平的好处,同时掌握改变行为的方法,进而使其形成运动健身意识,建立"运动健康促进"的信念,产生自觉、自愿进行身体活动的积极态度,最终才可能产生自觉参与体育锻炼的行为。

培养公民终身体育锻炼的行为习惯,是公民体育意识培育的最终目标。在公民体育意识培育过程中,运动健康促进知识的传授只是培育活动的一个重要方面。一般来说,公民对待体育的态度、运动健康促进信念的确立以及体育锻炼习惯的养成,都是建立在运动健康促进知识基础之上的。提高公民对体育价值的认知水平,有利于将其行为引向正确方向。然而,行为学研究表明,知识和行为之间虽有着重要的关联,却不完全是因果关系。一个人的行为不仅与其具备的知识有关,还与其长期生活的环境有关,更与其价值观和信念有关。只有对知识进行积极的思考,并具有强烈的责任感,才能逐步形成信念,才有可能采取积极的态度去改变行为。② 因此,公民具有相关的体育知识只是其行为改变的必要条件,并非充分条件。如果没有坚决转变态度的前提,实现行为转变的目标必定会失败。现实生活中的"知而不信""知而不行""信而不行"就是例证。因此,在公民体育意识培育过程中,帮助被培育对象树立正确的信念,形成积极的态度,可能比单纯的知识传授更为重要。

### (二) 健康信念理论

健康信念理论是用社会心理学方法解释健康相关行为的重要理论。该理论是由霍克巴姆、罗森斯托克、凯格尔等在 20 世纪 50 年代提出的,后经贝克及其同事、霍克巴姆等进一步修改完善发展成的。该理论认为,健康信念是人接受教

① 李莉、杨章萍、施文英等:《杭州市中小学生口腔健康知识与行为调查分析》,《中国药物与临床》2020 年第 6 期,第 893—895 页。

② 王毅、徐浩天、周万明等:《男男性行为者艾滋病风险认识与知识和高危性行为关联性》,《华南预防医学》2020 年第 1 期,第 10—13 页。

育、采取保健行为的关键,而健康信念的形成受到动机、对预防危害重要性的认知以及对建议的信任程度等因素的影响。健康信念理论强调个体的主观心理过程。认为人们如果具有与疾病、健康相关的信念,他们就会有意愿采纳健康行为,改变危险行为,而对采纳行为并能取得成功的信心则是行为实现的保障。①目前已被成功地用于汽车安全带使用、预防接种、疾病筛查、控烟、预防糖尿病等慢性病、安全性行为等健康教育项目。

健康信念模式认为信念可以改变行为,但首先要让人们认识到他们目前的行为方式对自身健康的威胁,并对威胁的严重性感到害怕;其次,让人们坚信一旦改变不良行为会得到非常有价值的结果即知觉到效益,同时也要认识到行为改变中可能出现的困难即知觉到障碍;最后,使人们自信有能力改变不良行为。其理论模型如图 5—4 所示。

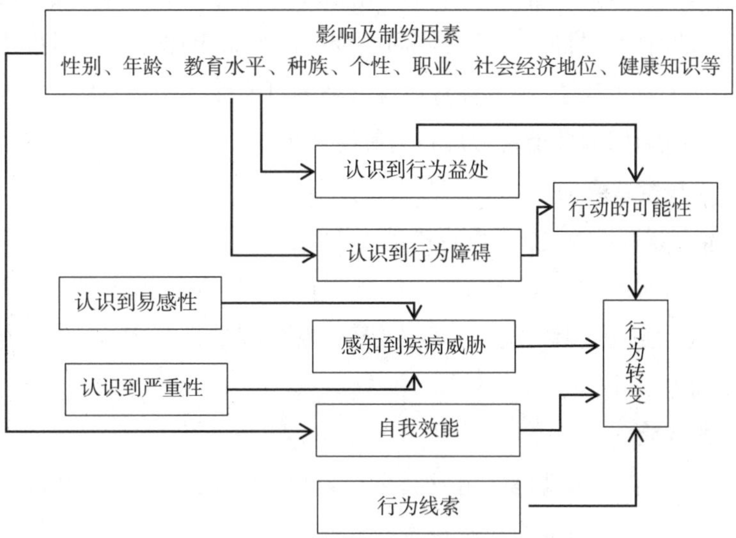


**图 5—4　“健康信念”理论框架示意图**

健康信念形成通常会受以下因素影响:

**1. 对疾病威胁的认识**

(1)认识到易感性。即判断自己罹患某种疾病可能性的认识。通常认为患

① 吴嫣、陈利群、陆敏敏等:《农村育龄女性生殖道感染影响因素的路径分析》,《中华护理杂志》2011 年第 9 期,第 903—905 页。

病概率越大，越容易采纳健康行为；反之则不容易采纳健康行为。例如，运动不足对自己患糖尿病、心血管疾病等的可能性大小的认识。

(2)认识到严重性。即个体对罹患某种疾病的临床后果(死亡痛苦等)和社会后果(失业影响家庭生活等)的认识。当个体相信疾病后果的严重性后，出于对自身所受威胁的考虑，会促使其摒弃不健康的危险行为，采纳健康行为。

2. 对行为效果的认识

(1)认识到行为的益处。即对采纳健康行为能否有效降低患病危险性或减轻疾病后果的判断。个体对行为有效性认识越深刻，采取健康行为的可能性就越大。如相信运动或体力活动不足是导致慢性病的最主要原因，预防慢性病首先要从体育锻炼做起，就会尽可能地减少静坐不动的行为。

(2)认识到行为的障碍。即对采取健康行为可能会遇到的困难和所需付出代价的认识，包括有形代价和无形的付出或牺牲，如参加体育锻炼的劳累痛苦、与日常生活的时间安排冲突，社交格局改变等。如果个体对这些困难能充分认识，并有战胜困难的决心，形成体育锻炼习惯的可能性就较大。只有当人们对这些困难具有足够认识，才能使锻炼行为维持和巩固。

3. 行为线索或意向

即导致个体行为改变的“最后推动力”。如促进个体行为改变的关键事件和暗示，包括外部线索(如媒体宣传、医务人员提醒、他人忠告、亲友疾病经验)和内部线索(如自觉身体不适)。行为线索越多，权威性越高，个体采纳健康行为的可能性越大。

4. 自我效能

即一个人对自己成功地实施或放弃行为能力的主观判断，以及取得期望结果的信念。相信自己有能力控制自身因素和外在因素，到达预期结果。如坚信自己一定能克服所有困难，通过体育锻炼提高自己的体质水平，使自己少得病，或不得病。一个人若坚信行为能够产生好结果，并具有不达目的誓不罢休的意志力，则其自我效能就高，更容易坚持健康行为。

5. 影响及制约因素

制约因素通常包括诸如年龄、性别、人种等人口学因素，人格、社会阶层、文化程度、职业、患病的经历、同伴和亲友的压力等社会心理学因素。

健康信念理论是基于信念可以改变行为的逻辑推理。它不仅用于解释各种健康行为的变化和维持，也成为指导行为干预、促进健康行为形成的重要理论框架。健康信念模型研究的主体包括疾病、病人和预防性行为，并且有避免疾病的定向。但目前是否适合用于解释锻炼行为或身体活动仍有较大争议。支持者认为，锻炼行为是一种健康行为。人是否参加身体锻炼，取决于其对自身潜在疾病的严重性的知觉，及其对采取行为的代价与所获利益的评估。“知觉到的益处与困难”因素对锻炼参与有较好的预测能力，“不良健康的易感性”因素在预防性健康行为中的贡献率最大。① 反对者认为，许多人进行锻炼并非由降低患病危险的动机所激发，健康信念模型不经修订就用于预测锻炼行为，风险较大。本研究认为，我国公民体育意识培育背景在很大程度上是基于国人普遍存在的体力活动不足导致的慢性病发病率骤增，健康信念理论对指导公民体育意识培育工作具有较大的指导意义。因此，在培育过程中，如何使目标人群察觉到体力活动不足带来的疾病威胁和威胁的严重性，如何让人们坚信坚持体育锻炼可获得一定的效益，如何让培育对象清醒地认识到坚持体育锻炼过程中可能出现的困难，如何创造行为线索，如何使人们感到有信心、有能力通过长期努力形成锻炼习惯，如何调动被培育对象提高自我效能，是公民体育意识培育实践活动能否取得成功的关键。

### （三）计划行为理论

计划行为理论认为，人的行为并非百分百地出于自愿，是经过深思熟虑计划的结果。该理论主要基于三个假设：1. 人的行为是理性的，通常通过可获得的信息来决定是否采取行动；2. 人的行动是由有意识的动机引导的，而非无意义的自发行动；3. 人在决定是否采取行动之前，会考虑行动的意义。该理论还认为，行为意向是预测和解释个体行为的最好方式，而行为意向又受行为态度、主观规范以及所体验到的主观控制感三者的共同影响。当个体对于是否实施特定行为感知到能完全控制时，行为意向可以直接预测行为结果（图5—5）。一般而言，个体对特定行为的态度越积极，社会规范对该行为越支持，预期行为控制力越大，则个体实施该行为的意向就越强。

在计划行为理论假设的因果关系链中，行为态度指行为主体对某种行为所

① 李繁荣、亓圣华、井厚亮等：《大学生自我效能感与体育锻炼及健康的关系研究》，《沈阳体育学院学报》2007年第2期，第54—56页。

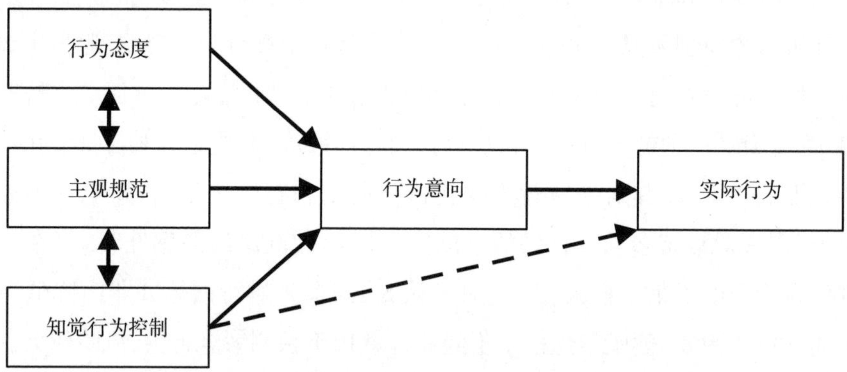


**图 5—5 “计划行为”理论框架示意图**

存在的一般而稳定的倾向或立场，表现为个体对进行该行为的喜好程度；主观规范指他人的期望使行为主体做出特定行为的倾向程度，表现为个体感知到朋友、家庭和社会对其行为的期望与建议；知觉行为控制是个人对过去经验和预期阻碍的反映，表现为个体感受到的自己完成行为的难易程度。知觉行为控制影响行为的方式有两种，一是对行为意向具有动机上的含意；二是亦能直接预测行为；行为意向指个体是否打算采取某种行为，以及愿意为完成某行为去尝试和努力的倾向，表现为行为行动之前的思想倾向和行为动机；行为是指个人实际采取行动的行为，表现为行为主体在特定时间与环境内对特定目标作出的外显的可观测的反应。

计划行为理论揭示了行为形成非线性的复杂关系，强调行为意向是行为形成的决定因素。其主要观点：一是非个人意志完全控制的行为不仅受行为意向的影响，还受执行行为的个人能力、机会以及资源等实际控制条件的制约，在实际控制条件充分的情况下，行为意向直接决定行为；二是准确的知觉行为控制反映了实际控制条件的状况，因此它可作为实际控制条件的替代测量指标，直接预测行为发生的可能性；三是行为态度、主观规范和知觉行为控制是决定行为意向的 3 个主要变量，态度越积极，重要人物的支持力度越大。知觉行为控制力越强，行为意向就越大，反之就越小；四是个体的行为态度、主观规范和知觉行为控制从概念上可完全区分开来，它们既彼此独立，又两两相关。

计划行为理论因为模型清晰、可操作化程度高、解释力强，自提出后就受到学界的广泛关注。目前该理论模型已被应用于饮食行为、成瘾行为、临床医疗与筛检行为、安全行为、锻炼行为、粉丝行为、休闲行为以及教育学、企业管理、消费心理等研究领域,在预测个体行为意向及其行为变化,解释态度对行为的影响等方面发挥了显著效力。公民体育意识概念本身含有态度、意向、行为等概念,采用此模型解释公民体育锻炼行为具有一定的优势。其优点在于能够突出锻炼意向对行为的预测作用,强调锻炼态度、意志及社会支持系统对锻炼行为形成的重要性。计划行为理论为公民体育意识培育提供了可借鉴的理论框架,对于帮助培育者理解、激发被培育对象体育锻炼行为意向至关重要。

### （四）自我效能理论

自我效能指一个人在特定情景中从事某种行为并取得预期结果的主观判断,即个人对自我行为能力的认知与评价,简单来说就是个体对自己能够取得成功的信念。这一概念最早由著名心理学家班杜拉提出,他认为人类的行为不仅受行为结果的影响,而且受人对自我行为能力与行为结果的期望的影响。他发现,即使个体知道某种行为会导致何种结果,但也不一定去从事这种行为或开展某项活动。而是首先要推测一下自己行不行。有没有实施这一行为的能力与信心。这种推测和估计的过程实际上就是自我效能的表现。

自我效能理论认为,行为、认知和环境三者共存于一个互为因果关系的三角形中(图 5—6)。行为改变都是以一个认知机制为主要中介完成的,这个机制即为自我效能。有 4 个因素能影响和改变自我效能,其依次为:成功体验、替代经历、口头说服和情绪唤醒。

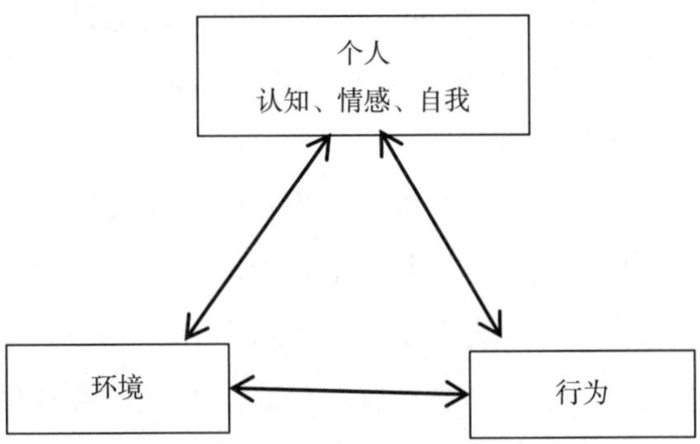


**图 5—6　“自我效能”理论框架示意图**

自我效能理论提示我们:公民体育意识的形成,从对体育价值的认知、认同,到对待体育的态度、情感,再到意志、行为意向、锻炼行为等,自我效能始终扮演着重要角色。因此，如何通过成功体验、替代经历、口头说服、情绪唤醒等手段，树立被培育对象克服困难的勇气和自信，提高其自我效能感，也是未来公民体育意识培育值得研究的重要课题。

### （五）阶段变化理论

阶段变化理论是由 Prochaska 和 Diclemente 在 20 世纪 80 年代初提出。它是一种源于预防医学的理论框架，涵盖了行为改变在认知的、行为的以及时间方面的因素。目前，该理论已在国际学术界得到普遍认可，并在健康行为形成研究和实践领域广泛应用。该理论认为，个体的行为变化是一个渐进和连续的心理过程，一般需要经过前意向、意向、准备、行动和维持五个阶段（图 5—7）。一般情况下，行为改变会沿着这五个阶段发展，但这种发展并不是单向线性的模式移动，而是以螺旋的形式来改变。也可能跳过某个阶段，或在各个阶段来回变动，而这又常常与不同个体在不同阶段存在的不同需求和动机有关。

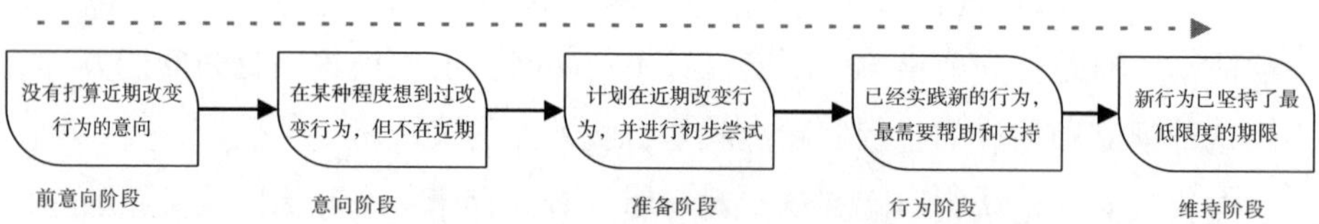


**图 5—7 "阶段变化"理论框架示意图**

行为阶段变化理论认为，行为变化是动态的，会受到多种因素的影响。例如，收益与所花费的代价相比，如果收益大于代价（成本），则有利于行为向下一阶段转化，否则就会停滞不前。另外，个体的自我效能也是重要因素之一。如果自我效能较强，即可成功实现由低级阶段向上一级阶段转换、否则，则有可能在原变化阶段徘徊或跌落回前期阶段。

阶段变化理论最突出的特点是强调要根据个人和群体的需求来确定健康促进的策略的必要性。由于处于不同行为变化阶段的人，有着不同的心理需要，这就要求健康教育要针对不同人的需要提供不同的干预帮助，以促使教育对象向成功采纳健康行为的下一阶段转变。针对公民体育意识培育而言，作为培育者，首先要了解被培育对象的锻炼行为的阶段分布情况，然后针对被培育对象行为变化的特定阶段，制定与其需求相匹配的干预措施和策略对其进行培育，促使其锻炼行为向下一个阶段转变。例如，在前意向阶段，应重点促使被培育对象进行思考,认识到久坐不动行为的危害,帮助他们树立信心,权衡改变行为带来的利弊,从而产生改变行为的意向、动机。在意向阶段,需要帮助被培育对象拟定锻炼计划,提供相关材料,或邀请其参加专题讲座,帮助他们解决阻碍行为改变的问题。在准备阶段,为被培育对象提供规范性行为转变的方法,确定切实可行的目标;寻求社会支持,确定锻炼行为的倾向因素、促成因素。在行动阶段,争取社会和环境支持,请有锻炼习惯者现身说法,培育其参加体育锻炼的意志和毅力。在维持阶段,创造支持性环境和建立互助组等。

# 第六章　公民体育意识培育系统

系统是指由若干相互联系、相互作用的要素(或子系统)所组成的具有一定结构和功能的整体。系统具有整体性、关联性、层次性、统一性等本质属性。公民体育意识培育本身是一个复杂的系统,它是由培育主体(培育者)、培育客体(被培育者)、培育介体(培育目标、培育内容、培育的方式方法和培育的载体)、培育环体(培育的环境及其支撑条件)等若干要素组成并按一定规律运行的整体。这些要素在公民体育意识培育系统中既有各自特定的内容、地位和作用,又相互联系、相互促进,是一个不可分割的整体。缺少或忽视其中任何一个要素,或各要素之间的关系处理不当,都会削弱或破坏公民体育意识培育过程的完整性,影响公民体育意识培育活动的顺利开展。

## 第一节　主　体

"公民体育意识培育"是指普通公民通过教育、培训转变为具有体育意识的公民的过程。在这里,"普通公民"是被培育的对象,"具有体育意识的公民"是培育目标,教育、培训是获得"体育意识"的方式。

"培育"一词由"培""育"两字组成。从字面意思看,"培"有"培养""培训"之意,而"育"则是指"教育""熏陶""孕育"。公民体育意识不可能凭空产生,而是要通过教育、培训、社会孕育、环境熏陶获得。这其中,培训和教育是公民获得体育意识的重要途径,但环境熏陶和社会孕育同样不可或缺。既如此,那么,公民体育意识培育的任务究竟应由谁来承担,就是一个必须明确的问题。如果公民体育意识的培育主体及其职责不明确,公民体育意识的培育就没有了担当的事主而被"悬置",公民体育意识培育也就成为无法着陆的空中楼阁。因此,明确和厘清公民体育意识的培育主体，在公民体育意识培育系统中具有重要的意义。

公民体育意识培育主体指在培育活动中，真正履行发动、组织和实施公民体育意识培育职能的个体和群体，既包括个体施教者，也包括组织、团体、机构等群体施教者。国内外培育实践表明，公民体育意识培育系统是一个由多个主体参与的复杂系统，国家和政府、学校、家庭、社会等都在其中扮演着重要角色。

## 一、国家和政府

公民体育意识培育是事关健康中国和体育强国建设，提升全民族身体健康素质的大事，功在当代，利在千秋。国家以及代表国家行使权力的政府责无旁贷，理应成为培育公民体育意识的首要主体，在多元主体参与公民体育意识培育系统中发挥主导作用。这是因为：其一，提高公民体育意识，开展全民健身活动是由国家倡导，代表着国家意志，事关民族复兴和国家强盛的大事。从“谁主张、谁负责、谁受益”这个意义上讲，国家和政府自然应当承担起公民体育意识培育的主体责任。其二，公民体育意识培育是一项全社会参与的系统工程，它涉及政治、经济、文化、教育、卫生、体育等各个方面，存在各种利益关系和利益冲突，而国家掌握着大量的公共资源，既能从宏观全局出发做出顶层设计，也有权协调各方利益关系，能有效地组织起培育活动。其三，公民体育意识培育需要耗费大量的人力、物力、财力，其他任何社会主体既缺少相应的能力和资源，也没有担当培育投入重任的义务，只有国家公共财政才拥有相应的能力和资源，同时也有财力为公民体育意识培育提供经费支持，能够担当起公民体育意识培育投入的主体责任。其四，从成本—收益角度分析，公民体育意识培育需要一定的成本，但一旦把普通公民培育成具有体育意识的公民，就既能够通过提高公民健康水平，提高生产力产生收益，也能通过降低慢性病发病率降低医疗花费，减少国家公共卫生投入，使整个国家和社会都从中受益。一言以蔽之，国家以及代表国家的政府应该是公民体育意识培育最重要的主体，其主要职责是为公民体育意识培育把握方向，提供顶层设计、制度保障和经费支撑，提出任务，组织实施以及监督和评价，并从宏观上规范指引学校、家庭、社会在公民体育意识培育方面各司其职、相互配合。同时作为公民体育意识培育的主体，政府还应该科学地分析和把握时势，促进自身主导角色在公民体育是培育中发挥引导作用，为公民体育意识形成提供理论保证与政策支持。

## 二、学校

学校是青少年接受体育教育的重要场域和培育体育意识的主渠道,同时也是儿童青少年体育意识最专业的培育主体,在承担儿童青少年体育意识和素养培育方面,地位特殊、优势巨大。

第一,学校有专业化的培育者——教师,他们都是经过严格选拔并经过专门训练培养出来的专门人才,不仅学识广博,而且懂得教育规律和教学方法。同时,学校还拥有专门的体育教学设备和手段,拥有严密的教育教学制度。其培育职能的专业性,培育组织的严密性,培育内容的系统性,培育形式的稳定性,以及开展的有目的、有组织、有计划、有系统的儿童青少年体育意识培育活动,可以确保培育的有效性,在公民体育意识培育系统中具有举足轻重的地位。

第二,学校是培养学生体育兴趣、运动能力和锻炼习惯的重要阵地。学校可以通过课堂体育教学、课外体育活动、体育竞赛,以及校园体育文化活动等环节履行培育主体职责,还可将培育内容融入多学科教学当中对学生施加影响,通过各种活动强化所授知识。学校教育中的教学课程、教学方式、教师队伍和校园体育文化,在促进体育观念内化过程中都具有重要作用,尤其当前学校围绕学生体育意识培养和体育素养提升采取的课程理念、课程目标、课程内容、课程结构、学业质量以及评价方式等方面的革新①,以及通过体育教育培养儿童青少年的体育兴趣,塑造儿童青少年体育情感,引导儿童青少年健康生活方式,养成良好体育锻炼习惯,对青少年形成终身体育意识具有重要的意义。

第三,学校开展的儿童青少年体育意识和素养培育活动是一种的有目的、有组织、有计划的系统性培育,它建立起了各学段培育内容的有效衔接,如幼儿启蒙期、小学基础期、初中发展期、高中提高期、大学应用期,均围绕儿童青少年时期体育意识和素养的形成需要,以及运动技能发展的需要而展开。从知识传递、运动技能发展、日常行为、身体能力、动机和信心,到运动中预防伤害事故发生,再到引导健康行为与养成良好的锻炼习惯,知行并举,对青少年体育意识与素养

① 陈长洲、王红英、项贤林等:《美国体育素养战略计划的特点及启示》,《体育学刊》2019 年第 2 期,第 96—104 页。

的日渐提高，以及进入社会成为具有体育意识的合格公民意义非凡。

第四，学校拥有良好的体育活动场所和设施，可为学生体育意识的形成和体育技能的发展提供良好的实践场域，可以保证青少年学生在体育活动中情趣尽至，心情舒畅，获得健康效应，加深体育意识。

第五，学校还可以借助现代科技手段，创建集思想性、知识性、趣味性、服务性于一体的青少年体育素养培养平台，以促进教师、家长、学生和社会的有效沟通和交流。培养平台可以嵌入运动项目知识的普及、体育课程学习、体育项目技战术、体育比赛与活动组织、体育赛事欣赏、体育健身与行为、体重管理与饮食以及体育运动俱乐部等，既有助于延伸和拓展体育课堂和教学，也有助于学生体育意识的形成和发展。①

虽然学校在青少年体育意识培育上具有得天独厚的独特优势，但令人遗憾的现实却是，截至目前，作为青少年体育意识培育的主体——学校，仍存在教育目标偏失，校园体育文化缺失，教师体育素养欠缺等问题。其具体表现是：一是学校体育课往往被中考、高考中的所谓“主科”给直接或间接挤占，学生体育锻炼的机会常常被无情“剥夺”，学生的体育锻炼意识正在被这种“剥夺”悄无声息地一点点消融，因为这种“剥夺”分明是无形地在告诉学生：体育锻炼根本就不重要，根本就是可有可无的。二是多年来学校体育教育一直坚持以教师为中心，以竞技运动为中心，过度重视“三基”训练，过多地强调技术动作的细节，过度关注学生在校期间的体育达标和身体状况，忽视了学生对体育的深层次的认识和理解，忽视了教会学生如何提高自我学习、自我锻炼、自我评价的能力，忽视了对学生体育兴趣的培养，致使其体育意识很难形成。三是教师是学生体育意识培养的直接执行者，但目前仍有相当一部分体育教师缺乏敬业精神和教育热情，他们仅仅把自己的工作当作谋生的手段而不是当作事业来追求。不仅对目前国内外倡导的身体素养教育知之甚少，对学生终身体育意识的培养更是漠视和不作为。因此，作为学生体育意识培育主体，学校必须全面贯彻党的教育方针，落实立德树人的根本任务，要教育教师以培养德、智、体、美全面发展的社会主义建设者和接班人为目标，牢固树立“健康的一”的指导思想，以《体育与健康课程标

① 陈长洲、王红英、项贤林等：《美国体育素养战略计划的特点及启示》，《体育学刊》2019 年第 2 期，第 96—104 页。

准》为指南,打破传统体育教育教学模式,肩负起培养学生体育意识能力与意识的使命。要认识到,学校体育教学不仅要向学生传授体育知识、基本技术和技能,使学生学会锻炼身体的方法,还要注意培养学生的体育兴趣、爱好和体育价值观念,提高体育意识和能力,让学生充分体验到运动的乐趣,使其养成良好的锻炼习惯,进而为一生坚持体育锻炼打下良好的基础。①

## 三、家庭

家庭是社会的细胞,是每一个人诞生和成长的主要场域,同时也是公民体育意识培育的源头和基础。孩子从一出生首先接触的是父母,父母的言行举止、对待体育的态度、个人体育锻炼的行为倾向常常会给孩子留下深刻的印象,且有持续的定向影响作用。有研究指出,家庭体育教育与孩子的体质健康状况密不可分,其对孩子体育兴趣的培养、体育意识的形成、锻炼习惯的养成、体质健康的实现至关重要。②

家庭是以婚姻为基础,以血缘为纽带而形成的社会生活的基本单位,同样家庭体育也是社会体育的基本单位,是学校体育的基础和延续,是终身体育的起点和归宿,是实现我国学校体育、社会体育和竞技体育可持续性发展的落脚点。作为社会体育的基本单位,家庭承担有家庭成员体育意识培育的主体责任。

在 2018 年全国教育大会上,习近平总书记指出,“家庭是人生的第一所学校,家长是孩子的第一任老师,要给孩子讲好‘人生第一课’,帮助扣好人生第一粒扣子”。在子女生命历程的早期阶段,父母由于年龄或地位上的优势,在孩子体育意识培育中理所当然地承担了教育者的角色,孩子自然也就成了家庭教育的对象。在这种情况下,父母是实施体育意识培育的主体,子女是被培育的对象,是客体。父母营造的家庭体育氛围,以及自身对待体育的态度对子女的体育意识和行为具有极强感染力。父母的诱导方式,榜样作用,体育习惯、对孩子参加体育活动的支持程度,对孩子体育意识的初步形成以及他们对于体育的认知、态度及价值观有着深远、持久的影响。父母“润物细无声”的潜移默化和言传身

---

① 张岩、孙淑惠、李丹等:《全面建设小康社会 构建全民健身体系》,《成都体育学院学报》2003 年第 2 期,第 1—5 页。

② 周遵琴、李森、刘海燕:《黔西北民族地区中小学生家庭体育教育研究》,《民族教育研究》2015 年第 4 期,第 119—123 页。

教对孩子体育行为习惯养成会起到“启蒙”和“奠基”作用,可为孩子终身体育意识的形成打下良好的基础。

然而,家庭成员体育意识培育其实又是面向全体家庭成员的,是双向互教的,谁都有可能成为家庭成员体育意识的培育者,谁也有可能成为被教育的对象。家庭成员体育意识培育不仅仅只是长辈对晚辈的教育,也包括晚辈对长辈的教育、平辈之间的教育、家庭亲戚间的教育。“能者为师”,晚辈作为家庭成员体育意识培育的主体,他们的体育意识、对待体育的态度、评价和体育行为对家庭中的长辈、平辈体育意识的形成也会产生积极影响。他们通过各种生活互动、情感交流等活动对家庭成员“反哺”式的体育意识培育,可将体育知识与技能传递给长辈,对家庭成员是否选择从事体育活动,以及激发家庭成员参与锻炼的兴趣和动机,不断提升和完善自我体育意识,养成终身体育锻炼习惯具有重要的作用。

以家长为主体的家庭成员体育意识培育是社会公民体育意识培育的基础工程。将体育价值观教育融入和渗透到家庭教育中,通过家长言传身教式的教育方式,将会起到事半功倍的效果。然而,与学校体育教育相类似的是,在相当长的一段时期内,由于受传统的“学而优则仕”观念和升学压力的影响,有相当一部分家长对子女参加体育锻炼根本不重视,他们更看重的是孩子的学业成绩,认为体育可有可无,只要孩子不生病就行,不支持甚至限制孩子参加体育活动,将孩子的体育意识掐死在了萌芽中。作者认为,家庭作为孩子社会化的机构和人类生活的基本单位,它担负有承续人类文化和社会生活的主要责任。家庭体育意识培育特有的早期性、基础性、连续性等优势,在孩子体育意识朦胧期和形成初期有着无法替代的作用,甚至会改变孩子一生的体育行为习惯。因此,作为家长应树立正确的“成才观”,营造良好的家庭体育氛围,抓住孩子体育意识形成的基础时期,培养孩子的体育观念、兴趣以及正确对待体育的态度,教会他们进行体育锻炼的方法,给孩子足够的参与体育活动的时间,并通过榜样作用来引导、启发孩子,以促使孩子体育意识的形成。

## 四、社会

国家和政府作为公民体育意识培育的主导主体,其职责主要是给公民体育意识培育提供方向性的框架和规范。而社会作为集聚性整体,是公民体育意识培育的摇篮和最广泛的培育主体，贯穿公民体育意识培育的始终，它不仅可以弥补学校、家庭培育主体的不足，而且对于学校和家庭培育效果的巩固具有重要作用。其中社区、民间体育组织、医疗卫生机构、大众传媒等培育主体发挥着不同的作用，扮演着不同的角色。

1. 社区。作为公民体育意识培育的社会资源平台，社区是实现学校、家庭和社会培育之间联系和沟通的最有效的桥梁和载体。从逻辑角度看，社区培育是立足于社区并服务于社区居民的重要形式，社区应承担引领者、监督者和支持者的行动主体角色；从历史角度看，社区体育是社会体育体系的重要分支，培育居民体育意识是社区应当承担的社会责任；从价值的角度看，社区成员体育意识培育不仅是通过体育实现"健康""幸福"终极目标的现实路径，也可为居民参与体育活动提供场所。而在这一居民生活场域开展公民体育意识培育，具有建立群体共同性，如共同目标的建立、共同文化的熏陶、共同的情感与意识的培养、共同价值的规范和引导等的优势。然而，与西方发达国家相比，我国的社区居民体育意识培育还存在许多短板，社区公共体育设施严重不足，社会体育指导员严重缺乏，切实可行的、有效的培育管理体制尚未建立，以上种种，直接限制了社区居民体育意识的形成和发展。对此，作为公民体育意识培育的主体之一，社区应多渠道、多层面动员与整合社区群体力量，通过挖掘能够从事公民体育意识培育的人力资源，组建专兼职培育队伍，主动承担各类具体的教育、培训、指导活动，通过动机引导、角色定位、目标构建、行动实施等方式提升社区居民的体育意识水平。通过宣传栏、楼宇公益广告等让社区居民认识到健康的重要性和参与社区体育活动的必要性，帮助社区居民改变不正确的体育观念。通过配置有利于健身活动开展的设施和举办社区居民喜闻乐见、趣味性强的社区体育活动吸引更多的社区居民参与到社区体育活动中来。同时定期邀请各类学校和企事业单位相关人员参与，实现与学校、家庭和社会公民体育意识培育的互动与对接，以消除学校体育与家庭体育耦合程度低，学校环境与社会环境不协调的困惑，弥补其他培育主体之不足。

2. 民间体育组织。民间体育组织对公民体育意识的形成和发展有着重要影响，其在公民体育意识培育方面看发挥的作用不容小觑。第一，作为公民与社会之间的中介组织，民间体育组织是以共同体育需求和共同体育兴趣为纽带形成的，如社区广场舞社团、公园晨晚练点、健身辅导站、各种社区球类俱乐部等。

其组织成员之间平等相处、互相支持、互相信任的关系，更能提高公民的参与意识。其通过亲缘、族缘、地缘、业缘、人缘等传统社会的人情网络组织动员，依靠亲情、友情和交情将同质性强的亲属、邻里、同学、同乡、同事、朋友、战友等聚拢起来的强大队伍，形成了公民体育意识培育的基础力量。第二，民间体育组织由于自身特点使其在组织民众参与体育活动上具有独特的优势。比如参与体育活动上的非营利性、志愿性和灵活性，体现了广大民众的利益诉求，容易受到广大民众的自觉认同，使参与者形成强烈的归属感和凝聚力。第三，民间体育组织是公民体育意识启蒙、形成和发展的重要场域，具有深厚的群众基础。它不仅可以满足人们体育休闲、健身、娱乐的需求，而且对培养组织成员积极参与公共事务的公民精神具有重要作用。而活动现场潜移默化的文化熏陶，对于公民体育参与意识的塑造有着独特的桥头堡作用。第四，民间体育组织是推进社区体育活动的驱动器，其开展的全民健身教育活动更容易得到公众的响应和支持，并通过“从众心理”极大地唤起公众的体育参与意识，使得它在为公众提供个性化、多样化的公共体育服务和提高体育人口基数等方面具有政府和市场不可替代的优势。

3. 医疗卫生机构。医疗卫生机构承担有维护和促进人民群众身心健康的职责和任务。这些任务既包括覆盖全民的公共卫生服务，优质高效的医疗服务和各类人群的“特需型”健康服务①，也包括唤醒个体健康责任意识，提高群众健康素养，培育健康生活方式的形成，引导、鼓励和支持个体参与到健康中国建设的事业中来的任务。尤其是在全球人口身体活动普遍不足引发慢性病井喷态势的大背景下，注重对“运动健康促进”和“运动是良医”理念的传播，培育人们的体育健身意识，也已成为其重要职责之一。目前，我国的医疗卫生服务在定位、策略和主体上，分别正在从以“疾病”为中心向以“健康”为中心，从注重“治已病”向注重“治未病”，从依靠卫生健康系统向社会整体联动上转变。② 因此，以推行包括积极参与到运动健身活动在内的健康文明生活方式为切入点，推动形成体卫融合的疾病管理与健康服务模式，对于科学引导和带动人们养成健康生

---

① 申曙光、曾望峰：《健康中国建设的理念、框架与路径》，《中山大学学报》（社会科学版）2020 年第 1 期，第 168—178 页。

② 吕倩、刘永生：《七十年风雨历程　七十年辉煌变迁——记重庆市职业病防治院发展历程》，《中国职业医学》2019 年第 6 期，第 768—770 页。

活方式有着重要的作用。从这个意义上讲,医疗卫生和健康教育机构的工作人员也是公民体育意识培育,推动全民健身与全民健康深度融合的直接责任人。①

从另一方面说,医疗卫生部门是健康服务中的主要力量,其自身工作人员的专业特色在培育公民体育意识方面有着诸多的优势。首先,医务工作者与患者或身体活动不足的高发人群有着广泛的接触,可为他们履行公民体育意识培育义务提供机会。其次,医务工作者数量大、分布广,人力资源丰富,可为广泛开展公民体育意识培育提供人力资源支持。再次,医务人员良好的医学和运动保健学知识结构,为公民体育意识培育的专业化实施奠定了良好的基础,加之其细致、耐心、体贴的职业特点和认真负责的态度,更容易被目标人群所接受。最后,医务工作者扎实的医学和护理知识及丰富的临床经验,使其在健康教育中更具专业性和培育主体的权威性。行为改变"知信行"理论认为知识信息来源越权威,号召力越强,说服力也越强,对目标人群态度改变的可能性也越大,对目标人群体育意识的培育效果就会越好。

4. 大众传媒。作为公民体育意识培育事实主体之一,大众传媒担负着传播、普及体育文化,提高全民族身体素养的责任。当今世界已处于传媒全球化数字时代,大众传媒先进的传播方式为其向公众传递运动健康促进信息、思想和观念提供了巨大的可行性。特别是以电视、网络、手机为主的现代电子媒介,对当今世界民众体育素养形成的影响更是前所未有的。第一,大众传媒对体育健身知识的宣传以及对身体活动不足危害和运动健康促进理念的普及,对广大民众树立正确的体育价值观意义非凡,其渗透式的潜移默化教育会对公民体育意识生成和发展产生深刻的影响。第二,公民体育意识的培育离不开媒体对体育文化的宣传与引导,大众传媒在营造"我运动、我健康、我快乐、我幸福"的人文社会环境和全民健身活动氛围方面具有其他培育主体不可替代的作用。第三,大众传媒的舆论宣传是一种主要的社会暗示方法,可不断强化体育在人们心中的印象和地位,极有利于形成人人参与全民健身活动的社会新风尚,进而为培育公民体育意识培育提供良好的舆论土壤。第四,传媒平台播报的体育资讯,如各级各类的体育比赛、体育健美知识、体育技能知识、体育明星信息等,可促使民众对

① 贾三刚、乔玉成:《体医融合:操作层面的困境与出路——临床医生视角》,《体育学研究》2021 年第 1 期,第 31—37 页。

体育资讯有更多的了解，对体育产生更加浓厚的兴趣，进而主动参与到各种体育活动中来。第五，大众媒体可通过开办“运动与健康”专栏、开通体育健身咨询热线为公民体育意识培育提供服务。同时可邀请体育明星、运动专家举办讲座，以激发民众的健身参与热情，提升公民的体育意识水平。

## 第二节　客　体

客体是相对于主体而言的。针对本研究“中国公民体育意识培育”而言，履行发动、组织和实施公民体育意识培育职能的个体和群体，如国家和政府、学校、家庭、社会等承担着培育主体的角色，而被培育的对象——中国公民，自然而然地成为“客体”，成为被培育或教育的对象。从二者的关系看，公民体育意识培育是一种培育实践活动，是培育主体利用多种培育途径，采取多种培育方法，把当代中国社会所认可的体育价值观念传递给客体（受培育者），使客体形成对体育价值观的心理认知和情感认同，并将之内化为自己的价值观念，升华为个人的信念，成为个体体育行为的价值导向的教育实践活动。从培育活动本身而言，公民体育意识培育又是一种培养人的活动，是一种培育主体通过“塑造”“改造”受培育对象的活动，“使不具备体育意识的公民成为有体育意识的公民的活动”。通过这种活动，能使受培育者对待体育的态度、情感、行为更加符合生活和社会的需要。

从严格意义上说，中国公民体育意识培育的客体（受培育者）具有普遍性和广泛性，“一个都不能少”，但当代中国公民体育意识水平又存在差异性。本研究前期调查显示，在我国，不同性别、年龄、受教育程度、收入、职业、自评健康状况等群体公民的体育意识水平参差不齐。① 因此，如何有的放矢地选择培育对象，开展有针对性的培育活动，就成为开展公民体育意识培育取得实效性的关键。根据文献调研以及本研究的前期调查结果，笔者认为下列群体应列为公民体育意识培育的重点人群。

### 一、青少年

“少年强则中国强”。青少年是祖国的未来和民族的希望，是支撑“健康中

① 乔玉成：《中国公民体育意识调查报告（2018）》，《武汉体育学院学报》2019 年第 10 期，第 19—28 页。

国”“体育强国”和“小康社会”建设,实现中华民族伟大复兴“中国梦”的重要人力资源。同时,这一人群还要承担未来老龄化社会带来的健康风险和社会责任。① 然而,当前这一人群的健康状况却不容乐观,肥胖率、视力不良率持续升高,耐力、速度、爆发力、力量素质水平低位徘徊,体育知识、技术、技能匮乏,不愿意参加体育锻炼的问题普遍存在。尽管早在2007年教育部、国家体育总局、共青团中央就联合下文在全国范围内全面开展一项有利于青少年学生健康的活动——“阳光体育运动”,号召广大青少年学生走向操场、走进大自然、走到阳光下,积极参加体育锻炼,坚持每天锻炼一小时,但时至今日仍有许多青少年学生对于“阳光体育运动”的认知还处于“模糊”和“仅仅知道”的状态,还有16.9%的青少年“从未听说过”“阳光体育运动”。② 2011年,全国中小学生平均每天体育锻炼能够达到一小时以上者仅占16.4%。2014年,上海市9—18岁中小学生能够达到每天锻炼一小时者仅占40.2%,其中高中学生仅占19.1%。2017年,江苏省7—18岁中小学生每天能够保障一小时体育锻炼者不超过17%。北京市中小学生每天在校锻炼时间≥1小时的报告率仅为58%,课间10分钟能够到户外进行活动的报告率仅为8.7%。此外,我国城市中小学生体育素养发展还存在知识结构不合理、体育锻炼习惯没有养成等问题。仍有相当一部分中小学生参加体育锻炼是迫于《标准》测试或体育考核压力而非自觉自愿;有约45%的中小学生认为体育锻炼对身体健康的影响意义不大,对体育锻炼不感兴趣者占31%,非常愿意在炎夏或是寒冬参加课外体育锻炼的仅占到总被调查人数的3.5%,还有许多中小学生把体育看成是玩耍、娱乐或游戏。《“健康中国2030”规划纲要》提出的“青少年熟练掌握一项以上体育运动技能”这个看似简单的目标,困扰了体育课程与教学改革,至今未能有效达成。③ 被易剑东教授称为“十大怪”的现象——“运动激荡情比中老年的低”“消极娱乐活动比积极体育锻炼更时髦”“远离运动沉迷游戏”“没有时间锻炼”“中长跑被取消”“慢性病患者数

① 万炳军、曾肖肖、史岩等:《“健康中国”视域下青少年体育使命及其研究维度的诠释》,《体育科学》2017年第10期,第3—12页。

② 冉强辉:《上海市青少年体育发展现状实证研究》,《天津体育学院学报》2011年第2期,第122—127页。

③ 毛振明、杨多多:《〈“健康中国2030”规划纲要〉与学校体育改革施策(一)——目标:青少年熟练掌握一项以上体育运动技能》,《武汉体育学院学报》2018年第2期,第5—10页。

量激增”“体质下降”者十分常见。①

上述调查数据显示，我国青少年体育问题突出。究其原因，这里固然有学校体育场地设施等硬件条件相对欠缺的问题，也有主管部门对学校体育常态工作缺乏有力推进和监管不力的问题，但更关键的在于社会、学校、家庭受“重文轻武”“学而优则仕”“书中自有黄金屋”等中国传统儒家文化惯习和历史基因的影响，过多地注重学生学业的发展，而没能给青少年以充足的时间、精力参加体育运动，学校也没有过多的精力注重对青少年体育参与兴趣的培养。此外，在当前学校体育教育教学评价中，只看重生物效应，多用机能、素质、运动技术指标来评价划分学生体育行为结果等级，不考虑学生个体体育学习态度和学习进步幅度，无视学生的体育需要、爱好、情感、习惯这些最重要的体育行为特征表现，其结果必然导致大批学生不愿意参加体育活动，并渐渐失去对体育的兴趣。尽管当前不得不采取的“应试体育”“强迫体育”和“学校体育惩戒政策”可在一定程度上有效改善青少年学生体育的参与现状，但对如何有效破解青少年体育参与的内生动力不足问题依然难以产生明显效果，而且在一定程度上还会削弱学生参加体育活动的主动性、自觉性和积极性，使学生日渐远离体育，在更深的层面上使学生体育意识、运动欲望和兴趣以及锻炼习惯的养成更加困难。②

儿童青少年时期是一个人形成体育意识和掌握运动技能的最佳时期。对此世界各个国家早就达成共识，并出台了一系列有针对性的“计划”“战略”和“政策”（图 6—1），将培育青少年体育素养基本目标和任务贯穿于学校体育教育教学全过程。在我国，自 1995 年政府制定颁布实施《全民健身计划纲要》以来，顶层设计在重点推进关于青少年体育发展方面做出了重要部署。国家体育总局联同教育部、共青团中央制定了青少年体育建设和发展的相关文件和政策，对青少年体育为何发展、如何发展等做出了明确规定和要求。特别是 2016 年由中共中央、国务院印发并实施的《“健康中国 2030”规划纲要》，明确要求要将青少年体育列为整个体育工作的重点和基础，把青少年列为促进体育活动开展的重点人群，重点培育青少年的体育意识，努力实现学校体育提高学生体质健康水平、提

① 刘米娜：《放飞体育梦想：青少年运动与中国未来——〈体育与科学〉学术工作坊“南京青奥会：青少年 · 运动 · 未来”论坛综述》，《体育与科学》2014 年第 3 期，第 1—5 页。

② 高鹏飞、梁勤超、李磊：《青少年体育参与不足的文化惯习、代际传递与现代重构》，《体育与科学》2019 年第 3 期，第 48—53 页。

高学生运动技能、培养健全人格的"三位一体"目标，一系列政策、规划的制定，为青少年体育意识培育指明了方向。

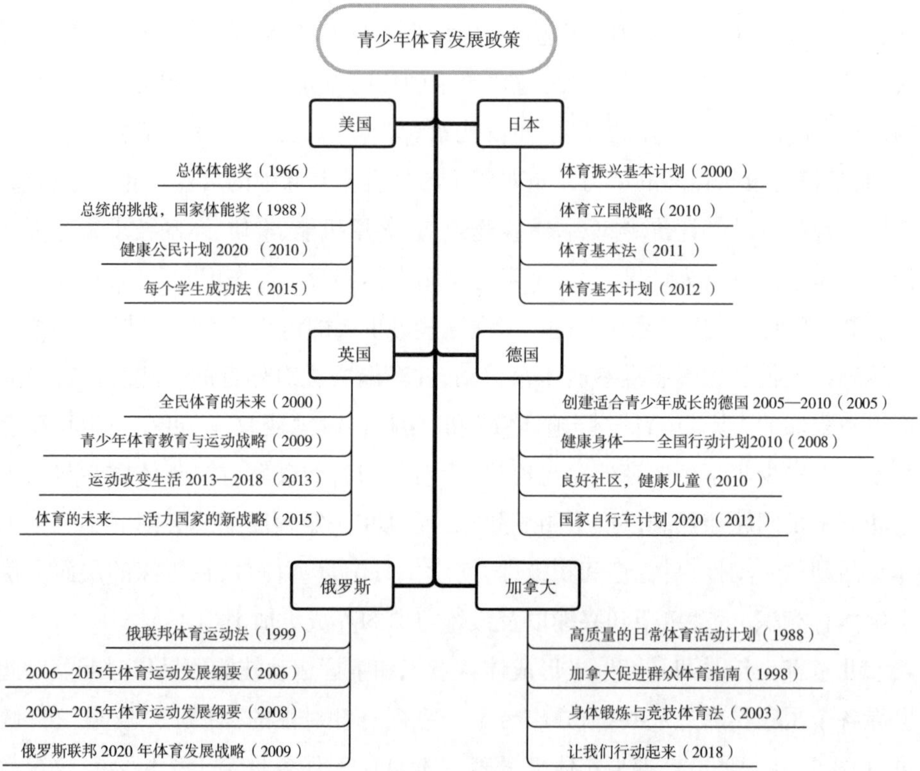


**图 6—1　部分国家出台的青少年体育政策**

刘一民等认为，体育行为是人有目的地通过身体运动而满足身心需要的活动。它是行为者自主选择某种活动方式，主动支配和控制活动过程和结果的行为。并且通常情况下，主体意识与主体行为是协调一致的，即有什么样的意识指向就会产生什么样的行为表现。行为在意识层面体现了主体的自觉性、主动性；在情感层面体现了主体的自愿性、自由性。① 青少年锻炼习惯的养成，首先应当注重对体育意识的培育。要让学生感受体验体育带给生命需要的满足，形成积极乐观的体育态度以及对体育锻炼的兴趣、爱好和参与欲望，自觉主动地把参与

① 刘一民、刘翔：《青少年学生体育行为的本真、异化与回归》，《北京体育大学学报》2017 年第 5 期，第 66—72、99 页。

体育活动作为个人的生活选项,进而形成体育锻炼习惯。否则,单纯依靠行政管理手段、纪律约束、规定要求等外在措施将学生“推”“拉”“拽”到体育场,用“达标”、综合测评、评优等外在的强制性手段驱使学生进行体育活动常常会让他们失去主动性、自觉性和积极性。一旦外在强制力量消失,体育活动参与将会中断。因此,青少年体育应将青少年体育意识和素养培养列为重中之重。

## 二、青壮年

青壮年是我国经济建设的中坚力量,也是生活工作压力最大的群体。按理说,这个年龄阶段应该是经常参加体育锻炼人口比例最高的群体。然而,我国连续 4 次全国群众体育调查结果显示,我国全民健身活动参与人群呈现出的“两头热,中间冷”的“马鞍状”分布态势始终没有改变。1996 年第一次全国群众体育现状调查我国经常参加体育锻炼者比例最高的人群为 70—75 岁,占该年龄段总数的 46%,其次为 16—20 岁年龄段,占比为 31. 8%;占比最低年龄段为 41—45 岁,占比为 6. 7%。① 2001 年第二次全国群众体育现状调查显示:经常参加体育锻炼占比最高的人群是 16—25 岁,占该年龄段总人数的 33. 4%,其次为 65 岁以上年龄段,占比为 22. 2%,比例最低年龄段为 36—45 岁,占比为 12. 8%。② 2007 年第三次全国群众体育现状调查显示:经常参加体育锻炼人群中年龄段最高者为 60—69 岁,占比为 11. 7%;其次为 50—59 岁年龄段,占比为 10. 8%,而 20—29 年龄段和 30—39 年龄段分别以 6. 2%和 6. 1%排在最后③。2014 年我国全民健身活动状况调查公报数据显示,2014 年全国经常参加体育锻炼者占 33. 9%,比 2007 年增加了 5. 7 个百分点;20 岁及以上的人群为 14. 7%,其中 20—39 岁年龄人群占比较低,30—39 岁年龄组仅为 12. 4%,而 40 岁及以上人群经常参加体育锻炼的人数百分比较高,60—69 岁年龄组达到 18. 2%。④ 一项采

① 中国群众体育现状调查课题组:《中国群众体育现状调查与研究》,北京体育大学出版社 1998 年版。

② 中国群众体育现状调查课题组:《中国群众体育现状调查与研究》,北京体育大学出版社 2005 年版。

③ 国家体育总局:《2007 年全民健身活动状况调查公报》,http://www.sport.gov.cn/n316/n337/c204900/content.html。

④ 国家体育总局:《2014 年全民健身活动状况调查公报》,http://www.sport.gov.cn/n16/n2061573/n2761594/7315303. html。

用二分类 Logit 回归法探讨不参加体育锻炼或锻炼中断的影响因素研究结果也显示:是否参加体育锻炼或锻炼中断受周锻炼时间、去锻炼场地花费时间、体育意识、有无慢性病、参与方式影响较大。周锻炼时间、体育意识与体育锻炼中断呈负相关,到达体育场地花费时间与体育锻炼中断成正相关,和同伴一起锻炼、有过慢性病的锻炼者发生体育锻炼中断概率降低。四次全国群众体育现状调查结果显示,“没兴趣”“没时间”“缺场地”“缺技能”“没有必要”“生活工作压力大”是20—39岁年龄段占比处于低谷的重要原因,但笔者认为,上述原因固然重要,但有相当一部分人即使“有钱有闲”也会对体育活动置之不理,其深层次的原因就是体育价值观念落后,缺乏体育锻炼的自觉性和主动性,缺乏参与体育运动健身的意识。本研究前期调研结果也显示,这一人群在体育意识方面存在“高认知认同、行为滞后”的特征。因此,本研究认为,青壮年这一群体应该列为公民体育意识培育的重点人群,应重点对其体育参与意识进行培育。

## 三、女性群体

从体育强国建设视角看,女性参与体育活动状况是直接影响我国迈向体育强国的重要指标,也是我国体育事业全面、协调发展与进步的重要组成部分。从惠及全人群健康上来说,女性占我国人口的半数,其健康问题能否得到有效回应与解决,直接关系到健康中国建设的成败。从覆盖全生命周期上讲,实现不同生命阶段的全程健康服务和健康保障,促进女性体育活动的参与是建设健康中国题中的应有之义。女性作为我国实施全民健身战略的重要成员,其参与程度在很大程度上影响着健康中国建设的步伐。

虽然我国体育法规定,参与体育是人人享有的权利。然而当话题涉及性别差异,仿佛这种权利在女性身上便被大打了折扣,女性成为参与体育活动的弱势群体。从竞技运动看,不少人认为,竞争、力量、对抗、意志力当然应是男性的行为特征,而女性则应表现为安静、温柔、高贵典雅、小鸟依人、亭亭玉立。如果女性在体育竞赛中“抛头露面”,常会遭到显性和隐形的歧视与排斥。不少运动能力强、肌肉粗壮、强悍的、斗志性十足的女运动员被视为异类人群,被贴上“女汉子”“假小子”“疯丫头”等带有歧视色彩的标签。从全民健身参与现状看,过去的20年来，我国经常参加全民健身活动一直存在男多女少的现象。① 生理上的差异，性别角色的自我认同，以及长期受性别角色刻板定型的影响，使得绝大多数女性排斥体育运动甚至将参与体育活动拒之于门外，即使参与也带有很大的被动性。笔者认为，尽管在影响女性体育参与限制因素中生理因素、角色定位、社会分工等因素占有重要地位，但对中国妇女而言，传统观念对女性体育参与行为的束缚则显得更为关键。

当代中国是一个从半封建半殖民地走过来的社会。尽管当代中国女性体育文化经过了清末女子体育的启蒙，西方教会女子体育的传入，清政府女子学校体育制度的建立，北洋政府时期女子体育的兴起，南京国民政府时期女子体育的发展，新中国女子体育的解放，经历了从最初的思想禁锢、行为束缚到"救亡图存""保国强种""为国争光"，到女性体育的自觉、自愿、自我，到现在中国女性体育的繁荣发展、欣欣向荣的过程，但由于受家庭养育模式、教育方式以及社会价值体系的影响以及各种约定俗成的行为规范、思维方式的左右，致使许多女性的体育意识仍然停留在传统文化的模式之中。固化的传统文化、媒介传播、社会规训、性别偏见、性别角色和冲突，无时无刻不在影响着女性公民的体育价值观，制约着女性体育参与的行为选择②，使得女性体育参与行为的深度与广度受到约束，进而使女性体育参与处于弱势地位。本研究前期调查结果中"男性公民的体育意识水平显著高于女性公民"也证实了这一点。

女性体育参与意识是在其所处社会女性身体观影响下逐渐形成的。因此，将女性公民列入体育意识培育的重点人群，通过培育活动，促使其打破传统思维模式的禁锢，消解传统文化对其身体的建构，实现女性公民自我意识的觉醒和自我观念的更新，提高其对体育参与价值的认知和判断，是最终实现体育参与性别平等的必由之路。

## 四、农村居民

本研究前期调研结果显示：城镇居民体育意识水平显著高于农村居民；不同

---

① 杨永钟、江瑞、袁锋等：《我国全民健身活动发展特征研究——基于4次全国群众体育调查结果的分析》，《西南师范大学学报》（自然科学版）2017年第6期，第121—128页。

② 王智慧：《性别差异与女性体育参与的社会距离》，《武汉体育学院学报》2013年第7期，第17—22页。

职业公民体育意识比较,"农林牧业生产人员"体育意识水平最低。① 4次全国群众体育调查结果显示,参加体育健身活动在各类职业人群中"农林牧渔类人员"比例最低,1996年、2001年、2007年、2014年分别占"农林牧渔类人员"总人口比例的10.6%、7.1%、3.1%和8.8%。② 本研究认为,健身动机是农民参与体育的内部驱力,健身氛围是农民参与体育的外在动力,体育价值观是影响农民体育参与的心理因素,健身场地是影响农民参与体育的基础条件。刘贺调查发现,辽宁省农村体育人口比例为3.92%,文化程度较低、经济收入较少、缺少组织指导、缺乏场地设施是影响体育人口增长的主要原因。③ 郭立平的调查结果显示,我国东北地区中部农村体育人口比例为8.83%,经济收入不高,体育观念陈旧,基层体育组织匮乏,场地设施严重不足等是其主要原因。④ 朱建民等调查发现,我国西部农村农民非体育参与者的体育意识很不成熟,价值观念非常淡薄,对体育的理解和认识,仅停留在欣赏层次上,缺乏自觉投身参与的意识。组织机构不健全、人均经费较低、缺乏体育人才,是其主要原因。⑤ 谭明义调查发现,尽管大多数农民认为体育锻炼对人的健康有影响,但对体育锻炼其他方面的作用认识还不够全面,仅有2.6%的农民认为体育锻炼有娱乐身心的作用,能够认识到体育对增强智力、适应社会、促进交往等方面有作用的人不足1%。⑥ 此外,还有研究显示,农村居民体育意识与城市居民相比差距甚大;"体力劳动就等于体育活动""蹦蹦跳跳,跳不出粮油"的陈旧思想依然存在,"天天劳动,无须锻炼"的观念更是根深蒂固⑦,打扑克、打麻将、喝酒聊天、玩电脑、玩手机、无事闲呆等消极

① 乔玉成:《中国公民体育意识调查报告(2018)》,《武汉体育学院学报》2019年第10期,第19—28页。

② 杨永钟、江瑞、袁锋、赵云书:《我国全民健身活动发展特征研究——基于4次全国群众体育调查结果的分析》,《西南师范大学学报》(自然科学版)2017年第6期,第121—128页。

③ 刘贺:《辽宁省农村村落体育人口现状调查》,《山西师大体育学院学报》2007年第4期,第5—7页。

④ 郭立平:《东北地区农村体育人口现状调查》,《体育文化导刊》2010年第6期,第20—24页。

⑤ 朱建民、黄艳梅:《我国西部地区农村农民非体育参与者现状之研究》,《首都体育学院学报》2004年第3期,第44—46期。

⑥ 谭明义:《安徽省农民体育现状调查与分析》,《第八届全国体育科学大会论文摘要汇编》(一),2007年。

⑦ 于桂林、丁建国、马万凤等:《苏北农民体育发展现状调查》,《体育文化导刊》2011年第11期,第21—22页。

的生活方式占用了他们的大部分闲暇时间。① 此外，农民的体育消费意识也十分淡薄，当谈及公共体育服务的使用问题时，超过 70% 的农民首先关注的是“要不要钱”，如果是免费使用的话他们还能够勉强接受，相反有 54.6%的农民更愿意在教育、住房、医疗等领域消费。②

笔者认为，农村居民体育意识落后在很大程度上可能与场地、器材、技能、健身指导等硬件条件有关，但更重要的根源还在于农村体育文化建设中的农民主体缺位，体育价值观念的欠缺以及体育健身态度内化力的缺失。否则，国家免费投资建设的篮球场、乒乓球台不会处于荒废状态，成为农民晾晒稻谷、衣服的场地，国家体育总局推进的“农民体育健身工程”效果也不会那么不尽人意。

在我国全面小康社会建设进程中，以农民问题为核心的“三农”问题是核心。全民健身推进工作也是如此，重点在农村，难点也在农村。③ 我国人口中农民约占 40%，他们对待体育的态度对我国群众体育的发展以及向体育强国、健康中国迈进的步伐有着举足轻重的意义。没有农民体育意识的提升和行为参与，就谈不上体育强国。事实也说明，农村体育发展水平和农民体质健康状况严重落后的现状已经成为影响健康中国和体育强国建设的相当突出的问题。因此，以农村体育为突破口，将农民列为体育意识培育的重点人群，对中国公民整体体育意识水平的提升具有奠基性作用。

本研究认为，农民体育意识及价值取向依赖于其对体育价值的认知与认同，而这种认知认同是建立在某些需要基础之上的，只有当体育锻炼能满足其某些需要时，他们才会产生体育锻炼的动机，并有意识地、自觉地调整自己的生活方式。因此，农民体育意识培育的重点要从帮助农民树立正确的体育价值观入手，从行为学的激发动机理论和群体动力理论出发，加强农村体育文化建设，向农民普及体育健身知识，强化农民的体育健身能力，开展形式多样的文化教育活动，引导农民摒弃各种陈规陋习，形成文明健康的生活方式。通过传媒宣传劝服、榜

---

① 储亚娟：《农民体育健身行为实现的内化力挖掘研究》，《山东体育学院学报》2011 年第 5 期，第 36—40 页。

② 夏磊：《农民参与体育消费的多元价值、制约因素与促进路径》，《体育文化导刊》2019 年第 7 期，第 37—43 页。

③ 乔玉成：《构筑小康社会全民健身体系若干问题的思考》，《中国体育科技》2004 年第 1 期，第 43—46 页。

样带动、影视熏陶等培育路径，让体育健康促进的思想观念渐渐深入人心，促使其体育锻炼态度和行为发生转变，最终养成终身参加体育锻炼的习惯。

## 五、老年人

尽管从 4 次全国群众体育调查结果看，65 岁以上人群经常参加体育锻炼活动的占本年龄段人数的比例最高，但本研究前期调研结果显示，“60—69 岁”年龄段体育意识水平综合指数分值最低，体育意识水平等级能够达到“强”者仅占被调查人数的 2. 6%。① 从行为上看，60 岁以上人群参与体育锻炼的比例之所以较高，其主要原因是基于退休之后拥有更多的锻炼时间，以及主观上对健康的重视促进了其参加到体育健身浪潮之中，并非真正意义上的体育意识水平较高。实际上，许多老年人对体育价值的认知认同并非十分全面，他们只是对“体育健身、健心、健美价值” 的认同占比较高，而对“体育在促进人全面发展和提升幸福感作用”上认同的比例则相对较低；对“体育锻炼能给自己带来好处”体验较为深刻，而在“愿意把体育锻炼当作日常生活中最重要的事情来做”“愿意把时间、精力、金钱花在身体锻炼方面”得分较低。在体育态度和意志方面，“60—69 岁”年龄段得分比年轻人要低得多。在体育权利和责任意识方面，无论是在“有责任履行全民健身计划的义务”方面，还是“为全民健康社会建设承担责任”方面，年轻人的得分要比老年人高得多。

随着我国社会老龄化程度的日益加重，老年人口会越来越多，所占比例也会越来越大。对于老年人来说，体育锻炼不仅能促进身体健康，还能增进心理健康和社会适应。尤其是在老年人退休后的再社会化，降低孤独感，改善健康状态和生存质量，减轻家庭和社会医疗负担方面具有其他活动无法替代的作用，从这个角度说，体育锻炼应是我国应对人口老龄化最便捷、最经济、最有效的手段。因此，将老年人列为体育意识培育的重点人群，充分利用其闲暇时间充裕，对自身健康比较关注，参与体育活动体验比较吻合老年人参与社会活动心理需求的优势开展培育活动，能进一步激发老年人参与体育锻炼热情和主动性，提升老年人的科学健身素养以及由体育活动参与带来的获得感和幸福感。

---

① 乔玉成：《中国公民体育意识调查报告（2018）》，《武汉体育学院学报》2019 年第 10 期，第 19—28 页。

## 六、残障者

体育锻炼是促进残障者康复的有效手段之一。它不仅可以有效地改善其身体各器官、系统的功能，最大限度地补偿残疾带给他们的不便，而且也是减缓残障发展、降低疾病负担以及培育其主体意识和竞争意识，促其融入社会的重要途径。然而，2007 年有调查发现，有 63.3%的残障人从不参加体育活动，符合体育人口标准的残障人占比很小，远远低于全国体育人口占总人口的比例。① 从参与率上看，全国残疾人经常参加社区文化体育活动的比例为 8.2%，江苏省残障人经常参加社区文化体育活动的比例为 10.2%，河南省残疾人经常参与体育活动的比例为 4%。北京市残疾青少年文化体育活动参与率也仅为 21.7%。② 约有 50%的残疾人缺少体育兴趣和锻炼动机。③ 分析原因，一是外部因素，如他人的态度、没有合适的锻炼场所与设备、缺少关怀与指导、社会对残疾人的“污名化”以及制度资源和物质资源等方面的缺失所致；二是自身因素，包括生理和心理因素，如行动不便，内心敏感，不愿意与陌生人接触，怕别人笑话，怕暴露自己的生理缺陷等造成。④ 亓圣华认为，残障人与正常人相比对世界的认识存在偏差，由于处于弱势地位，他们与正常社会会存在某种程度上的疏离。这种疏离容易让他们产生自卑、孤独、固执、多疑、羞耻等心理或情感。⑤ 曹大伟等认为，自身认识偏差容易导致残障者对待身体锻炼表现出不自信甚至有羞耻感。⑥ 王晓花等认为，残障人参加体育活动会过多地考虑到别人的想法。由于“假想观众”的存在，他们会产生更为深刻的羞耻情感，在羞耻情感状态下应对变化着的外部

---

① 梁占锁、冯秀华：《影响我国残疾人群众性体育活动的因素调查分析》，《中国特殊教育》2007 年第 12 期，第 14—18 页。

② 杨蓉蓉、陈功：《北京市残疾青少年文化体育活动参与状况与影响因素研究》，《中国青年研究》2019 年第 6 期，第 61—66 页。

③ 戴剑松、孙飙、吴立等：《南京市残疾人群众性体育开展现状及影响因素的调查分析》，《武汉体育学院学报》2009 年第 2 期，第 97—101 页。

④ 罗智波、熊茂湘、谭新莉：《高校残疾体弱学生参与体育保健课状况的调查》，《中国特殊教育》2007 年第 11 期，第 9—13 页。

⑤ 亓圣华：《残疾学生羞耻感与体育锻炼的关系：自尊的中介作用》，《沈阳体育学院学报》2015 年第 6 期，第 48—52 页。

⑥ 曹大伟、刘超、王训令：《教育公平理念下残疾大学生体育教育的调查分析》，《体育学刊》2017 年第 6 期，第 94—98 页。

环境和复杂的人际关系时难免会受到消极影响。①

目前我国残障人有6000多万,约占全国总人口的5%。没有残障人参加的体育是残缺不全的体育,更谈不上体育强国建设。《中华人民共和国残疾人保障法》《全民健身计划纲要》明确指出:国家和社会应鼓励、帮助残疾人参加各种文化、体育、娱乐活动,要努力满足残疾人精神文化生活的需要。因此,基于社会公平理念,将残障人群列入公民体育意识培育的重点,帮助其树立自信心,战胜自卑感,消除心理障碍,教育其面对现实,提高他们参与体育活动的意识、兴趣与能力,对推动残疾人体育事业发展具有重要的理论意义和实践价值。

## 第三节　介　体

培育介体是培育主体作用于客体的"桥梁",一般包括培育的内容、方式方法和载体等要素。其中,培育内容是培育者向被培育对象所要传递的信息,培育方式和方法是指运用知识规律、工具技术和实践经验为达成目标所采取的步骤和手段。培育载体指能够承载、传导培育信息,能为体育意识培育主体所运用,并使主客体发生相互作用的一种物质实体或活动形式。公民体育意识培育的内容、方式方法和载体制约和影响着培育目标实现的程度和培育效果的好坏,因此,设计合理的培育内容、方法手段和载体就显得尤为关键。

### 一、公民体育意识培育的内容

公民体育意识培育内容决定着培育工作的重心和边界,同时也是培育意图的直接体现。关于公民体育意识培育内容,目前学界主要有两种观点:第一种观点认为公民体育意识培育应以人的全面发展为导向,其主要内容是公民应该具备的体育知识和观念。第二种观点认为公民体育意识培育应以社会发展需求为基准,其内容主要由培育者设计选择。本研究参照上述两种观点,依照公民体育意识的维度结构,体育意识生成的注意、理解、接受、实践、养成五个环节以及时代性、全面性和系统性原则,拟定了以下八个方面的内容体系范畴(表6—1)。

① 王晓花、楚平华:《理性情绪疗法对青少年癫痫患儿羞耻感及自尊水平的影响》,《中国康复》2011年第3期,第235—236页。

**表 6—1　中国公民体育意识培育的内容范畴**

| | |
|---|---|
| 认知建构 | 当代人类社会的健康危机;生活方式病;身体活动不足的健康风险;运动科学健身原理和机制;体育锻炼常识;体育保健知识;体质健康标准;运动处方;体育锻炼的价值和意义;体育锻炼与体质健康的关系;体育锻炼与心理健康的关系;体育活动与个人幸福的关系;青少年体育与学业成绩的关系;体育在促进人全面发展中的作用;体育运动在防治慢性病方面的作用;运动不足与慢性病的关系;体育与"健康中国""体育强国""小康社会"建设的关系;《全民健身计划纲要》《体育法》《全民健身条例》《"健康中国 2030"规划纲要》等法规条例。 |
| 认同培育 | 健康身体是创造一切财富的本钱;运动是健康的源泉;运动是良医,让体力活动成为生命体征;体育锻炼是促进身体健康的基本手段;劳动≠体育锻炼;经常参加体育锻炼是一种积极健康的生活方式;养成良好体育锻炼习惯对维护自己一生的健康非常重要;全民健身是全方位、全周期保障人民健康的重要途径和手段;人的一生中,无论任何时期参加体育锻炼对人的健康都有好处;体育运动有助于增强人的自信心、自尊心;静坐时间过长有害于健康;经常参加体育锻炼可以使人活得更健康、更美丽、更幸福、更长寿;经常运动可以使人保持体力不衰,远离疾病。体育不仅能够让人的身体得到锻炼,还能帮助人多交朋友,减轻压力,娱乐身心,磨炼意志;运动促进健康,经常参加体育锻炼既可以减轻家庭的医疗开支,也可以减轻国家的医疗负担。倡导"全民健身",于己、于家、于国都有益处。 |
| 情感培养 | 了解体育有关信息,全面认识体育锻炼的价值和重要性;丰富体育活动内容,体验运动乐趣和魅力;创设良好锻炼氛围,激发体育锻炼兴趣和热情;更新体育观念,提升身体素养;关注国内外重大的体育赛事,提升体育活动的吸引力;将运动健康促进理念纳入自己的价值体系之中,使运动成为自我生命的重要组成部分和度过生命的重要方式。 |
| 行为塑造 | 明确自身体育需求,改变不良体育态度;采取强化手段,矫正久坐不动行为;把体育锻炼当作日常生活中最重要的事情来做,促成终身体育锻炼习惯的养成;参加体育锻炼要有主动性、自觉性、积极性;体育生活化,生活体育化,让体育进入生活,服务生活;培养日常生活中的身体活动意识,如 3 公里以内的距离,尽可能步行或骑自行车,而不选择开车;上下楼梯尽可能选择步行而不坐电梯;家务劳动尽可能手工完成,少用或不用家用电器。 |
| 意志磨炼 | 主动调节、支配自己的锻炼行动,毫不犹豫地执行锻炼计划;在体育锻炼过程中遇到挫折和困难不气馁、不灰心,相信自己有克服困难的能力,不受其他因素影响而动摇,坚持不懈地努力完成锻炼目标;参加一些具有挑战性的运动项目,体验战胜困难带来的喜悦;持之以恒,永不满足、永不言败,不断向更高目标前进;激发意志力量,应对体育锻炼过程中遇到的各种困难。 |
| 技能培训 | 获得参与体育活动的基本技能,如跑步、平衡、跳跃、躲闪、滑动、举物、游泳、踢、投掷及一般性的手眼配合技能;熟练掌握 1—2 种体育锻炼技能和方法。 |
| 参与引导 | 强化参与动机,激发运动欲望,增强主体意识,提高参与意愿,提升体育参与的获得感和幸福感;了解运动类型,体验运动时间和强度变化;参与多种场合的、内容广泛的体育活动;关心和参加社区体育事务;体育行为表现上与榜样保持一致;遵守体育活动的规章制度;"花钱买健身",把参与体育活动内化为自己发自内心的自觉积极行动,继而形成锻炼习惯。 |

续表

| | |
|---|---|
| 责权明晰 | 意识到自己的公民角色和身份，意识到自己与国家的关系，意识到自己的权利和义务；健康问题不仅仅是个人问题、家庭问题，也是直接影响国家发展的社会问题；公民有通过体育运动保证自身健康的权利，有共享体育发展成果的权利，任何人无权干涉；参加体育活动是公民生存的需要、发展的需要和享受的需要；公民有承担提升自身身体素养、健康水平和提高全民族健康水平的责任和义务，有承担履行"全民健身计划"的责任和义务；国家和地方政府有义务提供满足公民体育锻炼要求的条件和服务；正确处理体育权利与义务之间的关系，建立公民义务责任感。 |

本研究认为，公民体育意识培育是依据一定的哲学思想及其方法论对受培育者施加影响，以帮助其树立正确的健康观和体育价值观，进而外化为行为的过程，说到底是一种认知性和方法论的教育。因此，培育内容设置应以"知"和"行"为重点，以"体力活动不足风险"为切入点，以公民体育价值认同为着力点，以公民体育情感为支撑点，以公民体育活动参与为落脚点，通过价值引导、信息传递、实践体验，激发公民体育参与激情，进而形成锻炼习惯。本研究设计的八个方面内容基本涵盖了培育主体对受培育者的全方位的要求，其关系是：认知认同是前提，情感培养是支撑，行为塑造是目的，主动参与是核心，意志磨炼是保障，技术技能是基础，而"权利""义务"与培育者的身份"公民"密切相连。此外，本研究还认为，公民体育意识培育作为一种认知性教育，其本质是要实现从理论层面到行为操作层面的转换，故培育内容设置应该尽可能地通俗化、具体化，理论联系实际，着力解决身体活动不足问题，同时还要考虑被培育对象的理解和接受能力，以引发公民对体育意识形成必要性的思考。当然，由于公民个体的知、情、意、行诸因素仍处于不平衡发展中，在具体的培育过程中，还应根据不同年龄、性别、职业、文化程度、社会阶层等人口学特征对内容进行选择，以满足对不同群体的培育需求。

## 二、公民体育意识培育的方式

公民体育意识培育并非易事，需要建立从宏观到微观，从认知到行为，从个体自我教育、家庭启蒙教育、学校系统教育到社会养成教育的立体化培育体系，采用正确合理的方式方法进行培育。

### （一）学校体育教育教学中的身体素养培养

2019 年国务院办公厅印发的《体育强国建设纲要》明确提出："将促进青少

年提高身体素养和养成健康生活方式作为学校体育教育的重要内容。”那么，什么是身体素养，身体素养与体育意识是一种什么样的关系，如何通过学校体育提升青少年身体素养，夯实体育强国和健康中国建设之基，是学校体育教育首先需要回答的问题。

身体素养（Physical Literacy）是一个舶来词，国内部分学者将其译为“体育素养”。关于“身体素养”的定义，目前国内外学界还未达成共识。加拿大终身体育中心提出：身体素养是指能够掌握的基本动作技术和基本运动技能，并通过这些能力来识别自身周围环境从而作出适当反应与决定，同时也能在一定的身体活动条件下进行自我控制，从而能够更加自信地运动。① Tremblay 等认为，身体素养是发展身体活动和参与终身体育的一种技能或手段。② Whitehead 认为，身体素养是指个体拥有动机、自信、体育技能和知识，懂得和理解体育价值，并具有终身从事体育运动的一种能力和倾向。③ 陈思同等将其解释为“人类在生命过程中获得利于全人生存发展的运动要素的综合”。④ 关于其内容结构，目前有“运动心理技能、认知和情感”三要素之说，“动机、能力、情感、知识”四要素之说，“体育能力、体育知识、体育行为、体育情感、体育意识”五要素之说，“运动动机、自信和体能、对环境的适应能力、自我感知能力、自我表达能力、体育知识和理解力”六要素之说。⑤ 至于其与“体育意识”的异同，本研究发现至少在强调“体育知识”“价值认知”“情感体验”“身体活动能力”“习惯养成”等方面有共同之处，且国外通常把“体育意识”培育囊括在“身体素养”培养之中。

身体素养是决定一个人终身体育意识和能力的重要指征。但人的身体素养不是生来具有的，而是需要培育培养获得的。有研究指出，学校是培养学生身体素养的主阵地，体育教育是培养学生身体素养的重要支点。学生身体素养的培

① 居方圆、张震：《加拿大学校体育身体素养推展情形及启示》，《体育学刊》2020 年第 2 期，第 96—102 页。

② Tremblay M，Lloyd M.Physical literacy measurement：the missingpiece.*Health and Physical Education Journal*，2010，76（1）：26.

③ 黄玛莉：《普通高校竞技舞龙运动的教学与训练研究》，《体育科技文献通报》2020 年第 3 期，第 28、95 页。

④ 陈思同、刘阳、唐炎等：《对我国体育素养概念的理解——基于对 Physical Literacy 的解读》，《体育科学》2017 年第 6 期，第 41—51 页。

⑤ 于永晖、高嵘：《体育素养的概念与内容构成辨析》，《山东体育学院学报》2019 年第 4 期，第 111—118 页。

养起始于学涯初期,贯穿于整个学涯时期的不同学段。一个人只有在儿童青少年时期打下良好的身体素养基础,才能在其一生的各个时期根据内外环境的变化,不断加以完善,保持终身体育的习惯。身体素养只有进入学校,尤其是中小学才能从根本上发挥作用。① 因此,学校应把培养学生的良好身体素养摆在学校体育工作的核心位置。这不仅代表着体育教育未来的发展方向,也是促成儿童青少年养成良好生活方式的重要突破口,更是培育青少年学生体育意识,形成参与体育活动积极态度,保持积极参与体育活动的动力和信心,养成终身体育习惯的基础性工作。

基于此,一些国际体育组织将青少年学生身体素养培育工作列为学校体育教育的主要任务。例如国际体育科学和教育理事会在《关于体育教育的国际立场声明》中就明确指出:身体素养是体育教育的结果。② 联合国教科文组织也在新修订的《国际体育教育、体育活动和体育运动宪章》中将身体素养作为学校体育的主要目的。"身体素养"概念的提出,为学校体育教育目标的制定提供了理念支撑,也为终身体育的形成奠定了思想基础。近年来,"身体素养"的理念已经被越来越多的国家接受,并被一些国家作为制定体育政策的依据付诸实践。例如,美国在新修订的《K-12 国家体育教育标准》中提出,体育课程的目标是培养有知识、技能和信心的具备身体素养的个体;英国设计了《小学身体素养框架》用于指导教师、家长最大限度地发展青少年体育素养;加拿大将身体素养列入学校体育、联邦教育法规及运动员长期规划中,通过制定相关模式来培养学生的身体素养;澳大利亚将"体育素养"作为学校体育课程标准的研究主线。另外,这些国家还尝试把学生的身体素养水平作为衡量体育教学质量的标准。我国也在《关于强化学校体育 促进学生身心健康全面发展的意见》(国办发〔2016〕27 号)的基本原则中提出要全面提高学生身体素养,把培养青少年学生的身体素养作为重点纳入学校体育教育目标之中,并借助身体素养评价体系纠正当前学校体育教育的偏差③,这表明了我国国家层面对体育素养的认可和对

① 任海:《身体素养:一个统领当代体育改革与发展的理念》,《体育科学》2018 年第 3 期,第 3—11 页。

② 季浏:《学校是培养青少年身体素养主阵地》,http://theory.gmw.cn/2019—11/16/content_33324362.htm。

③ 赵雅萍、孙晋海:《加拿大青少年体育素养测评体系 PLAY 解读及启示》,《首都体育学院学报》2018 年第 2 期,第 145—150、156 页。

体育素养的重视。

青少年学生身体素养培养强调以人为中心，尊重学生的需求，强调“身体”的重要性，主张对学生体育意识、体育知识、运动兴趣、运动能力、体育动机等要素进行的全面培养，其最终目的是促进学生主动、积极、自觉、自愿、自信地参加体育活动，形成终身体育锻炼的习惯。① 作为学校，要对学校体育培养目标做出新的定位，将身体素养的培养贯穿于学校体育活动体系与架构之中，切实保证学生在校期间各种体育活动的开展。要把培养学生的身体素养作为学校体育教育的重要价值取向，强调对学生身心健康理念、健康生活方式和行为、运动技能和身体运动能力、日常体育行为和价值观等身体素养要素进行精准培养。作为体育教师，要对培养内容与培养对象有新的认识，着力改变长期存在的、陈旧的体育课程教学内容单一、教学方法单调、课堂氛围沉闷的状况。② 要根据学生的基础、兴趣、学习偏好进行课程内容及教学方法的调整，实现由“重教学内容”向“以学生为主体，以技能教学为基本”的方式转变。③ 要通过设计相应的内容指导学生学习相关技能；通过形式多样、生动活泼的教学过程，改变学生不正确的体育态度，调动学生参与体育的主动性和积极性；要通过教学改革，改变学生的学习方式，促使身体素养的形成。④ 作为学生个人，应通过参加学校体育教育教学活动获得一系列身体活动经历和持续参与身体活动的动机和信心，及与自身运动潜质相当的运动能力，以及对体育本质和身体活动价值的理解，对课外如何进行身体活动的思考，促使终身参与体育活动行为习惯形成。

综上所述，学校体育教育首先要承担的根本任务是强化学生的体育意识，培养学生的体育能力，提升其身体素养水平，为青少年养成终生参与体育锻炼的习惯奠定思想和能力基础。为此，学校体育教育应立足于学生的发展需要，尊重学生的成长规律，把身体素养培养融入日常教育教学和生活活动之中，辅以有目

---

① 何茂：《体育教师师德失范的表现与归因分析》，《教书育人（高教论坛）》2020 年第 6 期，第 60—63 页。

② 于永晖、高嵘：《多学科视域内的体育素养理论根基探究》，《山东体育学院学报》2017 年第 3 期，第 118—122 页。

③ 郑湘平、肖紫仪、赵高彩等：《国外体育素养研究热点、演化趋势及展望》，《武汉体育学院学报》2020 年第 2 期，第 25—31 页。

④ 赵富学：《身体素养导向的美国“综合学校体力活动计划”：目标指向、内容组构及运行启示》，《天津体育学院学报》2020 年第 2 期，第 133—140 页。

的、有计划、有组织的培养训练，以多样化的教育为手段，以多彩的娱乐感受和丰富的情感体验为形式，营造浓厚的校园体育文化氛围，激发学生潜在的参与动机、热情和能力，促使其逐渐形成对体育活动的兴趣、爱好、理念以及良好的锻炼习惯。也只有这样才能发挥出学校体育教育的主渠道作用，让学生在不知不觉中培养良好的体育意识，将“知”内化到自己的行为中去。

### （二）大型体育赛事活动中的体育情感强化

大型体育赛事是体育竞技的最高表现形式，也是承办国家或城市发展中的重要事件。随着人类文明的不断发展和进步，以奥运会、亚运会、青运会、世锦赛、世界杯、全运会等为代表的国内外大型体育赛事越来越多地受到人们的喜爱和追捧。当今世界，大型体育赛事已不再是一场纯粹的竞技活动，其意义已超越了体育赛事活动内容本身，而被更多地渗透了政治、经济、文化、情感等因素的交流与合作，对举办地的 GDP、就业、旅游、建筑、财政、税收等方面产生了深远影响。同时它还可以通过展示举办地政治、经济、文化实力和城市形象增强居民的自豪感、幸福感；通过提升举办城市的基础设施（如比赛场馆、交通、通信等配套设施）水平，改善举办地的生态环境，促进举办地体育文化交流，丰富居民精神生活，进一步改善举办地居民的生活质量和品位；通过促进举办地竞技体育、群众体育和体育产业发展，对举办地的体育整体发展产生较大影响。① 针对我国而言，除了上述利好，更主要的是能够引起举办地民众对体育运动的关注，激发他们的体育参与热情，增加体育人口的数量，扩大体育消费，进而带动全民健身事业的快速发展，因此从这个角度说，举办大型体育赛事，对于个人、城市和国家都具有里程碑式的意义。例如，2008 年北京奥运会的举办就曾吸引了全世界的目光，让世界各国人民了解了中国的民主政治和社会主义现代化建设取得的巨大成就，感受到了中华民族五千年的悠久历史和灿烂文化，而奥运健儿在赛场上夺金摘银，更是充分展示了中国的大国文化和时代形象。另一方面，奥运赛事与传媒合力形成的“叠加效应”，大大提升了北京的城市品位和知名度，使北京居民自信心、自豪感、认同感陡升。②

“体育，让生活更精彩；运动，让身体更健康”。现代体育赛事推崇健康体

---

① 张林：《体育赛事申办决策》，复旦大学出版社 2013 年版，第 81—84 页。

② 乔玉成、许登云：《论体育的政治化倾向——以现代奥林匹克运动会为例》，《体育学刊》2009 年第 7 期，第 1—8 页。

魄、追求真善美的理念,全面促进了人类的文明发展。借助大型体育赛事文化传播和体育价值观教育,不仅能让人们通过“视觉盛宴”欣赏到运动员在赛场上所表现出的优秀品质、高超技艺以及“形体之美”“力量之美”“速度之美”,对增强民众的体育兴趣、情感和参与热情也有重要价值。尤其是赛场上深受广大年轻人的喜爱和追捧的体育明星,其精彩表现无形中培养了青少年对体育运动的爱好,能激励他们也投身于强身健体的体育锻炼中,因而成为促进青少年参与体育活动的内在动力。① 例如,姚明、“女排姑娘”等一大批优秀运动员在国际体育赛事中表现出来的顽强拼搏、无私奉献、自强不息、为国争光的中华体育精神,就鼓舞一代又一代年轻人积极投身于各项体育活动中,对青少年树立正确的体育意识起到了引导作用,为他们养成终身体育锻炼习惯奠定了一定的基础。有研究指出,大型体育赛事对外能加强交流,对内能增强凝聚力。在提升国民体育意识方面,既可以作为居民体育意识提高的有效手段,也可以作为当地居民体育行为提高的中介手段,还可以成为居民体育意识转化为体育行为的催化剂。② 有调查发现,大型体育活动有助于提高我国居民参与体育锻炼的积极性,使他们更加关心体育的发展,体育价值观念也更加科学。③ 2008 年北京奥运就帮助更多人重塑了运动观念,增加了人们对体育健身知识的了解,拉近了体育运动与社会成员之间的距离,改变了不少人的体育态度,并进而激发了他们参与健身的热情,自觉地加入到了健身运动的行列。一项针对 2010 年广州亚运会后居民心理认同的调查也显示,2010 年广州亚运会影响了广州市民的体育态度,增进了居民对体育知识和技能的了解,同时参与体育健身的时间也有所增加。④

新时期我国公民体育意识培育应顺应时代要求,要充分利用大型体育赛事现场参与、网络参与、媒体参与等多种现代化手段促进人们从思想上、观念上认同体育文化的价值,通过大型体育赛事的催化剂效用,让更多的人通过观看赛事

---

① 张丽梅:《体育传媒对青少年体育意识的影响》,《青年记者》2018 年第 20 期,第 127—128 页。

② 宋亚伟:《标志性体育赛事对当地居民体育参与影响的路径分析》,《河南师范大学学报》(自然科学版)2015 年第 6 期,第 163—168 页。

③ 宋亚伟、付丹丹:《大型体育活动对我国城市居民体育意识和体育行为的影响——以河南省为例》,《南京体育学院学报》(社会科学版)2009 年第 5 期,第 81—84 页。

④ 韩会君、黄瑞敏:《广州市民对亚运会后效应的心理认同研究》,《广州体育学院学报》2011 年第 6 期,第 1—5 页。

活动使观众对体育运动产生兴趣，在力与美的熏陶中激发体育激情、冲动以及参与体育的愿望和动机；在观看体育比赛中强化价值认同，培植体育情感，进而提升居民参与体育健身活动的积极性。

### （三）体育强国建设过程中的参与意识培育

2019 年国务院印发的《体育强国建设纲要》“战略目标”中明确提出：“到 2035 年，形成政府主导有力、社会规范有序、市场充满活力、人民积极参与、社会组织健康发展、公共服务完善、与基本实现现代化相适应的体育发展新格局……经常参加体育锻炼人数比例达到 45%以上……城乡居民达到《国民体质测定标准》合格以上的人数比例超过 92%……”要实现这个宏伟目标，离不开全体公民的广泛参与，离不开管理者付出艰辛的努力。

“全民性”“参与性”是“全民健身计划”制定的出发点和落脚点。没有全体公民广泛的参与，全民健身计划就是无源之水、无本之木，就会脱离的体育的本质，也就谈不上建设体育强国。因此，从“举国体制”到“国家战略”，从“全民健身”到“体育强国”，从“广泛开展”到“加快推进”，从办好“奥运会”到办好“冬奥会”，公民体育参与的意义非凡。

从概念上讲，公民体育参与是指公民对参与体育事务（如全民健身活动、体育强国建设）所持的态度、意愿和实际行为投入，它包括参与意识和参与行为两个构面。参与意识主要指思想倾向、基本态度和意愿。例如公民对待全民健身活动的关心程度，对于全民健身活动价值的评价，参与全民健身活动的意向或意愿等。参与意识体现的是公民对于参与全民健身活动的观念形态，同时也是激发公民个体全民健身参与行为的前提和先导。就其特质而言，包括积极性、自主性和自愿性等。它与冷漠、疏离的心态相对立。而参与行为则是对参与意识、责任感和对自我健康利益权利要求的结果。体育参与意识强的公民，通常表现为：具有饱满的参与热情和强烈的责任感，主动关心国内外体育发展，并能将这种体育态度付诸行动。

我国全民健身计划、体育强国建设的基本目标之一是提高国民的体育健身参与意识，提高体育人口数量，增强国民体质，改善国民健康状况。因而，具备良好体育参与意识的公民是开展全民健身活动，建成体育强国的关键性因素。然而，本研究前期调查发现，分别仅有 19.1%和 29.1%的公民“非常愿意”或“比较愿意”“把体育锻炼当作日常生活中最重要的事情来做”；仅有 21.1%和 30.2%

的公民“非常愿意”或“比较愿意”“在近半年内每周至少参加3次体育锻炼，且每次在30分钟以上”；仅有16.7%和26.9%的公民“非常愿意”或“比较愿意”“把时间、精力、金钱花在身体锻炼方面”，总之，愿意积极参与到体育健身的公民不到一半。分别有26.8%、23.7%和27.5%的公民在上述3个问题上“说不清楚”，持中立态度；有2到3成的公民在上述3个问题上明确表示“不怎么愿意”或“不愿意”，表明目前中国公民体育参与意识仍然比较薄弱，体育参与的热情不高，5成或5成以上的公民体育意识还只停留在表面，没有落实到行动上。[①]

我国全民健身活动开展已有20多年，但体育人口比例始终徘徊在30%—40%之间，究其原因主要还是部分公民“参与意识淡薄”，对国家全民健身战略持漠不关心的态度。本研究认为，要解决这一问题，应主要从以下五个方面着手：一是着力培育公民意识，促进居民向公民角色转变，激发参与热情。二是优化培育机制，增强体育价值认知，提高参与兴趣，强化参与意愿，转变参与态度；三是为公民提供平等的参与机会，让他们在参与中增强自主性；四是引导参与行为，提高参与效能感；五是以点带面辐射全民，充分发挥重点人群的示范带动作用，形成家喻户晓、人人参与的全民健身新局面。

### （四）日常生活中的身体活动意识培养

当今人类慢性病高发的原因与人类生物进化和文化进化的不同步，基因型与饮食、体力活动、物质能量代谢方面的不匹配、不适应、不兼容等造成的基因与环境之间的错位密切相关。而要彻底解决这个问题，应该从源头上进行考虑。一是要限制热量摄入，降低饮食与基因型错位带来的消极影响；二是增加热量消耗，满足基因表达所需要的身体活动水平条件。从概念上来说，身体活动指由于骨骼肌收缩产生的机体能量消耗增加的活动，包括职业性身体活动、交通性身体活动、家务性体力活动和休闲性身体活动（体育活动）。因此，身体活动并不仅仅只有体育活动，日常生产生活中的许多肢体活动也都属于身体活动，也同样具有增加能量消耗作用，能达到与体育活动相同或相似的健康促进作用。

体育来源于生产生活，体育活动的一些基本动作，如走、跑、跳、投、掷、攀、爬等，都是先民们生产生活的重要组成部分。在人类“寻找”和“创造”食物的自给

---

① 乔玉成：《中国公民体育意识调查报告（2018）》，《武汉体育学院学报》2019年第10期，第19—28页。

自足自适应的时代，对先民们来说，身体活动是一种为了生存需要不得已而为之的强制性行为。[①] 进入现代社会，由于机械化、电气化、自动化、信息化程度越来越高，按钮操作、网上购物、上门服务、移动电话等“指尖上的劳动”使生活变得越来越方便，越来越舒适，而为了生存必须付出的体力消耗越来越少，加之电视、互联网的生活方式又进一步占用和剥夺了人们大部分的户外运动时间，使得久坐群体不断扩大，导致热量过剩所致的肥胖、高血压、糖尿病、心脑血管病等发病率骤增，这一切都急需身体活动重新回归生活，以弥补体力活动的不足。于是“体育生活化”“生活体育化”的概念应运而生。

所谓的“体育生活化”就是不拘泥于身体活动的形式和过程，把运动健身或身体活动融入、渗透到日常生活，把体育锻炼的效果延伸到日常生活，激发并优化日常生活中的各种身体活动，使其安全、有效；将对体育活动的热爱，迁移为对生活中身体活动的积极态度，乐于以主动的身体活动取代被动的身体活动，并从中获得乐趣。[②] 其中，1998 年由美国学者 Andrea L.Dunn 博士提出的“生活化健身”（lifestyle physical activity）模式就是典型事例。“生活化健身”的核心是“在每天的生活中进行日累计 30 分钟以上、自主选择的、中等以上强度各种身体活动（包括闲暇时间的体育活动、职业身体活动、交通性身体活动和家务劳动）每周累计达到 450 METS 以上”。[③] 生活化健身的特征：一是身体活动内容“自主选择”，不论何种活动形式，只要达到中等以上强度即可；二是身体活动可以是事先计划好，也可以是未事先计划、随时随地根据环境条件进行，例如上楼时徒步而非坐电梯，以步行或骑人力自行车替代开电动车或汽车；三是每天的身体活动量可以由若干个“10 分钟以上的短周期身体活动”累计，而不一定是一次进行很长时间持续的身体活动。力求每日身体活动量总量应达到 6—10 千步当量，其中至少应有 4—6 个千步当量中等强度有氧运动。有证据表明，“生活化健身”能够有效增加身体活动量，对于久坐人群和运动不足人群增加运动量，预防和控制肥胖、糖尿病、心血管病等疾病同样具有明显的效果。

---

① 乔玉成：《错位：当代人类慢性病发病率飙升的病理生理学基础——基于人类进化过程中饮食—体力活动—基因的交互作用》，《体育科学》2017 年第 1 期，第 28—44 页。

② 任海：《身体素养：一个统领当代体育改革与发展的理念》，《体育科学》2018 年第 3 期，第 3—11 页。

③ 王晓波：《美国大众体育新理念：生活化健身》，《体育文化导刊》2013 年第 3 期，第 44—47 页。

其实，生活化健身并不复杂，它常常就在我们身边。如上下班时能骑车就不开车、不坐车，能走路就不骑车；上楼时能爬楼梯就不坐电梯；在日常生活中购物、买菜尽可能步行或绕道走，养成每天步行6000步的习惯；看电视的时候点点头、拍拍肩、扭扭腰、踢踢腿，养成“少静多动”的习惯；饭后散散步、遛遛狗；喝水尽量使用小杯子，扔垃圾时尽可能地走远点；排队、等人的时候动动腿、搓搓手；工作间歇扭扭脖子、伸伸腰；把做饭、洗碗、清扫、拖地、擦窗、洗衣、浇花、养草、园艺等做家务看成是锻炼身体的机会。要知道，做这些事情并不意味着贫贱或社会地位低下，而是做了对自己身体有意义的事情。知道这些“非运动型的身体活动”，在“身体总活动量”占相当大的比例，并且能让没时间健身不再成为借口。

生活化健身不拘泥于形式，不受器械限制，让体育走进了社区，迈进了胡同，踏进了庭院，步入了家庭。它更加贴近百姓生活、贴近实际，符合中国国情，也最易被群众接受。生活化健身，应该成为一种生活观念，一种追求，一种习惯，更应该成为公民的一种有意识的行为，公民只有具备了“健康离不开身体活动”的意识，以及“随时随地都可以健身”的观念，才能逐渐将其内化为自觉行为，而这种意识、观念和行为需要在生活中培养，在生活实践中养成，需要每个人把它铭刻在的脑海里，融化到血液里。然而不同于对体育锻炼好处的知而不行，到目前为止，社会上有许多人对于生活中身体活动和生活化健身的价值并不十分了解，身体活动意识淡薄，以致职业性身体活动不足并没有通过生活中的身体活动来弥补。因此，生活化健身意识培育也应该列为公民体育意识培育的重要内容，以促使人们感受、领悟、品味身体活动在生活中具有的价值，让生活化健身成为人们的自觉行动，成为人们健康的生活方式。

### （五）健康教育活动中的责任意识培育

《“健康中国2030”规划纲要》指出，要把建立健全健康教育体系、普及健康知识、提升健康素养作为增进全民健康的前提。在个人层面要“强化个人健康责任，提高全民健康素养，引导形成自主自律、符合自身特点的健康生活方式”。习近平总书记在2016年全国卫生与健康大会上强调“要倡导每个人是自己健康第一责任人的理念”。世界卫生组织也指出，人的健康和寿命有15%取决于遗传，10%取决于社会因素，8%取决于医疗条件，7%取决于气候影响，而剩余的60%是取决于自己。关于个人健康责任，李宇阳等认为其内容主要涵盖三点：个人能认识到健康的重要性,包括其对健康和健康行为的认知程度;个人在健康行为选择上能做到自主与自律,包括其能动性和创造性发挥的程度;个人能对自身的健康结果负责,包括其能预见某些行为所产生的不良后果。[①] 本研究认为,个人健康责任意味着公民深刻知晓自己对自身健康的维护具有不可推卸的责任,能够意识到是自己是自身健康的"第一责任人"和"守门人";同时,因个人的社会属性以及其在家庭、社会舞台中扮演的不同角色,公民个人还须明了自己在家庭和社会生活中必须承担的责任。明了作为家庭成员,每个人的健康却不只属于自己,还属于家庭。家庭需要你的健康,你就必须担当起对家人的责任。不仅于此,作为整个社会的基石,个体健康既是公共健康的影响因素,又是公共健康的受益者,因此个人还必须承担起公共健康的责任。因为个体健康责任意识不但能够提升个体的健康水平,减轻家庭的疾病负担,同时还会对国家人力资源质量的提升,国民幸福指数的增长和国家经济的可持续发展有深刻的影响。

"健康中国""体育强国""小康社会"建设,国家要承担的责任主要是政策支持和经费投入,而个人承担的责任就是树立健康责任意识,即建立起对自己、他人、家庭、社会、国家承担健康责任的认识、情感、态度、信念和行为,养成良好的生活方式,促进自身健康素养水平的提升。对于运动健康促进而言,个人树立健康责任意识起着基础性的作用。然而,当下我国就全民健身的现实却是,政府和媒体宣教知识并不少,公民个人也没有人会否认体育运动对健康的重要性,但人们往往是"知而不行""行而不坚",究其原因,在很大程度上还是与其健康责任意识淡薄相关。例如,部分居民对自身健康的关注仅限于疾病发生后的诊治上,缺乏对日常健康生活方式,包括健康行为、健康心理等的关注。还有部分居民对自身健康不负责任,吸烟酗酒,滥饮滥食,平时宅在家中,久坐不动,沉迷于玩游戏、看电视,从不参加体育锻炼,把健康托付于医院和医护人员,寄托于吃保健品上。生病后不检讨自身生活方式,反而责怪医学或医务人员"无能"。个别人在外面吃顿饭、洗个脚动辄花上几百元,而在运动健身消费方面花点钱则觉得价格昂贵、不能承受,"花钱买健康"的消费理念淡薄。

公民健康意识和健康责任意识是实施全民健身计划的"基石"和"底座",只

---

① 李宇阳、郁希阳:《个人健康责任的内涵、理论基础、影响因素与政策应用研究——基于近40年国内外相关文献的综述》,《宁夏社会科学》2019年第6期,第117—124页。

有“底座”牢靠,塔身才会稳当。因此,寓公民体育意识培育于公民健康素养培养之中,依托全民健身运动、全民健康生活方式行动等载体,强化个人健康责任意识,提高公民健康素养,应该成为公民体育意识培育的重要方式。首先,要加强公民自我健康责任心培养,重塑自己对自身健康负责,对自身生命负责的意识,树立“每个人都是自己健康第一责任人”的理念;学会珍惜生命,尊重生命;懂得健身之道全在自己,没有什么捷径可走;懂得克制和节制,身体力行,使自己的健康主体责任意识和自我健康管理能力得到全面提升。其次,要加强家庭责任心培养。使每个公民都能主动承担家庭责任,对孩子负责,对爱人负责,对长辈负责。要让他们明白,在家庭关系中,个人不仅要承担自己的健康责任,还要尽量避免或减少给家庭成员带来负担。要懂得,自己的健康不只属于你自己,还属于爱人、子女、父母和兄弟姐妹。最后,要加强社会责任心培养。要让每个公民明白,健康责任是社会对每个公民的必然要求和每个公民必须承担的道德责任。作为一个公民,要承担起自己的健康责任,实现自我在社会中的价值。要懂得,“健康中国”建设依赖于每一个公民的健康责任意识和能力,需要每个公民共同承担责任。只有每个公民拥有更好的健康状态,国家才会更有活力,才能真正称得上“健康中国”。总之,健康责任意识,既是自我预防保健的需要,也是对家庭、社会应尽之责。每个公民要正确认识生命健康维护的规律和原则, 理智地选择自己的行为和生活方式。建议在公民健康教育活动中,着重内化“生命在于运动”的理念,固化“运动是良医”的信念,强化“健康中国靠大家”的观念,要告知公民“体育锻炼是你自己的事,我们可以帮你,但不可以替代你”,让公民真正成为自身健康的管理者。

## 三、公民体育意识培育的方法

公民体育意识培育方法,是指培育主体围绕着培育目的和目标采取的手段、策略和操作程序的总和。它是解决培育过程中基本矛盾,实现培育内容融入培育对象并转化为具体行为的不可缺少的中介。然而,培育方法不是培育者主观意志的自由创造,而是在实践基础上对公民体育意识形成和发展规律的概括和总结。常用的公民体育意识培育方法有知识灌输法、实践转化法、生活引导法、系统分析法、情感激励法、环境熏陶法等。在选择和运用培育方法时要注意以上诸方法的综合运用。只有在实践中多种方法综合运用,才能抓住培育的核心,提升方法体系的整体效应，进而形成公民体育意识培育的合力，产生最佳的培育效果。

### （一）知识灌输法

体育认知和价值认同是公民体育意识形成的心理机制，是公民体育意识培育的基础和起点。在公民体育意识形成的过程中，离不开对体育的认知和价值认同这两个心理过程。其中，体育认知是价值认同的基础，而价值认同发过来又会制约和限定后续的体育认知。它们是相互作用、相互影响的。因此，公民体育意识培育首先要解决的是对体育的认知认同问题。这就需要通过教育，向公民灌输有关体育的知识和价值功能。

灌输即输送、注入的意思。知识灌输主要指通过各种方法，不断地向被培育对象灌输有关体育的知识，参与体育活动的作用、功能、价值以及身体活动（运动）不足的危害，参与体育活动与个人健康、幸福、疾病以及全面发展的关系，与家庭幸福、社会进步、国家发展的关系，参与全民健身活动与"健康中国""体育强国""小康社会"建设的关系以及自己在其中应当承担的责任和义务，使其了解参与体育活动的重要性和必要性，明确为什么要这样做以及如何做，并引导公民体育意识向着更高的层次发展。

知识灌输的方法包括文字灌输、语言灌输、形象化灌输等。灌输时要注意及时性、针对性、系统性、实效性。要注意公民个体的内在需求，有针对性地进行知识传输。要注意知识内容的连贯性；要理论联系实际，有的放矢。可通过电视、报刊、网络、黑板报进行宣传，也可通过宣传教育、理论学习、讲座、培训和研讨等形式进行。当然究竟采取哪一种形式，根据实际情况而定，不能千篇一律。

知识灌输要解决的是人们的参与意识和信念问题。因此，知识灌输需要系统地传授，而不能是简单的注入式、满堂灌、填鸭式的强制硬灌，更不是"想灌什么就灌什么""想怎么灌就怎么灌"。知识灌输的过程要讲究灌输的艺术，注意灌输的形式和方法，可通过启发式、讨论式、双向交流式等形式进行。作为灌输者要有能动性和诱导性，讲授尽量通俗易懂，通过摆事实、讲道理，把运动健康促进的原理讲清、讲透，帮助被培育者接受正确的体育观念，树立科学体育价值观；作为受灌输者要把接受灌输变成一种自觉需要，主动接受灌输，使运动健康促进的理念"入耳""入脑""入心"，促使规律的体育锻炼行为成为日常生活方式的一部分。只有双双配合默契，各自担当好自己的角色，才能提高灌输的感召力、吸引力,增强知识灌输的实效性。

### (二) 行为实践法

公民体育意识培育并不仅是一个理论问题,更是一个实践问题。公民体育意识培育的最终目的是促进公民形成良好的生活方式和积极主动参与体育锻炼的行为,养成终身参加体育锻炼的习惯。公民体育意识培育,知识灌输固然重要,但仅此还不够,还有待在实践中检验,在生活中践行。此外,体育行为实践不仅是体育意识的来源渠道,也是检验人们对体育的认识、体育价值观是否正确的标准。因此,知识灌输和行为实践的辩证统一是公民体育意识培育的内在要求,二者紧密相连、如影随形,存在着相辅相成、内在统一的逻辑关系。

行为实践法是指在组织、引导公民自觉践行全民健身计划,参加各种体育实践活动,在实践中提高思想认识,增强情感体验,磨炼坚强意志,培养行为习惯,从而形成良好生活方式的方法。其实质,就是让公民把体育认知认同、情感态度转化为体育行为并形成习惯,达到知行合一、言行一致的方法。体育行为实践的形式多种多样,主要包括体育教育教学、全民健身活动参与、体育赛事观赏等。运用行为实践法应注意以下几点:第一,激发被培育对象自觉参与体育活动的兴趣和愿望。实施时要将说服教育与榜样示范相结合,晓之以理、动之以情、导之以行,使被培育对象充分认识体育锻炼的意义,明确体育锻炼行为的目的和要求。以需求为导向,激发其参与体育活动的主动性、积极性和动机,从而提高他们积极参加体育锻炼的自觉性。第二,贯彻知行合一、言行一致的原则。要注意促进被培育者由知到行转化,使其行为建立在认识的基础上,提高体育锻炼行为的效果。实践是人体育意识形成和发展的基础,通过体育实践真实的体验和“身临其境”的感受,可加深人们对体育价值的认知认同。因此,在培育过程中,要把灌输和践行相互交织在一起,以促使体育意识水平螺旋式上升。第三,注重体育情感和意志的培养。人的体育情感、体育意志和体育信念只有在体育实践过程中才能得到强化,人们的锻炼行为习惯更需要经过长期反复的实践才能逐步形成。另外,参与体育活动比参与其他活动更需要意志和毅力,而这种意志和毅力,以及战胜困难、挫折的勇气和决心,只能通过体育实践来磨炼。第四,因人而异,量力而行。培育者提出的行为实践要求,要切合被培育对象的实际,符合其体能、技能和健康状况,要循序渐进,量力而行。同时,要看到进步,找出差距,明确继续努力的方向。第五,持之以恒,在落细、落小、落实上下功夫。鼓励人们按照全民健身计划的要求去行动,使被培育者在长期的行为实践中逐步养成良好的体育锻炼习惯。

### (三)生活引导法

生活是一个多义词,既指人进行的各种活动,如政治生活、文化生活,也可指人的衣、食、住、行等方面的情况。而生活方式则是一个内涵相当广泛的概念,主要指人们长期受一定社会文化、经济、风俗、家庭影响而形成的一系列的生活习惯、生活制度和生活意识,包括人们的衣、食、住、行、生产劳动、休息娱乐、社会交往、待人接物等物质生活和精神生活的价值观、道德观、审美观以及与这些方式相关的每个方面。可以理解为在一定的历史时期与社会条件下,各个民族、阶级和社会群体的生活模式。

体育生活方式是指在一定的价值观念指导下,个人或群体依据一定的客观条件,把体育作为生活的需求和内容,并有规律地、自觉地参与体育活动的稳定形式及行为特征。① 体育生活方式涵盖在身体活动生活方式范畴之内,是体育行为融入生活的一种特殊生活方式。其中,规律性、持续性是构成体育生活方式的前提条件;个人需求是体育生活方式建立的动机;活动的频率、强度、持续时间和类型是体育生活方式的表现形式;促进身心健康和健全人格是体育生活方式的目的。②

体育来源于生活又服务于生活,与人的生活质量、生命质量密切相关。它关系到人的生理、心理和社会健康。在当今人类进入信息化社会,经济社会高度发展,身体活动严重不足的大背景下,体育已成为生活的必需,成为生活内容中的重要组成部分。生活引导法就是着眼于人们的体育观念和生产生活中出现的问题,围绕提高身体活动水平,通过理念和行为引导,把参加体育活动融进、渗透到个人及家庭的日常生活中,让被培育对象按照培育者所指引的方向进行生活,使经常性的体育锻炼行为成为我们生活的基本内容和习以为常的生活习惯,并通过参与体育活动获得一定的实惠和利益,进而能在一种愉快的情感体验中享受

---

① 范东霖、梁强:《疫情危机对青年群体体育休闲生活方式的影响》,《2020 中国旅游科学年会论文集》,2020 年,第 9 页。

② 李文川、肖焕禹:《体育生活方式的概念界定及其范畴结构》,《上海体育学院学报》2010 年第 3 期,第 33—37 页。

科学、文明、健康的闲暇生活。就是引导被培育对象把参加体育活动与自己的日常生活紧密联系起来，建立起与日常生活的同构机制，使之日常化、具体化、形象化，使每个人都能感知、领悟到体育锻炼的方式方法。例如，从细节入手，引导人们根据自身特点合理进行休闲性体育活动。老年人可从事悠闲缓慢的养生活动，青年人可进行生动活泼的体育活动，少年儿童可开展轻松愉快的户外游戏活动。从事体力劳动的人，在闲暇时应多辅以看书、下棋、读报、听戏、看电视等艺术鉴赏活动；从事脑力劳动的人，在闲暇时则应多辅以散步、跑步、打球、练拳、做操、游泳、登山等体育锻炼活动。还要引导人们在享受闲暇生活时，在节奏上应有快有慢，快慢结合；在强度上，应有强有弱，劳逸结合；在态势上，应有动有静，动静结合。要引导人们根据不同项目活动的特点，有目的、有计划地参与体育活动，从而最大限度发挥体育活动的效用。

### （四）系统培育法

系统培育法是系统方法中的一项重要内容，指从系统的观点出发，始终注重整体与部分之间、整体与外部环境之间的相互联系、相互作用、相互制约的关系，并对系统要素进行综合分析，找出解决问题的可行方案，以解决培育方案和路径的优化问题。

公民体育意识系统培育法就是把公民体育意识培育看作一个系统，即它包含着公民体育意识培育的目的、原则、途径等部分，他们彼此之间是互相依赖、互相影响的。这种方法不仅有助于从全局和整体的角度认识和把握公民体育意识培育，而且可以帮助我们避免用孤立的、静止的观点观察公民体育意识培育各个部分的变化和发展，从而有利于总结出公民体育意识培育的规律。笔者认为，公民体育意识培育作为一项系统工程，不可能一蹴而就，需要通过多种手段、路径，多管齐下，系统作业，一竿子插到底，直到达成目标。第一，要明确目标。明确你要培育的公民体育意识是什么，培育的重点是什么，诸如认知、情感、态度、意志、意愿、信念等。第二，要制定出标准。即用什么标准衡量你的培育目标是否达成。如无须提示，每天能够自觉参加至少 30 分钟以上、中高等强度的体育锻炼；生活中有意识地增加体力活动的水平，如步行或骑行上下班，尽可能地步行上下楼梯等。标准要尽可能具体，最好能数字化。第三，付诸行动。要促成公民体育意识的知行合一，而不是只停留在嘴上。第四，评估效果。每一个月或每一季度评估一次培育的效果，发现问题，及时解决。

### （五）自我教育法

依据内因是变化的根据，外因是变化的条件的观点，一个人体育意识水平的提升，主要是通过自我调控、自我觉醒、自我改正、自我完善、自我超越而达到的。因此，在公民体育意识培育过程中，提高被培育对象自我教育的能力，有着其他培育方法不可替代的作用。从人的成长过程来看，自我教育能力是人在社会化过程中不可缺少的重要能力。任何一个健全的人，从生到死都在不停地进行社会化，否则他将会与社会发展不相协调，最终为激烈的社会竞争所淘汰。而“终身社会化”机制，就是自我教育能力的表现。[①] 人是感情动物，想要获得精神上的愉悦与满足，除了依托于一定的物质条件之外，更依赖于内心的信念、愿望与情感的满足，而这一切无不与自我教育密切相关。

本研究所指的自我教育法主要是指在公民体育意识培育过程中被培育者通过自我认知、自我分析、自我判断、自我反省、自我约束、自我控制、自我评价、自我完善等形式，自觉提高自己体育意识水平的方法。这种方法是指通过自身的思想斗争，自觉地以正确观念战胜错误观念的过程，是一种为形成良好体育素养而向自己提出任务，进行思想性内化和行为控制的方法。

自我教育是以自我意识为前提的。针对本研究所指的体育意识而言，就是人对自身的生存状况、健康状况、体力活动状况、体育锻炼习惯等的一种认知和自我教育。笔者认为，运用自我教育的方法进行体育锻炼行为习惯的培养，更符合现代公民的心理要求，更能激发他们的主观能动性，避免逆反心理的产生。

公民体育意识自我教育要求培育者按照公民体育意识发展的不同阶段予以适当的指导，要充分发挥公民的自觉性、积极性，使其能把培育者的要求，变为自己努力的目标。培育者要帮助被培育对象树立明确的健康观念，要培养他们的自我认识、自我监督和自我评价能力，要指导被培育对象随时随地按照社会体育和自身发展的需要来要求自己，并自己教育自己，自己做自己的导师，进而养成终身参加体育锻炼的习惯。此外，如何让公民依据自身生存和发展需要，积极主动地把参与全民健身活动变成为自己的自觉与自爱，把国家层面“健康中国”“体育强国”“小康社会”建设的价值目标与个人的“运动健康促进”价值有机结合起来，承担起个人、家庭、社会的健康责任，也是自我教育的内容。

---

① 谯宏、李鹏飞：《心系健康　赢在习惯》，电子科技大学出版社 2017 年版，第 122 页。

### （六）环境熏陶法

环境熏陶法，是指通过利用环境条件、体育活动现场文化氛围和周围人的言行举止，对公民进行感化、熏陶，潜移默化地影响公民体育态度和行为的一种以隐形教育为主的培育方法。公民体育意识的形成，其主观能动性起着决定性的作用，但客观环境也是一个不容忽视的重要因素。因此，做好公民体育意识培育工作，不能忽视客观环境潜移默化作用，需要创造良好的环境条件和文化氛围，让学校、社会、社区、家庭等都成为体育意识培育的环境。

俗话说，“近朱者赤，近墨者黑”“潜移默化，自然似之”，这些都说明环境对个人的思想、观念和行为的形成有着十分重要的作用。因此，公民体育意识培育主体要有意识地利用或创设活动环境，寓培育于情境之中，通过耳濡目染，潜移默化地影响其对体育的情感和认识，以培养、升华和提高被培育对象的体育素养；要通过老师、家人、同学、同事、朋友等周围人的体育价值观念、审美情趣、行为规范来触动被培育者，使被培育者在自然而然、春雨润物中，被熏陶、启迪、激励和感化。

环境熏陶法主要是通过“陶冶”“熏染”“感化”“触动”来达到塑造被培育者思想观念和情感的目的的方法。针对公民体育意识培育而言，培育的重点是“体育情感”，其方式包括“以情育情”“以知育情”“以境育情”等。这种“陶冶”和“熏染”“感化”“触动”有时是在被培育者完全不知觉的情况下完成的，具有“润物细无声”的作用，但同样可促使被培育者形成良好的体育情感、态度和行为习惯。它就像多只无形的手，控制、规范甚至迫使个体成为具有体育意识的人。同时也有助于消除被培育者的“审美疲劳”和逆反心理，在不知不觉中放弃思维批判，在无意识的情况下接受培育信息，增强培育效果。

综上，公民体育意识培育方法虽然多种多样，但不同方法的作用、选用的时机，对公民体育意识形成都会产生直接影响。例如，从公民体育意识内在机制形成的过程看，在公民体育意识形成的内化阶段，影响个体“注意”的因素主要是个体需要、特殊情感、兴趣等。这就要求培育者在选择方法时要充分考虑个体的需要、兴趣和心理发展特征，尽量选取“贴近实际、贴近生活”的方法。在公民体育意识形成的接受环节，外部信息只有通过个体“编码”才能被纳入其认知结构，才有可能储入其“长期记忆”之中，这就要求我们在选择培育方法的时候要注意方法的针对性和灵活性。在公民体育意识形成的外化阶段，要有意识地设计一些社会实践活动,让已经内化的思想意识在这些活动中完成由意识向行为的飞跃和转化。因此,在公民体育意识培育过程中,如何巧妙地有针对性地选取和使用各种培育方法,是公民体育意识培育取得实效的关键。

## 四、公民体育意识培育的载体

公民体育意识培育是一项培养人的身体素养的实践活动,其目标的实现、任务的完成、内容的实施、方法的运用以及主客体之间的互动等都离不开一定的载体。因此,全面把握公民体育意识培育载体的内涵、特征和形态,并根据新时期全民健身计划新情况和公民体育意识培育的内容,开发和运用与之相适应的培育载体,对于提高新时期公民身体素养水平,增强公民体育意识培育的针对性和有效性,具有重要的理论意义和实践价值。

### (一)公民体育意识培育载体的内涵

"载体"一词最早出现在化学领域,特指能存储、携带其他物质成分的事物,后被广泛应用于社会科学和技术科学各领域。其基本含义可以概括为:某些能传递能量、信息或承载其他物质的物质。本研究借用社会科学"载体"的含义,将公民体育意识培育载体界定为:公民体育意识培育过程中,能够承载、传导体育信息,能为公民体育意识培育主体所运用,并使培育主客体发生相互作用的一种物质实体或活动形式。如体育课程、体育活动、体育赛事、健康教育活动、培训(学习)班、网络、媒体等,都可以成为公民体育意识培育的载体。培育者正是借助这些活动形式或物质实体对被培育对象进行培育的。

本研究认为,作为公民体育意识培育的载体,一般来说必须同时满足以下两个基本条件。第一,必须能够承载并传递体育信息、内容,且能为公民体育培育者所控制和运用;第二,必须是将培育主体和客体连接起来的一种活动形式,主客体可借助这种形式发生互动。总体来说,公民体育意识培育载体作为培育系统各要素相互联系的桥梁和枢纽,具有中介性、可控性、承载性等特征。

### (二)公民体育意识培育载体的形态

公民体育意识培育是一种以学校为主阵地,以社区为突破口、以社会为大平台、以网络为新动力的社会实践活动。其形态按照基本物质样态可划分为语言载体和行动载体;按照承载物的性质可划分为物质载体和精神载体;按历史发展可划分为传统载体和现代载体;按照活动类型可划分为体育教学活动、课外体育活动、休闲体育活动、体育竞赛活动、全民健身活动、健康教育活动、校园体育文化活动等。按培育方式可划分为体育课程、体育活动、体育赛事、大众传媒、体育管理、谈话和咨询等。

**1. 体育课程**

体育课程是公民体育意识和行为培养的施工蓝图，也是实现公民体育意识培育目标最主要的手段和途径。多年来的实践证明，学校体育课程是公民体育意识培育最直接、最有效的载体。与其他载体相比，体育课程有许多突出的特点，比如它是学校有目的、有组织、有计划安排的身体素养培育课程，是学校实施体育教育最主要的组织形式，拥有体育教育的权威性，有明确的教育目标，有相对稳定的教学形式，有精心选择的教学内容和课程标准，有整套的教学评价系统，还有制度上的保障等。

体育课程作为公民体育意识培育的载体可分为理论课和实践课教学两部分。理论课程教学是根据体育理论教材，按教学计划和课时进度，系统地向学生传授体育科学知识和体育实践方法，其目的是加强学生对体育的理性认识和对体育文化内涵的深刻理解，提高其对身体活动不足问题认知程度，促使学生形成体育锻炼意识，树立起终身体育观念。实践课教学是以身体练习为基本手段的体育教育教学过程，其目的是让学生掌握运动基本方法技能，提高身体素质，促进身心和谐发展，增进健康和提高身体素养。

**2. 体育活动**

公民体育意识培育是转变公民不正确身体观念，帮助公民树立运动健康促进价值取向，提升其参与全民健身活动自觉性和主动性，养成体育锻炼习惯的教育实践活动。

所谓的活动，其字面意思是指为了达到某种目的所从事的行动。马克思主义认为，活动是主体能动地改造自然、社会和人类自身等客体以满足其某种需要的社会互动过程。人的存在与发展最根本的方式和条件是活动。以活动为载体开展公民体育意识培育，就是将公民体育意识培育的内容寓于活动之中，使人们在参与活动的过程中潜移默化地受到感染、熏陶和教育，进而提高参与体育锻炼的主动性、自觉性和积极性。就公民体育意识培育的“活动”载体而言，体育活动扮演着重要的角色。

体育活动是指人们根据需要自我选择，运用各种体育手段，结合自然力和卫生措施，以发展身体，增进健康，增强体质，调节精神，丰富文化生活和支配余暇时间为目的的实践活动。它包括学校课外体育活动（早操、课间活动、课外体育锻炼、阳光体育活动、社团体育活动、课外运动训练、学校运动会）、社区体育活动、社会全民健身活动、休闲性体育活动、传统体育活动、体育旅游活动等。公民体育意识培育需要通过规划引导、政策扶持、机制创新、活动推进；需要以活动为载体，让公民在参加体育活动过程中感知、认同、接受体育文化，加深其对体育价值的理解，激发其参与运动健身的热情和兴趣。体育活动一方面能培育公民的体育情感、意志、信念以及行为意愿；另一方面，在体育活动中，人自身不但是活动的主体和客体，同时也都扮演着工具的角色。这是因为人是所有体育活动的物质载体。没有人自身、特别是人身体的直接参与，体育活动就不可能完成，体育意识培育也不可能实现。

公民体育意识是在参与体育活动过程中形成，又通过参与体育实践活动表现出来的。因此，要做好公民体育意识培育工作，首先应当注重相关活动的组织和开展，打造出融思想性、科学性、趣味性、娱乐性为一体，令广大民众喜闻乐见的体育活动。如若离开这一载体，公民体育意识培育就无法开展。

**3. 体育赛事**

体育赛事是以体育竞技活动为主题，人体运动为载体，以比赛成绩决定胜负的综合性社会活动。其构成要素包括以运动员、教练员、裁判员、竞技科技人员等为主的体育赛事生产者，以运动场馆、设备设施、赛事运营投入为主的体育赛事投入者，以现场观众和媒体受众为主的体育赛事观赏者。根据赛事规模，体育赛事可分为超大型赛事、大型赛事和一般（规模）赛事。超大型赛事通常是一个国际性的盛事。如亚运会、奥运会和世界杯足球赛等。大型赛事，如世界单项锦标赛、职业联赛、城市运动会等。一般赛事是指除了以上两类赛事之外的其他赛事。

体育赛事是推动体育事业和产业发展的有效组织形式，能起到宣传、教育和鼓励的作用，对于宣传和弘扬体育精神，促进体育事业可持续发展具有重要意义。对普通公民来说，参与比赛能让人体会到赛事的魅力、体育的魅力，享受快乐，增强体质，收获健康。观赏比赛能够让人民了解体育运动的属性，认同体育运动的价值，激发其参与体育锻炼的热情，进而促使其形成体育意识和良好的体育生活方式。体育赛事，尤其是一些标志性体育赛事可以作为提高居民体育意识的有效手段和提高居民体育行为的中介手段，以及体育意识转化为体育行为的催化剂①，可以明显增强举办地居民的体育意识，使他们的体育价值观念更加科学，体育消费稳步提高，获取体育信息的态度更为主动。② 总之，一句话，标志性的体育赛事，近期对举办地居民体育意识有启蒙作用，中期对举办地居民形成具有区域特点的体育文化有促进作用，远期对举办地居民营造健康的生活方式有长效作用。③

作为公民体育意识培育的载体，体育赛事，尤其是大型赛事中，运动员险、难、高、新的技术动作和"更快、更高、更强"的运动竞技能力具有极强的观赏价值；其开幕仪式、圣火传递、文艺演出、运动员裁判员的庄严宣誓、升国旗奏国歌等场面，能激发广大观众的运动激情，对唤起观众民族自尊心，增加国家凝聚力具有不可替代的作用。④ 例如，2008 年北京奥运会不仅让世界知道了北京，也让中国人民更加关注到了体育，同时也为解决快速提升公民体育参与意识、奋斗取胜意识、公平竞争意识、友谊合作意识等问题找到了新的突破口。

如今，体育和体育赛事已渗透到现代人类生活的方方面面，无论是异常紧张激烈的足球赛、排球赛还是精彩的奥运会，无不牵动着上至国家元首下至平民百姓的心。究其原因，其如此巨大的生命力和影响力无不与其承载的体育精神、价值功能密切相关。体育竞赛中所体现的那种永不言败、永不满足、不屈不挠、勇于拼搏的精神对人们树立崇高的个人理想，更加深刻地领略"重在参与"和"公平竞争"，体验体育文化的价值具有重要的意义。同时，大型赛事承载的教育、政治、经济、文化功能以及塑造健康体魄、自由灵魂，让人们在观念、思维、情趣等方面得到进化和升华的作用对普及全民健身活动，唤起人们体育参与意识，激发民众参与热情具有重要价值。基于此，公民体育意识培育需要借助体育赛事之东风，完善体育赛事的教育体系，实现体育赛事和全民健身有机结合，用机制创

① 宋亚伟：《标志性体育赛事对当地居民体育参与影响的路径分析》，《河南师范大学学报》（自然科学版）2015 年第 6 期，第 163—168 页。

② 宋亚伟、付丹丹：《大型体育活动对我国城市居民体育意识和体育行为的影响——以河南省为例》，《南京体育学院学报》（社会科学版）2009 年第 5 期，第 81—84 页。

③ 孙雪培：《大型体育赛事促进民生体育发展研究——以宁波市为例》，《浙江体育科学》2013 年第 6 页，第 23—25 页。

④ 杨桦：《2008 年奥运会提升中国国际地位和声望的研究》，中国法制出版社 2007 年版，第 217—219 页。

新来驱动赛事活力,用赛事点燃民众体育参与的热情。充分利用体育赛事活动宣传全民健身理念和相关知识,彰显体育价值,把人们对赛事的关注、认同转化为全民健身的实际行动,以促进公民体育培育取得实效。

4. **大众传媒**

大众传媒载体指的是公民体育意识培育主体向大众传递体育教育信息、进行正确舆论引导的现代化手段的总和,包括报纸、杂志、书籍、广播、电视、电影、录音、录像、手机、互联网等。从意识的来源途径来看,人的体育意识来源有两个渠道:一是对体育活动的直接认识,即自身直接反映体育现实的结果;二是对体育的间接认识,即通过某种媒介得来的认识。① 研究发现,我们当中绝大多数人对体育价值功能的认识,如体育的政治、文化、经济、教育等功能,都是通过中介媒体得到的,这些中介媒体就包括上述大众传媒形式。

大众传媒作为载体对公民体育意识有着特殊的渗透力和影响力,它是社会舆论的代表者,反映着全体公民的共同希望、理念和利益,具有信息量大、覆盖面广、实效性强、影响力大、传递快、效率高等特点。② 它通过舆论倾向形成正确的体育观念,引导着公民体育意识的生成和体育活动的开展。随着新科学技术革命以及数字化时代的到来,大众传播媒体也有了快速的发展,特别是电视、互联网、手机客户端,已经成为体育信息传播不可缺少的重要载体。以电视传媒为例,它已经成为当代体育信息传播最为重要的媒介和促进公民体育意识形成,塑造公民体育行为的主要渠道之一。例如,有研究指出,2008 年北京奥运会期间,电视媒体通过对奥运会的直播,以其丰富多彩的视听符号,直观的画面,通俗的语言,专业的讲解,演播室与赛事现场实时切换,画中画的播放,金牌数字在屏幕上滚动循环,以及讲解员对比赛规则的阐述,对比赛难点的剖析,对运动员看点的关注,极大渲染了赛事现场的紧张气氛,不断加深着观众对体育文化的认知,使不能亲临现场的观众不仅深刻地理解了竞赛背后所传达的体育精神,也在其营造的氛围中产生身临其境的感受,满足了观众第一时间了解赛事的需求。其对奥运会进行的宣传,改变了无数观众的体育态度和观念,激发了无数观众的体

① 周全:《北京 2008 年奥运会对国民体育意识和体育行为影响的研究》,人民体育出版社 2006 年版,第 58 页。

② 杨丽坤、马建新:《大众传媒时代理论宣传的方向、原则及方式探究》,《郑州航空工业管理学院学报》(社会科学版)2007 年第 2 期,第 1—5 页。

育热情，使无数观众对自身的身体素质和健康状况更加关注，自觉地加入到了全民健身运动的行列，促进了全民健身运动的蓬勃发展。①

大众传媒载体能够在体育文化与人民群众之间搭建起一座互通的桥梁，既满足人们对体育信息的渴望，又促进群众体育的发展。它能让人们在观看体育比赛，享受娱乐的同时，不知不觉地受到体育教育，极大地拉近体育运动与社会成员之间的距离。正因如此，大众传媒载体在培养公民体育意识、引导健身走向、激发健身热情、带动全民健身活动方面有着先天的优势。而离开媒体，再精彩的赛事最多也只能影响到现场观众，无法形成大规模、跨区域的暴风效应。②据奥组委官方数据显示，2008 年北京奥运会 3 万名媒体工作者使 700 万现场观众扩大到了 40 亿全球电视观众，媒体在大型体育赛事运行中的顶梁柱作用可见一斑。

## 第四节 环 体

马克思说："人创造环境，同样环境也创造人。"人任何一种思想观念的形成都离不开环境，对人的任何教育、培养也都是在一定的环境中进行的，公民体育意识培育也不例外。脱离了环境，内化活动就会显得空洞乏力，培育活动更是无从谈起。环体作为公民体育意识培育系统的四大要素之一，对人的体育意识和行为的形成也会不断产生影响。同时，人的体育意识和体育行为又不是被动地、单向地接受培育环境的影响，体育意识、体育行为还会对培育环境产生反作用，这种作用与反作用的关系贯穿于培育活动的全过程。③

### 一、公民体育意识培育环体的内涵

"环体"在英语语系中表述为"environment"或"situation"，其词义与"环境"

---

① 陈兵：《从奥运会直播看我国国民体育意识的改变》，《当代电视》2016 年第 10 期，第 71—72 页。

② 王卫国：《大型体育赛事直播对全民健身热情培养的启示》，《当代电视》2015 年第 6 期，第 102—103 页。

③ 周全：《北京 2008 年奥运会对国民体育意识和体育行为影响的研究》，人民体育出版社 2006 年版，第 64—66 页。

相近,特指一个人在进行某种行动时所处的社会环境,并含有情景或情境之意。① “环体”是借用和引申思想政治教育系统中的一个概念。就“公民体育意识培育的环体”而言,本研究将其定义为与公民体育意识培育有关的,能对公民体育意识形成、发展产生影响的所有的客观因素的总和。即在公民体育意识培育系统中影响培育活动的一切外部环境和支撑条件的总和。通俗来说就是在开展公民体育意识培育过程时所处的客观社会环境。为使表达更加符合汉语语系习惯,本研究将其称为“公民体育意识培育的环境”,其含义主要包括以下五个方面:其一,是对公民体育意识培育行为和过程起影响和作用的诸因素的总和;其二,开展公民体育意识培育需要一定的环境条件,这些条件决定着培育可能性向现实性转化的程度;其三,构成培育环境的因素不是孤立存在的,而是相互联系、相互影响的;其四,培育环境是培育活动所要面对的客观存在,而且制约、影响着培育活动;其五,培育环境既包括培育主体所处的外部环境,也包括被培育对象所处的外部环境,还包括培育活动所处的外部环境,是三者的综合。

马克思主义认为,内因是事物发展的根本,外因是事物发展的条件。公民的体育认知认同直接决定着公民的体育情感和行为倾向,决定着公民的体育意识水平,但外部环境对公民体育意识培育也会起到重要的保障作用。公民体育意识培育活动是在一定的社会环境和制度背景下进行的,没有公民体育意识培育环境条件也就不可能开展公民体育意识培育工作,因此,正确认识公民体育意识培育环境条件至关重要。这也就是讨论公民体育意识培育也必须探讨其社会环境和背景,必须深刻认识到营造公民体育意识培育环境重要性的原因所在。

## 二、公民体育意识培育环体的特征

环境因素既是影响公民体育意识形成和发展的因素,也是开展公民体育意识培育活动不可或缺的基本条件。对公民体育意识形成而言,环境因素具有引发、导向、感染和熏陶作用;对公民体育意识培育活动而言,环境因素具有支撑、约束、促进和规范的作用。关于公民体育意识培育环境的特征,目前学界对其有不同的看法。有研究认为,公民体育意识培育环境的特征表现为广泛性、动态性、特定性和可创性;有研究认为,公民体育意识培育环境的特征表现为多维性、

① 周珊、郝毅:《思想政治教育学导论》,电子科技大学出版社2016年版,第168页。

复杂性、开放性；还有研究认为，公民体育意识培育环境的特征表现为广泛性、特定性和可创性。本研究在借鉴和综合国内外学者基本观点的基础上，从结构和功能两个不同视角分析公民体育意识培育环境的特征，认为公民体育意识培育环境具有系统性、复杂性和动态性三大特征。

### （一）系统性

公民体育意识培育活动是一项复杂的系统工程，其实效性和可持续性也是一个多环境因素综合协调的结果。系统论认为，系统集合了若干相互依存、相互制约的成分或要素。公民体育意识培育活动也不例外，它同样集合了若干相互依存、相互制约的要素。这其中既包括自然环境，也包括社会环境；社会环境中又有宏观环境、中观环境和微观环境之分①，它们共同构成了培育环境的子系统。同时，各子系统又包括一些分系统，分系统同样也包含诸多要素。如宏观环境中又包括政治、经济、文化等系统，这些系统又包含众多构成要素。且这些要素并非是孤立的，而是构成了多维互动，互为耦合复杂的整体系统，从不同角度、不同层次影响着培育活动的开展。

### （二）复杂性

公民体育意识培育环境是一个由多种要素构成的环境。从横向的角度来看。它既包括物质环境因素，又包括精神环境因素。从纵向的角度来看，既包括经济环境、政治环境、文化环境等社会宏观环境，又包括学校环境、家庭环境、组织环境等社会微观环境。② 从培育环境的影响方式来看，既有直接的影响，也有间接的影响；既有深刻的影响，也有表浅的影响；既有积极的影响，也有消极的影响，既有偶然的影响，也有持久的影响；既有明显的影响，也有潜在的影响；等等。环境因素存在的相互交织、相互作用、相互渗透导致了培育工作的复杂性，培育效果的不确定性，同时也降低了培育工作效果的可控制性和可预测性。

### （三）动态性

公民体育意识培育活动根植于社会大环境之中，从来都不是孤立存在的。它总是与所处时代的社会上层建筑存在着密切的联系，与社会发展基本节奏同步，与人类的政治、经济、文化等社会活动有着某种程度的因果关系。在不同的

---

① 冯秀军：《现代学校德育环境的生态建构》，《教育研究》2013 年第 5 期，第 104—111 页。

② 于林平：《“场”视角下的大学生思想政治教育》，《思想政治教育研究》2010 年第 6 期，第 83—86 页。

历史时期,公民体育意识培育活动会面临不同的外部环境,而不同的培育环境对培育活动又有着不同的影响,这就是本研究所说的公民体育意识培育环境的动态性。这种动态性主要体现在两个方面。一是整个世界的不断发展与变化迫使培育环境内部各要素都处于运动之中。随着社会大环境的"母体"不断发生改变,以及培育活动时间、空间的变化,一些新的要素会不断融入培育环境之中,而一些原有要素则可能随时"退出"系统。① 二是随着社会系统的政治、经济、文化环境的改变,培育环境构成要素之间关系也在发生变化。这些变化都会对公民体育意识培育的内容、方式、载体等产生巨大的冲击,影响到培育的实际效果。

## 三、公民体育意识培育环体的类型

公民体育意识培育环境按照其影响范围可分为宏观环境、中观环境和微观环境。宏观环境主要是指能对公民体育行为和公民体育意识培育活动产生根本的、决定性影响的社会环境,也就是人们常说的"大环境""大气候",包括政治、经济、文化环境等,它能潜移默化地渗透于培育活动的其他环境中,影响培育系统的各个要素、各个环节;中观环境是指直接影响公民体育意识培育活动的重要背景,包括硬环境(物质环境)和软环境(制度环境、政策环境、舆论环境等),上述两者共同构成了开展公民体育意识培育活动体系;微观环境一般指与公民个体体育意识形成和培育活动直接关联的局部环境因素,又称"小环境""小气候",其中家庭、学校和社区营造的体育环境是儿童青少年接受完整体育教育的三大重要场域,它们共同承担着青少年体育意识培育的具体责任与使命。宏观、中观、微观环境相互结合,共同影响着人的体育意识和行为以及公民体育意识培育活动的开展。

### (一)宏观环境

1. 政治环境。公民体育意识培育活动总是与一定的社会政治环境相联系,它既受国家和政党政治需求的制约和影响,又为一定的社会政治环境服务。公民体育意识培育活动,体现的是一种强烈的国家意志,如基于国家的政治稳定、政治文明、国家形象、公民素质、人口质量等利益需求。改革开放40多年来,我国体育事业的整体实力、规模、水平之所以能获得前所未有的发展,在很大程度

① 冯秀军:《现代学校德育环境的生态建构》,《教育研究》2013年第5期,第104—111页。

上讲是与国家意志分不开的。因此可以说,良好的国家政治需求是我国公民体育意识培育的首要动力因素。

“健康中国”“体育强国”“小康社会”建设以及将“全民健身”上升为国家战略都是国家意志的体现,而这种国家意志一方面通过意识形态的灌输和渗透,赋予公民个人体育健身的社会使命感、责任感、时代感、利益感和尊严感,激发公民参与全民健身的热情,对公民体育意识形成和发展产生直接影响;另一方面,通过政策导向、社会舆论引导,推动着公民体育意识培育活动朝着积极健康的方向发展,成为我国全民健身活动不断深入发展的根本动力。当前,我国政治环境稳定、社会和谐有序、百姓安居乐业,这一切为开展公民体育意识培育活动提供了良好政治环境。而小康社会建设中着力宣扬的通过全民健身提高人民群众的获得感和幸福感,也为公民体育意识培育活动带来新的动力。从这个意义上讲,开展公民体育意识活动既是“全民健身”“全民健康”“全民幸福”国家战略目标的要求,又是实现目标的措施和手段,充分体现了确立公民体育意识培育活动地位的时代要求。同时,通过公民体育意识培育活动,提高公民体育参与意识和行为,提升整个中华民族的身体素质,形成与现代文明社会相适应的人力资源优势,既是国家顶层设计的意愿,也是国家意志的体现,更是国家政治环境不断向好的动力。

2. 经济环境。经济环境是指影响、制约和促进公民体育意识培育活动运行与发展的经济因素的总和。其效能的发挥是由经济环境的构成要素、经济发展模式与经济发展水平中的价值规律、竞争规律、供求规律和交换规律等内在规律的双重性所决定的。公民体育意识培育活动是社会经济发展到一定阶段的产物。马克思主义认为,在一切社会发展的因素中,经济因素是整个社会生活和所有社会意识形态的决定力量和最终源泉。① 因此,经济发展水平能够直接影响公民体育意识发展水平和公民体育意识培育活动的开展。这是因为,一方面公民个人对体育需要的实现程度,主要取决于个人在社会经济关系中的地位。一个连温饱都解决不了的人,谈何体育意识培育。对个人而言,其经济环境主要指的是个人和家庭收入、家庭消费支出模式和消费结构的变化等。改革开放40多年来,随着我国工业化、城镇化、市场化、国际化进程的加快,我国居民人均可支

① 马振清:《中国公民政治社会化问题研究》,黑龙江人民出版社2001年版,第171页。

配收入大幅度增加，这为提升体育消费提供了保障，加之生产力的提高增加了人们的闲暇时间，这又为我国公民参加休闲性体育活动提供了非常有利的条件。另一方面，人类社会的变迁是以生产力发展为主轴的社会、经济、政治、文化多因素互动过程。[①] 经济增长意味着社会生产力和综合国力的大幅提高，体育也因此成为受益者。作为发展体育事业的基础，经济增长既创造了全社会体育需求，又增加了体育供给。[②] 追求个人的发展，重视和追求生活质量，崇尚“优质生活”成为人民的，这为我国公民广泛参与政治、经济、文化、社会生活提供了基本的物质条件，同时促进了全民健身运动的蓬勃发展。

开展公民体育意识培育活动需要经济环境的支撑。然而，中国经济总量虽位居全球第二，但人均 GDP 仅居世界中游，且区域之间存在着较大的差别。人民日益增长的美好生活需要和不平衡不充分的发展之间的矛盾依然是未来一个时期内的主要矛盾。从公民个人体育消费结构看，虽然人们的生活水平不断提高，但体育消费观念仍处于起步阶段。公民可支配收入有限，体育消费能力与水平普遍不高，制约着公民体育意识的形成和发展。另外，体育事业的发展需要雄厚的经济实力和财力支撑，公民体育意识培育活动的开展也离不开强大的资金投入。因此，只有国家经济发达、综合国力强盛时，才会为体育事业的发展增添原动力，国家的体育事业发展才能进入快车道；一句话，只有促进国民经济持续稳定增长，营造良好的社会经济环境，才能为公民体育意识培育活动创造出有利的基本条件。

3. 文化环境。文化环境是指在人类特定历史阶段下存在于主体文化周围、影响主体思想和行为的物质文化、行为文化和精神文化的总和。其具体形态包括世俗形态（如处于某一共同体中个体所共有的价值观念、风俗习惯、道德规范、行为方式和交往规则）、理论形态（如少数专业精神生产者所创造的哲学、法律、道德、文化、艺术、宗教等方面的成果）以及凝结文化观念的物质产品（如烈士丰碑、历史博物馆、民族英雄纪念馆以及各种有丰富内涵的人文景观）等，[③]其

① 裴广川：《环境伦理学》，高等教育出版社 2002 年版，第 299 页。

② 刘卫、李丰祥：《市场化改革与居民体育需求》，《体育文化导刊》2006 年第 5 期，第 8—11 页。

③ 戴钢书：《论文化环境对人的思想道德素质的塑造作用》，《江汉论坛》2003 年第 4 期，第 75—77 页。

系统内在结构包括基础层次的文化环境（如风俗习惯、传媒、大众文化生活方式等）、各类特定主体的活动环境（如企业、校园或社区文化环境等）以及较高层次的文化环境（如哲学思维、信仰、科学观、人生观、道德观等）三个层次。“人既是文化的创造者，也是文化的创造物”。从起源上说，文化就是“人化”；从功能上说，文化就是“化人”，具有教化人、塑造人、熏陶人的功能。

文化是一种力量，环境是一种氛围。文化环境就如同“场”的效应一样，通过各种思想文化、社会思潮渗透于人们的社会生活并产生广泛而深刻的影响。它能凭借其强大的感染熏陶和整合教化功能潜移默化地塑造生活于其中的人的思维方式、行为习惯、价值观念和道德规范等。

体育文化环境是文化环境的重要组成部分，指的是主体通过与体育相关的学校体育、群众体育、竞技体育活动创造和形成的体育思想、体育价值观念、体育行为、体育道德、体育氛围以及与体育文化相关的物质环境、制度环境、人文环境的总和。① 公民体育意识培育活动亦是社会文化的产物，其形成和发展过程也必然会受制于社会文化环境。一方面，社会文化环境对公民体育意识的形成和发展有着潜移默化的影响，良好的体育文化环境和氛围能让人们在体育实践过程中得到熏陶和思想启迪。另一方面，公民体育意识培育活动也会受到社会文化或体育文化环境的影响。培育主体所创设的文化环境和氛围，能够引导被培育对象去感受和体味，使培育活动取得良好效果。

改革开放 40 多年来，我国群众体育事业发展取得了辉煌成就。竞技体育在世界之排名引人注目，社会体育搞得红红火火，学校体育改革也取得了丰硕成果，这些成绩的取得无不与我国社会体育文化环境的改善存在着很大程度的关联。但我们在看到成绩的同时，更要清醒地意识到，与世界发达国家相比，我国的体育文化环境建设仍处于相对滞后状态，仍存在许多的问题。其主要表现：一是思想观念上的冲突问题，如传统文化的“学而优则仕”“重文轻武”与现代“人的全面发展”之间的冲突；传统的“玩物丧志”与现代休闲观念的冲突，“生命在于运动”与“生命在于静养”之间的冲突等。二是现代生活方式中的“体力活动不足所致的慢性病发病率居高不下”问题，如生产生活中长时间静坐不动问题、家务性和交通性体力活动不足问题，全民健身人口不平衡、出现了“两头热中间

① 年青、柴娇：《体育文化环境创新研究》，《体育文化导刊》2016 年第 11 期，第 202—206 页。

冷”等问题。三是流行文化的误导。如“喜瘦爱白”的审美观使不少人不愿意将身体暴露在阳光下,不愿意被晒黑,不愿意身体有肌肉线条等问题。尤其是青少年沉迷于流行文化(漫画、动漫、电子玩具、电子游戏、手机等),不仅导致流行文化在很大程度上实际操控了青少年的文化选择,还使其从思想意识上不自觉地去抵制体育锻炼,致使青少年参与体育活动动力不足。这些负面文化环境因素给公民体育意识培育活动带来的消极影响是显而易见的。因此,公民体育意识培育活动,需要加大体育文化环境建设力度,培育者要从物质、精神、制度三个层面入手,进一步弘扬“运动是良医”“体育健康促进”的文化理念,不断发展壮大体育社会组织和全民健身指导员队伍,推动文化产业优化升级,培育新型体育文化产业,扩大和引导公民体育文化消费,完善全民健身公共服务,只有这样,才能为公民体育意识培育活动的开展营造出全新的体育文化环境和土壤。

（二） 中观环境

1. 物质环境。指影响公民体育意识培育活动的各种物质因素的总和。它属于培育环体中可见的、有形的显性因素,又称为硬环境。如公民体育意识培育活动所需要的各种设备、器材、场所、经费、人力资源(培育者、指导者、管理者)等,它是进行公民体育意识培育活动的基本保障。

马克思主义认为,社会存在决定社会意识。辩证唯物主义认为,人的思想意识的发展,归结于物质条件和客观存在。[①] 一方面,意识在任何时候都只能是被意识到了的存在,而人们的存在就是他们的现实生活过程。[②] 因此,社会存在的决定性作用表明物质条件是体育意识形成和发展的基础。另一方面,人类的一切活动都需要并依赖于一定的物质基础和客观条件,公民体育意识培育活动开展也不例外,离不开社会环境提供的物质条件。否则,公民体育意识培育活动就会成为空中楼阁、无源之水。同时,公民体育意识培育活动作为一项有目的、有计划、有组织的社会实践活动,也不可能脱离开社会的物质环境。

当前,我国公民体育意识培育活动的物质条件——人均收入的提高,余暇时间的增加,物质生活的日益丰富,体育健身场地、设施等物质条件的改善,以及“全民健身路径工程”“全民健身活动中心建设”“雪碳工程”的启动,使群众体

---

① 《马克思恩格斯选集》(第1卷),人民出版社1995年版,第72页。

② 刘家俊:《现实批判与哲学批判之间的艰难较量——青年马克思早期哲学批判的黑格尔根基》,《宁夏社会科学》2020年第1期,第44—49页。

育基础设施得到了跨越式发展，为广大群众参与体育活动奠定了良好的物质基础，为开展公民体育意识培育活动提供了难得的机遇。但同时我们也应该看到，当前我国仍处于社会主义初级阶段，人民群众日益增长的体育需求与体育资源相对不足的矛盾依然突出。健身环境还存在大型体育场(馆)闲置，群众性基础体育设施不足，学校及企事业单位体育设施对外封闭等问题。因此，积极探索建立具有中国特色的全民健身环境建设的长效机制和体育设施建设和使用的新模式，提高公共体育设施的保有量和管理水平，着力解决人民群众想健身无场地，不知如何健身等问题，为公民体育意识培育活动奠定良好的"硬件"基础，应列为未来一段时期公民体育意识培育工作的重点。

2. 政策环境。体育政策是党和国家依据特定目标和价值取向制定的开展体育活动和促进体育事业发展的规范和准则①，也是国家宏观领导、调控、优化和监督体育事业发展和运行的重要依据和手段。它反映的是国家统治者在体育领域的意志、愿望和要求，体现的是国家体育发展战略，规定与指导着体育事业的发展方向，决定着体育领域该做什么或不该做什么，与国家的体育管理体制有着密切的联系。

开展公民体育意识培育活动需要战略性的顶层设计，合理的制度安排，完善的政策支持。如果没有一套成熟的制度作保障，没有相应的政策环境作支撑，仅仅依靠培育主体的热情不仅不可行，而且不可能。改革开放40多年来，我国先后出台或修订的一系列政策法规。如《中华人民共和国体育法》《全民健身计划纲要》《中共中央国务院关于进一步加强和改进新时期体育工作的意见》等政策法规，明确提出："国家发展体育事业，开展群众性的体育活动，提高全民族身体素质。""大力推进全民健身计划，构建多元化体育服务体系。""加快我国体育事业的全面发展，满足广大人民群众日益增长的体育文化需求。"这为开展公民体育意识培育活动提供了有力的政策保障，营造了良好的政策环境。虽然与一些体育强国相比，我国在体育政策法规制定和落实方面还存在不少问题。如公民法制意识淡薄，政策法规落实不到位，政策内容不够具体全面，政策法规的可操作性、时效性不强等，这在一定程度上影响了我国群众体育事业的发展。但可喜的是，这些问题业已引起国家和相关部门的重视。党的十八大以来，以习近平同

① 王家宏:《我国公共体育服务体系研究》，苏州大学出版社2016年版，第91页。

志为核心的党中央把体育作为中华民族伟大复兴的一个标志性事业，对体育事业的发展高度重视。近年来国家层面出台的《“健康中国 2030”规划纲要》《体育强国建设纲要》《国务院关于加快发展体育产业促进体育消费的若干意见》《关于促进全民健身和体育消费推动体育产业高质量发展的意见》等纲领性文件，将建设健康中国、全民健身上升为国家战略，将不断满足广大人民群众对健康更高层次的需求作为政府的理政追求，不仅进一步营造了全国人民崇尚运动、全民健身的良好氛围，也为推动体育融入生活，培育健康绿色生活方式，增强人民群众的幸福感和获得感以及进一步开展公民体育意识培育活动提供了政策保障，为全民健身增添了新动力，开辟了新空间。这一切对推动未来公民体育意识培育活动制度化、常态化发展必将发挥出巨大作用。

3. 舆论环境。舆论的定义有多种。有人认为它是指群众就他们共同关心的或感兴趣的问题公开地表达出来的意见的综合；有人认为它是指有关影响于社会事项的意见集合；也有人认为它是公众关于现实社会及社会中的各种现象、问题所表达的信念态度、意见和情绪表现的总和；还有人认为它是社会或社会群体中对近期发生的，为人们所普遍关心的某一有争议的社会问题的共同意见。① 虽然这些定义表述不同，但其基本含义大体相似：一是它是社会上对某种现象同时存在的多种意见或纷争；二是具有相对的一致性，能够形成一种软力量，并对社会某种事态产生直接或间接的影响。舆论环境则是指构成社会群体意识或是能够引导和影响社会群体意识朝着一定的方向发展的舆论氛围。或在一定的社会空间中形成的人们关于某一观念、认识、情感和意志的舆论氛围。具体到体育领域而言，它代表着人们体育思想、观念、情感、态度、行为意愿表达的“最大公约数”。就是提倡什么、反对什么；是积极向上的舆论占上风，还是阻碍培育活动开展的舆论肆无忌惮。总之，舆论环境是一种由人际传播、组织传播和大众传媒传播造就的无形而强大的社会控制力量。尽管这种力量看不见，摸不着，它却能从心理上制约人们的活动范围和方式，制约社会团体、社会组织的活动。

公民体育意识培育活动是在一定的舆论环境中进行的。由于舆论环境承载着各种体育与健康关系的信息，人们通过集体判断，能够以赞成、反对、希望或者

① 郑晓均、杨经德：《公安新闻宣传和舆论引导方略以社会管理创新为视角》，群众出版社 2012 年版，第 107 页。

直接要求等形式表现出来,故舆论环境的好坏对塑造公众对待体育的态度具有不可低估的作用。良好的舆论环境,可以获得社会对体育的关心和支持,能够使公众确立先进的体育价值观念,使其体育意识得到充分的发展;不良的舆论环境,则能扭曲公众心态,制约其体育意识的形成和发展,阻碍培育活动的正常运转。因此,坚持正确的舆论导向,通过借助电视、报刊、广播与互联网等媒体进行多种形式的宣传,弘扬体育精神,普及体育知识,倡导健康、科学、文明的生活方式,宣传公民体育意识培育活动在全面建设小康社会进程中的作用,取得全社会对全民健身工作的理解和支持,对营造有利于全民健身活动开展的舆论环境和氛围,调动人民群众参与体育健身活动的热情,开展公民体育意识培育活动具有重要的理论意义和实践价值。作为舆论环境最重要传播形式的大众传媒,尤其要注意树立正确的主流价值观,要有明确的是非观念,把握好正确的舆论导向。要通过多种方式和渠道,不断地对公民体育健身观念施以新的刺激。以激发、引领公民体育意识的形成和发展。

（三）微观环境

1. 家庭体育环境。人的一生都离不开家庭,其思想和行为习惯的形成都会受到家庭环境的制约,人的体育意识和行为也不例外,其形成和发展也会受到家庭环境的影响,且这种影响是“无形”的,“潜移默化”的,长久的。家庭的物理环境、成员构成、经济状况、生活方式、社会地位、文化水平、价值取向、对待体育的态度和教养方式等都会对家庭成员的体育价值观念和行为选择产生直接影响。有研究指出,家庭的媒介资源(如电视、电脑、游戏机的数量)与家庭成员久坐不动的时间呈正相关;而良好的体育设施能增强家庭成员锻炼行为的主动性及正向影响参与身体活动的时间。当家庭能为其成员提供可选择的锻炼地点、锻炼器材,满足其自主性需要时,锻炼行为的坚持性将大大增加。① 家庭成员,尤其是父母的以身作则、言传身教、榜样示范对孩子的体育意识启蒙、发展具有重要的引领作用。父母对待孩子参与体育活动的态度和支持程度是决定孩子是否参与体育活动的重要指标。父母对孩子参与体育锻炼的评价或对锻炼行为价值的解读,能影响孩子参与体育锻炼的信念和行为。“体育世家”的孩子更喜欢体

① 阳家鹏、向春玉、徐佶:《家庭体育环境影响青少年锻炼行为的模型及执行路径:整合理论视角》,《南京体育学院学报》(社会科学版)2017 年第 3 期,第 118—123 页。

育，并不是父母遗传的结果，而主要是受家庭环境潜移默化的影响和家庭环境熏陶的结果。

因此，公民体育培育活动需要创设良好的家庭环境。其一，要营造良好的家庭体育氛围，比如每天定时收看体育新闻，在户外游戏等体育活动方面，多尊重孩子，理解孩子，支持孩子；把体育锻炼合理地安排在家庭生活时间表上，与孩子一起到运动场进行锻炼，让孩子在具有体育氛围的家庭中成长，以培养孩子的体育意识和体育价值观，养成自觉参加体育锻炼的习惯。① 其二，要转变家长的体育观念，比如从自身做起，坚持经常性地、持之以恒地锻炼身体，为孩子做出表率；正确处理体育与学习的关系问题，把健康的身体和良好的心理状态作为孩子一生发展中最重要的事情来抓。② 其三，完善家庭体育环境，进行必要的家庭体育投资，如订阅体育报刊，购买体育器械、服装，付费观赏体育比赛等，保障家庭成员参与体育活动必要的物质条件。只要能营造出好的家庭体育氛围和环境，就不仅能改善家庭成员的身心健康，更能提高家庭的生活质量，同时对培育家庭成员的体育意识和行为意义巨大。

2. 学校体育环境。学校体育环境是指直接或间接影响学校体育活动开展以及青少年身体素养培养的一切外部事物和关系的总和。其结构包括学校体育物质环境（体育建筑、景观、场地、器材、设施以及体育教师队伍素质等硬件条件）、体育文化环境（学校体育传统、体育观念、体育道德、体育氛围、行为规范以及优良的校风、教风、学风等）、体育制度环境（学校体育领导体制、管理模式、管理思想以及各种规章制度，如关于体育场馆、体育教学、体育训练、课外体育活动、体育社团、学校运动会、体育文化知识的宣传和普及）三个层面。其中物质环境是学校体育环境的硬件和最直观的表现形式，是学校体育文化形成的重要支柱，是实现学校体育活动的重要载体；文化环境是学校体育环境的内核，是一种影响校园内群体参与和关注体育的体育精神文化的集中反映；制度环境是学校体育环境的外壳，对于控制人们的行为具有巨大的约束力。物质环境、文化环境和制度环境之间相互作用，相互制约，共同影响着青少年学生体育意识和行为

① 祝颐：《大学体育教学中如何消除学生的逆反心理》，《运动精品》2020 年第 2 期，第 66—67 页。

② 周传志、冯奇荣：《论家庭体育对学生身心健康发展的影响》，《漳州师范学院学报》（自然科学版）2002 年第 3 期，第 111—113 页。

的形成和发展。

学校是有目的、有计划、有组织地向学生系统传授体育知识和技能，培养学生体育意识、兴趣、态度、习惯和能力，增强学生的身体素质，提高学生体育素养的核心场域。学校体育环境是学校体育的有机组成部分，对实现学校体育目标具有重要的意义。幽雅的学校体育物质环境蕴涵着学校的体育精神，传达着学校体育的教育理念，可以引导和激励学生积极参与体育活动，给人以美的享受①；良好的校园体育文化环境可通过导向作用、熏陶功能、激励功能和娱乐功能对学生的体育意识、兴趣、动机、爱好、态度、行为方式等的形成产生潜移默化的影响；完善的学校体育制度环境可通过教化功能塑造学生的体育意志和素质。因此，学校体育环境就像阳光、空气、土壤和水形成的“场”一样，通过推动力、感染力、约束力对学生施加影响，促使学生习染成一种符合环绕的“场”特性的体育品格，进而影响学生的体育情感、体育意志和体育行为。因此，学校体育文化环境既是公民体育意识培育最核心的教育环境，也是开展公民体育意识培育活动最重要的阵地。

学校体育文化环境是学校在长期办学过程中培育形成并由全校师生共同遵循的体育活动信念、思维、心理和行为态度的一种精神文化氛围。② 这种精神文化氛围一旦形成，就会建立起与之配套的学校体育方面的行为准则、价值取向、生活习惯和规范体系，就能辐射到校园的每一个角落，影响到每一位学生的体育思想和行为，对塑造学生的体育意识和体育价值观念产生不可估量的作用。因此，加强校园体育文化环境建设既是实现学校体育教育目标的重要环节，也是开展青少年体育意识培育活动的基础性工作。不仅有利于活跃校园体育活动氛围，而且可以促进主体对体育价值的认同，促使其树立正确的体育价值观念③，概言之，校园体育文化建设对开展公民体育意识培育活动意义重大。

3. 社区体育环境。社区是由若干家庭、社会群体或社会组织聚集在某一个区域所形成的一个在生活上相互关联的集合，同时也是社会体育环境的缩影。

---

① 王波：《遵义师范学院女生课余体育活动兴趣的归因分析及对策研究》，《搏击（体育论坛）》2012 年第 5 期，第 38—39、92 页。

② 方程、李玲：《论学校体育精神文化环境的涵义和构建要素》，《西安体育学院学报》2010 年第 5 期，第 623—626 页。

③ 刘素梅：《论大学校园体育文化环境的建设》，《教育与职业》2006 年第 32 期，第 164—165 页。

社区在其居民体育意识培育活动中承担有重要职责,可以在一定程度上弥补家庭和学校在培育活动方面的不足。

社区居民体育意识培育活动离不开社区体育环境。所谓社区体育环境是相对于作为社区主体的社区居民而言的,它是社区居民开展体育活动的自然条件、社会条件、人文条件和经济条件的总和。它像家庭和学校环境一样,在一定程度上会影响到社区居民体育意识培育和全民健身活动的实效。

我们知道,社区体育是指由社区居民在社区范围内就近组织和参加,运用社区内的简易体育器材和设施,通过形式多样的活动项目达成强身健体、休闲娱乐、社会交往等目的群众体育活动。社区体育活动开展得好坏在很大程度上与社区体育资源(器材、设施)、空间(体育场馆)、环境(空气质量、环境绿化、卫生状况)、健身活动氛围、健身指导服务等密切关联。社区体育的发展影响着社区环境,社区环境又决定或制约着社区体育的可持续发展。良好的社区环境,浓郁的健身氛围以及社区居民的群体健身意识、体育价值观念、体育行为习惯和生活方式等形成的社区体育文化,能够对社区居民产生潜移默化的影响,对社区居民体育意识的形成和发展以及参与体育健身的积极性和主动性具有显著促进作用。因此,在社区居民体育意识培育过程中,培育主体应积极为社区居民创设良好的运动健身环境,突出抓好社区体育场地设施、体育文化和体育组织建设,加快社区体育人才培养,营造良好的社区体育文化氛围,增强社区体育文化活动的吸引力,以激发社区居民参与体育健身活动的兴趣,满足和提升群众日益增长的文化体育需求。通过创建科学、健康、文明的社区居民体育生活环境,使居民从中受到感染、熏陶和教育,进而为培育社区居民体育意识和开展健身活动提供更好的条件。

# 第七章　公民体育意识培育机制与路径

公民体育意识培育是一项长期复杂的系统工程，涉及培育主体、培育客体、培育目标、培育内容、培育的方式方法、培育的载体等若干要素以及多方利益关系和新旧矛盾冲突。公民体育意识培育不可能一蹴而就，它将贯穿小康社会建设和全民健身国家战略实施的全过程，这就意味着公民体育意识培育需要不断探索新的运作机制和路径，不断审视培育过程中的操作性问题，使各要素之间形成有机衔接和良性互动。唯有如此，才能对准民众所需、百姓所盼、民心所向，才能突破传统的路径依赖，实现全民健身事业的可持续发展，实现体育强国和健康中国梦。

## 第一节　培育机制

“机制”一词最早源于希腊文，原指机械制造中机器的构造和工作原理，后来引申为机体的构造、功能和相互关系。目前这一概念已广泛应用于自然现象和社会现象，主要指系统内部组织和运行变化的规律。公民体育意识培育是一项庞大的系统工程，必须以全局的观点、宽宏的视野和长远的眼光进行全面把握，系统推进。在培育机制选择上，需要以接受理论为依据、价值认同为基点、行为推进为重心，建构起集动力、运行、保障三位一体、相互衔接的协同培育机制，使公民体育意识培育活动协调运行，使其过程变得更为顺畅，最终达到促使公民体育意识水平螺旋式上升的目的。

### 一、动力机制

动力本是物理学的专业名词，意指推动事物不断运动、发展和变化的各种作用力。如今它已被社会科学领域“借用”,成为社会科学领域的重要概念。在社会科学视域中,动力机制是指在事物运动与发展过程中各种动力的作用原理与传导过程,其本质是描述动力与事物运动、发展的内在联系。① 事物的运动和发展总是在多方面作用力转化成的动力影响下生成的,这种动力包括内生动力和外生动力。内生动力主要指内部驱动力,是从事物内部产生的动力,其在事物发展过程中起主导作用;外生动力则是指从事物外部产生的、转化为内部力量以后才能够导致事物运动和发展状态发生变化的外部推动力或拉动力。内部动力和外部动力相互结合、相互作用、相互促进,才能形成推动事物发展的强大动力机制。对公民体育意识培育工作而言,其动力机制主要是指推动公民体育意识培育工作所必需的动力的产生机制,以及维持和改善这种作用机理的各种经济关系、组织制度等所构成的综合系统的总和。

动力机制提供和传输着社会、组织或系统运动、发展、变化的能源和能量。没有动力机制,社会、组织或系统就会像一潭死水或一台没有马达的机器,陷于僵化、停滞的状态,公民体育意识培育活动也是如此。虽然其动力源多种多样,但归纳起来不外乎两种。一种是外源性动力,如党和国家的领导力,社会经济发展的驱动力,社会文化发展的引领力,全民健身氛围的拉动力等;另一种是内源性动力,如人们对美好幸福生活追求的内驱力,以及人们的体育需要、动机、兴趣等精神动力。而从动力机制上看,主要包括需要驱动机制、利益推动机制、激励约束机制,三种机制相互联系构成一个宏观的有机整体。

### (一) 需要

马斯洛认为,需要是人类行为的动因和源泉。需要引起动机,动机诱发行为,要想调动社会和个人的积极性就需要了解其内在需要。需要之所以成为公民体育意识培育活动的动力,是因为公民体育意识培育可以提高公民体育意识的水平,促进全民健身计划的实现,满足国家、社会和个人的多种需要(图 7—1)。

马克思指出,人的需要是出于人的本性,需要是人类存在和发展的必要前提,是社会生产和社会交往的起点。② 对国家来说,没有全民健身,就没有全民

---

① 陈则谦:《知识传播及其动力机制研究的国内外文献综述》,《情报杂志》2011 年第 3 期,第 131—137 页。

② 《马克思恩格斯全集》(第 3 卷),人民出版社 1960 年版,第 514 页。

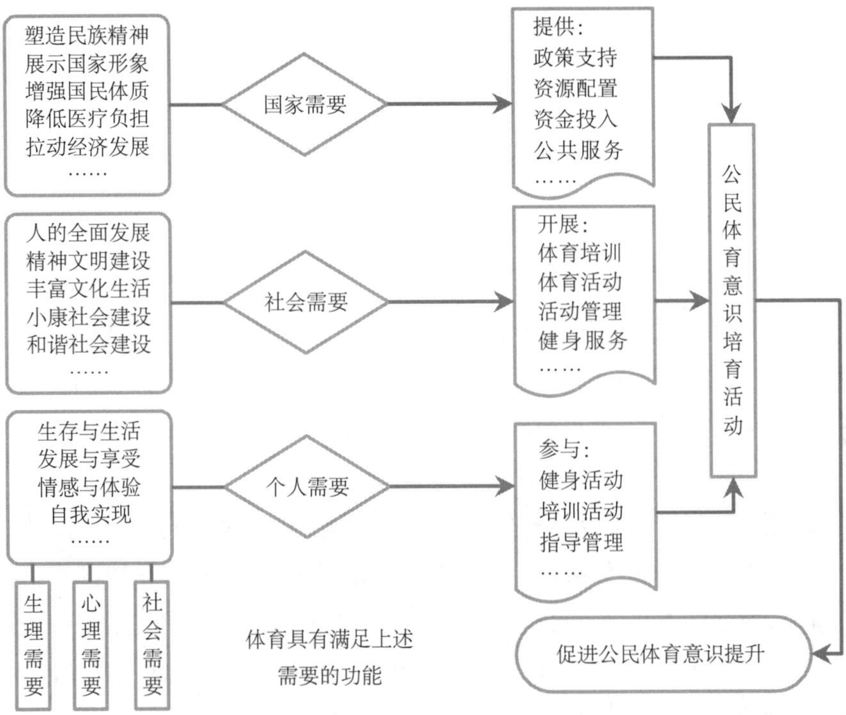


**图 7—1　公民体育意识培育的需要驱动机制**

健康;没有全民健康,就没有全面小康。而要全面提高国民体质、健康水平和精神风貌,离不开公民体育意识的提升和全民健身的努力。因此,开展公民体育意识培育,对加快体育强国、健康中国建设具有十分重要的意义,是一项“功在当代,利在千秋”的壮举。对社会而言,公民体育意识培育有着相对丰厚的内涵。党的十六大把全民族健康素质明显提高,形成比较完善的全民健身体系作为全面建设小康社会的目标,公民体育意识培育作为全民健身体系不可或缺的重要内容,具有广泛、深刻的社会意义。开展公民体育意识培育活动,提高公民体育意识水平,有利于提高体育人口比例,满足人民群众日益增长的体育和业余文化生活的需求,让人民生活得更加幸福、更有尊严;有利于发挥体育的“社会安全阀”作用,让国民发泄过剩精力、宣泄不满情绪,对整个社会的稳定与和谐发展具有重大意义;有利于提高群众体育的普及程度,鼓舞人们去参加体育活动,进一步促进全民健身活动的广泛开展。而对个人来讲,需要更是自身行动的一种内驱力量。强健体魄、休闲娱乐、陶冶情操、享受生活、社会交往、自我实现等需要已经成为人们参与全民健身活动的原始动力。

我们认为,提升公民体育素养,实施公民体育意识培育不仅是国家、社会的需要,更是被培育对象自身成长和发展的需要。但是,并非所有的被培育对象对此都能有一个清醒、自觉的认知。有的被培育对象往往从自己的思维定式与行为习惯出发,做出一种不正确的选择与判断,认为培育活动于己价值不大或无用。这种观念一旦形成,必然会影响到被培育对象"接受"培育的态度。因此,公民体育意识培育活动必须以满足公民内在需要为抓手,从被培育对象的自身需要和规律出发,围绕体育的价值功能,激发参与动机。要摒弃千篇一律的"套餐制"培训,尊重被培育对象的个人愿望和需要差异,为他们提供"菜单"式培育内容,让其自主选择,以促进被培育对象知、情、意、行的深度融合,全面发展。

（二）利益

利益俗称"好处",是指人类用来满足自身欲望的一系列物质、精神产品,包括金钱、权势、色欲、情感、荣誉、名气、地位等所带来的快感,凡是能满足自身欲望的事物,均可称为利益。利益是多方面、多层次的。有国家利益、民族利益、集团利益,有家庭利益、个人利益,也有物质利益和精神利益。无论是哪个层面、哪种类型的利益,既可以成为人类行为的动机和动力,也可以成为人类思想意识的基础和社会冲突的根源。

人的行为受其需要和动机支配,而需要和动机在本质上又是对利益的追逐,因此人完全是按照价值判断的利益取向来选择行为目标。马克思主义认为,追求利益是人类一切社会活动的动因。也就是说,人类活动的根本目的是追求利益。① 尽管不同阶级、不同社会对利益的理解不同,但在其活动是由利益所驱动这一点上概莫能外。② 没有利益就没有动力,没有动力就没有活力。公民体育意识培育说到底就是重新调整人们的利益关系,以促进和推动社会的发展,满足人们的精神文化利益需要。就目前而言,虽然公民体育意识培育不能直接创造利润,其社会、经济效益也不可能在短期内得到彰显,但国家和个人的利益需要仍是驱动公民体育意识培育活动不竭的动力(图 7—2)。因此,国家要维护自身利益,就应通过财政拨款、减免税收、转移支付等手段,运用公共财政对组织机构

① 李长健、李昭畅、黄岳文:《新农村建设中利益和谐的建构——利益驱动原理的导入》,《南京航空航天大学学报》(社会科学版)2007 年第 1 期,第 10—14 页。

② 林斯坦:《教育评价机制论》,《教育评论》1997 年第 6 期,第 11—13 页。

用于公民体育意识培育的投入进行补偿,以推动公民体育意识培育活动的可持续发展。培训机构则要充分利用国家的政策支持、财政倾斜、资金投入等"利益杠杆"开展公民体育意识培育工作,以达成社会效益和经济效益双丰收。而作为公民个人,可以"健康利益""心理效益""社会效益"为动力,追求参与体育健身活动利益或效用的最大化,积极、主动地投入到体育意识培育和全民健身活动中去。

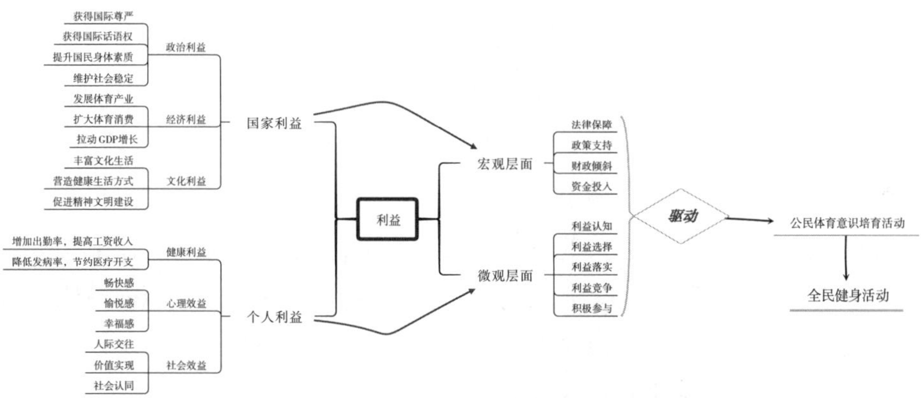


**图 7—2　公民体育意识培育的利益驱动机制**

就公民个人利益而言,对物质生活和精神生活需要的满足,对身体健康、幸福生活的追求,将成为公民参与体育活动的行为动力。"脱贫致富三五年,一病回到解放前;辛辛苦苦到小康,一场大病都花光。"民间流传的这段顺口溜,形象地形容了疾病对个人及家庭经济的巨大影响。研究表明,1 元钱预防投入,可以节省 8.59 元医药费、100 元的抢救费。而体育健身锻炼作为慢性病的积极预防手段,可以以较少的投入,获取数十倍的回报,其本身就具备足够的经济利益刺激。因此,如何将政策、制度、市场等培育活动的外部因素转化为被培育对象内在的利益刺激因素,增强人们参与全民健身活动的内在动力,是公民体育意识培育工作能否取得实效的关键。

（三）激励

激励是指应用某些方法和措施去激发人的行为动机,进而使人产生一种内在的动力,并依靠这一动力朝着所期望的目标前进的一种心理活动过程。① 需

① 马小平:《高校人力资源管理发展与创新》,吉林出版集团股份有限公司 2018 年版,第 235 页。

要产生动机，动机诱发行为，而激励则是满足人们需要的助动力和诱发力，也就是说，激励是一种调动积极性的过程。

公民体育意识培育活动需要激励，以激发培育活动利益相关者对利益的内在需要。公民体育意识培育系统主要构成要素为培育者、被培育者、培育活动组织者。各相关主体如果能将培育目标高度一致地凝聚在被培育对象的体育意识水平提高和参与行为上，科学地运用激励机制，将会使培育工作事半功倍。例如，通过多层次、多种类型的社会评价及认证制度，充分肯定、认可被培育对象通过多种学习、培训渠道的教育培训成果，激励他们在更高的目标中挑战自我、超越自我。政府可以设立全民健身培训专项基金，对接受培训的公民给予补助，“诱发”他们主动接受培训的积极性。企业可运用经济手段激励被培育对象积极参与全民健身活动。例如，北京公交开展的公交用户 30 天内累计步数达到 15 万步者，即可享受 10 元返利，就是以“走路赚钱”的方式鼓励公众参与体育活动，以培养其健身意识。苏州等地的个人医保卡账户资金转入阳光健身卡健身专用账户，以及以全民健身积分兑换“数字化营销货币”刺激健身休闲消费，也营造了良好的全面健身氛围。此外，对社会培育组织、机构实行减税、财政补贴、信贷支持等激励措施，对从事社区居民健身培训成效显著的单位、企业、社区等给予一定的精神、物质奖励，对公民体育意识培育活动涌现出来的先进集体、个人，进行表彰，给予适当的物质奖励和精神鼓励，也都是一些行之有效的激励措施。对激发、调动相关人员参与培育活动的积极性、主动性与创造性，扩大公民体育意识培育工作的社会影响具有重要的实践意义。

## 二、运行机制

运行机制，是指在人类社会有规律的运动中，影响这种运动的各因素的结构、功能及其相互关系，以及这些因素产生影响、发挥功能的作用过程和作用原理及其运行方式。① 就公民体育意识培育而言，其运行机制主要是指公民体育意识培育系统多种构成要素之间相互联系和作用的制约关系及其功能，主要包括运作主体、运作模式、运作方式、供给机制、保障体系、管理模式以及依附于它

① 方鹏骞、贾红英：《中国公立医院内部治理机制研究》，华中科技大学出版社 2014 年版，第 60 页。

的激励、监督以及反馈机制等（图 7—3）。整体理论认为，事物的存在依靠环境支撑，事物的发展则依靠机制运行来实现。公民体育意识培育运行机制，制约着培育活动参与者各方的积极性，引导着培育资源的流向。要保证培育工作目标和任务的真正实现，必须建立一套有序、协调、灵活、高效的运行机制。

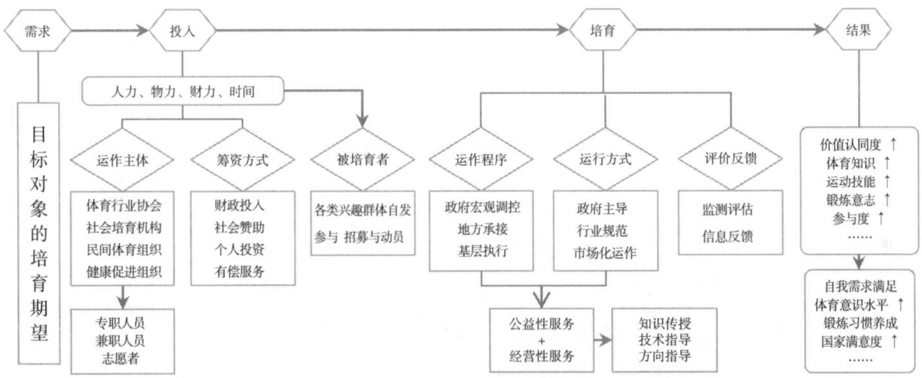


**图 7—3　公民体育意识培育的运行机制**

## （一）运作主体

公民体育意识培育运行机制的运作主体是构成公民体育意识培育系统运行机制的核心要素。我国公民体育意识培育运作的主体，通常意义上认为是国家体育行政管理部门。2014 年国务院印发的《关于加快发展体育产业 促进体育消费的若干意见》首次提出将全民健身上升为国家战略。2015 年党的十八届五中全会审议通过的《中共中央关于制定国民经济和社会发展第十三个五年规划的建议》，首次提出健康中国战略，特别提出要“发展体育事业，推广全民健身，增强人民体质”。这就意味着构建全民健身体系已不仅仅是体育事业的奋斗目标，发展全民健身事业也不仅仅是体育部门的任务，而是各级党委、政府和全社会的共同任务。因此，我国公民体育意识培育运行机制的运作主体应扩大至各级政府，要在不同的层面开展公民体育意识培育工作。

1. 政府及体育行政管理部门。政府及体育行政管理部门在公民体育意识培育过程中起宏观调控、顶层设计的作用。当前，我国“全民健身计划”已进入新的历史发展阶段，政府部门应将全民健身纳入地区发展战略，制定详细的公民体育意识培育规划、行动计划以及服务标准体系。要通过全面动员和倡导，营造良好的全民健身活动氛围，调动社会各界参与公民体育意识培育的积极性，以促进公民体育健康促进理念与意识形成,激发公民体育需求。

2. 行业协会。行业协会在公民体育意识培育中的制定、指导、规范作用是不可或缺的,它往往发挥着搭建信息平台和牵线搭桥的作用,对公民体育意识培育的目标和任务提出具体要求,并提供技术支持和实践场地。

3. 培育机构。培育机构是公民体育意识培育的具体承办者和实施者,在公民体育意识培育的整个网络中是重要的一环。培育机构包括体育院校、健康促进组织、全民健身指导中心、体育社团、群众健身指导站、民间体育组织等,他们在公民体育意识培育过程中肩负着具体培训和指导的重任。

4. 城乡社区。城乡社区是居民从事体育活动的场所,同时也为居民体育生活提供硬件设施,并营造良好的人文环境。社区体育文化能够使居民在家附近的地方获得一种轻松、自在的感觉。有研究表明,公民体育意识培育常会受到社区舆论环境和体育锻炼氛围的影响。因此,尽快建立并逐步完善以街道为依托,以体育、民政、文化等主管部门为指导,以社会各方面、各单位积极参与的社区体育管理组织担当居民体育意识培育的工作刻不容缓。

### (二)运作模式

公民体育意识培育运作模式是政府体育行政主管部门依照宪法、法律在运用全民健身服务中履行其职能所采取的具体形式。公民体育意识培育作为全民健身服务体系中的一种产品,其运行模式主要包括"公益性"和"经营性"两种基本服务模式。

公益性公民体育意识培育主要指从国家发展战略需求的视角出发,以全体公民为服务对象,以公共利益为导向,以满足社会公共需求、保障大众基本体育健身权利和享有基本体育健身服务为基础,以丰富人民群众精神文化生活,形成健康文明的生活方式,提高全民族身体素质、健康水平和生活质量,促进人的全面发展,促进社会和谐和文明进步为内容的公民体育教育活动,其重在培养公民的体育认知、兴趣、爱好、意识。这类服务一般是由政府、相关企事业单位和社会团体或社区组织出资向公众提供,或动员社区中的企事业单位、社会团体或个人义务提供,一般采取公有公营的形式。

经营性公民体育意识培育主要指面向特定对象的、增值服务型或者与职业发展相关的体育培训,其目的是满足特定社会阶层健身的需要和心理的需要。经营性体育培训服务业是体育产业的重要组成部分,是一种有偿收费的商业性服务,其培育培训模式是完全按照市场规律办事,以市场化方式运作,自主经营,自负盈亏,自我约束,自我发展,自己在市场竞争中求生存、谋发展。对接受经营性健身服务的人群来说,他们将可以得到更为专业的健身指导。如果再额外支付一定费用的话,还可以有私人教练制订个人健身计划。当前,随着人们消费意识、健身意识和健身体验要求的提升,以及经营性健身门槛的降低,参与经营性体育健身人群的数量在不断增多。因此,我国体育培训服务业有着巨大的市场需求和发展潜力。

全民健身事业作为一项公益性的社会事业,在社会主义市场经济体制下的发展,单靠目前以政府投资为主的公共体育服务显然是远远不够的,积极吸引社会各种资本进入,实现投资主体多元化,不断充实和发展体育培训业才是长久之计。"公益性"与"经营性"两种模式是相互补充、相互依存的关系,它们在公民体育意识培育的供给上发挥着不同的功能和作用。如何充分利用政府和市场两股力量,构建公益性与经营性并存的,既能保障公民享有基本体育需求,又能在基本需求之上让公民有更多的消费选择,以满足他们对更高层次的多样化、个性化的体育消费需求的供给体系,实现培育模式公益性与经营性并举,运作主体多元化、供给内容多样化、运作资金互补化、消费层次合理化的建设目标,是当前构建具有中国特色的全民健身服务体系的一项紧迫任务。

### （三）运作手段

1. 筹资融资。对于经营性体育培训服务机构,其筹集方式应按照"谁受益谁投资"的市场化运行原则筹集,如独资、合资、融资、股份等。另外,国家给予体育产业许多优惠政策,可通过减税免税、贴息贷款等解决资金困难。如 2014 年国务院办公厅印发《关于加快发展体育产业促进体育消费的若干意见》指出,要充分考虑体育产业特点,将体育服务、用品制造等内容及其支撑技术纳入国家重点支持的高新技术领域,对经认定为高新技术企业的体育企业,按减 15%的税率征收企业所得税。提供体育服务的社会组织,经认定取得非营利组织企业所得税免税优惠资格的,依法享受相关优惠政策。体育企业发生的符合条件的广告费支出,符合税法规定的可在税前扣除。落实符合条件的体育企业创意和设计费用税前加计扣除政策。落实企业从事文化体育业按 3%的税率计征营业税。① 体育场馆自用的

① 中华人民共和国国务院:《国务院关于加快发展体育产业促进体育消费的若干意见》,http://www.gov.cn/zhengce/content/2014—10/20/content_9152. htm。

房产和土地，可享受有关房产税和城镇土地使用税优惠。

对于公益性培育服务机构，可采取以下措施筹集资金：一是政府可将全民健身的投入纳入年度财政预算中，并设立专项资金；二是培育机构通过开展有偿服务，收取一定的会费，增加培育资金投入；三是走社会化资源动员道路，积极争取来自基金会、社会公众、企业等的捐助、赞助；四是体育彩票公益金的扶持；五是建立培育工作“成本分摊”机制；六是政府购买体育培训服务，为公民体育意识培育服务买单。

2. 人力动员。公民体育意识培育内容丰富，需要众多人员的参与。目前我国公益性全民健身培训队伍大体由三类人组成：专职人员、兼职人员和志愿者。专职人员是指专门从事全民健身服务工作的人员，如专职社会体育指导员。兼职人员指有正当职业和正常收入的，在完成本职工作之余以自己的一技之长为公民体育意识培育提供服务，并收取低微报酬的人员。志愿者是指自愿为被培育对象提供经常性义务服务的人员，他们自愿参与，义务服务不计酬。如大专院校体育专业的学生、中小学体育教师等。虽然看起来渠道不少，但离要求仍有较大的缺口。因此，如何打造一支业务精、素质好、热爱全民健身事业的培训人员队伍是公民体育意识培育工作成败的关键。

## 三、保障机制

保障机制是指确保某项工作正常顺利进行所必需的条件。对公民体育意识培育而言，主要包括人力、物力、财力的保障，社会舆论氛围营造，制度和体制机制的保障等，它是公民体育培育系统正常运作的基础。为确保公民体育意识培育工作顺利进行，在保障方面应做好如下工作：

一是要建立健全组织领导保障机制。组织保障是公民体育意识培育动力生成的空间和关系保障，是公民体育意识培育参与主体合力生成的主要载体和纽带。公民体育意识培育组织保障可通过三条路径实现。首先是设立公民体育意识培育工作委员会，负责指挥、协调相关职能部门进行责任分工，形成齐抓共管的良好局面。工作委员会由政府相关行政部门、群众体育协会(社团)、民间体育组织、社区居民代表共同组成，分别代表不同主体的利益，并要明确他们应履行的相应的义务和权利。其次是建构公民体育意识培育工作联动机制，促使各部门、各机构、全体成员协同共进，共同致力于公民体育意识培育工作。最后是设立公民体育意识培育工作督导委员会，检查、指导、评价公民体育意识培育工作,以保证培育工作有序进行,功能不断完善。此外,各级领导干部要提高对公民体育意识培育工作重要性的认识,把公民体育意识培育工作作为落实全民健身计划的载体抓好抓实,落细、落小,以推动公民体育意识培育工作有效运行。

二是要进一步建立健全和完善各种公民体育意识培育制度。政府有关部门要在大力宣传《体育法》《全民健身条例》的同时,依据“全民健身国家战略”的基本精神,逐步建立起有利于公民体育意识形成的各种法规制度。要打造政策平台,加大政策支持力度。通过制定一系列政策和建立明确细化的分工制度以及科学民主的管理制度,有意识地支持公民体育意识培育工作,逐步促使公民体育意识培育外部条件形成,促使培育工作各环节、各阶段有效衔接,确保公民体育意识培育目标的实现。

三是要在制度和法律层面对公民体育意识培育经费予以保障和支持。各级政府要根据《全民健身计划纲要》要求,适当调整体育经费支出的结构,逐步增加群众体育事业在预算中的比例。要建立全民健身引导基金,完善财政、税收、金融和土地等优惠政策,充分调动全社会参与全民健身事业的积极性,鼓励和引导社会力量捐资、出资兴办全民健身事业,给体育培训机构提供资金上的便利。要坚持国家与社会共同兴办体育事业的格局,逐步建立群众体育以社会和个人投资为主,以国家补助为辅的运行机制。建立政府购买公民体育意识培育服务的准市场机制,完善政府购买全民健身服务的目录和办法,支持社会组织参与公民体育意识培育服务的运营管理。

四是要有计划地打造“有知识、懂体育、会经营”的公民体育意识培育队伍,使之与培育工作相配套,与全民健身计划的要求相呼应。体育专业院校(系)要为社会培养全民健身指导人才,切实解决全民健身指导服务人才短缺的短板。

五是要建立健全资源保障机制。各部门要为公民体育意识培育提供必要的场地、器材、设施,加强公民体育意识培育依托载体和组织要素建设,加快推进市、区县(市)体育公园和体育中心以及公民体育锻炼场所建设。要有意识地建立基地,充分挖掘和利用本地优质培育资源,不断创造良好的内外部培育环境,保证培育过程中的物质条件,进一步提高公民体育意识培育的可实施性。要通过“建设群众身边健身场地、抓身边体育活动组织、办身边健身活动”的“三边工程”,提高公民体育意识培育实效。

六是要创新监督考评制度。要设计科学合理的公民体育意识培育考评指标体系。考评指标体系设置要遵循个体指标与团体指标、过程指标与结果指标、定性指标与定量指标相结合的原则。对于公民体育意识培育效果,要从重结果评价转变为过程管理和结果评价相结合,从单一的行业评价转变为行业评价、公民自评、公民互评、家庭评价、社会评价相结合。就现阶段而言,尽管我国颁布了一些政策文件以促进公民体育意识形成,但还缺少对这些政策的测量和评价工作。没有准确的测量,就不清楚这些政策的落实情况,更谈不上评价的具体效果,进而会影响到下一步相关政策的出台。因此,设计科学合理的公民体育意识培育考评指标体系是下一步工作的当务之急。

七是搭建激励平台,创新激励制度。通过激励制度,运用精神激励、制度激励、物质激励等不同形式的激励方法,调动各方参与公民体育意识培育的积极性。对达到体育意识和行为要求的公民个人给予表扬、肯定和奖赏,对于贡献较大的个人或单位给予一定的精神奖励或物质奖励,以达到鼓励、鞭策的目的。要通过政府、传媒、企业多方面开展公民体育知识竞赛和群众体育竞赛活动,掀起全民健身新高潮,并引导公民体育意识的培育。

## 第二节　培育路径

"路径"的基本含义是"到达目的地的路线,抑或比喻解决问题的门路、办法"。① "路径"在不同领域或学科有着不同的解释。例如,在英语学科中,"路径"有"人生道路或行为方针或方向"之意,可译为"路线、去路、轨道、方针"等②,具有方法论之含义。在计算机科学领域中,"路径"则被释义为"进行精确定位和调整。比较适用于不规则的、难于使用其他工具进行选择的区域"。③ 在本研究中,路径主要指培育工作所采取的方式、方法和所通过的渠道与轨迹,更多体现的是培育策略的方向性、方法性。在公民体育意识培育过程中,路径的选择是非常重要的,正确的路径确立可以使培育工作事半功倍;反之,则会出现南辕北辙的局面。因此,如何摆脱既往国民体育意识培养模式和路径依赖,从"公

① 张良驯:《共青团政治性先进性群众性研究》,中国发展出版社 2017 年版,第 223 页。

② 储祖旺:《高校学生事务管理质量与评估》,中国地质大学出版社 2017 年版,第 145 页。

③ 胡巍、臧宏:《学生思想政治教育路径基本解读》,《东北师范大学学报》(哲学社会科学版)2015 年第 3 期,第 214—218 页。

民”的角度理解、设计公民体育意识培育路径，真正发挥出路径的定向、联结、传递和转换功能，使体育真正进入人们的生活，使生活中的人们离不开体育，是公民体育意识培育工作的一个难点。基于此，本研究在遵循路径构建机制的前提下，积极探索路径整合与优化方式，设计了公民体育意识培育的内生、外引双驱路径（图7—4），寄希望于公民体育意识培育路径方面有所突破，以提高公民体育意识培育的实效性和针对性。关于内生路径已在第四章中进行了说明，为避免重复，本节只对外引路径进行阐释。

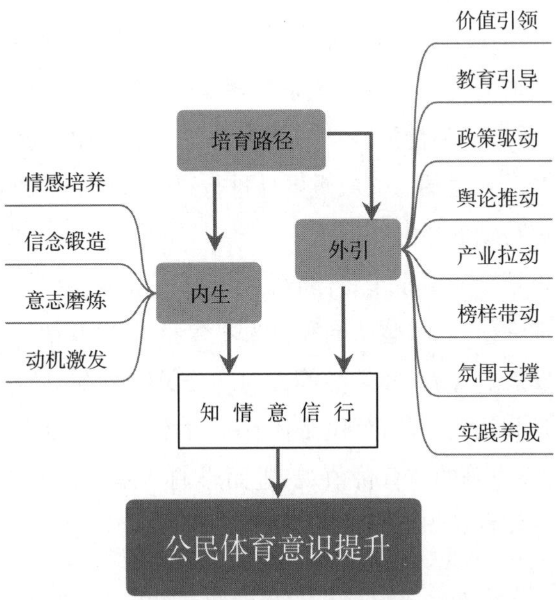


**图7—4　公民体育意识培育双驱路径示意图**

## 一、价值引领

价值是指客体满足主体需要的程度，或者是客体对于主体的“有用性”。即一个人认为某人、某事、某物的意义，带给他的好处和在他心目中的分量。价值揭示的是主体需要和客体属性之间的关系，反映的是客体对主体需要的满足及其程度。价值是客观的，不会因为主观上没有认识而不存在，也不会因为我们的忽视而不发挥作用。① 例如，茶杯可被人用来喝茶，这是茶杯的价值；书籍给人

① 王文斌：《论大学体育》，《山西煤炭管理干部学院学报》2007年第4期，第69—70页。

以知识或精神享受，这是书籍的价值。从价值学的一般观点看，体育价值指的是体育活动对人的需要的满足及其程度。① 体育之所以对人有价值，是因为体育的固有属性存在着满足主体需要的种种可能。体育作为客体是一种社会客体，它与自然客体不同，总是与人的需要和利益直接相关，如满足人类生存、发展、享受等的需求。体育的价值按其作用范围可以分为生理价值、心理价值和社会价值。生理价值可表现为健身价值、娱乐价值、医疗价值；心理价值表现为教育价值、艺术价值、审美价值、道德价值；社会价值表现为经济价值、政治价值、军事价值、科学价值、社交（含外交）价值等。

价值观是指个人对客观事物（包括人、事、物）的意义、作用、效果和重要性的总体评价。是人们对价值及价值关系的理解和追求，也是价值判断的重要尺度和标准，还是价值选择和价值行动的持久动力源泉。体育价值观则是指主体根据体育对其自身及社会的意义或重要性进行评价和选择的原则、信念和标准，是主体体育态度和行动的指导。②

公民体育意识培育应着眼于将体育价值观嵌入到培育工作的全过程，落脚于人们对体育的理性认知、情感认同和行为习惯养成，以及如何满足被培育者的需要和人的全面发展、人的幸福生活等方面。公民体育意识形成的关键是公民对体育价值的认知和认同，只有公民个体有了对体育本身和体育价值取向的认知认同后，才会树立正确的体育价值观，进而影响其体育态度和行为。因此，价值认知认同是公民体育意识培育的本质要求，价值引领是实现公民体育意识培育路径的灵魂。

价值是远方的梦想，能够给人以希望，能为人的行为提供持续的动力、坚强的意志和高涨的勇气。价值引领关注的是未来，做任何事情都需要方向，需要价值追求的指引。《西游记》唐僧团队依靠西天取经的价值引领，历经九九八十一难，终于取得真经就是典型一例。公民体育意识培育活动也一样，需要牢牢把握“价值引领”这一核心，始终将“价值引领”放在培育过程的首位。而要强化“价值引领”作用，促使公民形成正确的体育价值观尤为重要。公民体育价值观是一个对体育价值逐步认知、形成共识的过程。其中，认知是思想基础，认同是本

---

① 谭华：《体育本质论》，四川科学技术出版社 2008 年版，第 106 页。

② 蔡耀明、吴佑年：《湖北文理学院学生体育价值观与体育行为的调查研究》，《科技视界》2012 年第 14 期，第 5—6 页。

质要求,要实现自觉的价值认同需要建立接受内化机制、实践强化机制和灌输引导机制。

价值引领的内在逻辑是从内到外,从知到行,从一到多,这是一个星星之火逐渐燎原的渐进过程。强化公民体育意识培育活动的"价值引领"作用,需要将体育价值元素融入知识传授的内容之中,找到最适合的"知识传授+价值引领"的联结点,并贯穿于培育活动的全过程。通过思想引领、认同引领、共识引领、价值理念引导以及日常生活经验体悟,最大限度地求同存异,彻底解决公民思想认识、行动方向和行动动力问题。

对培育主体来说,价值引领的核心任务是解决被培育者的价值取向问题,即用正确的价值标准引导公民对体育价值的判断,勾勒出价值取向的最大同心圆,最终实现价值认知、认同和共识。这就要求培育者必须树立历史与现实相结合的理念,以价值目标为导向,以价值取向为准绳,以价值准则为约束,积极推进公民体育意识培育工作。既要从体育强国和健康中国建设的实际需要出发选择体育价值的具体内容进行推广和普及,促使被培育者形成正确的体育价值取向,又要尊重和满足被培育者的合理追求、心理需要和情感体验,注重被培育者个体价值的实现。要坚持显性教育与隐性教育相统一、知识传授和价值引领相统一的原则,于"显处"凝练价值,于"隐处"挖掘价值,以增强培育活动的吸引力、感召力和实效性。为此,公民体育意识培育活动一方面要以运动健康促进为价值追求目标,以人人健康幸福为引领方向,通过"善诱""因势利导"对正确、系统的理论知识进行灌输,抢占价值引领制高点,以克服培育活动的盲目性和随意性;另一方面,要立足于精神价值高度,用时代活水滋润人们的精神世界,明确体育之"志",将被培育者的主体地位放在首位,注重志趣吸引,考虑其思维水平和思维习惯的差异,从价值认同的视角激发其向心力,引领其观念提升,防止被培育者产生逆反心理。也就是说,公民体育意识培育路径选择要增"价值引领"之识,奠"价值引领"之基,奏"价值引领"之效,要努力促进知识传授、价值认同和价值引领的同频共振,进而为其他培育路径的选择培本固基。

## 二、教育引导

公民体育意识培育的本质是一种以解决公民体育思想观念、体育情感和体育行为等问题为核心的"造就有体育意识的公民"的教育实践活动,其目的是通过教育引导"增进"和"提高"公民的体育意识和素养,通过摆事实、讲道理,转变被培育者的错误认知,将社会的外在要求转化为被培育者的内在需求,调动其内在的主动性,筑牢公民体育参与的内在思想基础,并促进其自觉践行。公民体育意识培育具有长期性和贯通性,教育引导的时限应设定在主体成长的每一个阶段,需要家庭、学校、社会、大众传媒等多层面、全方位、立体式的参与,需要借助各种利益机制,以及他律性的外在手段加以引导和诱导。只有这样,才能筑牢公民体育意识生成和习惯养成的根基,公民体育意识培育才有可能取得实效。

### (一)学校体育教育

学校体育教育作为公民体育意识培育的基础工程,对青少年体育意识和运动习惯形成具有主导作用。作者在这里之所以强调学校体育教育的重要地位,首先是因为学校是国家设立的专门从事教育的机构,有成熟的体育教育环境,有健全的班级和团队等组织形式,有经过专业训练和具有一定教育经验、教育水平的教师团队,有精心设计的体育课程和各种体育活动,有随时可以利用的体育活动场馆和器材,有顶层安排的体育活动时间。学校体育教育的系统性、目的性、有效性,更有利于培育目标的实现。更为关键的是,青少年学生正处在体育意识、兴趣、习惯和能力形成的关键时期,良好的学校体育教育,能为其终身体育兴趣形成和锻炼习惯养成奠定坚实的基础。

近三十年来,虽然我国各级学校的体育教学条件在不断得到改善,师资结构、教学水平都有所提高,但仍有相当多的学生"喜欢体育但不喜欢体育课"。经过十几年学校体育教育培养的学生进入社会,既无参加体育锻炼的意识,又无参加体育锻炼的能力。这不能不说,目前的学校体育教育在培养学生体育意识和体育素养方面仍存在不少亟待解决问题。

现代学校体育教育的重要环节是强调通过体育课程、学校体育活动提高学生的体育意识、兴趣和能力。因此,体育教师在体育课堂教学和组织学生进行体育活动时,应注意从理论上引导学生对体育价值的认知,激发学生对体育的兴趣。无论是课堂讲解、示范、组织教学,还是两操一课、课余训练、竞赛活动,都要把"体育健康促进"理念和"体育参与意识""健康责任意识"培养融入体育教学和体育活动之中。在体育教学过程中,要注意转变教育观念,丰富教育内容,改进教育方法,拓宽教育渠道,教学形式和内容要适应青少年学生个体化的需求;要把体育知识、运动技能、运动技战术传授与体育价值观念、体育文化传播结合起来，加强师生间的联动以及学生之间的自由互动。要注意营造轻松、自然的课堂氛围。通过情境教学的直观再现、角色扮演、语言描绘等让学生进入情景之中，使学生在情景中积累经验和能力，在沉淀中逐渐形成对体育活动的兴趣和爱好。在各类体育活动中，要注意充分利用学校各种资源和平台发挥校园体育文化的作用，培养学生的主动参与意识，激发学生的参与动机，最大限度地调动学生的积极性，让学生在运动中能充分表现出自己的运动才能，感受参加运动对自己的好处，逐渐形成对体育运动的热爱，并养成定期参加体育锻炼的良好习惯。

学校体育教育是连接家庭体育教育和社会体育教育的纽带，贯穿于青少年学生整个学涯之中。青少年学生体育意识培育应遵循不同学段学生的身心发展特点以及体育意识形成发展规律进行有针对性的培育。学涯初期（小学1—3年级阶段），宜“寓教于乐，以趣培志”。以培养学生的体育情感为重点，以培养学生的体育兴趣为中心，通过“玩”“做游戏”，让学生体验到运动的乐趣，以感性体验唤起学生的积极体育情感。学涯中期（小学4—6年级、初中阶段），应“满足需求，诱导参与”。要利用已形成或发展中的体育情感，激发学生对体育知识的需求渴望。通过参加不同运动项目获得良好的情感体验，以良好的情感体验引发学生强烈的体育需求动机，发展学生在体育活动中的个性、爱好以及坚韧刚毅的品质。让学生意识到，锻炼身体不仅是自我全面发展的需要，也是国家社会发展的需要，是公民应当承担的社会健康责任。学涯后期（高中、大学阶段），重“培养意志，养成习惯”。通过给学生提供更多更好的体育活动形式，引导学生进一步认识参与体育活动与体质、健康、幸福的关系，使其深刻理解运动健身原理和开展全民健身运动的意义，能熟练掌握1—2种自己喜欢的体育锻炼手段和方法，培养其自学、自练、自查、自评的能力以及坚持终身体育锻炼的意志和习惯，以帮助其形成稳定的体育价值观以及更高级层次的体育意识。①

综上，通过学校体育教育，把人类已有的体育知识、经验、技能传授给学生，让他们掌握一定的参加体育运动的本领，对培养学生体育意识和素养以及养成体育锻炼习惯具有不可替代的主渠道作用。

---

① 张立新：《论学生体育意识的培养》，《首都师范大学学报》（社会科学版）2000年第6期，第67—71页。

## （二）家庭体育教育

教育为树人之本，家庭乃教育之源。家庭体育教育在塑造“有体育意识的公民”中具有早期性、启蒙性、基础性、感染性、亲和性、恒常性等独特优势。[①] 我们每个人最基本的衣食住行、语言和言语沟通本领，以及运动技能——坐、立、行、走、跑、跳、攀登、爬越、支撑等都离不开长辈对我们的引导、熏陶、影响、矫正；在走进学校之前，家庭已经给了我们每个人初始的体育知识、兴趣、技术、技能和体育的价值观念，为下一步的学校体育教育打下了基础。从教育角度看，家庭教育是个体在整个社会化过程中的关键时期，也是一切教育的基石，而适时的家庭体育教育对于个体体育意识和锻炼习惯的培养具有事半功倍之效果。

首先，家庭是儿童成长的摇篮，父母是孩子的第一任教师。孩子入学前接受的体育教育大多是在家庭环境中进行的。家庭成员的兴趣爱好、生活习惯、价值观念、消费习惯、对待体育的态度以及体育锻炼行为的耳濡目染对孩子的体育锻炼认知、健身意识生成和兴趣培养均会产生重要影响。颜之推说：“人在年少，神情未定，所与款狎，熏渍陶染，言笑举动，无心于学，潜移暗化，自然似之。”[②]家庭体育活动常在充满亲情的游戏中进行。孩子好动、喜欢玩耍的天性会在游戏中表现得淋漓尽致。父母的率先垂范、支持与引导对培养孩子的体育兴趣和运动习惯具有深远的影响。

其次，学龄前儿童的体育主要在家庭和托儿所、幼儿园进行。而此时期正是运动技能学习和发展，运动习惯养成的最佳时期。有研究表明：一个人幼小时期已获得的户外游戏经验，长大后能够促使他（她）积极参加体育活动，而且运动中不可缺少的体力、技能、勇敢、灵敏以及聪明机智等品质，与同辈群体相比，会得到较高的评价。[③] 此时期参加户外游戏活动是儿童生活的重要组成部分，由此给他们带来的喜悦和满足感，对促进他们良好个性的形成和发展具有重要意义。

再次，家庭体育教育是在家庭内由父母对新生一代进行的有目的、有意识的特殊教育活动。教育者的言传身教具有巨大权威性。父母的教诲，孩子不得不

---

① 沈建华：《体育发展新论：学校、家庭、社区一体化体育发展研究》，百家出版社 2002 年版，第 25—29 页。

② 王利器：《颜氏家训集解》，上海古籍出版社 1980 年版，第 1287 页。

③ 张勇：《大学体育选项课教程》，安徽大学出版社 2018 年版，第 6 页。

听;父母的批评,孩子不得不接受;父母的意图,孩子能够心领神会;父母所希望的,孩子尽可能地要做到、做好;父母所反对的,孩子能自觉地不去做,或者是克制自己的欲望。法律确认的血缘关系和伦理关系,以及孩子对家庭经济的依赖关系,在一定程度上决定了父母作为教育者具有的独特权威性,并成为有效地教育和影响孩子的重要条件。父母又是家庭生活的组织者,能赢得孩子的敬佩、尊重和信任,而孩子也期望得到父母赞赏和肯定。① 因此。在家庭体育教育中,父母的体育观念、体育态度、体育行为对孩子都会产生直接的影响。

最后,家庭体育教育过程具有天然的连续性。其一,家庭体育教育是一种终身教育,既是起点,也是归宿。人一生的体育实践从家庭体育开始,经过学校体育、社会体育,最终还要返回到家庭体育。无论人生处在哪个阶段,家庭体育总会伴随着左右。其二,儿童时期接受的家庭体育教育,一般不会有教育者的变化与更换的问题。其三,孩子对父母的依赖性和父母对孩子教育迫切感和责任感所形成的互动关系,有利于培养孩子形成比较稳定的体育意识和习惯。其四,家庭体育教育没有固定的“模式”,也不受时间、场合的限制,可因人、因时、因地制宜地在家长的带领下进行锻炼活动。

家庭体育教育虽是儿童最喜欢的家庭教育形式之一,但在我国,目前仍有很多家庭并没有将其当作优先选项。大多数家长,受应试教育的影响,“唯学是图”。为了不让孩子输在所谓的“起跑线上”,督促孩子上各种早教班,什么奥数班、心算班、英语班、书法班、绘画班、钢琴班、识字班、才艺班不一而足,致使不少儿童面临着“童年消失”的困境。尽管中央和地方教育部门出台了各项文件,明确要求幼儿教育要去小学化,但各种培训班仍屡禁不止。“望子成龙,望女成凤”的父母们,巴不得自己的孩子什么都会,费尽心思变着法子替孩子安排许多学习课程,竭尽全力地鼓励孩子争第一。一方面剥夺了孩子玩耍、游戏的权利和乐趣,另一方面也破坏了孩子本该拥有的童年幸福生活,使孩子丧失了应有的童趣。孩子们既不喜欢跳绳、踢毽子、打球等,也完全认识不到体育的重要性,更谈不上体育意识和运动习惯的培养。这就要求我们在未来公民体育意识培育过程中,要特别重视家庭体育教育的“源头”培育作用,要教育家长正确认识孩子

---

① 张立新:《论学生体育意识的培养》,《首都师范大学学报》(社会科学版)2000 年第 6 期,第 67—71 页。

“德”“智”“体”“美”“劳”全面发展的重要性，正确认识家庭体育教育的价值，进而为学校儿童青少年的体育意识培育和运动习惯养成奠定基础。

## 三、社会体育教育

社会体育教育是指家庭和学校体育教育两种教育形态之外，由政府、公共团体或社会组织对社会成员进行的体育教育活动。与家庭体育教育和学校体育教育相比，社会体育教育具有教育主体的多样性，教育对象的广泛性，教育内容的丰富性，教育形式的灵活性，教育方式的补偿性，教育领域的广阔性等特征，对公民体育意识形成和终身体育锻炼习惯养成具有至关重要的作用。

社会体育教育是学校体育教育的延续和补充，它以人民健康、幸福目的为依归，以全民体育生活为基础，以社区体育活动为平台，其主要任务就是针对全体社会成员开展终身体育教育。它不仅包括有目的、有计划、有组织的体育教育活动，也包括人们在社会生活中通过耳濡目染、潜移默化方式，在不经意间接受的体育教育。成熟的公民体育意识是对公民持续进行教育引导的结果。作为对人一生影响最大、时间最长的社会体育教育，其地位越来越从边缘走向中心。这是因为塑造“有体育意识的公民”离不开社会的影响和教化。其一，个体在学校和家庭学接受的只是体育的基础性知识和技能教育，并不是全部，还需要社会对其体育态度、行为、信念进行进一步的塑造。其二，人的体育思想观念是无限的，受环境、地位、条件的影响变化也是必然的。从学校出来进入社会，体育意识和行为的变化是莫测的，需要不断地通过教育引导进行适应。其三，体育教育是一项实践性很强的教育活动，学校学到的知识和技能，是为了进入社会后的应用，而社会恰好给每一位社会成员提供了这样的实践平台。因此，社会体育教育不仅可以弥补学校体育教育的不足，而且可满足成年人继续学习的要求。

然而，调查研究显示，目前我国社会体育教育也存在许多不足。一方面，我国公民体育意识整体水平仍然不高。不少居民的闲暇时间被看电视、打麻将、打扑克、下棋、逛商店、聊天、上网玩游戏、请客吃饭所占据，致使参与全民健身活动热情不高，体育人口比例停滞不前，且已成为影响全民健身活动纵深发展的重要因素，急需社会体育教育主体的教育与引导；另一方面，社会体育教育机构面临身份不明、定位不清、人才缺失、经费匮乏、教育资质良莠不齐、缺乏统筹管理等困境，致使社会体育教育陷入普及面不广、针对性不强、吸引力不足的困局，与引导全民健身运动纵深发展和人民群众对过上美好幸福生活的新期待仍有相当大的差距。

我们认为，现行的社会体育教育仍需要进行科学合理的顶层设计，认真策划，周密安排，还需要明确社会体育教育在整个体育教育体系中的定位，尤其是包括立法在内的终身体育教育体系的构建。需要从注重社会体育教育层次性，突出社会体育教育引导的针对性，强化社会体育教育引导的系统性，提高社会体育教育的实效性四个方面进行进一步的完善，以满足社会成员终身体育教育的需求。只有这样，才能从整体破解当前社会体育教育上的困境与难题。

## 四、政策驱动

政策是国家政权机关、政党组织和其他社会政治集团为了实现自己所代表的阶级、阶层的利益与意志，以权威形式标准化地规定在一定的历史时期内，应该达到的奋斗目标、遵循的行动原则、完成的明确任务、实行的工作方式、采取的一般步骤和具体措施。① 它是一系列原则、策略、法令、措施、办法、方法、条例的总称，具有政治倾向性、价值选择性、行为强制性、相对稳定性等特征。而体育政策则是指党和政府在一定的历史时期内为保证体育事业按一定路线发展而制定的行为准则，它规定与指导着体育发展的方向②，决定在体育领域做什么或不做什么，是解决问题、发展体育的对策③，体现的是党和政府对体育发展的要求、意志与愿望。

体育政策按照政策解决的问题性质可划分为综合指导性政策、群众体育政策、竞技体育政策、体育产业政策以及其他政策。④ 按照运行流程可分为引导性、落实性和监督性 3 类。引导性政策具有“鼓励而不强行要求”的特征，起引导过渡的作用；落实性政策具有明确性和强制性，具有政策强化的作用；监督性

① 李保洋：《审慎原则视角下关于公职人员涉黑涉恶犯罪若干问题的探讨》，《警学研究》2020 年第 1 期，第 24—33 页。

② 马宣建：《从奥运战略到协调发展战略：中国、苏联有关体育政策发展变化的比较研究及启示》，《哈尔滨体育学院学报》1990 年第 3 期，第 5—9 页。

③ 杨青松：《我国体育政策研究述评》，《武汉体育学院学报》2011 年第 1 期，第 19—23 页。

④ 谢正阳、唐鹏、刘红建等：《公共体育政策失真性执行与对策探析》，《体育与科学》2015 年第 6 期，第 68—73 页。

政策体现的是对事项落实过程的控制和对结果的检测，具有保障性和威慑性作用。[①] 按照 Rothwell 和 Zegveld 的政策工具理论，体育政策工具可划分为供给型、需求型和环境型三大类。供给型政策工具体现的是政府职能的重要导向，如资金、场地、设施、技术、信息等方面的支持。需求型政策工具体现的是减少外部因素的阻碍，如体育服务外包、体育国际交流、政府体育采购和体育贸易管制等。环境型政策工具是借助法规、目标、税收等产生潜移默化的渗透性作用的一系列客观因素，如法规管制、税收优惠、目标规划及策略性措施等。[②]

新中国成立以来，尤其是 1995 年《中华人民共和国体育法》《全民健身计划纲要》颁布以来，党和政府出台了一系列有关群众体育的政策文件，形成了一整套较为完善的推动群众体育发展的政策体系，为引领我国群众体育发展方向，实施全民健身国家战略，提高公民体育意识，激励公民参与体育活动提供了较好的制度基础和铺垫，已成为我国开展全民健身运动的重要“推手”。具体到公民体育意识培育活动而言，政策法规同样是最重要的路径之一。它犹如一根指挥棒，指引着我国公民体育意识培育工作的走向与未来。

公民体育意识培育是一项巨大的系统工程，需要体育行政部门、社会团体、体育组织等培育主体组织实施，需要大量人力、物力、财力的投入，需要被培育对象的积极参与与配合。如果培育主体的利益得不到保障，或没有赋予相应的权威，或短期内体现不出“政绩”“作为”，培育主体就会失去积极性和主动性；如果资源投入不足或者缺位，如缺乏必要的经费、场地设施、健身指导、保障措施等，培育工作也会因此而搁浅。此外，公民体育意识培育的对象是全体公民，不分性别、种族、年龄、社会地位等，而弱势群体，如农村贫困人口、城市中的农民工、下岗失业者、底层民众，已经成为开展培育活动的“瓶颈”。“以何为生”的问题未能解决，健身的热情又从何而来？养老、医疗、住房等问题尚未解决，何来闲情逸致参与健身？[③] 而这一切都需要国家政策的支持，需要国家政策体系给予激励

---

① 冯国有、贾尚晖：《中国财政政策支持体育产业发展的承诺、行动、效应》，《体育科学》2018 年第 9 期，第 37—46 页。

② 贾晨：《政策工具视角下〈身体活动全球行动计划（2018—2030）〉文本分析及对我国全民健身政策制定的启示》，《武汉体育学院学报》2019 年第 8 期，第 17—22、36 页。

③ 杨青松、罗建河：《我国群众体育政策执行阻滞效应的多维分析——以〈全民健身计划纲要〉为例》，《广州体育学院学报》2008 年第 6 期，第 11—14 页。

和指导。

体育政策是新时代国家体育治理体系的重要元素，是公民体育意识培育工作的制度保障。改革开放以来，我国体育事业取得了举世瞩目的成就，群众体育、竞技体育协调发展，体育产业方兴未艾，体育在推动经济社会发展，改善人民群众健康理念、健康状况，养成体育健身习惯，激活“健康中国”发展动能，提高竞技体育水平等方面发挥的作用，无不与国家体育政策的引领和推动有关。“提高公民体育意识”“提高全民族健康素养”“全面建成社会主义现代化体育强国”“实现‘健康中国’伟大构想”，是党和政府为全面建成小康社会做出的顶层设计和制度安排，需要动员各种社会力量、调动各种公共资源，各方协力共同推进，才能形成合力有效推动发展，而这一切离不开政策因素的推动与拉动。此外，国家政策对公民体育意识和行为形成的影响不仅仅是建立与体育相关的法规和政策，也通过建立其他方面的政策法规体现出来。比如，《关于在我国逐步实施五天工作制的政策建议》，无形中增加了居民的闲暇时间，为公民参加休闲性体育活动提供了基础条件。住房和城乡建设部发布的《城市居住区规划设计标准》特别规定“新建各级生活圈居住区应配套规划建设公共绿地，并应集中设置具有一定规模，且能开展休闲、体育活动的居住区公园”，并规定居住区绿地公园中应设置10%至15%的体育活动场地，从政策上解决了“群众健身去哪”这个问题，对促进公民体育意识和行为形成起到了政策激励和支持作用。可以说，在中国现行的政治、经济体制之下，没有政府的全面参与，没有相关政策鼎力支持，全民健身事业很难健康、有序地发展，公民体育意识培育活动也很难持续开展。

然而，无论从理论上分析，还是从实践中考察，可以发现政策能力也是有限度的[①]，不可能从根本上解决全民健身计划中的所有问题，同样公民体育意识培育工作中的所有问题也绝非现有的体育政策法规所能涵盖。贺新家等对我国2014年以来学校体育发展政策的研究发现：当前学校体育政策对于学生发展核心素养的整体规划不足，缺乏对核心素养在学校体育发展中的分层细化和具体落地的关键措施，缺乏对学生核心素养培养的实质性支持。[②] 谭利研究发现，我

① 程育海：《关于政策能力的研究文献综述》，《理论界》2013年第3期，第21—23页。

② 贺新家、周贤江、王红梅：《核心素养视角下我国学校体育政策及特征研究——基于2014年以来的11份政策文本量化分析》，《武汉体育学院学报》2019年第10期，第28—35页。

国学校体育政策中命令性工具使用过溢,象征与劝诫工具、系统变革工具与激励工具运用缺失;学校体育发展要素中政策工具组合差异明显,发展要素与工具精准匹配有待优化。① 杨青松等研究发现,当前我国学校体育政策存在执行不畅、执行偏差、政策失真、政策规避等政策执行阻滞问题。② 谢正阳等研究发现,当前我国公民的体育权利意识和参与意识普遍低下。基层体育工作者认为:"政策虽好,但得不到老百姓喜欢和响应。"导致公共体育政策在地方的执行出现政策走样甚至政策偏离现象,政策所承载的公共利益无法转换成多数人的公民个体利益。③ 分析其原因,既与基层体育部门财力、物力、人力不足有关,也与政府(公共行政人员)和社会(公民)体育意识以及监控力不足关联。刘洪涛等对我国的老年体育政策进行研究发现,我国老年体育政策缺乏顶层设计,系统性不强,定量化的规范偏少,配套实施细则滞后。④ 具体表现为:国家级独立的体育政策缺乏长远规划,且严重滞后于老龄化形势。省级老年体育发展规划缺乏宏观指导,各自为战,影响到整个国家老年体育政策战略目标的实现。朱二刚等认为,改革开放后我国老年体育政策存在政策体系不健全、政策操作性不强、政策执行社会参与不足、政策制定主体的联动性不够、政策目标群体组织化程度低等问题。⑤ 陈华荣通过对我国 30 多年来形成的全民健身国家战略的政策法规体系进行梳理后认为,该体系为实施全民健身国家战略提供了较好的制度基础和依据。但也存在"全民健身的目标定位偏实用主义,缺乏超前意识和人本关怀""没有突破条块分割的行政权力体系""对现有政策资源缺乏具体明确的指向性,更缺乏全民健身融合发展的前瞻性、系统性认识"等方面的不足。⑥ 上述问题反映出现行体育政策对公民体育意识形成和锻炼习惯养成的支持力度远未达

① 谭利、于文谦:《改革开放以来我国学校体育政策工具的选择与优化》,《北京体育大学学报》2019 年第 5 期,第 63—71 页。

② 杨青松:《我国体育政策研究述评》,《武汉体育学院学报》2011 年第 1 期,第 19—23 页。

③ 谢正阳、唐鹏、刘红建等:《公共体育政策失真性执行与对策探析》,《体育与科学》2015 年第 6 期,第 68—73 页。

④ 刘洪涛、刘献国:《老龄化新常态下完善我国老年体育政策体系的构想》,《西安体育学院学报》2017 年第 6 期,第 688—693 页。

⑤ 朱二刚、荀思杭、杜天华等:《改革开放后我国老年体育政策的特征、问题及优化策略》,《吉林体育学院学报》2020 年第 1 期,第 16—20 页。

⑥ 陈华荣:《实施全民健身国家战略的政策法规体系研究》,《体育科学》2017 年第 4 期,第 74—86 页。

到预期效果,还需要出台新的政策与之配套和协作,或寻找新的解决途径。

党的十九大报告明确提出,要全面建设体育强国,意味着中国体育将整体步入一个全面发展、高质量发展的新阶段。这一阶段,既要从整体上解决体育发展中的不平衡、不充分问题,又要推动体育与经济、社会和人的全面发展的全方位对接和协同发展①,而提高公民体育意识水平是首先要解决的问题。一方面,要以"全民健身计划纲要"为统领,出台相关配套政策,完善相关制度,创新政策激励机制,优化政策执行环境,完善体育政策执行的监督评估机制,打出"组合拳"形成政策叠加合力,明确公民体育意识培育在实施体育强国建设、健康中国建设和全民健身国家战略中的重要地位,发挥政策法规对公民意识培育工作的引领和引导作用,并将"全民健身"的工作绩效纳入各职能部门的工作考核内容之列,让《全民健身纲要》的实施效果与各政策执行主体的切身"利益"紧密相连,以调动各政策执行主体执行政策的积极性。② 另一方面,要做好顶层设计,达成目标共识,充分发挥政策的干预和调节作用,通过各种政策对现有体育资源再分配,重视经费、场地和健身指导等各项配套改革措施的衔接和落实,增强体育政策的操作性和实效性。以满足广大人民群众日益增长的体育文化需求为出发点,以保障公民"参与体育活动权利"为核心,以加强全民体育意识培育、全民健身环境建设、预防和干预相关慢性病为主要内容,把增强人民体质、提高全民族整体素质作为根本目标,拓宽体育公共服务渠道,重视弱势群体和特殊人群公共体育服务的供给,保障广大人民群众享有基本的体育公共服务,为公民参与体育健身活动提供更广阔的舞台,促进体育供给、需求、环境三者协同发展,打造支撑公民体育意识培育政策的新引擎。进而达到激活参与公民体育活动内生动力,提升公民体育意识水平之目的。党的二十大报告进一步强调,要广泛开展全民健身活动,加强青少年体育工作,促进群众体育和竞技体育全面发展,加快建设体育强国。

## 五、舆论推动

舆论是社会中相当数量的人对某一特定事物表达的个人观点、态度和信念

---

① 鲍明晓:《以新时代改革开放,统领体育强国建设》,《体育科学》2019 年第 3 期,第 13—18 页。

② 薛凌:《城乡群众体育统筹发展探讨》,湖南师范大学硕士学位论文,2011 年。

的集合体。作为一种价值判断，舆论具有某种程度的一致性、强烈性和持续性等特征，并对有关事态的发展产生影响。由于舆论是公众信念、态度、意见和情绪表现的总和，它一经形成便成为一种“能够支配人们社会行为的意识力量”。[①]它不仅可以操纵人们的意识，引导人们的意向，而且可以影响人们的行为。古今中外，无论是哪个朝代、哪个国家或政党组织，都无不高度重视舆论信息的现实存在以及舆论载体的传播力、辐射力、渗透力与影响力。[②] 任何一项社会活动的实施与推进，既需要公众积极的配合，也需要社会舆论的广泛支持。同理，作为全民健身国家战略之一的公民体育意识培育活动，在促进公民体育意识形成过程中，不仅要有强劲的专业话语，还需要有一个全民关注、全民参与的积极社会舆论环境，唯有如此，培育活动方能健康、稳步推进。

### （一）舆论宣传

舆论宣传是社会的阶级、集团出于某种目的，通过宣传手段人为地扩大舆论的一种手段。对公民体育意识培育工作而言，其作用就是通过灌输或扩散体育价值观念，普及和推广体育活动，扩大体育的社会影响，让人们认识并参与体育活动，丰富人们业余文化生活，促进身心健康，培养人的竞争精神，发展个性，促进人际交往。[③]

舆论宣传是促进体育融入社会生活、营造全民健身舆论氛围的重要路径，而作为舆论宣传的工具——媒介则有“放大器”和“助推器”的作用。《全民健身纲要》和《全民健身条例》颁布以来，各种宣传媒介以“全民健身”为主题，进行了一系列声势浩大的宣传报道。这些宣传报道营造的“舆论环境”，不断地改变着受众的认知方式和行为意向，改变着人们对体育的固有看法，促使人们对体育在现代社会生活的重要功能做出新的评价和判断。[④] 对传播科学健身知识，转变民众传统体育观念，激发民众健身热情，促使民众形成健康、科学、文明的生活方式发挥了巨大的促进作用，有力地推动了我国全民健身运动的快速发展。

虽然如此，目前我国全民健身舆论氛围仍然不够浓，与全民健身计划、体育

---

① 蔡静平、欧立寿：《舆论造势及其军事心理效能》，《国防科技》2007 年第 7 期，第 79—82 页。

② 沈正赋：《舆论宣传 · 舆论监督 · 舆论引导：中国共产党舆论思想发展进路研究》，《新闻与传播评论》2019 年第 2 期，第 11—23 页。

③ 赵克、王伟理：《刍议舆论的体育社会化功能》，《沈阳体育学院学报》1995 年第 2 期，第 37—39 页。

④ 康健：《论大众传媒在体育宣传中的作用》，《体育文化导刊》2007 年第 9 期，第 27—29 页。

强国建设、健康中国建设国家战略的要求仍存在不小的距离。尤其是在广大农村，舆论氛围中的负面声音对农村居民参与全民健身活动产生了较大的负面影响。受“重文轻武”“玩物丧志”“劳动 = 体育锻炼”等陈旧观念的影响，农村居民、城市弱势群体，甚至一些青少年学生对体育的认知理解、支持和参与以及重视程度均不高，不仅严重制约了他们自己的体育行为，也影响到他们对周围人体育行为的看法。一些人自己不锻炼，还对周围锻炼者持嘲讽态度。调查研究显示，在不参与体育活动的人群中，怕人讥笑或认为体育活动不适合自己言行举止的人占 28.05%。① 而宣传主体单一、日常健身信息供给不畅、主流媒体关注不够是其主要原因。②

我们认为，要增强人们的体育意识，推动全民健身向纵深发展，必须借助各种媒体的宣传、号召、鼓励、表扬、批评和引导舆论的作用，营造强大的舆论声势。大力宣传体育的价值功能和运动健康促进的新观念、新思想，积极催生、催化公民潜在的健身、健康意识。要通过新闻舆论弘扬体育精神、健康审美情趣，引领社会舆论，清除落后思想的影响；依靠社会舆论、人的信念和教育的力量促进公民体育意识形成。要通过采取群众喜闻乐见的形式以及广而告之的方式为人们提供体育健身信息，以身边人、身边事感染和教育民众，形成“家喻户晓”的体育舆论环境。要把参加体育锻炼活动与人们的健康幸福生活结合起来，与慢性病防治结合起来，提高人们对体育价值的认识，帮助其树立正确的体育观念，激发人民群众的健身热情。要通过舆论宣传，将人们的体育意识内化为行为习惯，把健身意识转化为健身的物质力量，把人民群众对体育的认识和热情转化为踊跃参与的行动。通过对全民健身法规的宣传，促使各级政府、体育部门加大对全民健身设施的投入，吸引更多的社会资源投入到全民健身的建设之中，使全民健身的硬件环境得到改善。综上，公民体育意识培育工作需要寻求主流媒体的介入，需要借助其强大的舆论影响力将体育价值通俗易懂地向公众进行传播。以让广大民众切实领会全民健身的实质和真谛，从而形成对体育价值功能的认知与认同。

### （二）舆论导向

舆论导向，是指媒体运用舆论力量来对人的意识进行控制，引导人的行为的

---

① 赵克强：《我国农村体育发展的舆论路径建构》，《科技视界》2012 年第 13 期，第 72—73 页。

② 王晓芳、张瑞林、庞辉：《我国全民健身公共服务宣传机制分析》，《体育文化导刊》2013 年第 11 期，第 17—20 页。

倾向。舆论导向在媒介传播中的作用突出表现为两点:一是引导舆论,即用执政党的路线、方针和政策去教育群众、引导群众,使群众认识真理、掌握政策;二是正确地反映社会舆论,把群众中分散的意见通过媒介反映出来,形成一股强大的推动社会向前发展的力量。①

把握正确的舆论导向,用正确的舆论引导人,是实施社会控制的一种重要手段。舆论反映的是人心向背,虽然它对任何人都不发生强制作用,也不能命令人们的行动,不能规定人们的行为,但它却能产生一种精神的、道义的力量,给人以压力。② 报纸、广播、电视、网络等新闻媒介既是舆论的载体,也是舆论的放大器,在把握正确的舆论导向方面有着十分重要的作用。舆论经媒介传播,便会在社会上产生影响。一项政策、一种主张经过媒介的宣传解释,就会逐渐被越来越多的人接受。而经过媒介广泛传播的意见,往往会成为社会舆论的主流。③

正确的舆论要发挥积极有效的作用,必须形成一定的氛围和声势,才能引起社会的关注,争取民众的支持。《全民健身纲要》第十七条明确规定,要"加强宣传工作,形成全民健身的舆论导向,增强全民体育健身意识,提高对全民健身工作的重视程度。使全社会认识到,身体素质是思想道德素质和科学文化素质的物质基础,全民健身工作是社会主义精神文明和物质文明建设的重要内容,体育发展水平是社会进步与人类文明程度的一个重要标志"。

"形成全民健身的舆论导向,增强全民体育健身意识"是我国公民体育意识培育的重要路径之一。自《全民健身计划纲要》颁布以来,我国各级体育行政部门,就已将全民健身社会宣传和信息传播作为一项重要工作,充分利用广播、电视、报刊、网络、宣传橱窗、板报等多种宣传方式,以及举办"全民健身宣传日""全民健身宣传周"等活动,宣传全民健身计划和科学的健身方法,扩大全民健身的社会影响,并在形成科学健身舆论导向,营造全民健身氛围、全民健身志愿服务、社会体育指导员队伍建设、增强公民体育意识等方面发挥了积极的作用。然而,由于媒体热衷于对竞技体育的宣传报道,全民健身缺乏宣传报道的空间,致使全民健身宣传阵地一再缩减。对于大众健身所迫切需求的运动医学、运动生物力学、运动生理学、营养饮食等科学知识的宣传,更是达到严重匮乏的程度。

---

① 任素琴:《马克思主义大众化传播方略》,中国传媒大学出版社 2018 年版,第 37 页。

② 何颖利:《浅论网络流行语》,《学理论》2011 年第 1 期,第 209—211 页。

③ 陈秋阳:《新时期坚持正确舆论导向的重要性》,《新闻知识》2012 年第 10 期,第 114 页。

公民体育意识培育需要正确的舆论导向,需要培育主体与媒体部门进行密切协作,需要报纸、广播、电视、网络等媒体要占领群众体育宣传主阵地,需要新闻工作者用丰富的专业与科学知识把握正确的舆论导向。一是要根据不同人群的特点,宣传科学健身原理,引导人们朝着预设的方向去认识和理解体育,用科学思想武装头脑,有效地抵制社会层面的各种封建迷信等不良倾向。二是要积极推广全民健身新器材、新项目、新方法,为广大人民群众提供各种可供选择的体育信息,满足人民群众对体育是多元化需求,在全社会形成崇尚健身、参与健身,追求健康文明生活方式的良好环境和氛围,让更多的人共享运动健身的快乐。三是要宣传科学的健身方法和运动健身常识,科学地选择运动项目、运动强度、运动持续时间和频度,有的放矢地进行健身活动,防治运动损伤和意外伤害。

### (三)舆论引导

舆论引导是指政党、组织、群体、个人针对特定社会舆情,依据一定的社会意识形态来设置议题并进行议题互动,引导公众达成社会共识,帮助公众树立正确社会信念、社会情感和社会价值观的实践活动。① 舆论引导具有鲜明的导向性、调控性、互动性和艺术性等特征。它能够让公众多一些思考,少一些盲从,为社会舆论增添理性的成分。同时对纠正社会偏差,减少消极因素的影响,激发人们奋发进取、积极向上的价值取向具有重要意义。② 舆论引导的载体主要包括大众传媒、新兴媒体、社会活动和口头语言四种类型。其中,电视作为大众传媒的领军媒介,在舆论引导中占据重要的位置。

舆论引导对促进我国群众体育事业的繁荣和发展具有重要作用。坚持舆论引导就是要借助各种媒介,采取多种形式,弘扬主旋律,传播正能量。通过广泛宣传取得全社会对全民健身工作的理解和支持,调动人民群众参与体育健身活动的热情,促使更多的组织和个人支持和参与全民健身活动,形成良好的全民健身舆论氛围和舆论生态,进而为公民体育意识培育工作奠定基础。

公民体育意识培育工作离不开舆论引导,需要建立正确的舆论导向,营造良好的舆论氛围。这是因为:第一,行动的成功在于理念的引导。为此,政府相关部门要建立全民健身宣传舆论体系,通过媒介帮助民众转变观念,牢固树立“健

---

① 夏德元:《新媒体时代舆论引导与舆论表达的良性互动》,《当代传播》2014 年第 1 期,第 41—43 页。

② 张晓峰、孙璐:《传媒与政治》,中国传媒大学出版社 2014 年版,第 108—109 页。

康第一”的理念。公民体育意识培育主体要充分利用传统媒体和新兴媒体,加强终身体育思想的传播,大力弘扬“投资运动,科学健身,回报健康”的健身理念,使公民在耳濡目染中形成和固化体育健身意识。第二,公民体育意识形成和发展需要教育和引导。为此,广播、电视、报纸、书籍、杂志、互联网等媒介要主动承担起教化民众,引导健康生活方式的使命。正确引导城乡居民善度余暇,科学健身,促进体育生活化。要把社会舆论引导到有利于全民健身的轨道上来,逐步修正民众对于全民健身价值的误读和误解。同时要发挥好媒体在体育形象宣传和塑造中的作用,营造出政府倡导、社会主导、群众广泛参与的全民健身良好氛围。第三,社会舆论需要媒体引导。为此,要提高媒体驾驭引导舆论的能力,充分发挥社会舆论的动员作用。通过舆论引导,普及体育知识、技能和文化,减少信息传播的中间环节,保证信息的科学性、真实性,为全民健身活动在信息提供方面创造优质高效的环境;通过舆论引导不断改变受众的体育认知方式和行为意向,用真情、真义、真爱来感染和熏陶人们对体育价值的认同与共识。第四,公民体育意识培育工作离不开媒体的支持与配合。为此,体育部门要主动与媒体沟通,畅通主渠道,做好媒体的信息服务工作。媒体部门要通过媒介将体育的方针政策、体育正能量真实、全面地传递给社会;要有效遏制不法分子假借健身之名,误导健身群众,把参与健身的居民引上歧途。第五,公民体育意识培育需要适应新的舆论引导形式。随着互联网的普及和自媒体的发展,人们获取信息的方式更加容易,公众再也不会被一个“统一的声音”告知对或错,每一个人都会从独立获得的资讯中对事物做出判断。但网上信息存在的良莠不齐、可信度低、法律不规范等先天不足也常常会误导公众的认知。因此,公民体育意识培育主体要在充分利用 QQ、论坛、博客、微博、微信以及新兴视频网站等自媒体平民化、个性化、交互强、传播快,满足人们随时沟通、互动、交流健身信息、经验以及“晒”朋友圈的需求的同时,更要做好信息真伪的甄别,把握好舆论导向,形成舆论引导新格局。

## 六、产业拉动

体育产业是指向社会提供体育产品和体育服务的经营性行业(图 7—5)。其经营范围可分为两大类:一是体育物质产品的生产和营销,包括体育器材、体育建筑、体育服装鞋帽、体育食品饮料等;二是提供体育服务,包括体育赛事组织、体育广告宣传、电视广播转播、体育报刊、体育信息传递等。① 2019 年 9 月 4 日，国务院办公厅正式印发的《关于促进全民健身和体育消费 推动体育产业高质量发展的意见》明确指出，体育产业在满足人民日益增长的美好生活需要方面发挥着不可替代的作用。作为满足人民群众对美好生活向往的朝阳产业、绿色产业、健康产业，体育产业能使体育变得更好玩、更有吸引力，对构建健康生活方式，提高体育人口比例，提升人民群众的获得感和幸福感，促进体育消费水平，推进全民健身事业发展具有重要的价值。

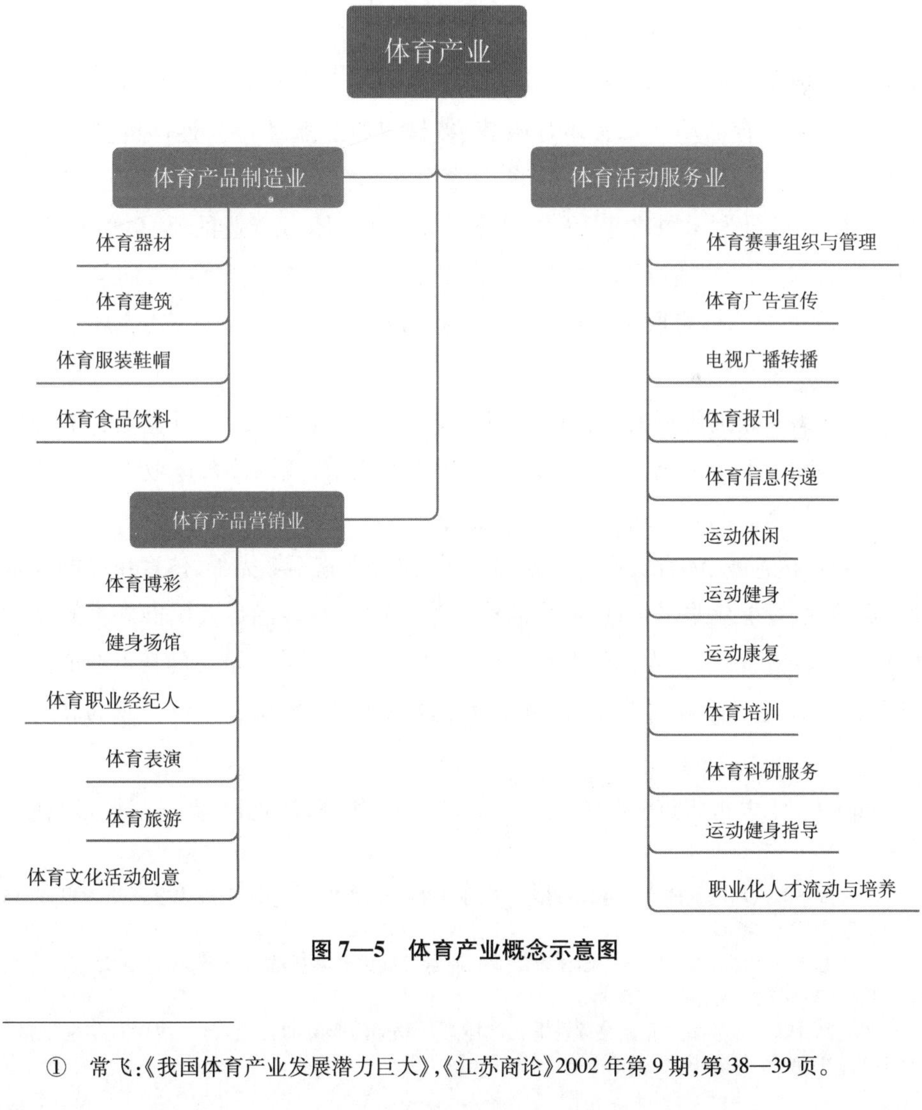


**图 7—5　体育产业概念示意图**

①　常飞：《我国体育产业发展潜力巨大》，《江苏商论》2002 年第 9 期，第 38—39 页。

公民体育意识培育与体育产业发展是一个相互联系、相互制约、相互影响、密不可分的共生系统。一方面,在市场经济条件下,体育产业发展的动力源自公民体育意识的增强和多层次、多样化的体育需求。体育的本质是让人们通过参与、观赏体育活动,增强体质、增进健康、塑造人格、陶冶情操、愉悦身心,最终达到提升生活质量、增强幸福感、促进人的全面发展的目的。① 而公民体育意识培育则能够进一步激发公民的体育健身热情,促进其参与意识和消费意识提升。体育消费是体育产业发展的基石,没有体育消费的支撑,没有足够多的人群参与消费,体育产业就会像空中楼阁,难以持续健康发展。因此,公民体育意识培育工作的推进,以及公民对运动健身需求的增长,必将带动体育产业的飞速发展。另一方面,体育产业是开展公民体育意识培育活动和全民健身的条件与保障。开展体育活动需要有体育服装、器械、场地、服务等一连串的产业链作载体和保障。如果没有强大的体育产业作支撑,"公民体育意识培育""全民健身活动"将成为无源之水、无本之木。所以说,体育产业的迅猛发展,公民消费观念的变化,不但对拉动国民经济持续性增长具有重要意义,而且能不断孕育和催生新的体育服务,将给体育服务的发展样式、传播方式、表现形式带来革命性的变化。

党的十九大报告指出,我国社会主要矛盾已经转化为人民日益增长的美好生活需要和不平衡不充分的发展之间的矛盾。当前,我国体育产业发展同样面临着这个问题。例如,在健身休闲产业供给方面仍然存在着规模不大、质量不高、供需对接不畅、体育资源有效供给不足、体育设施不够完善,体育用品的娱乐性、实用性、智能化水平较低,质次而价高等问题,②难以满足人民群众多元化的体育需求,不仅影响到人们体育活动参与的积极性,制约了全民健身事业的高质量发展,③同时也影响到广大群众的体育消费积极性,影响到体育产业的高质量发展。

党的二十大报告进一步强调,要推进健康中国建设,把保障人民健康放在优

① 黄海燕:《新时代体育产业助推经济强国建设的作用与策略》,《上海体育学院学报》2018年第1期,第20—26页。

② 王雪莉、付群、郑成雯:《中国体育产业高质量发展的现实挑战与路径探索》,《北京体育大学学报》2020年第1期,第1—15页。

③ 曹可强:《服务型政府建设背景下我国体育行政部门职能的转变》,《上海体育学院学报》2011年第1期,第44—46页。

先发展的战略位置。体育产业是美好生活的重要标志。如何通过发展体育产业,进一步提升全民体育参与意识,激发公民体育参与和消费热情,将成为新时代我国全民健身纵深发展的中心任务。而要解决这个问题,一方面需要大力吸引社会投资,鼓励社会资本参与建设公共体育设施,为社会提供全方位、立体化、高质量的体育消费服务和大众化、系列化的体育产品;另一方面要以参与性体育消费和观赏性体育消费为先导,培育健身娱乐和竞赛表演两大市场,把体育产业的发展建立在群众基本健康、娱乐需求得到更好满足的基础上,通过消费引领、服务驱动,刺激民众的体育消费需求,营造浓郁的全民健身氛围,让体育健身成为公民生活的一部分,让全民健身成为新常态体育产业发展下的新选择。唯有如此,才能把增强全社会体育意识与体育产业发展结合起来,有效破解体育产业发展不均衡不充分的问题,进而促进公民体育意识培育与体育产业发展走向良性循环。

## 七、榜样带动

榜样是根据人们善于模仿的心理特点而树立起来的学习旗帜和样板,是激励大家学习的人或事。榜样总是以生动鲜明的形象,体现着某种思想观念、行为准则、理想品德,榜样富有感染性、激励性;同时又是直观的、具体的,且易被人们接受或效仿。① 榜样人物对于其他社会成员具有借鉴、激励、警示的作用。

榜样是开展公民体育意识培育活动的生动载体,具有承载、传递和引导践行体育价值观的独特功能。开展公民体育意识培育活动,榜样不可缺少。如果没有榜样,没有学习的对象,就会失去前进的方向。针对公民体育意识培育活动而言,其榜样应该是:在内具有良好的体育认知、兴趣、情感和态度,在外表现为参与体育活动的自觉性、主动性和积极性。他们有信念,会生活,勇于承担"提高全民族身体素质""体育强国建设"的社会责任。面对困难,他们不犹豫、不动摇、不退缩,迎难而上,顽强拼搏,意志坚强。他们具有良好的运动技能和锻炼习惯,以激情、速度、力度、协调为元素绘制着闲暇生活的画卷。他们倡导科学、健康、积极向上的娱乐方式和生活方式,带头参加各类体育活动。在体育活动中始终表现出豪爽、热情、干练,透射着个人魅力和气质,对他人的健身指导总是无怨

① 朱本:《榜样与榜样教育》,《教育研究》1994 年第 3 期,第 30—33 页。

无悔，怀揣着热心、爱心、耐心和诚心，表现出极强的“事业心”和责任感，在实施全民健身计划中勇于担当和奉献。

体育强国建设需要塑造“典型”，全民健身事业发展需要榜样引领。从某种程度上说，榜样既是开展全民健身活动的旗帜，也是公民体育意识形成和发展的精神支柱和信仰坐标。“榜样的力量是无穷的”。好的榜样可以激发人们的自尊、自主、自信和追求成就的动机。榜样具有社会心理扩大效应，其影响过程具有较大的自然渗透性，且不受时间和空间的制约，能通过震撼感染、舆论传播，使人产生敬佩、依赖和亲切感，并由此使受教育者表现出心悦诚服、自觉效仿的心理和行为。① 榜样人物是公民体育意识培育活动的宝贵资源，其在公民体育意识培育活动中的作用主要体现在两个方面：

其一，榜样的示范引领作用。榜样的作用就是作为榜样本身的功能和效用，即榜样对于其他社会成员的示范、带动、引导、激励、鼓励、启迪、启示、警示、警告作用。② 在全民健身活动中，榜样之所以能够称为“榜样”，是因为榜样人物的体育观念和行为能够引发社会成员的崇敬心理和情感共鸣，是因为他们能够凭借个人威信和社会资本，在社会群体中形成一种感染力，能够引导社会成员自觉自愿地投入到全民健身实践中去。大雁高飞，离不开领头雁；羊群前行，离不开领头羊，这就是引领带动作用。

人人都有向成功者看齐的愿望，榜样人物的言行，能够激发人们的激情，引发人们的“内省”，从而起到强烈的示范作用。榜样自觉参与身体锻炼的行动，会潜移默化地对周围人群的体育意识产生广泛影响，会以其榜样的作用推动健身活动的开展。全民健身实践证明，发挥骨干带头作用，以典型引路，以点带面是群众体育工作的重要手段。尤其是在广大基层社区、农村，以先进带动后进，以骨干带动一般，充分发挥榜样的示范引领作用，能为全民健身活动的广泛深入开展开辟出一条“超车道”。让榜样通过引导追随者的认知促进锻炼参与，通过形象展示教给追随者运动技术动作，通过与参与者的接触交流传播体育知识、体育信息，能极大激发普通民众的参与动机。

其二，榜样的教育作用。行为科学研究表明，人的行为不仅受直接经验的影

---

① 戴锐：《榜样教育的有效性与科学化》，《教育研究》2002 年第 8 期，第 17—22 页。

② 张茹粉：《榜样教育的理性诉求》，《河南师范大学学报》（哲学社会科学版）2008 年第 2 期，第 216—219 页。

响，而且受现场观察的影响。他人的思想、情感和行为作为一种替代性经验，会对学习者的思想、行为产生巨大的作用。① 研究表明，大部分的人类行动是通过对榜样的观察而习得的。这就是说，任何人在社会生活中都会自觉或不自觉地学习、模仿自己心中的榜样。有了榜样，人们的学就会有方向，赶就会有目标，就会时时受到激励。②

榜样作用的心理基础在于模仿。所谓模仿，乃是人们自觉或不自觉地仿照一定的榜样，产生带有一定情绪色彩的相应的动作和行为的过程，它既是群众性社会心理现象，也是社会互动的重要心理力量。③ 因此，通过教育、学习、感化、认同、激励等环节，把榜样所具有的体育观念和行为转化为被培育者体育意识和行为，可获得事半功倍的培育效果。

“播上思想的种子，定能得到行为上的收获”。榜样是旗帜，代表着方向；榜样是资源，凝聚着力量。榜样教育的作用是巨大的，通过榜样教育，让被培育者接受榜样行为的影响，运用榜样的立场观点方法，对照、规范自己的言行，改变自己的体育态度和价值观念，并将榜样人物同主观自我高度融合，形成观念设想，从而指导支配自身的言行是榜样教育的心理机制。榜样教育的最终目的，是要唤醒被培育对象的主体意识。是要让他们通过学习榜样，切实提高自身参与体育的主动性、自觉性和积极性。榜样学习的其实质，还是塑造公民自身体育意识的一个过程。学习、模仿、见贤思齐，是人的天性。每个人都想出人头地，力争上游，且每个人都具备学习和模仿的能力。这就为公民体育意识培育奠定了心理学基础，而榜样以“青春”“美丽”“健康”“活力”为标识的身体形象，又为培育目标的实现提供了源源不断的“动力”保障。

“一花引来百花开”。模仿是一切行动的开始，也是榜样学习过程的基础环节。在生活中，被培育者看到榜样健美的体魄、矫健的身姿和灵敏的动作，往往会把这些与体育锻炼结合起来，从而形成自己的锻炼价值观，④并付诸行动。因此，培育主体要根据人善模仿、易从众的特点，坚持榜样引路，以榜样的力量引领

---

① 戴锐：《榜样教育的有效性与科学化》，《教育研究》2002 年第 8 期，第 17—22 页。

② 彭仲生：《榜样激励在大学生思政教育中的运用》，《中国成人教育》2006 年第 9 期，第 123—124 页。

③ 朱本：《榜样与榜样教育》，《教育研究》1994 年第 3 期，第 30—33 页。

④ 王晓燕：《体育榜样对锻炼参与的影响研究》，《辽宁行政学院学报》2008 年第 3 期，第 193 页。

带动社会成员关注参与全民健身活动。

可学性是榜样的重要特征，直观、真实、具体的榜样，更容易引起被培育对象的共鸣，让他们在心理上更愿意接纳榜样，在行为上更喜欢模仿榜样。① 因此，如何发现和选择榜样，树立标杆，是“榜样路径”首先应该考虑的问题。本研究认为，树立榜样是为了给被培育对象提供参照，而选择身边的“普通人”作为榜样，例如，老师、同学、同伴、朋友等因其更加可亲、可敬、可信，更能让被培育对象产生心理认可和情感认同，更能打动人心，使被培育对象更愿意向其靠拢，从而激发其追捧和效仿热情，在潜移默化中受到熏陶、启迪与鼓舞，进而提高其参与体育活动的主动性、自觉性和积极性。

## 八、氛围支撑

氛围，是指人们对所处环境气氛和情调的感知。具体到体育锻炼活动，它主要体现在两个层面上，一是个体心理感受层面，如愉快、愉悦、喜欢、温暖、安全、支持、压抑、相互尊重、情感交融、情绪热烈、催人奋进等参与体育活动群体的体育意识、情感、态度、价值观；二是个体观察到的行为层面，如生动、活泼、积极、合作、友谊、欢欢喜喜、兴致勃勃等集体参与体育锻炼活动的精神风貌。从本质上看，体育活动氛围是一种软环境，是一种看不见、摸不着的非物质形态。但是，其水平高低、质量优劣，是可以感受到的，是可以衡量和判别的。② 从性质上看，体育氛围可分为正氛围和负氛围。所谓正氛围，是指有利于进行体育锻炼活动的氛围；与之相反，负氛围则是不利于进行体育锻炼活动的氛围。

体育锻炼不需要理由，不需要借口，但它需要人际支持，需要氛围支撑。这是因为人是社会人，是群居“动物”。离开了集体，人就会感到孤独、寂寞，就会“枯萎”。体育锻炼看似是个人的行为，但它同时需要相互激励、相互交流，需要有参照物。体育锻炼活动氛围与锻炼者的情绪密切相关，并对其体育锻炼动机、态度、效果产生影响。良好的体育锻炼氛围，能对个体产生强大的感染力，促使个体与群体产生情感上的共鸣，能让个体从群体那里得到尊重、欣赏、支持和理解。当这种情感需要得到满足，个体便会以更大的热情投入到体育锻炼活动之

① 孙宏艳：《今天，学校该怎样做榜样教育？》，《中小学管理》2012 年第 11 期，第 21—24 页。

② 钟华、郄捍列：《营造良好体育教学氛围的研究》，《北京体育大学学报》2006 年第 8 期，第 1121—1122 页。

中。例如，在跳广场舞的场所，你总会被那热烈的场面所感染，被那群“舞者”的表现所吸引。在那里，共同的利益和爱好把大家聚到一起，气氛非常和谐。大妈们穿着各种颜色的长裙，一边迈动着轻盈的舞步，一边欣赏着动人的音乐，好像每个人都陶醉在幸福的旋律中。一天不去她们就会有“旷课”的感觉。这种氛围，对提升公民体育参与意识具有重要的熏陶作用。

体育锻炼氛围具有导向性、辐射性、润物细无声的特征，能够起到榜样作用、带动作用、激励作用和教育作用。① 好的锻炼活动氛围可以加强锻炼承诺，促进锻炼坚持。无论是校园体育锻炼氛围、家庭体育锻炼氛围，还是社区体育锻炼氛围都是公民体育意识形成和发展的重要影响因子。它不但是决定个体选择体育锻炼的重要因素，也是个体锻炼行为的外部需求和动力，以及自觉参与锻炼的决策依据，而且还能够唤起个体参与体育锻炼的兴趣、热情和欲望，影响着人们对体育价值的认知认同，对激发人们形成趋同化锻炼行为具有重要的价值。

社会认知理论认为，人的行为、认知因素和环境三者彼此相互联系，相互制约。② 作为公民体育意识培育的重要环境因素，体育锻炼活动氛围是被培育对象一种重要的心理感知因素。一方面，场地、器材等“硬件”条件能够预测锻炼的机会和满足感，能够激发个体锻炼参与欲望，提高其参与热情，使个体坚持规律的体育锻炼成为可能。另一方面，“软件”氛围为主体传达了一种情感关怀，它能激励个体勇于展示自我，建立群体认同，产生归属感，使之在锻炼过程中充分释放情感，激发积极体验，进而促进锻炼习惯的形成。③ 因此，学者们普遍认同“锻炼氛围是个体锻炼自主行为产生、维持和发展的重要外部资源”。

体育锻炼氛围以熏染、陶冶的方式对个体的体育意识形成和发展施加影响。体育锻炼氛围越浓，个体对体育锻炼的认知程度就越深，越有利于体育意识的形成。④ 因此，作为公民体育意识培育主体，应设法营造和创设锻炼活动氛围，强

---

① 陈善平、李树茁：《体育锻炼行为坚持机制：理论探索、测量工具和实证研究》，西安交通大学出版社 2007 年版，第 114 页。

② 叶新凤、李新春、王智宁：《安全氛围对员工安全行为的影响——心理资本中介作用的实证研究》，《软科学》2014 年第 1 期，第 86—90 页。

③ 程韵枫、董宝林：《锻炼氛围、主观体验对大学生余暇体育锻炼的影响》，《天津体育学院学报》2018 年第 2 期，第 177—184 页。

④ 杨栋：《我国普通高校体育健康促进服务体系的构建》，《湖北体育科技》2015 年第 4 期，第 361—364 页。

化锻炼活动氛围的熏陶作用。一方面,要充分发挥环境对人的塑造功能,加强体育文化环境建设,为公民参与体育活动提供完善的体育设施、运动器材等硬件环境,并通过举办体育文化节、体育比赛、知识讲座、主题论坛、信息咨询、技术指导等活动,营造宽松、和谐的培育氛围,让人们在思辨中,在观点的比较中把握体育价值观的科学性。另一方面,要创设和营造珍视健康、崇尚运动、积极向上、富有吸引力和热烈而有序的体育锻炼活动氛围,使人们在不知不觉中得到教育和熏陶,受到潜移默化的影响,为体育价值观"内化于心,外化于行"提供优质的养分和社会土壤,进而通过模仿、暗示、从众、认同等心理机制,激发被培育对象的参与热情,从更深层次上促成个体体育锻炼意识的觉醒。

## 九、实践养成

"养成"在《辞海》中有两种解释,一是"培养而使之形成或成长";二是"教育"。"养成"是一种过程,是指通过潜移默化的影响使受教育者成长。通过"养成"可以使受教育者自然而然形成一种习惯,将社会的要求、准则、规范内化为个体的行为习惯,并自觉按照这种行为习惯去实施。① 实践养成则是指通过实践,规范行为,长期践行,全面提高受教育者的"知、情、意、行"等素质,从而促使受教育者形成表里如一、言行一致的思想作风和行为习惯。公民体育意识培育的最终目的是促使被培育对象形成良好的体育意识和终身参与体育锻炼的习惯。公民体育意识培育,不仅仅强调理论灌输和文化熏陶,更重要的是要体现在实践上的转化。

人的体育意识不是先天就有的,而是通过后天不断学习、努力实践的结果。体育实践既是公民体育意识培育的土壤,也是检验体育意识水平高低的唯一标准,更是实现公民体育意识培育目标的关键路径。体育意识是对体育客观存在的反映。体育意识的形成、发展,必然要以体育实践作为支点,也只有在体育实践中人们才能更好地透过体育现象,把握体育的本质和规律性。② 公民体育意识培育的实质是对公民体育观念和行为方式进行正确引导,目的是促使公民对体育价值产生认知和认同,在态度和行为上产生积极的变化,积极参与到体育实

① 武步成:《王海建.科学实践观视域中思想政治教育价值论》,山西人民出版社 2015 年版,第 338 页。

② 黄一飞、末芬梅:《试论体育意识》,《浙江体育科学》1995 年第 2 期,第 4—7 页。

践中去，实现知行合一。因此，只有使其置身于现实的生活实践之中，才能达到预期目的。

与其他路径不同，公民体育意识培育实践养成路径强调的是体育锻炼习惯形成的自然过程，即内在的自觉和自我长成。这个过程是在环境熏陶和不断实践中，“知”“情”“意”“信”“行”诸要素由不平衡到平衡，再到新的不平衡的循环往复、螺旋式上升的过程。① 公民体育意识培育强调知识灌输与实践相结合，而知识只有融于实践活动当中，寓教于做，持之以恒，反复实践，知行统一，才能转化为人的行为习惯。因此，公民体育意识培育活动只有植根于实践、根植于生活，在落实上下功夫，才会有生命力。否则培育活动便会失去养成的土壤，只能成为空洞的说教和艰涩难懂的知识传授。

体育实践是公民体育意识培育的重要环节，是公民锻炼习惯养成教育的生动课堂，是由知到行的必经途径。公民体育意识培育是一个不断认识、反复实践、不断固化的过程，而体育实践对于促进人们认识体育、锻炼毅力、培养品格、形成习惯具有不可替代的作用。例如，体育意识的形成离不开对锻炼活动的体验。通过锻炼活动的体验，可从中感受成功，享受快乐，体验参与锻炼活动的健康价值、文化价值，加深对体育锻炼价值的理解和判断，并依据判断的结果不断进行体育认知结构的构建，进而提高其参与体育锻炼的自觉性。此外，通过实践体验，通过与他人的交往和相互作用，通过社会环境持续不断的影响，可以使被培育者以亲身经历为基础，进行理性思考，反躬自检，对自身的体育意识进行自我评估，促进和完善自身的体育认知结构，促进新的体育意识生成。② 因此，在公民体育意识培育过程中，科学把握“认知→实践→内化→养成”等环节，让人们在自然亲切充满乐趣的情境中，体验运动的魅力，是促进体育意识的形成和发展的有效路径。

实践养成要把握好实践与养成之间的关系。一方面，体育本身具有实践属性，这种实践属性既是体育意识养成的原动力，又是检验体育意识是否形成最为有效的方式。另一方面，虽然实践是培育公民体育意识的重要形式，但仅有实践还不足以促使体育意识形成，还必须在实践中进行养成教育，突出公民体育意识

---

① 李群、张红：《运用心理科学调控课堂》，《教育科学研究》2003 年第 6 期，第 47—50 页。

② 乔玉成：《健身意识及其生成》，《体育研究与教育》2012 年第 1 期，第 1—5 页。

培育的生活化回归,让体育成为人们的一种生活方式,精神寄托和财富载体。只有这样,培育工作才能真正融入人们的生活,让人们在生活实践中感知体育的价值,领悟体育的魅力,催生行为自觉,进而提升被培育对象的获得感,达到通过生活实践教化,养成锻炼习惯的目的。

# 主要参考文献

## 一、著作


白文飞.体育锻炼习惯的培养.长沙:湖南师范大学出版社,2007.

常青.全球化视野下公民爱国意识培育研究.北京:人民出版社,2016

陈东利.中国公民慈善意识培育.上海:上海大学出版社,2014.

陈善平,李树茁.体育锻炼行为坚持机制:理论探索、测量工具和实证研究.西安:西安交通大学出版社,2007.

邓世豹.当代中国公民宪政意识及其发展实证分析.北京:中国政法大学出版社,2013.

冯留建.公民意识新论.北京:新华出版社,2009.

高铭鼎.体育哲学探究.北京:人民体育出版社,2007.

高萍美.当代大学生公民意识培育的政治参与路径研究.北京:知识产权出版社,2015.

何齐宗.青少年公民意识教育研究.北京:中国社会科学出版社,2011.

胡锦光,韩大元.中国宪法发展研究报告.北京:法律出版社,2004.

蒋笃运,秦树理,王东虓,等.公民意识研究.郑州:郑州大学出版社,2009.

刘国永,戴健,曹可强,等.中国群众体育发展报告 2018 版.北京:社会科学文献出版社,2018.

刘慧梅.城市化与运动休闲.杭州:浙江大学出版社,2014.

楼嘉军.论休闲与休闲时代.上海:上海交通大学出版社,2013.

卢元镇.体育人文社会科学概论.北京:高等教育出版社,2004.

陆云卿.中国法治建设及公民法律意识培养研究.成都:电子科技大学出版社,2015.

马卫平.体育与人　一种体育哲学.长沙:湖南师范大学出版社,2010.

马振清.中国公民政治社会化问题研究.哈尔滨:黑龙江人民出版社,2001.

梅贵芳.五年制师范生体育意识培养的实践研究.太原:山西人民出版社,2014.

裴立新.全面小康社会多元化全民健身服务体系的研究.北京:北京体育大学出版社,2006.

乔玉成.健身运动的抗衰老机制.太原:山西科学技术出版社,2007.

邱吉.道德内化论.北京:民族出版社,2004.

邱伟光,张耀灿.思想政治教育学原理.北京:高等教育出版社,1999.

沈建华.体育发展新论:学校、家庭、社区一体化体育发展研究,上海:百家出版社,2002.

沈明明.中国公民意识调查数据报告 2008.北京:社会科学文献出版社,2009.

孙秀玲.民族地区青少年公民意识教育实践模式构建研究.南京:南京大学出版社,2020.

谭华.体育本质论.成都:四川科学技术出版社,2008.

汪云九,杨玉芳.意识与大脑——多学科研究及其意义.北京;人民出版社,2003.

王波,王家骥,王爽.临床预防医学.上海:复旦大学出版社,2014.

王家宏.我国公共体育服务体系研究.苏州:苏州大学出版社,2016.

王则珊.学校体育理论与研究.北京:北京体育大学出版社,1995.

吴光远,黄亚玲.体育人文社会学概论.北京:北京体育大学出版社,2011.

吴明隆.SPSS 统计应用实务.北京:中国铁道出版社,2000.

伍华军,周叶中.我国公民意识及其培植研究.武汉:武汉大学出版社,2014

谢维雁.公民导论.成都:四川大学出版社,2014.

辛世俊.公民权利意识研究.郑州:郑州大学出版社,2006.

徐红.教育科学研究方法.武汉:华中科技大学出版社,2013.

许胜利.马克思主义基本原理概论.北京:中共党史出版社,2007.

杨功焕,李辉,王若涛,等.中国公共卫生(实践卷).北京:中国协和医科大学出版社,2013.

杨桦.2008 年奥运会提升中国国际地位和声望的研究.北京:中国法制出版社,2007.

杨异.网络环境下的公民权利意识.北京:知识产权出版社,2016.

易剑东.体育文化学.北京:北京体育大学出版社,2006.

余金明.健康行为与健康教育.上海:复旦大学出版社,2013.

俞爱宗,金哲华.教育科学研究方法.延边:延边大学出版社,2009.

张春兴.现代心理学.上海:上海人民出版社,2004.

张建荣.公共危机挑战下的中国公民责任及其教育,北京:社会科学文献出版社,2015.

张丽平,吕丽梅.中国公民法律意识研究.北京:煤炭工业出版社,2017.

张雪琴.当代中国公民意识问题研究 基于公民身份的思考.郑州:郑州大学出版社,2017.

章秀英.公民意识评价与培育机制.北京:中国社会科学出版社,2012.

赵守盈,潘运.心理学.广州:暨南大学出版社,2012.

周全.北京2008年奥运会对国民体育意识和体育行为影响的研究,北京:人民体育出版社,2006.

祝蓓里,季浏.体育心理学,北京:高等教育出版社,2000.

祝建辉,肖周录.公民知识产权法律意识的培育研究.西安:西北工业大学出版社,2014.

## 二、期刊、学位论文

白莉,刘勇.1994. 大学生体育意识的特点与培养.体育科学.14(01):33—35.

鲍明晓.2019. 以新时代改革开放,统领体育强国建设.体育科学.39(03):13—18.

鲍明晓.1999. 体育价值的哲学思考.体育文史.(01):3—5.

曹佃省.2013. 锻炼技能作为青少年行为意向与锻炼行为间的调节变量中介—调节效应分析.西安体育学院学报.30(02):217—221.

曹景川.2013."贵身"与"炼形":道教养生思想中的体育精神.体育科学.33(10):89—92.

曹可强.2011. 服务型政府建设背景下我国体育行政部门职能的转变.上海体育学院学报.35(01):44—46.

常乃军,乔玉成.2011. 社会转型视域下城市休闲体育生活空间的重构.体育科学.31(12):14—20,72.

常振亚.2013. 健康行为过程理论阶段非连续性在大学生体育锻炼行为中的检验.体育科学.33(08):29—36.

陈华荣.2017. 实施全民健身国家战略的政策法规体系研究.体育科学.37(04):74—86.

陈琦,杨文轩,刘海元,等.2006. 我国当代体育价值观的研究.体育科学.(08):3—9,74.

陈善平,李树茁,闫振龙.2006. 基于运动承诺视角的大学生锻炼坚持机制研究.体育科学.(12):48—55.

陈思同,刘阳.2016. 加拿大体育素养测评研究及启示.体育科学.36(03):44—51.

陈晓荣,姜勇,王丽敏,等.2012.2010年中国成年人业余锻炼和业余静态行为情况分析.中华预防医学杂志.(05):399—403.

陈雪梅.博弈:静态生活方式与静态生活方式改变的互动过程模式研究.中国人民解放军海军军医大学,2018.

程卫波，于军.2009. 体育价值的历史性考辨与理性选择.体育学刊.16(11)：19—22.

程韵枫，董宝林.2018. 锻炼氛围、主观体验对大学生余暇体育锻炼的影响.天津体育学院学报.33(02)：177—184.

崔乐泉.2002. 论“原始体育形态”——体育考古学研究方法实证分析.体育与科学.(04)：4—6.

戴剑松，孙飙，吴立等.2009. 残疾人群众性体育开展现状及影响因素的调查分析——以南京市部分社区为例.武汉体育学院学报.43(02)：97—101.

戴群，姚家新.2012. 体育锻炼与老年人生活满意度关系：自我效能、社会支持、自尊的中介作用.北京体育大学学报.35(05)：67—72.

戴锐.2002. 榜样教育的有效性与科学化.教育研究.(08)：17—22.

邓迁良.1984. 从强身、养生到健身——体育思想史初探.四川体育科学学报.(03)：6—11.

邓星华，傅砚农.2005. 体育人文精神的回归与体育价值的重构.天津体育学院学报.(06)：21—24.

董宝林.2017. 健康信念和社会支持对青少年体育锻炼影响的调查分析.体育学刊.24(03)：115—122.

董传升.2013. 论中国体育发展方式的公共转向：从国家体育到公共体育.北京体育大学学报.36(01)：14—19+63.

杜晓君，刘赫.2012. 基于扎根理论的中国企业海外并购关键风险的识别研究.管理评论.24(04)：18—27.

方敏.2012. 青少年锻炼意向和锻炼行为的关系：中介式调节作用.上海体育学院学报.36(02)：45—49.

范艳芝，乔玉成，牛严君.2019. 50—55岁中年人不同体力活动水平组之间的衰老度对比研究.四川体育科学.38(05)：29—32.

冯国有，贾尚晖.2018. 中国财政政策支持体育产业发展的承诺、行动、效应.体育科学.38(09)：37—46.

冯秀军.2013. 现代学校德育环境的生态建构.教育研究.34(05)：104—111.

傅慧芳.2012. 公民意识的要素结构探新.福建师范大学学报(哲学社会科学版).(02)：9—16.

高风华，潘苑.2001. 体育价值认知.体育与科学.(01)：7—9.

高萍美.2013. 内涵与结构：公民意识概念的再思考.前沿.(11)：12—16.

宫新清，尹军.2009. 中西方休闲体育文化的比较.首都体育学院学报.21(05)：547—549.

巩庆波.2015. 大学生体育权利的保障与义务的履行.体育科研.36(01):96—99+103.

谷世权.1989. 试论北洋军阀统治时期的体育.体育文史.(04):39—46.

郭秀玲,徐铭阳,赵宪恒,等.2018. 体育在“健康中国”中的功能审视.体育文化导刊.(09):1—5.

韩会君,黄瑞敏.2011. 广州市民对亚运会后效应的心理认同研究.广州体育学院学报.31(06):1—5.

韩慧,郑家鲲.2018.“以人民为中心”的体育发展观探赜:逻辑、内涵与价值——基于习近平总书记关于体育工作重要论述研读.武汉体育学院学报.52(11):5—11.

韩星.2013. 论儒家的身体观及其修身之道.哲学研究.(03):61—68,79.

何敏学,都晓娟,宋强.2006.“非典”前后城镇居民的体育行为.体育学刊.(06):33—35.

何平香,张秋芬,孙众.2009. 中西方休闲观念比较研究.北京体育大学学报.32(07):39—42.

何维民,苏义民.2010. 关于体育原点的思考.武汉体育学院学报.44(08):14—19.

胡鞍钢,方旭东.2016. 全民健身国家战略:内涵与发展思路.体育科学.36(03):3—9.

胡立君.1999. 体育消费属性研究.财贸经济.(03):3—5.

胡敏.2018. 习近平新时代体育强国思想内涵及高校的任务.体育学刊.25(04):1—6.

胡小明.2003. 一种基于当代现实的体育理论眺望——关于“两条腿”和后现代意识.体育文化导刊.(12):18—20.

胡子祥.2006. 当代大学生社会参与意识的实证研究.中国青年研究.(05):35—39.

黄海燕.2018. 新时代体育产业助推经济强国建设的作用与策略.上海体育学院学报.42(01):20—26.

季浏.2020. 对我国20年基础教育体育新课改若干认识问题的澄清与分析.上海体育学院学报.44(01):21—30.

贾晨.2019. 政策工具视角下《身体活动全球行动计划(2018—2030)》文本分析及对我国全民健身政策制定的启示.武汉体育学院学报.53(08):17—22,36.

贾三刚,乔玉成.2021. 体医融合:操作层面的困境与出路——临床医生视角.体育学研究.35(1):31—37.

蒋传光.2009. 公民社会与社会转型中法治秩序的构建——以公民责任意识为视角.求是学刊.36(01):76—84.

蒋笃运,张雪琴.2011. 公民意识形成的内在机制及启示.河南大学学报(社会科学版).51(06):43—48.

金梅,王家宏,胡滨.2017. 全民健身国家战略中我国残疾人康复体育发展思路与路径选择.武汉体育学院学报.51(12):5—10.

金亚虹,刘敬雯,姚家新,等.2013. 青少年锻炼认知与行为的选择及其制约因素.上海体育学院学报.37(04):48—52.

金艳.2004. 我国公民意识培养的现实基础分析.社会主义研究.(04):126—127.

靳明,王静,及化娟,李伟,李亚辰.2018. 不锻炼诱因、锻炼自我效能与自主健身行为的关系研究:横向与纵向研究的证据.天津体育学院学报.33(03):230—236.

柯亮.2017. 体育娱乐化转向的现实危机与再造途径.体育与科学.38(02):33—39.

李传奇,周兵.2009. 学校体育的伦理审视.体育学刊.16(12):49—52.

李海燕.2014. 我国知识分子体育意识与行为背离的文化解析.体育文化导刊.(12):59—62.

李京诚.1999. 身体锻炼行为的理论模式.体育科学.(02):3—5.

李京诚.1999. 合理行为、计划行为与社会认知理论预测身体锻炼行为的比较研究.天津体育学院学报.(02):3—5.

李力研.2002. 奥林匹克精神与体育文化——一种东西方文化比较的哲学文化学视角.天津体育学院学报.(02):14—18.

李强.1998. 社会支持与个体心理健康.天津社会科学.(01):3—5.

李强,许登云,乔玉成.2015. 中老年人群坚持体育锻炼的动力机制研究——基于推拉理论的实证分析.体育研究与教育.30(06):6—14.

李竖锐.2004. SARS 对大学生健康意识、体育意识和体育行为的影响.广州体育学院学报.(02):48—52.

李小群.2009. 公民意识与法治国家的构建.江淮论坛.(05):110—113.

李小英,燕子.2010. 生态学模型在锻炼心理学中的应用.西安体育学院学报.27(06):765—768.

李旭龙,弓宇婧,姚梦,唐东辉.2018. 锻炼动机对大学生社会性发展的影响:锻炼坚持的中介作用与社会支持的调节作用.北京体育大学学报.41(02):79—87.

李艳霞.2007. 公民资格视域中中国公民意识培育基础初探.人文杂志.(03):175—178.

李有强.2015. 道家身体观及其体育思想的内在超越.体育科学.35(06):90—97.

李佑发,王婷婷.2011. 意志品质的质性分析及模型建构.北京体育大学学报.34(03):75—78.

梁利民.2001. 体育生活化之视角:大众体育权利和义务探析.成都体育学院学报.(06):14—17.

刘爱玲,崔朝辉,胡小琪,等.2007. 中国成年人家务劳动现状.中国慢性病预防与控制.(02):84—87.

刘俊香,张旭平.2015. 儒家视野下的个人健康责任.伦理学研究.(02):101—103+132.

刘欣.2009. 迈开双腿,“走”向健康——“步行与健康”国际论坛.体育科研.30(05):1—2.

刘亚.2011. 中国古代养生体育的发展.体育文化导刊.(02):108—114.

刘一民,刘翔.2017. 青少年学生体育行为的本真、异化与回归.北京体育大学学报.40(05):66—72.

刘子众.2004. 中西运动休闲文化发展理念的传统差异与渐进融合.武汉体育学院学报.(06):6—8.

柳方祥.2004. 体育价值刍议.体育与科学.(03):50—51+64.

陆遵义,孙紫琪,闫岩.2014. 上海市中学生健康生活方式认知与锻炼行为的关系.体育学刊.21(06):88—91.

吕俊莉.2015. 身体哲学视域下的中西体育思想比较研究.体育与科学.36(05):84—88.

吕玉军,陈长河.2007. 清末民初的军国民教育思潮的兴起及其衰落.军事历史研究.(03):91—99.

罗时铭.2008. 近代中国人体育认知异化的历史学考释——以东西方两种不同的体育传播发展道路为研究视角.体育与科学.(02):54—56.

罗时铭,谢丽娜.2005. 从西洋体操到西方体育——奥林匹克运动影响下的近代中国人体育观念变迁.体育文化导刊.(06):75—77.

马瑞,宋珩.2017. 基本运动技能发展对儿童身体活动与健康的影响.体育科学.37(04):54—61+97.

毛坚,田瑞峰.2004. 清末体育的发展与演变.南京体育学院学报(社会科学版).(02):117—118.

毛振明,杨多多.2018.《“健康中国2030”规划纲要》与学校体育改革施策(一)——目标:青少年熟练掌握一项以上体育运动技能.武汉体育学院学报.52(02):5—10.

年青,柴娇.2016. 体育文化环境创新研究.体育文化导刊.(11):202—206.

聂惠敏,董德朋.2015. 大学生体育锻炼行为心理变量的研究.体育学刊.22(05):64—68.

牛严君,乔玉成.2018. 建成环境对城市老年人休闲性体力活动参与度的影响.体育研究与教育.33(01):39—43.

牛严君,乔玉成.2018. 建成环境对儿童少年体力活动的影响综述.四川体育科学.37

(02):12—16.

牛严君,乔玉成.2018. 久坐行为对个体健康影响的研究综述.南京体育学院学报.1(01):45—49.

牛严君,乔玉成.2017. 体育认知、体育情感、体育态度:当代大众体育意识培养三部曲.体育科技文献通报.25(09):8—9.

潘颖秋.2017. 大学生专业兴趣的形成机制:专业选择、社会支持和学业投入的长期影响.心理学报.49(12):1513—1523.

乔玉成.2002 神经—内分泌—免疫网络在健身运动中的整合调控作用.体育科学.(04):115—120.

乔玉成.2003. 健身运动延缓衰老机制研究进展(Ⅰ)——健身运动的抗氧化效应.体育科学.23(02):118—123.

乔玉成.2003. 健身运动对神经—内分泌—免疫网络的调整作用健身运动延缓衰老机制研究进展(Ⅱ).体育科学.23(03):103—108.

乔玉成.2004. 构筑小康社会全民健身体系若干问题的思考.中国体育科技.(01):43—46.

乔玉成.2005. 运动干预代谢综合征机制研究进展.体育科学.(11):68—73+97.

乔玉成,许登云.2009. 论体育的政治化倾向——以现代奥林匹克运动会为例.体育学刊.16(07):1—8.

乔玉成.2009. 我国 2 型糖尿病运动辅助治疗效果评述.体育科学.29(09):72—80.

乔玉成.2010. Cochrane 评价:绝经后妇女骨质疏松运动干预效果的比较.中国体育科技.46(06):121—128+137.

乔玉成.2010. 运动员杰出运动能力的获得及其影响因素.体育学刊.17(12):82—86.

乔玉成.2011. 青少年锻炼习惯的养成机制及影响因素.体育学刊.18(03):87—94.

乔玉成.2011. 进化·退化:人类体质的演变及其成因分析——体质人类学视角.体育科学.31(06):87—97.

乔玉成,常乃军.2011. 人类体质的文化规训.中国体育科技.47(05):3—9.

乔玉成.2013."体育"概念的发生学研究——兼论"Sport"能否成为中国"体育"的总概念.体育研究与教育.28(01):1—16.

乔玉成.2014. 象思维:中国传统武术文化的方法学之维.中国体育科技.50(05):3—11.

乔玉成,王卫军.2015. 全球人口体力活动不足的概况及特征.体育科学.35(08):8—15.

乔玉成,张琦.2015. 吸入 PM2.5 对运动人体致伤机制研究进展.中国运动医学杂志.

34(10):998—1007.

乔玉成,王卫军.2016. 规律运动干预人类衰老过程的表观遗传学机制研究进展.北京体育大学学报.39(01):61—67,75.

乔玉成.2017. 错位:当代人类慢性病发病率飙升的病理生理学基础——基于人类进化过程中饮食—体力活动—基因的交互作用.体育科学.37(01):28—44,89.

乔玉成.2017. 身体活动水平:等级划分、度量方法和能耗估算.体育研究与教育.32(03):1—12,13.

乔玉成,范艳芝.2020. 诘问与回应:体育与幸福关系研究的 8 个基本问题.上海体育学院学报.44(07):1—15.

乔玉成,侯介华,许登云,等.2017. 中国传统武术文化基因谱系研究.北京体育大学学报.40(12):122—132.

乔玉成,牛严君.2017. 运动的药物学特征:EIM 的学理支撑.沈阳体育学院学报.36(06):77—82.

乔玉成.2019. 中国公民体育意识调查报告(2018).武汉体育学院学报.53(10):19—27.

乔玉成,周威.2020. 我国运动医学学科定位 6 个基本问题辨析.体育学刊.27(03):136—144.

乔玉成.2020. 公民体育锻炼知行脱节的自身影响因素分析.天津体育学院学报.35(03):334—340,349.

秦学.2014. 新中国休闲文化与生活风尚变迁的审思——基于国民生活方式视角.青海社会科学.(02):70—76.

邱芬,崔德刚,杨剑.2011. 基于运动承诺的大学生体育锻炼行为的影响因素研究.天津体育学院学报.26(05):384—389.

邱璇,李先雄.2017. 中国早期体育现代化意识的特征及影响.上海体育学院学报.41(05):71—74.

邱亚君.2008. 休闲体育行为发展阶段限制因素研究——一个假设性理论框架.体育科学.(01):71—75+81.

邱亚君.2009. 休闲体育行为发展阶段动机和限制因素研究.体育科学.29(06):39—46+72.

任海.2018. 体育强国:由重在国家建构到重在国族建构.上海体育学院学报.42(01):1—6+40.

任海.2019. 聚焦生活,重塑体育文化.体育科学.39(04):3—11.

任海.2018. 身体素养:一个统领当代体育改革与发展的理念.体育科学.38(03):

3—11.

荣司平.2014. 论国家意识的结构.青海社会科学.(02):31—34.

邵凯.2016. 从"制度理性"到"公共理性":我国竞技体育的公共价值演进.体育文化导刊.(11):82—87.

施芳芳,戴敬东.2011. 中国学校体育价值立场的钟摆化演化.武汉体育学院学报.45(11):72—76.

司琦.2006. 影响大学生锻炼行为阶段变化的各心理因素间的路径分析.体育科学.(08):29—32.

司琦.2005. 大学生体育锻炼行为的阶段变化与心理因素研究.体育科学.(12):76—83.

宋杰.2008. 山东省农民体育需要调查研究.中国体育科技.(05):42—46.

宋亚伟,付丹丹.2009. 大型体育活动对我国城市居民体育意识和体育行为的影响——以河南省为例.南京体育学院学报(社会科学版).23(05):81—84.

孙国友,桑飞鸣.2019. 习近平关于体育工作重要论述的逻辑起点、实践追求和价值旨归.体育学研究.2(06):40—46.

孙娟,王岳.2016. 我国公民体育锻炼意识的提升路径.体育学刊.23(02):52—56.

孙昕霙,王培玉.2016. 健康管理理论与实践技能系列讲座:健康管理实践中行为学理论的运用.中华健康管理学杂志.10(02):162—165.

孙艳.2009. 论基因与体质的相关性.长春中医药大学学报.25(01):3—4.

谭利,于文谦.2019. 改革开放以来我国学校体育政策工具的选择与优化.北京体育大学学报.42(05):63—71.

汤国杰.2008. 社会分层视角下城市体育人口结构及活动特征的研究——以杭、宁、温三城市为例.北京体育大学学报.(09):1185—1187.

汤国杰,丛湖平.2009. 社会分层视野下城市居民体育锻炼行为及影响因素的研究.中国体育科技.45(01):139—143.

唐宏贵.2009. 论全民健身运动的当代社会价值——《纲要》实施十五年回顾.武汉体育学院学报.43(06):10—15.

唐勇.2015. 体育义务的研究现状与法理构造.武汉体育学院学报.49(10):40—45.

田雨普.2004. 新世纪我国体育的功能与作用.体育学刊.(03):5—8.

田雨普.2010. 新中国60年体育发展战略重点的转移的回眸与思索.体育科学.30(01):3—9.

万炳军,曾肖肖,史岩,史兵.2017."健康中国"视域下青少年体育使命及其研究维度的诠释.体育科学.37(10):3—12.

王富百慧，王梅，冯强，武东明.2019. 分层与共性：我国社区居民体育锻炼特点及影响因素研究.中国体育科技.55(01)：13—21.

王建明.2015. 环境情感的维度结构及其对消费碳减排行为的影响——情感—行为的双因素理论假说及其验证.管理世界.(12)：82—95.

王敬浩，虞定海.2007. 中西身体文化对健康的不同诉求.上海体育学院学报.(05)：72—76.

王铁新，王琨.2016. 中年群体参与休闲体育行为的限制性因素分析——以山西省为例.体育研究与教育.31(06)：26—32.

王卫军，乔玉成.2017. "身体接触类"体育游戏对听觉及语言障碍青少年心理健康水平的影响.体育研究与教育.32(03)：49—52.

王晓波.2013. 美国大众体育新理念：生活化健身.体育文化导刊.(03)：44—47.

王晓芳，张瑞林，庞辉.2013. 我国全民健身公共服务宣传机制分析.体育文化导刊.(11)：17—20.

王益富，潘孝富.2013. 中国人社会心态的经验结构及量表编制.心理学探新.33(01)：79—83.

王正珍，冯炜权，任弘，等.2010. Exercise is Medicine——健身新理念.北京体育大学学报.33(11)：1—4.

王子坤，邹伟，王雪琪.2018. 农户宅基地退出的行为与意愿背离研究.中国土地科学.32(07)：29—35.

魏磊.2015. 我国学校体育社会化研究.体育文化导刊.(03)：131—134.

文天静.学龄前儿童体质健康与静态生活方式相关因素的研究.上海体育学院，2016.

翁孟迁.2014. 体育锻炼习惯的本质及运动健身信念模型.体育学刊.21(03)：36—39.

吴永慧，李志方，曾玮.2008. 我国大学生的社会支持与体育锻炼因素的相关性研究.山东体育学院学报.24(12)：65—68.

夏磊.2019. 农民参与体育消费的多元价值、制约因素与促进路径.体育文化导刊.(07)：37—43.

夏祥伟，黄金玲，刘单.2018. 高校研究生体育锻炼行为的实证研究.华东师范大学学报(教育科学版).36(05)：114—128，169—170.

夏祥伟，黄金玲，刘单.2018. 高校研究生体育锻炼行为影响因素的调查研究.体育学刊.25(05)：102—108.

肖焕禹.2010.《全民健身条例》背景下体育传播的变革研究——兼论在落实《全民健身条例》中发挥媒体舆论导向作用.体育科研.31(04)：10—13.

肖林鹏.2012. 我国青少年学生体育需求问题的理论思考.西安体育学院学报.29

(03):257—261.

谢红光.2013. 体质健康信念对体育锻炼行为意向及行为习惯的影响.体育学刊.20(04):100—105.

谢军,张磊.2018. 青少年运动参与制约因素模型的构建:基于生态系统理论.首都体育学院学报.30(03):249—254.

谢龙,赵东平,严进洪.2009. 青少年体育锻炼态度与行为的关系性研究.天津体育学院学报.24(01):72—74.

谢敏豪,李红娟,王正珍,等.2011. 心肺耐力:体质健康的核心要素——以美国有氧中心纵向研究为例.北京体育大学学报.34(02):1—7.

熊斗寅.1995. 关于全民健身的几个观念问题.体育与科学.(05):28—29.

熊斗寅.1990. 论亚运会与体育意识.体育与科学.(04):4—6.

熊文.2019. 辨误与厘正:学校体育"健康第一"理论立足点检视.体育科学.39(06):89—97.

许昭,颜春辉,洪丝语.2018. 大学生身体活动意向与行为的关系:计划、情感的中介作用.山东体育学院学报.34(06):64—69.

许登云,乔玉成.2020. 公民体育锻炼意识与行为悖离的影响因素探析——计划行为理论视角.西安体育学院学报.37(06):750—757.

薛锋.2010. 大学生运动动机与锻炼行为的关系——自我决定理论的视角.武汉体育学院学报.44(06):43—47.

颜军.1995. 体育锻炼习惯形成的心理学思考.上海体育学院学报.(02):64—67.

阳家鹏,向春玉,徐佶.2017. 家庭体育环境影响青少年锻炼行为的模型及执行路径:整合理论视角.南京体育学院学报(社会科学版).31(03):118—123.

杨剑,陈开梅,季浏.2014. 锻炼时间对青少年运动承诺的影响机制——锻炼满足感和社会支持的中介作用.上海体育学院学报.38(04):69—73.

杨青松.2011. 我国体育政策研究述评.武汉体育学院学报.45(01):19—23.

杨杨,赵歌.2017. 中国传统身体观与身体践行的文化研究.北京体育大学学报.40(10):140—145.

杨宜音.2008. 当代中国人公民意识的测量初探.社会学研究.(02):54—68+243—244.

叶孙岳,郭静.2016. 中国成年人的体育锻炼、静态行为流行状况、趋势及影响因素.首都体育学院学报.28(04):365—369+375.

易剑东.2012. 中国体育文化建设三题.上海体育学院学报.36(02):6—12.

尤传豹,乔玉成.2021. 我国公民体育意识的结构要素及其内在关系.西安体育学院学报.38(04):461—470.

于春艳.2009. 体育锻炼态度、参与度与体育价值观的相关研究.沈阳体育学院学报.28(03):53—56.

于林平.2010.“场”视角下的大学生思想政治教育.思想政治教育研究.26(06):83—86.

于善旭.1993. 论公民的体育权利.体育科学.(06):23—26+93.

于素梅.2020. 体育课程一体化背景下学生体质健康综合性精准干预研究.体育学研究.34(03):1—6.

于涛.1997. 社会转型与中国体育文化的三次嬗变.上海体育学院学报.(01):1—5.

余良华,缑小燕.2011. 体育意志蕴涵论.北京体育大学学报.34(03):12—15+27.

袁宏.2016. 传统身体观与群众体育发展路径选择研究.体育文化导刊.(06):46—49+53.

詹华宁.2011. 中西休闲体育的文化认同研究.成都体育学院学报.37(07):25—28.

张爱红.2016. 民族救亡与体育转型:对抗日战争时期我国体育发展的历史审视.体育科学.36(08):79—87.

张波.2012. 当代中国社会观念更迭下的体育认知演变及走向.山东体育学院学报.28(03):6—9.

张华.2007. 终身体育观念偏差及其影响下的实践误区探析.天津体育学院学报.(05):456—459.

张加林,唐炎,陈佩杰等.2017. 全球视域下我国城市儿童青少年身体活动研究——以上海市为例.体育科学.37(01):14—27.

张靖,司虎克.2009. 全国高校大学生体育意识与行为的研究——以上海高校学生为例.北京体育大学学报.32(05):80—82.

张林,张向葵.2003. 态度研究的新进展——双重态度模型.心理科学进展.(02):171—176.

张庆文.2009. 影响上海市中学生体育锻炼行为缺失的因素.上海体育学院学报.33(02):88—90+94.

张素霞.2003. 大学生体育态度和体育行为的因果关系.体育学刊.(03):50—51.

张文静,田雨普.2009. 农民体育参与的行为学分析.武汉体育学院学报.43(01):20—23.

张文娟,毛志雄.2016. 青少年体育活动意向与行为的关系:行动控制与情绪的中介作用.北京体育大学学报.39(03):81—87.

张雪,任锐,李莉.2005. 公共卫生与全民的健康意识.医学与哲学.(08):2—3+6.

张彦峰,江崇民,蔡睿,等.2012. 中国国民体力活动水平的区域特征研究.体育科学.32(09):3—10+22.

张彦峰,江崇民,蔡睿.2012. 我国国民体力活动的特征研究.体育文化导刊.(10):26—30.

张彦峰,江崇民,蔡睿.2012. 中国国民体力活动水平城乡特征研究.天津体育学院学报.27(04):306—310+354.

张宜海.2013. 公民意识的基本内涵、培养思路及途径.学校党建与思想教育.(18):26—28.

张再林.2010. 中国古代身体观的十个面相.哲学动态.(11):35—38.

章建成,张绍礼,罗炯等.2012. 中国青少年课外体育锻炼现状及影响因素研究报告.体育科学.32(11):3—18.

赵富学.2020. 身体素养导向的美国"综合学校体力活动计划":目标指向、内容组构及运行启示.天津体育学院学报.35(02):133—140.

赵富学.2020. 论习近平新时代体育强国思想蕴含的马克思主义哲学观.北京体育大学学报.43(05):1—12.

赵雅萍,孙晋海.2018. 加拿大青少年体育素养测评体系"生命护照"研究及启示.成都体育学院学报.44(04):92—97+102.

郑国华,薄雪松,肖正,尹国昌.2007. 中西体育文化价值选择的差异.天津体育学院学报.(04):314—317.

周景博,邹骥.2005. 北京市公众环境意识的总体评价与影响因素.北京社会科学.(02):128—133.

周君华.2014. 不同年龄人群锻炼行为改变的调节变量探究——基于对 HAPA 与 TPB 整合模型的测评.体育科学.34(10):21—28+58.

周全.2006. 关于体育意识意蕴的解读.成都体育学院学报.(06):9—11.

周涛,于华,杨青茏.2004. 试论体育现代化进程中的文化意识.体育与科学.(06):40—41.

朱人求.2002. 文化环境研究的多维透视.学术月刊.(03):107—108.

祖苇.2003. 再论体育价值.北京体育大学学报.(06):741—743.

# 后　记

作为国家社科基金项目“中国公民体育意识培育的路径研究”(16BTY003)的最终成果,《公民体育意识论》一书终于脱稿了。虽然“阶段性成果”和“最终成果”兑现了当初《项目申报书》的全部承诺,但是在完成时间上还是比原计划推迟了一年多。分析其中缘由,有诸如工作太忙、缺少资料等客观原因,但最重要的还是自己作为一个“理科男”“自然科学工作者”,对哲学社会科学研究的对象、规律、视角和方法掌握得不够熟练和透彻,总是以自然科学的思维方式看待“公民体育意识”问题,尤其是在关于“公民体育意识”是什么这个问题面前总是感到力不从心,颇不自信,一直有所困扰。四年半的时间里,我仿佛像是戴着镣铐的舞者,“公民体育意识”“培育”“路径”“慢性病”“健康促进”等关键词无时无刻不出现在我的睡梦中,“如何培育”“怎样形成和发展”“怎么提升”等一系列问题始终盘旋在我的脑海里。好在有众多专家、学者的指引,有前人研究成果的奠基,有诸多师友的鼎力相助,有课题组成员的艰辛努力,这些问题总算都有了基本的结论,也才有了今天呈现给读者的这部作品。尽管成果还存在诸多不尽人意之处,但对自己来说总算可以稍缓一口气了。聊以自慰的是,本成果有幸被“国家社科基金委”鉴定为“良好”,这也是对自己和课题组成员的莫大鼓励和肯定。

需要说明的一点是,本课题研究历时近五年的时间,这期间,我国的社会体育文化生活经历了深刻的发展变化。在国家层面出台了一系列有关“全民健身”“全民健康”“健康中国建设”“体育强国建设”“体医融合”“体教融合”“体卫融合”的政策,“全民健身”从倡导到大力推动,到上升为国家战略,党和政府重视程度大大提升。同时,“全民健身”“运动健康促进”理念更加深入人心,公民的“健康意识”“体育意识”也有很大幅度的提升。面对这种日新月异的变化,我们在对公民体育意识培育问题思考时本着跟上时代脚步的思路,对本书的章节结构进行了多次重组,论述的侧重也做了适当的调整。

一般情况下,后记很大篇幅是要写致谢的。对我而言,要感谢的人实在是太多了。因为一路走来,有太多的关爱和无私的帮助相伴。我要感谢感谢国家社科规划评审专家对我和课题组成员的信任,为课题立项,给了我们这一重要学术研究的机会。感谢国家哲学社会科学规划办公室提供研究经费支持,没有他们经费的支持,就不会有今天这份成果的顺利出版。感谢匿名评审专家对我研究成果的充分肯定、高度评价以及从不同角度摘讹指谬,他们的坦诚鼓励、学术智慧与严谨态度,都为拙稿的成书与出版作出了很大贡献。感谢上海大学刘兵教授、上海体育学院曹克强教授、戴国斌教授、山西大学李建英教授、石岩教授、李金龙教授、山西财经大学常乃军教授、成都体育学院王广虎教授、北京体育大学王正珍教授、山西师范大学郑旗教授、冯晓丽教授、王铁新教授、曹景川教授、张伟教授、樊临虎教授、王明明副教授,西安翻译学院史兵教授、马庆副教授,感谢他们对本书结构谋划、章节布局、资料收集、问卷设计、问卷信度检验等方面提供的帮助和建议。感谢我的学生牛严君、范艳芝、刁昕瑶、赵钰铮、李鑫、李炜斌、夏凯、刘云峰、张娜子、卫国生、刘帅、王卫军、马淑洁、郝凤龙、张文胜、王晓平、郭杰俊等在整理资料、问卷调查、专家访谈、数据录入、数据分析、文稿校对等方面提供的无私帮助,感谢他们为这本课题研究投入的时间、精力和热情。感谢所有接受过课题组调查的全国三十一个省(市、自治区)的社区居民、社区工作者,是他们的真实回答,让我收集到了丰富的研究资料。感谢山西省社科规划办、山西师范大学社科处、西安翻译学院科技处、山西师范大学体育学院、西安翻译学院健康与运动学院各位领导,是他们对项目的指导、督促、关心、鼓励使项目顺利完成。

本书的初稿完成之后,曾交付世界休闲体育协会主席、首都体育学院教授、博士生导师李相如先生审阅,先生对此稿提出了一系列建设性意见,定稿后又为本书欣然作序,再次深表谢意。

细心的读者可能会发现,本书的部分论述、材料和观点已发表在《体育科学》《上海体育学院学报》《武汉体育学院学报》《天津体育学院学报》《西安体育学院学报》《体育学研究》《体育学刊》《首都体育学院学报》《体育研究与教育》《体育科技文献通报》等学术期刊,这些都是本课题的阶段性成果。这些论文无疑也凝结着为此付出劳动的编辑们和审稿专家的心血，在此一并表示谢忱！另外，在本书写作过程中引用了大量期刊论文、专著成果以及其他专家学者的一些观点，在此向他们表示最真诚的感谢和敬意。

学术研究从来都不是一个人的事。我在课题研究过程中，得到了相濡以沫的妻子郭萍副教授的理解和支持！没有她的支持，我不可能心无旁骛地进行书稿的撰写。她不仅是我生活中的贤内助，还是我事业上的好帮手。她深厚的文学功底，缜密、新颖又富含逻辑的见解给了我许多启发。她永远是我论文、著作的第一个审读人。她不厌其烦地对文稿一遍又一遍润色校对，为书稿再上一个层次增添了不少色彩。借此机会我也要深深表达一下对她的谢意：老婆，你辛苦了。

感谢人民出版社给了我出版此书的机会；感谢刘畅博士的艰辛付出，其认真、负责、细致、耐心的工作态度和敬业精神，使本书的编校与出版有了双方满意的结果。

感谢本书的读者，希望它没有浪费您的宝贵时间。由于本人的学识和水平有限，书中难免会有不少差错，真诚地希望您提出批评意见，以使其日臻完善。

本书作为国家哲社课题最终成果得以出版，为课题顺利结题画上了一个句号，但关于公民体育意识的研究还远远没有结束，有许多问题还值得进一步深入地研究下去，也呼吁更多的同人投入对这一课题的研究。

**乔玉成**

2021 年 10 月于终南山

责任编辑:刘　畅
封面设计:石笑梦
版式设计:胡欣欣

**图书在版编目(CIP)数据**

公民体育意识论/乔玉成 著. —北京:人民出版社,2023.6
ISBN 978 - 7 - 01 - 025281 - 0

Ⅰ.①公…　Ⅱ.①乔…　Ⅲ.①公民-群众体育-意识-研究-中国
Ⅳ.①G812.4

中国版本图书馆 CIP 数据核字(2022)第 223110 号

**公民体育意识论**

GONGMIN TIYU YISHI LUN

乔玉成　著

人民出版社 出版发行
(100706　北京市东城区隆福寺街 99 号)

北京中科印刷有限公司印刷　新华书店经销

2023 年 6 月第 1 版　2023 年 6 月北京第 1 次印刷
开本:710 毫米×1000 毫米 1/16　印张:26
字数:425 千字

ISBN 978 - 7 - 01 - 025281 - 0　定价:99.00 元

邮购地址 100706　北京市东城区隆福寺街 99 号
人民东方图书销售中心　电话 (010)65250042　65289539